經盛鴻——著

西方記者
筆下的

vol.I

南京
大屠殺

目次 ───────────◆

導論　戰時西方新聞記者
與「南京大屠殺」

在 2009 年（民國九十八年），我在臺北出版了研究南京大屠殺的學術專著《遮蓋不了的罪惡──戰時日本新聞傳媒與南京大屠殺》，針對日本右翼人士近年來關於「戰時日本新聞傳媒絕無南京大屠殺的任何報導，因而南京大屠殺乃是虛構與捏造」的謬論，對戰時日本軍國主義當局實施的法西斯新聞政策，對日本新聞記者在日軍南京大屠殺期間的活動、思想與功能，對戰時日本新聞傳媒與南京大屠殺的複雜而深刻的關係及其影響等，進行了全面的分析與論述。我以大量史實論證：軍國主義的日本當局將全國的政治、軍事、經濟、文化，包括新聞傳媒，都納入到「極權專制下的舉國高度一致」，一切都要為推行與維護軍國主義統治者制定的侵華國策服務，既用法西斯思想灌輸、腐蝕與引導新聞記者，又頒佈各種嚴密的政策法令，設立各種專門的特務機構，對整個社會，包括各新聞傳媒單位與個人，進行全天候的嚴格的監控與審查，不容許有任何不同的聲音，取締任何個人權利與任何新聞自由。在 1937 年 7 月日本發動全面侵華戰爭後，日本軍國主義當局更將上述政策與措施推向極端。戰時的日本是一片法西斯的高壓：一方面是對侵略戰爭歇斯底里的歌頌與叫囂，一方面是對任何敢於「違法」、「違規」的單位與人員實施嚴厲的打擊與迫害。在這種社會氛圍內，日本的新聞傳媒在報導內容的真實性方面等於零！對侵華日軍南京大屠殺暴行，日本所有的新聞傳媒沒有也不可能刊登片言隻字，日本的廣大民眾沒有也不可能瞭解事件真相，也就不足為奇了。事實證明，在日本軍國主義當局實施的法西斯新聞政策的引導與控制下，戰時日本新聞傳媒在日軍南京大屠殺期間的活動與功能，就是扮演一個吃人惡魔的吹鼓手與辯護士的角色。

此書是關於此專題的第一本學術著作，駁斥了日本右派的謬論，維護了南京大屠殺歷史的真相，解開了歷史的迷團。

在《遮蓋不了的罪惡──戰時日本新聞傳媒與南京大屠殺》一書的導論中，我指出：近年來，日本右翼人士不僅對戰時日本新聞傳媒發表了許多欺世惑眾的荒謬言論，而且對當時中國的新聞傳媒關於南京大屠殺的報導與評論、對當時西方中立國家（英、美、法、德、意與蘇俄等國）新聞傳媒關於南京大屠殺的報導與評論，也發表了許多背離事實、蠱惑人心的荒謬言論。

例如對當時西方中立國家的新聞傳媒，1984 年，日本著名的右翼人士、曾擔任過日本「華中方面軍」司令官松井石根大將秘書的田中正明在《「南京大屠殺」之虛構》一書中說：

> 除日本一百二十名特派記者和攝影記者外，其他各國的記者和攝影記者也在狹小的南京城內競相採訪。此外，在長江中還停泊有五艘美、英艦船，如前所述，還有二十七名外國人從戰前到戰爭期間一直留駐南京，進行監視。可以說日軍已置身於眾目睽睽之中，處處在人監視之下。然而，時過八年，一直到日本敗於大東亞戰爭，東京審判即將開始之前，沒有任何人報導過有關日軍在南京有組織、有計劃地屠殺十萬、二十萬或者三十萬人的所謂大屠殺的消息。據說，松井大將回到上海後，中國報紙不言而喻，一些主要英文報紙、法國和德國報紙，他每天也都要瀏覽，他並未見到有關南京暴行事件的報導。另外，他在《獄中日記》中，追述說：「在上海舉行了兩次也有上述外國記者參加的記者招待會，記者團並沒有向我提出有關『大屠殺』的問題。」[1]

日本上智大學教授、右翼人士渡部升一說：

---

[1] 〔日〕田中正明著，軍事科學院外國軍事研究部譯：《「南京大屠殺」之虛構》，北京：世界知識出版社 1985 年版，第 194 頁。

假如南京大屠殺是事實，為什麼沒有成為當時的國際問題。在那時期，南京的平民遭到了屠殺，日本肯定會遭到各方的責難，因為當時南京有很多歐美人。這些人住在國民政府的首都，可以說都持反日立場。此外，在中國大陸，如路透社、AP、UPI 等大的通訊社以及新聞社派駐了大量的新聞記者。但實際上，當時的國際社會沒有正式非難南京大屠殺的輿論，就是連受害者——南京國民政府在國際聯盟的會議上也沒有提出「南京大屠殺」。[2]

日本評論家、右翼人士村上兵衛說：

當時在南京的各國新聞記者、攝影記者有一百五十人，但沒有一人見到或者是聽說過這件事，最高指揮官松井石根大將在幾次會見歐美記者中也未遇到關於這件事的質問。[3]

同樣，在以前數十年對侵華日軍南京大屠殺的學術研究中，中、外學者對西方中立國家有關的報刊資料，也搜集、研究與利用得不夠。這一方面是由於條件的限制，有關西方國家在南京大屠殺期間的報刊資料數量龐大，搜集與翻譯存在許多困難；另一方面，對其在研究中的重要性也認識得不夠。因此，迄今為止，在中外學者對侵華日軍南京大屠殺的學術研究中，幾乎沒有這方面的學術專著，有關的專題論文也很少。而日本右翼人士也在這一重要而又薄弱的環節提出了學術挑戰。對戰時西方中立國家在南京大屠殺期間的新聞傳媒資料的研究被提到了中外學者的面前。我作為一位生活與工作在南京的歷史研究者，對此更有刻骨銘心的感受。為了駁斥日本右翼人士背離事實、蠱惑人心的荒謬言論，維護侵華日軍南京大屠殺歷史的真相，我在對戰時日本當局的新聞

2　〔日〕渡部升一：〈真實昭和史的復蘇〉；轉引自日本「南京事件調查研究會」：《南京大屠殺否定論的十三個謊言》，柏書房 1999 年出版；易青譯，未刊。
3　前引〔日〕田中正明著，軍事科學院外國軍事研究部譯：《「南京大屠殺」之虛構》，第 7 頁。

政策與日本新聞傳媒進行深入研究後，又對戰時西方中立國家的新聞傳媒有關南京大屠殺的報導等材料進行搜集、整理與系統、深入的研究。

正如我以前所指出的那樣，自人類社會進入十九世紀，近代新聞傳媒就開始進入人類的政治、經濟、文化生活與國際交往中，發揮越來越大的影響與作用。二十世紀以後，隨著國際間聯繫與交往的迅速擴大與日益密切，隨著通訊聯絡科學技術的發展，大眾新聞傳媒的技能水平不斷提高，報紙雜誌的數量不斷增加，廣播、電影新聞、電視等新型傳播媒介相繼出現，受眾普及面不斷擴大，深入世界各國與社會各界，因而它介入國際關係領域的積極性與發揮的社會影響力也都空前增強。它可以引導輿論，動員民眾，制衡政府，影響國際關係。它們可以代表不同的國家或社會集團的利益與願望，或主持正義，表彰光明，揭露黑暗，抨擊時弊，呼籲和平，譴責戰爭與暴行，代表人類社會的文明與廣大民眾的呼聲；或反其道而行之，掩蓋真實，製造謠言，欺騙世界，強姦民意，鼓吹強權，謳歌侵略，讚美暴行。他們對國際輿論與各國政府發揮著不同的十分重要與無可替代的作用與影響。可以說，大眾新聞傳媒成為國際政治與人類社會中不可或缺的組成部分與不可忽視的政治因素。這在戰爭時期尤其是這樣。

1937 年 7 月 7 日，多年抱著吞併與滅亡中國野心的日本軍國主義利用盧溝橋事變，發動了全面侵華戰爭。日本當局憑著甲午戰爭以來的經驗，企圖依靠其強大的經濟與軍事力量，對中國實施武力征服與戰爭威懾的恐怖政策，迅速迫使中國國民政府就像甲午時的滿清政府那樣，向他們屈膝求和請降。為了達到這個目的，他們在戰爭開始不久就將軍事打擊的重點與進攻的主要矛頭指向中國的首都南京：從 1937 年 8 月 15 日開始對南京進行了近四個月的猛烈空襲；在 1937 年 11 月 12 日佔領上海後，立即馬不停蹄地調動最精銳的數十萬陸海空軍，從四面八方向南京包抄圍攻；在 1937 年 12 月 13 日攻佔南京後，立即對約十萬放下武器的中國戰俘與無數手無寸鐵的平民百姓實施了四十多天的血腥大屠殺，殺害中國軍民達三十萬人，將南京變成了血海屍山的「人間地獄」……

　　南京大屠殺是日本侵華戰爭中最重要的歷史事件之一，也是第二次世界大戰史，乃至人類歷史上最血腥、最殘暴的大規模屠殺事件。

　　日軍對南京兇猛的軍事進攻與駭人聽聞的大屠殺暴行震驚了世界。全世界的目光都聚焦南京。作為廣大民眾眼睛、耳朵與嘴巴的的各國新聞傳媒，都千方百計將自己採訪重點放到南京，並以自己不同的立場、觀點、認識、方法進行各種報導與評論，寫出了大量的稿件，刊登在世界各國的報紙、刊物上，或者在各種廣播電臺上播送，形成了圍繞「南京事件」的一場新聞大戰。這是繼南京攻守戰後的又一場「戰役」，是世界近代新聞史上的重大事件，不僅在當時具有極重要的宣傳意義與輿論作用，影響了世界的輿論與各國政府的外交政策，而且它形成的大量的新聞資料，成為後人研究日本侵華史、南京大屠殺史乃至第二次世界大戰史與國際關係史的最寶貴的史料，對揭示各種新聞傳媒所代表的社會與國家背景、所代表的利益集團的政治態度與各項政策，對研究與揭露、論證、維護南京大屠殺的歷史真相，駁斥日方右翼勢力蓄意歪曲歷史、否認南京大屠殺的謬論，捍衛人類的良知與真理，教育世界各國的青少年一代，都有極大的作用，具有極重要的、無可替代的史料價值與研究價值。同時，它對我們總結中、外各種新聞傳媒的宣傳手法、報導軌跡、工作規律與經驗教訓等，為新聞史研究提供了極典型的事例。當日的新聞構成了今天的歷史的主幹，而今天的歷史有許多就是昨天的新聞。

　　在二十世紀三〇年代，在侵華日軍進攻南京與進行南京大屠殺期間，世界上新聞傳媒業最發達的國家與地區，無疑是西方的美、英、法、德等國家。尤其是美、英兩國，有長期的自由主義思想傳統作指導，有發達的經濟基礎與眾多的新聞傳媒機構，有先進的電信設備、四通八達的通訊網絡與大量高素質的新聞傳媒人才，因而號稱新聞傳媒大國。他們的新聞傳媒往往領世界之潮流，對全世界的輿論起導向的作用，對各國政府的外交政策也發生很大的影響。而且，美、英、法、德等西方國家，在 1937 年 7 月 7 日日本發動全面侵華戰爭以後，直至南京大屠殺

之後很長一段時間，一直宣布對日中戰爭採取「中立」政策，與中、日兩國保持同等距離的關係。這就使得這些西方「中立國家」的新聞傳媒記者在採訪中日戰事上有許多便利；而他們以「第三國」與「客觀」相標榜的立場與態度，在國際輿論界具有特別重要的作用與影響，能發揮中國新聞傳媒與日本新聞傳媒所不能起的作用。

我數年研究的結果表明，在侵華日軍進攻南京與進行南京大屠殺期間及其前後數年時間中，圍繞這個重大的歷史事件，西方各國多家新聞傳媒都有大量的的報導、評論等，形成了大量的資料。戰時美、英等國的新聞傳媒，對侵華日軍南京大屠殺的暴行，進行了大量的、及時的、深入的報導與義正詞嚴、入木三分的批判，成為「二戰」史上最光彩奪目的新聞篇章。而日本的盟國——納粹德國與法西斯義大利的新聞傳媒秉承當局的意旨，刻意封鎖南京大屠殺的消息，卻遭到了從德國僑民到德國外交官的抵制與駁斥。歷史的真相完全不同於日本右翼人士的描述。顛仆不破的事實給了日本右翼人士一個響亮的耳光！

幾年來，我有關本課題的階段性研究成果有多篇先後在《光明日報》、《社會科學戰線》、《民國檔案》、《史學月刊》、《抗日戰爭研究》、《江海學刊》、《江蘇社會科學》、《南京社會科學》、《南京師大學報》、《南京大屠殺史研究》、《長白學刊》以及臺灣《傳記文學》等報刊雜誌上發表，其中有多篇被《中國社會科學文摘》、中國人民大學複印本《中國現代史》等轉載，獲得學術界與有關方面的重視與好評。在此基礎上，我完成了這本學術專著，對戰時西方美、英、德等國的新聞傳媒與南京大屠殺的複雜而深刻的關係及其影響，進行了全面的分析與論述。本書可能是關於此專題的第一本學術著作。無庸諱言，由於主客觀條件的限制，本書不可避免地存在這樣或那樣的缺點或錯誤，歡迎讀者嚴肅認真、實事求是而又與人為善的批評。古人說：「智者千慮，必有一失！」更何況我遠非智者！我將不斷地學習，不斷地接受新事物，查閱新資料，確立新觀點，與時俱進，為不斷地將日本侵華史與南京大屠殺史的研究推向新的高度而貢獻我的微薄力量。

　　最後要說明的是，本書的小部分內容曾在筆者以前的某些有關著作中有所論述，但為了保持本書的獨立性與完整性，仍加以保留；其次，本書在寫作中引用了大量日本與西方的報刊、檔案、文獻資料，其中譯文都在注釋中注明了譯者姓名與中譯版本。特向各位譯者表示深深的感謝。但我在使用這些譯文時，對其中少數譯文感到不夠滿意，常設法對照原文重新翻譯或修正。因此，在本書的引用譯文中，有許多地方與原譯文略有些不同。這多在注釋中作了說明，並望原譯者見諒。

第一章　西方記者關注南京與南京戰場

　　在 1937 年 7 月日本發動侵華戰爭時，世界上新聞傳媒業最發達的國家與地區，無疑是西方的美、英、法、德等國家。尤其是美、英兩國，有長期的自由主義思想傳統作指導，有發達的經濟基礎與眾多的新聞傳媒機構，有先進的電信設備、四通八達的通訊網絡，尤其是有大量高素質的新聞傳媒人才，因而號稱新聞傳媒大國。他們的新聞傳媒往往領世界之潮流，對全世界的輿論起導向的作用，對各國政府的外交政策也發生很大的影響。

　　自二十世紀初葉開始，巨大而古老的中國發生著激烈的動盪與廣泛的社會變革，國內外矛盾交織，特別是從二〇年代末、三〇年代初開始，中日關係日益緊張、尖銳而複雜，衝突不斷，成為亞洲乃至世界的焦點，吸引了大量西方新聞記者來中國採訪。

　　在西方來華的大量傳媒記者中，美國的記者人數最多，正如美國哈佛大學費正清研究中心研究員彼得・蘭德在 1995 年出版的所著傳記類作品《中國通：美國記者在中國革命中的冒險與磨難》一書封面勒口說明所指出的那樣：

> 從本世紀初葉開始，中國就陷入無休止的混亂和內戰之中。在二〇、三〇年代，日本的侵略戰爭降臨，使這一噩夢愈加險惡。有一大批備受激發和鼓舞的美國作家和記者，到那裏去親身經歷黑暗和恐怖。他們是他們的時代派往這一中心之國的使者，承繼著馬可・波羅和吉卜林創立的傳統，把東方的資訊傳遞到西方。[1]

---

[1] 〔美〕彼得・蘭德著，李輝、應紅譯：《走進中國──美國記者的冒險與磨難》，文化藝術出版社 2001 年版，第 8～9 頁

美國著名學者奧維爾謝爾也指出：

> 中國在 1949 年「解放」之前的三十年，是美國新聞史上一個無
> 與倫比的時代，在這些年裏，整整一代作家被吸引到亞洲，從初
> 學乍到者變為「走進中國革命」。[2]

美國的來華記者不僅人數多，而且採訪活動環境比其他國家的記者
要寬鬆與有利。這是因為當時美國與中國的關係較為接近和親密一些。
「國與國之間的關係如何，很大程度上也影響到了新聞記者的活動。」
當時擔任日本同盟社上海分社社長的日本著名記者松本重治說：

> 當時在上海的美國記者工作起來，比其他國家的記者都要輕鬆愉
> 快得多。自中國於 1899 年打開國門以來（除八國聯軍事件之
> 外），美國從沒有向中國發動過侵略戰爭，也沒參與掠奪中國的
> 領土與租界。尤其是在 1922 年，以美國牽頭與中方締結了九國
> 條約以來，美中關係與其他國家相比，更是深了一層。「九‧一
> 八」事變以來，兩國關係又更親密了。中方一方面期待著來自美
> 方的援助，另一方面又希望美方能夠或多或少地抑制住日本對中
> 國的侵略。因此，在這種背景之下，美國記者在中國的工作環境
> 自然要比其他國家的記者寬鬆許多了。[3]

當然，西方記者在中國的採訪活動與報導工作面臨著許多困難甚至
危險，是十分緊張而辛苦的。在 1926 年就來到中國的美國著名記者哈
立德‧愛德華‧阿本德（Hallett Edward Abend），後擔任《紐約時報》
駐華首席記者長達十四年之久，直到 1940 年 10 月才離開中國。他在回
顧他在中國的工作時，說：

---

[2]　前引〔美〕彼得‧蘭德著，李輝、應紅譯：《走進中國——美國記者的冒險
與磨難》，第 8 頁。
[3]　〔日〕松本重治著，曹振威、沈中琦等譯：《上海時代》，上海書店出版社
2005 年版，第 92 頁。

我敢說，若預先知道這職業的所有艱難困苦，我們中的大多數，是會裹足不前的。首先是生活動盪，今天還在這裏，明天「總部」就可能一紙電文，催你儘快趕往某個聞所未聞的所在。其次是遠離家鄉、遠離親人、遠離祖國及同胞。再次，一般而言，至少要去學習一門古怪外語。而在多數情況下，尤其是在歐洲以外的地方，還要時時警惕染病——傷寒、霍亂、黑死病、瘧疾和痢疾，不一而足。不經煮沸的水，是絕不可飲用的，甚至不可用來刷牙。……

在交戰區裏，生命則危在旦夕，極可能不死即殘。在政治動亂國家，遭狂熱分子暗殺，亦是隱憂。而至少在亞洲大部分地區，對白人和「帝國主義者」總懷有天生的仇恨。由於美國人一般都被視為有錢，更易遭壓榨及索取，也許是些許小數，也許是龐然鉅款。[4]

但即便如此，大多數的西方駐中國記者，抱有西方新聞界傳統的職業道德與敬業精神。他們熱愛自己的駐外新聞業務，知道在中國採訪報導工作的重要。他們多年如一日，始終兢兢業業地工作著，不怕危險，不計報酬，拒絕收買，為及時報導與評論中國土地上發生的重要時事作出了傑出的貢獻。阿本德說：

然而，當一名駐外記者，為毫無私心雜念的報社工作，卻依然是世上最顯要的職業。……你的手指一離開遠東紊亂而有力的脈搏，便覺得無所適從了。……所以，你還是駕帆離去，或是飛越太平洋，並為回到自己的「片區」暗喜。那可不是一般的「片區」，它橫亙一塊大陸，其長度或寬度，絕不亞於紐約到三藩市的距離。[5]

4　〔美〕阿本德著，楊植峰譯：《民國採訪戰》〔原書名《我的中國歲月（1926-1941）》〕，廣西師範大學出版社 2008 年 7 月版，第 325～326 頁。

5　前引〔美〕阿本德著，楊植峰譯：《民國採訪戰》，第 327～328 頁。

他們認為，他們在中國的新聞採訪報導工作所付出的一切都是值得的。他們甚至願意自己的子孫後代也繼續從事這樣的工作。阿本德說：

> 但我堅信，這很值得。若我有兒子，喜歡寫作，喜歡旅遊，生性還算謹慎，則我將不僅鼓勵他投身新聞業，而且要鼓勵他去當駐外記者。[6]

當 1937 年 7 月 7 日日本發動全面侵華戰爭、戰火燃遍中國大地時，西方駐華記者立即奮勇地投入到報導工作中去。阿本德說：

> 新聞檢查制度盡可以屢下殺手，官方機構也盡可以不斷壓制，但報導這場大戰的男男女女，仍不畏艱難險阻，為國家立下了豐功偉績，並使媒體獲得了空前的崇高地位及威勢。[7]

第一節　西方記者關注南京與南京戰場

南京自 1927 年 4 月成為中國國民政府的首都後，立即成為西方新聞傳媒在中國關注最多的地方。西方國家的一些主要新聞傳媒機構，如美國的美聯社（AP）、合眾社（UP）、無線電通訊社（Press Wireless）、英國的路透社、法國的哈瓦斯通訊社、德國的海通社（德新社）、美國的《紐約時報》（The New York Times）、《紐約先驅論壇報》（The New York Herald Tribune）、英國的《泰晤士報》（The Times）以及上海租界的一些洋商報紙，如《字林西報》（The North China Daily News）、《密勒氏評論報》（The China Weekly Review）等，都在南京設立分社、分支機構或常年派駐記者。若有重要事件發生，西方各新聞傳媒機構更增加大量的臨時特派記者前往南京進行採訪報導。

---

[6] 前引〔美〕阿本德著，楊植峰譯：《民國採訪戰》，第 329 頁。
[7] 前引〔美〕阿本德著，楊植峰譯：《民國採訪戰》，第 329 頁。

　　西方新聞傳媒與社會輿論對南京作為中國的首都，在 1927 年到 1937 年戰爭爆發前這十年期間的現代化快速發展與在政治、經濟方面的重要成就普遍看好，十分讚賞。在 1937 年 11 月底到南京採訪的德國《民族觀察報》特約記者沃爾夫森克寫道：

> 南京不僅只是一個首都，南京已成了一種概念。南京曾經是中國出現新制度的概念，南京曾經是聚集中國最優秀力量結晶點的概念。在「南京」這個口號下，一個接一個省掙脫了無政府主義的軍閥統治而從屬於中央政府領導。南京築路造橋，南京鋪設鐵軌，南京建立直通這個巨大國家最遙遠部分的航空線，南京建立了一支確保內部和平的軍隊，南京使商業和交通業、農業和工業進入空前繁榮的時期。[8]

　　一位在戰前曾長期生活在南京的美籍丹麥人，後來深情地回憶道：

> 日本侵略軍佔領之前，擁有古老城牆和百萬居民的南京，整齊、乾淨，有許多現代化的建築，居民舉止文明，勤勞努力。[9]

　　1937 年 7 月 7 日戰爭爆發以後，南京成為中國指揮抗日戰爭的大本營；1937 年 8 月 13 日上海戰事爆發，8 月 15 日以後，南京成為日軍空襲與軍事進攻的最重要對象。「這就是南京，這就是爆發衝突以來處於東亞問題中心的城市。」[10]——這使得西方新聞傳媒對南京給予更多的關注。西方的各重要新聞傳媒機構除了原駐南京的新聞記者外，又爭

---

[8]　〔德〕沃爾夫森克：〈兵荒馬亂奔南京〉，摘自《黃種人的前線巡禮》，1943年德國出版；張憲文主編：《南京大屠殺史料集》(30)，陳謙平等編：《德國使領館文書》，江蘇人民出版社 2007 年版，第 38 頁。

[9]　《日本禽獸企圖踩躪全球的陰謀》，美國國家出版公司（Country Press Lnc）1942 年版，第 57 頁；中譯文引自陸束屏彙輯編譯：《南京大屠殺——英美人士的目擊報導》，紅旗出版社 1999 年版，第 424 頁。

[10]　〔德〕沃爾夫森克：〈兵荒馬亂奔南京〉，摘自《黃種人的前線巡禮》，1943年德國出版；前引《南京大屠殺史料集》(30)，第 38 頁。

先恐後地向南京新派遣來大量最能幹、最有新聞採訪經驗的文字記者與攝影記者，採訪發生在南京的軍政與外交大事、要事。特別是在 1937 年 9 月 19 日日本駐上海的海軍第三艦隊司令官長谷川清中將向各國駐滬領事發出通告，宣布將從 1937 年 9 月 21 日中午開始，對南京實施大規模空襲後，許多西方記者迅速趕往南京進行採訪報導。

例如，美國《紐約先驅論壇報》（The New York Herald Tribune）駐上海記者基恩（Victor Keen）、美國「無線電通訊社（Press Wireless）」董事長皮爾遜（Joseph Pearson），立即會同上海租界著名的英文《密勒氏評論報》（China Weekly Reuiew）主編 J・B・鮑威爾（John B. Powell），於 9 月 20 日晚，乘上鮑威爾的福特車，從上海出發，冒險乘黑夜悄悄穿過日軍的防線，連夜疾駛，於第二天，即 9 月 21 日中午前趕抵南京，進行採訪，「準備親眼看看日本人對南京的大轟炸」，因為「日本人原來決定這天下午大舉轟炸南京。」[11]

再例如，美國主流媒體《時代》週刊（The times）的駐華記者和攝影師，也租用汽車，緊急趕往南京。記者寫道：

> 為了在他（本書著者按：指長谷川清）上週設定的摧毀南京的最後期限之前趕往南京，美國記者和攝影師鑽進他們臨時租用到的汽車，在路程為 160 英里凹凸不平的道路上狂奔，以至於鋸齒般的石塊刺破了一輛汽車的曲軸箱。機敏的中國司機用皮革和開罐器將它修好，滿載著外國惡魔的小汽車衝向日本所宣布的暴行現場。[12]

1937 年 9 月 23 日英國路透社報導說：

---

[11] 〔美〕鮑威爾著，邢建榕、薛明揚、徐躍譯：《鮑威爾對華回憶錄》，上海：知識出版社 1994 年版，第 311 頁。

[12] 報導：《正如宣佈的那樣》，刊〔美〕《時代》週刊（The times）1937 年 10 月 4 日；前引張憲文主編：《南京大屠殺史料集》（29），楊夏鳴等編：《國際檢察局文書・美國報刊報導》，江蘇人民出版社 2007 年版，第 579～580 頁。

各國新聞及攝影員已齊集南京，來自上海者甚眾。其中數人係於昨晚乘汽車出發，而於今晨安抵首都者。預定前往上海前線攝製戰事影片之攝影師，現已變更計畫，重返南京攝製被轟炸後之南京情況。[13]

1937 年 9 月 24 日美國《紐約時報》報導說：

又有二十多位外國新聞記者和攝影師來到南京。現在，在南京的外國記者總數是歷史上從未有過的、最多的一次。[14]

到南京採訪的外國記者，以及原來就是常駐南京的外國記者，一時雲集。這些西方記者，特別是美、英等國家的記者，多是各方面素質很高的人才，不僅精通新聞採訪業務，而且熟悉世界歷史與國際戰爭法規，具有西方近代人道主義精神與優秀的新聞職業道德，掌握各種先進的新聞傳媒技術。

1937 年 11 月中旬，十多萬日軍兵分數路，從上海向南京包抄圍攻過來；12 月初，南京戰事發生。西方駐南京的這些文字記者與攝影記者就成為南京戰場第一線的記者。後來，由於戰火猛烈，他們中的一些人先後被迫撤離南京，前往上海或武漢；但還有一些人繼續留在南京採訪，直到南京被日軍包圍與淪陷。甚至還有一些西方記者，在這最危急的時候，以記者的職責，竟逆著逃離南京的人流，趕到南京。他們關注著南京的戰事，關注著南京的命運與南京人民的命運，關注著中國的命運與中國人民的命運。他們冒著生命危險，奔走於南京城內外的各個戰場與南京的各機關、學校、工廠及大街小巷，親身經歷、親自採訪或

---

[13] 英國路透社 1937 年 9 月 23 日電：《首都難民慘遭敵機炸斃》，刊《申報》1937 年 9 月 24 日第 2 版；張憲文主編：《南京大屠殺史料集》(1)，經盛鴻等編：《戰前的南京與日機的轟炸》，江蘇人民出版社 2005 年版，第 264 頁。

[14] 〔美〕德丁：《南京居民在擔驚受怕中恢復生活》，刊《紐約時報》1937 年 9 月 24 日；前引《南京大屠殺史料集》(29)，第 349 頁。

通過各種方式獲取消息來源，進行新聞報導。其中，較著名的西方記者有：

弗蘭克・提爾蔓・德丁（Frank Tillman Durdin，1907-？，又譯杜丁、都亭、竇奠安等）。美國《紐約時報》（The New York Times）記者。他於 1907 年生於美國德克薩斯州的愛克哈特，就讀於德克薩斯基督教大學。三十年代中，他為「看看世界」，就到一艘美國郵船上做清潔工，幫助清洗甲板與絞輪。他先到日本，未能找到工作；就來到上海，先在英文《大美晚報》工作；後被《大陸報》的董顯光雇傭，任編輯；不久，在 1937 年初，任美國《紐約時報》的駐華記者。這年他三十歲。1937年 8 月 13 日上海戰事發生後，他於 8 月底買了一輛舊轎車，開往南京，採訪中日戰事的新聞。一直到 1937 年 12 月初日軍進攻南京時，他一直在南京戰場採訪中國軍隊的戰事。他後來回憶其生平時，說：

> 我來到中國時就像許多冒險家和早年的嬉皮士一樣。我當時在休士頓的一家報紙工作。我決定去看看世界，但是我沒錢。我於是在一艘美國郵船上找到一份清潔工的工作，在海上漂了兩個月，越過巴拿馬運河直到西海岸，越過太平洋到達日本。我申請了一份日本廣告報的工作，但是這家報紙一直沒開張。於是我繼續旅行到上海，在那裏的《大美晚報》找到了工作。當時的上海很繁榮，而美國有很多人為麵包而排著長隊。後來，《大陸報》的董顯光僱傭了我。不久，我也為《紐約時報》記者寫稿。1937 年中日戰爭爆發後，這家報紙要求我正式加盟，我就成為該報的正式成員……[15]

---

[15] Stephen R. Mackinnon, China Reporting: An Oral History of American Journalism in the 1930s and 1940s (Berkeley: Universiry of California Press,1987). P.32～34 中譯文引自張威：《抗戰時期的國民黨對外宣傳及美國記者群》，刊臺北：《傳記文學》第九十四卷第一期（2009 年第 1 期），第 23 頁。

1988 年 6 月，年邁的德丁重訪南京，在侵華日軍南京大屠殺遇難同胞紀念館前留影

　　阿契包德・特洛簡・司迪爾（Archibald Trojan Steele，1903- ？，又譯斯蒂爾、斯提爾、史蒂爾等）。美國《芝加哥每日新聞報》（The Chicago Daily News，亦譯《芝加哥日報》）記者。他於 1903 年生於加拿大的多倫多，1916 年到美國求學，1924 年獲斯坦福大學的文學士學位。他大學畢業後，準備作環球旅行，中國是其中的一站。但他來到中國後，就被中國深深吸引了。他決定留下來，在中國工作，先給《紐約時報》（The New York Times）的首席駐華記者哈立德・愛德華・阿本德（Hallett Edward Abend）作助手，曾採訪報導過「九・一八」事變及其前後多起重大事件，顯示了他正直的品格與傑出的採訪才能。阿本德說：

> 司迪爾來遠東，原只打算短暫逗留，然後繼續他的環球旅行。他加入時報為我工作後，先是駐滿洲，後駐南京，最後駐北平。他最終離開了時報，轉為《芝加哥每日新聞報》工作。對他的能力及與生俱來的正直，我是極其欣賞的。[16]

---

[16] 〔美〕阿本德著，楊植峰譯：《民國採訪戰》〔原書名《我的中國歲月（1926-1941）》〕，廣西師範大學出版社 2008 年 7 月版，第 156 頁。

司迪爾於 1932 年離開阿本德，成為美國《芝加哥每日新聞報》與《紐約先驅論壇報》（New York Herald Tribune）的駐遠東記者，一直在中國進行新聞採訪活動，報導過日本製造的、日益加劇的多起侵華事件與中國軍民的抗日救亡運動。當時在上海擔任日本同盟社上海分社社長的著名記者松本重治說：

> 《芝加哥每日新聞報》的 A. T. 司迪爾也是位能幹的記者。關東軍在追擊馬占山時，馬占山從北滿撤退到西伯利亞。內地普遍傳聞他已經戰死。但司迪爾卻估計他仍然活著，千方百計地來到西伯利亞，與馬占山進行了單獨會面後，發表了「馬占山依然健在」的獨家報導。[17]

1937 年司迪爾三十四歲。「七‧七」盧溝橋抗戰爆發後，他一直在華北採訪。1937 年 11 月底日軍進攻南京時，當許多中外人士紛紛逃離南京之際，他卻從山東濟南乘火車南下，歷經千難萬險，於 12 月 2 日趕到戰雲密佈、空襲炸彈紛飛的南京，赴戰場採訪，發出多篇關於南京保衛戰的報導與評論。

亞瑟‧B‧門肯（Arthur B. Menken 又譯孟肯，1903-1973）。美國派拉蒙新聞電影社的攝影記者。1903 年出生於美國紐約，1925 年畢業於哈佛大學；他任記者後，到過世界許多地方；1936 年採訪過西班牙內戰。1937 年三十四歲。在日本侵華戰爭爆發時，他正在南京拍攝取景。他拍攝了日本戰機轟炸南京的慘景，並堅持留下不肯撤走。1937 年 12 月初日軍進攻南京時，他冒險到戰場採訪，拍攝了戰場場景，並作了文字報導。

萊斯利 C‧史密斯（Leslie C.Smith）。英國路透社記者。生年不詳；1937 年 12 月初日軍進攻南京時，他一直在南京戰場採訪。

---

[17] 〔日〕松本重治著，曹振威、沈中琦等譯：《上海時代》，上海書店出版社 2005 年版，第 92 頁。

美國《芝加哥每日新聞報》駐中國記者司迪爾

查理斯・葉茲・麥克丹尼爾（Charles Yates Mcdaniel，1907-1983）。美聯社記者。他於 1907 年出生於中國蘇州；畢業於美國里士滿大學，並獲北卡羅萊納大學碩士學位；1935 年成為美聯社記者。他能操漢語。1937 年他三十歲。1937 年 12 月日軍進攻南京時，他表現得非常勇敢，親赴南京週邊的戰場，在槍林彈雨中採訪，幾次險些喪命。[18]

在南京採訪一直堅持到 1937 年 12 月 10 日日軍向南京發動總攻擊前夕才撤離的其他西方記者，還有美國環球新聞（Universal news）製片公司的攝影記者諾曼・愛黎（Norman Alley）、美國福克斯電影新聞公司的攝影記者艾利克・馬亞爾、英國《泰晤士報》（The Times）的特約記者柯林・M・麥克唐納（Malcolm MacDonald）以及義大利記者桑德羅・桑德利（Sandro Sandri）等人。桑德羅・桑德利「是義大利都靈一家著名報紙《新聞報》（La Stampa）的海外特派記者，早年，他曾在

---

[18] 關於西方記者的生平資料，參閱了美國內布拉斯加大學副教授陸束屏博士等學者的有關文章，特致謝意。

米蘭的《義大利人民報》（Popelod Italia）供職，這是一份由墨索里尼操縱的報紙。桑德利還是義大利法西斯黨駐上海分支機構的負責人。」[19]

還有一些西方新聞記者，因各種原因，在日軍進攻南京期間，或是沒有及時趕赴南京，或是提前離開南京，滯留上海、武漢等地，但他們始終時時關注著南京的戰事與發生在南京的軍政、外交大事，關注著南京的命運與南京人民的命運；並通過各種方式獲取南京的各方面消息，進行新聞報導。其中著名的有：

田伯烈（Harold John Timperley，又譯廷珀利，1898-1954）。澳大利亞籍，英國《曼徹斯特衛報》（The Manchester Guardian）駐上海特派記者。在 1937 年 8 月日機轟炸南京期間，他曾趕到南京採訪。1937 年 12 月日軍進攻南京與實施大屠殺期間，他在上海幾次要求赴南京採訪，遭到日方當局的斷然拒絕。他後來編著了揭露日軍南京大屠殺暴行的英文專著《戰爭意味什麼：日軍在華暴行》，中譯本書名為《外人目睹中之日軍暴行》，影響深廣。關於他的詳情，本書後面將專章論述。

哈立德·愛德華·阿本德（Hallett Edward Abend，1884-1955，亦譯埃邦德或哈雷特·阿班）。《紐約時報》（The New York Times）駐華首席記者。他 1884 年出生於美國俄勒岡州波特蘭市，曾就讀於斯坦福大學。1905 年他剛讀到三年級就輟學，到一家報社任實習記者。此後他在美國報界工作了二十一年，最高職位做到總編。1926 年他四十二歲來到中國，先在北京主持《英文導報》。1927 年他擔任《紐約時報》的駐華記者，後升任首席記者，歷時長達十四年之久，直到 1940 年 10 月被日本人趕走，離開中國。他長期在中國工作，奔走於南北各地，接觸或採訪過蔣介石、宋美齡、宋子文、孔祥熙、張作霖、陳友仁、張學良、張宗昌、王正廷、吳鐵城、胡適、顧維鈞、李宗仁、梅蘭芳以及鮑羅廷、端納、司徒雷登等中外名人，報導、評論過在中國發生的一系列重大歷史事件，並形成了他對中國、對遠東事務的獨特而深刻的見解，

---

[19] 前引〔美〕鮑威爾著，邢建榕等譯：《鮑威爾對華回憶錄》，第 315 頁。

成為著名的中國與遠東問題評論專家。1930 年他出版了關於中國的第一本著作《苦難中國》；1936 年他與其助手比林翰合著《中國能生存下去嗎？》，認為當時的中國，外面面臨著日本日益加劇的擴張計畫，國內有許多嚴重的困難，將難以統一。

當時擔任日本同盟社上海分社社長的松本重治在其晚年所著回憶錄《上海時代》一書中，寫道：

> 在所有美國新聞記者中，我認為最為傑出的要推《紐約時報》的哈立德‧阿本德。由於阿本德常年駐中國所積累的經驗，以及他頗為老成的待人接物，加上又有《紐約時報》的聲譽，所以他的交友相當廣泛。他與蔣介石夫人宋美齡也是極為親密的友人。他不用像我這樣，身為日本通訊社記者，每天都必須為早晚兩次的報導發稿而疲於奔命。他只需揀一些重大的資訊加以傳送即可。所以說他是處在一種極為有利的位置上。我雖然身在上海，始終關心美國的對日政策及對華動態，所以常與阿本德交換意見與情報。

哈立德‧愛德華‧阿本德（Hallett Edward Abend）

他是獨身，在外白渡橋附近新建的布羅托多威公寓（按：百老匯
大廈之日語音譯）包下了最高一層，找了幾個年輕助手，在那裏
悠然自得地工作著。有時，我約他一起去江灣的高爾夫場打球。
一次，一局未完，他突然想起什麼事對我說：「真對不住，我忘
了還有約會。今天就失敬了。」我半開玩笑似的問他：「還能有
什麼事會比打球更重要？」「實際上我忘了今天宋美齡要請我喝
茶，務必請多多包涵。」他連打招呼。聽他如此說，我想可不能
影響朋友的工作，便只能讓他如此的離去了。這兒也多少可以看
出，宋氏一家極為重視與美國的關係。[20]

阿本德與日本政界、軍界許多高層人士，如近衛文麿、松岡洋佑、
松井石根以及日本駐中國公使重光葵、日本駐南京總領事須磨彌吉郎、
日本駐中國艦隊司令官長谷川清中將等，也都有長期的交往與良好的關
係。他的關於中日關係的新聞報導以客觀公正聞名，甚至連日本駐華盛
頓大使館的官員都認為，「從中國發出的所有報導中」，阿本德為《紐約
時報》寫的「電訊和通訊是最公正和客觀的」。[21]

　　其中，阿本德與後來成為日軍進攻上海、南京的最高指揮官與南京
大屠殺的罪魁禍首的松井石根，早在 1935 年夏天就結識，有過一次不
平常的會見。那時，松井石根剛剛被迫退出現役，來到上海。阿本德聽
到此消息，就設法採訪了他。這位美國記者在 1944 年出版的回憶錄《我
的中國歲月（1926-1941）》（My Years in China，1926-1941）中，記錄
下了他那次與松井石根會見的情況以及對他的印象：

　　　　松井石根將軍確係我的友人。1935 年的夏天，因機緣湊巧，我
　　　　採訪了他，並博得他的好感及信任。事情的起源，是上海某日語
　　　　新聞社一條日常通稿的英譯稿，只有短短五行，文中簡單提及退

役後的松井將軍為光大「大亞洲主義」運動，已先後訪問了印度支那、暹羅、馬來亞、緬甸，並將於返回日本的途中，在上海作短暫停留。

我想這會成為新聞，雖夠不上發電訊，但或許值得發一篇郵寄稿，供《紐約時報》發表於周日版的某個角落。於是，我前往日本總領事館，請求會見松井石根將軍。接待我的領事館小官員對我說，會見一個無足輕重的人物松井，可以說是浪費時間。「他不過是個顫巍巍的退役老人，拿政治當業餘愛好，消磨時間而已。」

但我對松井還是有好感的。他欣然接受了我的採訪，談話內容有趣，過程也很長。事畢，我攜他同往上海總會共進午餐。他瘦小蜷縮，體重不足一百磅（本書著者按：約四十五公斤），右臂和右臉似乎有偏癱，且時有抽搐，讓人感到有些可憐。那位領事館的官員，對這樣一位令人愉快的好好先生，實在有些過分輕慢。[22]

當時正處於人生低谷的松井石根對阿本德的採訪與禮遇，十分高興與感激。

松井石根，日本名古屋人，1878 年 7 月 27 日出生於一個軍人家庭，早年先後入日本陸軍預備軍官學校、陸軍士官學校學習。1898 年以第二名的成績從陸軍士官學校畢業。後又入陸軍大學第九期，以第一名畢業。在日本陸軍士官學校與松井石根同期的畢業生中，相繼有松井石根、荒木貞夫、真崎甚三郎、本莊繁、阿部信行共五人晉升陸軍大將。其中，荒木貞夫曾擔任陸軍大臣，晉封男爵；真崎甚三郎曾任軍事教育總監，是日本軍界三個最高的職位之一；本莊繁歷任關東軍司令官、天皇侍從武官長，晉封男爵；阿部信行後來當了內閣總理大臣，歷任「大政翼贊會」總裁、朝鮮總督。松井石根卻沒有像這四位大將那樣登上陸

---

[22] 前引〔美〕阿本德著，楊植峰譯：《民國採訪戰》，第 225 頁；譯文略有改動。

軍中央最高職位，更沒有進入過內閣。松井石根優於他們的是，漢學根底較深，精通漢詩與書法，尤其對當時的中國事務瞭解較多。在中國北洋政府時代，松井石根曾長期擔任日本駐華武官青木宣純少將的助手，與一道工作的阪西利八郎、佐藤安之助、岡村寧次、土肥原賢二等被日本軍界稱之為「中國通」。他喜愛中國詩文，結交了許多中國軍政界的朋友，並曾參與「資助」正發動第三次革命的孫中山，逐步形成了他系統的「亞洲的事情由亞洲人自己來辦」、實際上是由日本來獨霸亞洲與控制中國的軍國主義思想。1927 年松井石根升任日本陸軍總參謀部第二部（情報部）少將部長。1927 年 4 月南京國民政府建立；年底蔣介石訪日，企圖取得日本政府對他的支持。松井石根在蔣介石早年留學日本士官學校時就與之有過交往。據說，在 1911 年秋蔣介石到高田聯隊實習回到東京後，是松井石根給他找的投宿去處。[23] 這次蔣介石來日，松井石根將他介紹給田中義一首相。蔣介石與田中會談取得了一些成果，蔣介石懷著對松井石根感激的心情回到了南京。[24]——由此，松井石根與新建立的南京國民政府的軍政要人們之間建立了密切的關係。

松井石根在 1931 年曾作為日本的全權代表參加了在日內瓦召開的「一般裁軍會議」。這次會議更使他增強了日本獨霸亞洲的思想。1933年，他參加了籌備成立日本軍國主義組織「大亞洲主義協會」的工作。不久他被任命為日「臺灣軍」司令官，創立了「臺灣大亞洲主義協會」。同年他被晉升為陸軍大將，被調回日本任軍事參議官。1935 年 8 月，在日本軍隊內部皇道派與統制派的鬥爭中，發生了刺殺軍務局長永田鐵山中將的事件，松井石根被牽連其中，被迫引咎辭職，退出現役。他是日本陸軍士官學校同期畢業的五位陸軍大將中，第一個成為預備役軍官的。此後，松井石根專任「大亞洲主義協會」的理事，後任會長，以「繼

---

[23] 〔日〕田中正明著，軍事科學院外國軍事研究部譯：《「南京大屠殺」之虛構》，世界知識出版社 1985 年出版，第 85 頁。

[24] 〔日〕田中正明著，軍事科學院外國軍事研究部譯：《「南京大屠殺」之虛構》，世界知識出版社 1985 年出版，第 59 頁。

承孫中山先生之遺志」為名，致力於宣揚與推動他的日本獨霸亞洲的「大亞洲主義」理論與運動。

　　1935 年夏，松井石根退役後，先訪問了東南亞各地，然後來到上海。當阿本德來採訪他時，他就將他的「大亞洲主義」向阿本德作暸解讀。阿本德寫道：

> 那天，松井在上海總會與我共進午餐時堅稱，亞洲各民族與國家，尤其是印度以東地區的民族與國家，亟須出現一個亞洲的領導人。他強調，白人文化乃是異端，無法適應東方，因此，日本強烈反對歐美在遠東地區的影響有任何增加。根據我那本黃色筆記本上的記錄，他告訴我說，重建亞洲，恢復亞洲業已丟失的「自由、光榮和強大」，正是日本的「神聖使命」。

> 松井宣稱，東亞必須組成一個大邦聯，由日本領路。日本必須挫敗白人對亞洲人分而治之的政策，必要時動用武力。

> 松井於 1935 年乘船離去後，我寫成郵寄稿一篇，詳述以他為首的「大亞洲主義」運動。

　　阿本德是一位有著豐富採訪經驗的記者。他在採訪了松井石根後，又去採訪了國民政府的財政部長孔祥熙，聽取孔祥熙對松井石根的「大亞洲主義」的意見。阿本德寫道：

> 在將稿件以運輸機寄往紐約前，我拜訪了當時的中國財政部長孔祥熙，詢問他對松井將軍的狀況有何暸解，兼問此人會有何種影響。孔博士一聽，臉色頓時漲得深紅發紫，捶著桃花芯木大書桌，怒氣沖沖道：

> 「那個渾球，我得警告你當心那個小子，還有他的運動。他和他那幫同夥就想迫使中國和日本結成不平等的同盟。他們的算盤，就是用我們的人力、我們的資源，助日本把美國和歐洲扔出亞

洲，然後統治全球。如果我們對這個瘋狂的計畫堅決不從，日本
就會侵略我們，嘗試征服我們，然後使用武力，強迫我們在他們
的破樂團裏當個第二提琴手。日本就想挑起一場黃種人對抗白種
人的種族戰爭，趁機支配為數十億的全體亞洲人民。」

那時，絕大多數美國報紙視此類想法和計畫為天方夜譚，甚至不
屑費一欄版面去報導。《紐約時報》好歹發表了我的文章，卻放在
周日版的內頁。華盛頓的態度是大度的，最多聳聳肩，笑一笑。[25]

　　然而，就是這個在 1935 年夏天被阿本德感到「令人同情」、被日本
駐上海領事館官員輕慢的的退役將軍松井石根，在兩年後的 1937 年 8
月，卻先後成為日本的「上海派遣軍司令官」與「華中方面軍司令官」，
成為日軍進攻上海、南京的最高指揮官。當松井石根在 1937 年 8 月 15
日被日本天皇破格任命為「上海派遣軍」司令官，於 8 月 23 日率軍到
達上海指揮軍事時，阿本德開始卻是「疑竇頓生」。他說：

之後便發生了 1937 年的中日戰爭，上海周邊苦戰了三個月。當
日本宣布，任命松井石根為長江流域日軍最高指揮官時，我不禁
疑竇頓生，怕只是某個重名者。後來，頭一回去了日軍總部，才
發現那位權勢滔天的總司令，不是別人，正是 1935 年認識的朋
友，那個偏癱的小老頭。因兩年前他落難時，我曾遇之以情，待
之以禮，他便於 1937 年間，慷慨回報，向我提供了大量的重大
獨家新聞。[26]

　　1937 年 7 月發生的日本侵華戰爭及其以後發生的南京大屠殺等暴
行，改變了阿本德對中國、對遠東國際關係的看法。

　　松井石根在率軍進攻上海與南京期間，幾次在司令部召見阿本德，
發表長篇講話，力圖影響這位有影響的著名記者。但阿本德是位有新聞

---

[25] 前引〔美〕阿本德著，楊植峰譯：《民國採訪戰》，第 234 頁；譯文略有改動。
[26] 前引〔美〕阿本德著，楊植峰譯：《民國採訪戰》，第 225～226 頁。

操守、有世界眼光、有自己獨立見解的世界級記者。他不會被日本的武力威懾與戰爭訛詐所嚇倒，更不會為松井石根的幾番花言巧語所迷惑。在日軍進攻南京與大屠殺期間，由於日軍的封鎖，他未能前來南京採訪。但他雖身處上海，仍積極收集材料，以自己的良心、自己的判斷，寫出了一系列的關於南京戰事與南京大屠殺以及美國「帕奈號」炮艦被日機炸沉事件的報導與評論。

維克多・肯恩（Victor Keen）。美國《紐約先驅論壇報》（The New York Herald Tribune）駐上海記者。

弗萊明。英國《泰晤士報》（The Times）駐上海記者。

J・B・鮑威爾（John B・Powell，？-1947）。美國報人。1917 年 2 月來到中國上海，不久擔任於 1917 年 6 月 9 日新創刊的美商英文週報《密勒氏評論報》（Millard's Review of the Far East）的總編輯。1923 年後該報英文名改為 China Weekly Reuiew，中文意譯為《中國評論週刊》，但該報中文報名仍稱《密勒氏評論報》。鮑威爾在該報工作二十多年，經歷與採訪報導過中國當時的許多重大史事，如中國參加第一次世界大戰的爭論、五四運動、北洋軍閥混戰、臨城劫車案、中國共產黨的誕生與發展、國民政府的北伐、國共的合作與分裂、日本的侵華戰爭與中國人民的抗日救亡運動等。1936 年初，他允准愛德格・斯諾（Edgar. P. Snow）以該報記者的身份，到陝北訪問中共中央與紅軍，並允准該報在 1936 年 11 月 14 日、21 日的兩期上連載愛德格・斯諾寫的《與共產黨領袖毛澤東的會見》，在 11 月 14 日那一期還發表了斯諾所攝的毛澤東頭戴紅軍八角帽的大幅照片。這是有關毛澤東的身世、言論及照片在新聞媒體上首次公開發表，在海內外產生了很大的震撼與影響。在 1937 年 9 月 19 日日方當局宣布將在 9 月 21 日對南京猛烈空襲，他特地駕車趕到南京採訪。1937 年 11 月 12 日日軍佔領上海後，鮑威爾堅持留在租界「孤島」辦報，同情與支持中國人民的抗日事業，揭露與譴責日軍的侵華戰爭暴行，包括日軍南京大屠殺的罪行，被日方攻擊為「抗日援蔣的英雄」。

J・B・鮑威爾（John B・Powell）

　　理利・阿貝克。德國《法蘭克福彙報》特派記者。在 1937 年 11 月在南京採訪，於 11 月 29 日乘船從南京撤往武漢。他寫了一篇報導〈我們是如何逃出南京的呢？──中國國都的最後歲月〉，報導當時南京緊張、忙碌、慌亂的情形。

　　沃爾夫森克。德國《民族觀察報》特約記者。在 1937 年 11 月底從上海趕到南京採訪，不久經蕪湖前往漢口。他於 1943 年在德國出版《黃種人的前線巡禮》，其中的〈兵荒馬亂奔南京〉記述了他在 1937 年 11 月底在南京採訪的情況及其所看到的日本侵華戰爭給南京帶來的巨大災難。

　　胡爾德曼。上海租界德國僑民所辦的《遠東新聞報》主編。他於 1937 年 11 月底與德國《民族觀察報》特約記者沃爾夫森克一道從上海趕到南京採訪，不久又一道經蕪湖前往漢口。

　　愛德格・斯諾（Edgar P・Snow，1905-1972）。美國著名記者、作家。生於密蘇里州坎薩斯城一個印刷出版商人家裏。1926 年進入密蘇里大學新聞學院學習，1927 年從事新聞工作。1928 年他來到中國，任《芝加哥論壇報》駐遠東記者和《密勒氏評論報》助理編輯，在中國各地採訪，發表多種文章。1933 年去北京，入燕京大學新聞系，任講師。在 1935 年 12 月，他參加與報導了「一・二九」學生運動。1936 年 6

月，他到陝北訪問中共中央與紅軍，在《密勒氏評論報》上發表了他所寫的〈與共產黨領袖毛澤東的會見〉，後來出版了著名的《紅星照耀中國》（中譯名《西行漫記》），發生了很大的影響。抗戰發生後，他關心戰事，同情與支持中國抗戰。1938 年 7 月 2 日，他在《密勒氏評論報》上發表〈關於日本戰略〉。1939 年 9 月他到延安再次訪問毛澤東，並將訪談錄發表在《密勒氏評論報》上。1941 年他寫作與發表《為亞洲而戰》（The Battle for Asia）一書，報導了日本的侵華戰爭罪惡，其中有揭露日軍南京大屠殺的內容。

第二節　關注與報導南京戰事的主要西方傳媒

以上介紹的西方記者都必然從屬於西方各國不同的新聞媒體，他們撰寫的的報導與評論多刊登在他們所服務的新聞傳媒上。

當時西方世界關注與報導過日軍進攻南京與大屠殺事件的主要報刊、通訊社有：

（一）美國主要通訊社：

(1) 美聯社（Associated Press，簡稱 AP）。美國聯合通訊社的簡稱。英文簡稱 AP。是由各成員單位聯合組成的合作型通訊社。美國最大的通訊社，國際性通訊社之一。1892 年成立於芝加哥。前身為 1848 年成立的港口新聞聯合社，由紐約《太陽報》等六家報社創建。其後經過不斷合併、改組，規模逐漸擴大。1875 年第一個租借永久性的新聞電報線路。1900 年總社遷至紐約。最初稿件只供給本社成員報紙，1945 年以後開始向非成員報紙和電臺供稿。該新聞機構編輯部門有總編室、國際部、對外部、經濟新聞部、體育新聞部、圖片新聞部、特稿部、廣播新聞部等，向全世界提供新聞，用多種文字發稿。

(2) 合眾社（United Press，簡稱 UP）。美國歷史上著名的商業通訊社，英文簡稱 UP。由著名報人斯克里普斯於 1902 年創立。在兩次世界大戰期間，發展勢頭強勁，成為國際性通訊社。1958 年 5 月，與國際新聞社合併組成了合眾國際社。

(3) 國際新聞社。1909 年由赫斯特報團創辦。在兩次世界大戰期間，發展勢頭強勁，成為國際性通訊社。1958 年 5 月，與合眾社合併組成了合眾國際社。

(4) 無線電通訊社（Press Wireless）。

（二）美國主要報刊：

(1) 《華盛頓郵報》（The Washington Post）。總社設於美國華盛頓。創辦於 1877 年。具有世界影響的美國主流媒體。

(2) 《紐約時報》（The New York Times；亦譯《紐約泰晤士報》）。創辦於 1851 年。總社設於美國紐約。具有世界影響的美國主流媒體。

(3) 《紐約先驅論壇報》（The New York Herald Tribune）。總社設於美國紐約。具有世界影響的美國主流媒體。

(4) 《紐約鏡報》（The New York Mirror）。總社設於美國紐約。

(5) 《紐約世界電訊》（The New York World Telegram）。總社設於美國紐約。

(6) 《紐約郵報》（The New York Post）。總社設於美國紐約。

(7) 《紐約每日新聞》（The New York Daily News）。總社設於美國紐約。

(8) 《時代》週刊（Time）。總社設於美國紐約。美國三大時事性週刊之一，被公認為代表美國乃至西方主流社會聲音的媒體；1923 年 3 月 3 日由亨利‧盧斯創辦。亨利‧盧斯（Henry R. Loce）1898 年 4 月出生在中國山東省的登州（今蓬萊），其父是美國基督教會長老會派到中國來的傳教士。他在登州度過了童年，在十四歲時回到美國求學，1916 年考入耶魯大學。他在二十五歲那年從耶魯大學畢業，即創辦了《時代》週刊，並任主編。他以敏銳的眼光、新穎的文風、尖銳的評論，及時關注與報導國際間重大時事，贏得美、歐

廣大讀者的歡迎，迅速將《時代》打造成具有世界影響的美國主流媒體，到 1938 年 3 月發行量達七十萬份，1942 年 7 月達一百萬份。盧斯又在 1930 年 2 月創辦了專門報導美國工商業情況的《財富》週刊，在 1936 年創辦了《生活》畫報雜誌，同樣取得巨大的成功，成為具有世界影響的美國主流媒體。由於特殊的成長經歷，懷著從父親那裏承繼來的對於中國的基督徒式熱愛，盧斯與他創辦的《時代》等刊物都一直對中國保持著特別的關注。早在 1924 年 9 月 8 日，即《時代》剛剛創辦約一年，就將中國當時的風雲人物吳佩孚列為封面人物，而這只是他關注中國的開始。以後盧斯與他創辦的《時代》等刊物一直不遺餘力地為中國搖旗吶喊，廣造輿論。1937 年 7 月日中戰爭爆發後的一段時期，美國社會還深受「孤立主義」思潮的影響，美國政府除了在口頭上譴責日本軍國主義外，並未明確表態支持中國抗戰，甚至在盧溝橋事變發生後，美國也仍然「履行合同」，繼續向日本政府提供援助和貸款。盧斯對此十分不滿，曾不斷公開地批評美國政府。他十分關心著中國的命運，對遭受日本侵略的中國抱有深深的同情，在自己的《時代》上撰寫社評，強調美國必須立即停止對日本的資金援助，轉而把援助「贈給」中國人。他向中國前線派遣了十多名戰地記者，率先在《時代》週刊上大量報導與抨擊日軍在中國的戰爭暴行，包括南京大屠殺的暴行，報導中國軍民在極其艱難的條件下進行的英勇抗戰，並竭力樹立蔣介石中國戰時領袖的形象，以此獲取美國公眾的同情和美國政府的援助。盧斯的努力獲得了很大的成功。《時代》週刊對中國大批量、轟炸式的報導，對美國社會乃至美國政府都產生了巨大的影響。

(9) 《生活》畫報（Life）。美國歷史最悠久和最有名的大型圖片雜誌，週刊。總社設於美國芝加哥。由《時代》和《財富》兩大雜誌創辦人亨利‧盧斯於 1936 年 11 月 19 日創辦的又一有世界影響的刊物，以刊登時事性的新聞攝影圖片為主，注重對人們日常生活的描述，四開本，憑藉其獨具特色、震撼人心的大幅、彩色、清晰的新聞攝

影圖片，適應了新的閱讀需求，立即引起轟動，《生活》雜誌一炮打響，創刊號發行量即達到四十六萬多冊，一年後達到一百萬冊，到 1938 年它的讀者據說有一千七百三十萬，成為當時美國「最令人興奮」的雜誌。《生活》的照片為美國人民瞭解世界的最新動態提供了真實、感性的畫面，成為歷史的最佳見證者之一。新聞攝影作為美國新聞界報導時事、敘述故事的一種革新方式，開始以迅猛之姿進入人們的視野。而且，《生活》雜誌刊載的文章也頗多傳世之作。如《時代》一樣，《生活》創刊伊始就對中國有著濃厚興趣。在二十世紀三〇年代至六〇年代《生活》雜誌輝煌多年。（該刊於 1972 年第一次停刊。1978 年復刊時改為月刊。）

(10)《讀者文摘》（The Reader's Digest）。三十二開書本式月刊，具有世界影響的美國主流媒體。總社設於美國紐約。1922 年 2 月 5 日，由美國明尼蘇達州聖保羅的年輕人德威特・華萊士（DeWitt Wallace）和他的妻子利拉・華萊士（Lila Wallace）以六百美元起家，在他們住所的地下庫創辦，旨在從美國每月出版的報紙書刊中選出歷久彌新的文章，擷英集粹，加以濃縮，使讀者每月有一本包羅萬象，鼓勵讀者過積極人生的讀物。《讀者文摘》每期約兩百至三百頁，刊發稿件約三十篇。每篇文章都是從美國數千份報紙、雜誌中精挑細選出來的，文章內容涉及國際問題、各國政治、名人傳記、世界各大城市介紹、種族問題、宗教、獵奇、探險、旅遊、兩性關係、歷史、文學、小說、藝術、美術、娛樂、烹飪、幽默小品、心理學、自然資源、經濟學、建築學、天文學、航空學、電腦以及其他科學，是介紹美國歷史文化、生活思維方式、風土人情的最經典的雜誌。《讀者文摘》後來發展成為美國發行量最大的月刊，並用多種文字出版，有著世界影響力，被認為「比《紐約時報》和《時代》週刊更能影響美國人」。

(11)《今日中國》（The China Today）月刊。設於美國紐約。「美國援華之友協會」（American Frinnd of Chinaese People）的機關刊物。「美

國援華之友協會」成立於 1933 年，是美國一個同情與支持援助中國抗日救亡的友好組織。

(12) 《芝加哥每日新聞報》（The Chicago Daily News）。總社設於美國芝加哥，創刊於 1875 年；後由於讀者的流失，於 1978 年 3 月 4 日停刊。

(13) 《每日郵件》（The Daily Mail）。總社設於美國芝加哥。

(14) 《芝加哥每日論壇報》（The Chicago Tribune Daily）。總社設於美國芝加哥。

(15) 《芝加哥論壇報》（The Chicago Tribune）。總社設於美國芝加哥，「美國著名的、為孤立主義者撐腰的」報紙，屬於麥考密克上校所有。[27]

(16) 《洛衫磯時報》（The Los Angeles Times）。創辦於 1881 年。總社設於美國洛衫磯。

(17) 《波士頓環球報》（The Boston Globe）。總社設於美國波士頓。

(18) 《視野》雜誌（The Ken）。總社設於美國芝加哥。

(19) 《瞭望》（look）。由加德納・考爾斯於 1937 年創辦。

(20) 《畫報週刊》（Pictorial Review）。

（三）英國主要報刊與通訊社：

(1) 路透社。總社設於英國倫敦。英國最主要的新聞通訊社，1851 年創辦。1872 年在上海設立路透社遠東分社，既向倫敦提供中國的新聞報導，又就近向上海租界的英商大型日報《字林西報》發稿，成為在華第一家向報社發布新聞稿的外國通訊社。依照 1870 年 1 月該社與德國的沃爾夫社、美國的美聯社簽訂之《通訊國際聯盟協定》，路透社在遠東享有獨佔發稿權。直到 1934 年，該協定才正式被廢除，路透社與中國國民政府的中央通訊社簽訂契約，放棄了在

---

[27] 前引〔美〕鮑威爾著，邢建榕等譯：《鮑威爾對華回憶錄》，第 323 頁。

華的直接發稿權。路透社遠東分社的轄區包括中國、日本、朝鮮、俄屬西伯利亞、菲律賓、婆羅洲、中南半島等地；在中國轄區內設有上海、南京、北平、天津、漢口、中慶、香港共七個分社。1928年 8 月至 1944 年 8 月，歷任路透社駐南京、漢口特派記者中國分社兼重慶分社社長的是南京籍的國際知名記者趙敏恒。路透社宣稱始終保持「公正、獨立和自由精神」。

(2) 《泰晤士報》（The Times；亦譯《倫敦時報》）。總社設於英國倫敦。是英國全國發行的一張綜合性的日報與英國主流媒體，在英國國內政治和國際關係問題上扮演了重要角色，對英國與全世界政治、經濟、文化都發揮著重大影響，長期以來，一直被認為是英國的第一主流大報，被譽為「英國社會的忠實記錄者」。《泰晤士報》是世界上第一張以「時報」命名的報紙，其英文名稱 The Times，中文直譯過來應該是《時報》。然而它的中文譯名卻音譯為與讀音相近、但毫無關聯的「泰晤士河」（River Thames）一樣。由於約定俗成的關係，錯譯保留至今。現今世界各地有許多名為 Times 的報章，如《紐約時報》（The New York Times）等等。為了區分出來，《泰晤士報》有時被英語使用者稱為《倫敦時報》（The London Times）。

(3) 《泰晤士報週末版》（The Times Weekiy Edition）。總社設於英國倫敦，是《泰晤士報》的附屬刊物。

(4) 《每日電訊報》（The Daily Telegraph）。英國發行量最大的全國性英文對開日報。總社設於英國倫敦。1855 年由亞瑟‧斯萊上校創刊。該報自稱持「獨立保守」的政治觀點，宗旨是「提供充分、明瞭和易於理解的新聞」，一貫把饒有興趣的材料和新穎的報導方式結合在一起，進行高水準報導。該報以「時效性」而著稱，為讀者提供獨家新聞。後成為英國三大報紙之一，具有世界影響的英國主流媒體。

(5) 《曼徹斯特衛報》（The Manchester Guardian）。1821 年，中產階級激進人士泰勒創辦了主張改革議會的《曼徹斯特衛報》。總社設於

英國曼徹斯特。是英國的全國性綜合內容日報。該報於 1959 年更名為《衛報》（The Guardian；1964 年總社遷至首都倫敦，不過於曼城和倫敦均設有印刷設施。一般公眾視《衛報》的政治觀點為中間偏左。現在和《泰晤士報》、《每日電訊報》一同成為英國的三大報。《衛報》由於其文筆優雅和分析精彩，以及嚴謹的新聞倫理觀念，近年來已經超過《泰晤士報》，成為了英國第一大報紙。

(6)　《曼徹斯特衛報週刊》（The Manchester Guardian Weekly）。總社設於英國曼徹斯特，是《曼徹斯特衛報》的附屬刊物。

(7)　《倫敦新聞畫報》。週刊，以刊登新聞圖片為主，總社設於英國倫敦。是世界上第一家成功地以圖片為主的新聞週刊。該刊有一個典型的傳統做法，就是當世界上某地有突發事件發生的時候，就會臨時雇用特派記者前往現場採訪與拍攝新聞圖片。例如在 1937 年 8 月淞滬戰爭發生後，著名的英國《每日電訊報》記者彭布羅克・斯蒂芬斯就為該刊提供了不少精彩的戰場照片與文字報導。後來彭布羅克・斯蒂芬斯於 1937 年 11 月 11 日死於日軍的流彈。另外，該刊在中國各地的西方傳教士與商人中有不少通訊員，他們也經常給該刊寄去他們拍攝的照片與撰寫的報導文字。因此該刊的圖片新聞報導及時而豐富。該刊對中國抗戰中的各項重大事件的來龍去脈，包括南京大屠殺，都有連續的報導，有很大的可信度與重要的史料價值。

(8)　《大不列顛與東方》（The Great Britain and the East）。總社設於英國倫敦。

（四）法國主要報刊與通訊社

(1)　哈瓦斯通訊社。1835 年 12 月由法國人查利・哈瓦斯創辦於巴黎。是世界上第一個取得成功的新聞通訊社。哈瓦斯是第一個把「Agence」這個詞用於通訊社的人。巴爾扎克曾稱之為「控制法國報紙的巨頭」。是今天法新社的前身。

（五）納粹德國主要報刊與通訊社

(1) 海通社。總社設於德國柏林。德國在十九世紀統一前，於 1849 年成立了沃爾夫通訊社，創辦人貝納德‧沃爾夫，是德國新聞通訊事業的始祖。在第一次世界大戰中，德國政府為打破敵國的新聞封鎖，新設海通社，使用無線電播發新聞稿。1933 年希特勒上臺後，為加強宣傳，於 1934 年將沃爾夫通訊社與海通社合併，成立德國新聞社，由戈培爾領導的納粹黨中央宣傳部管轄，但對外仍用海通社名義，其活動範圍遍及全世界，在中國設立分社。

(2) 德國新聞社，簡稱德新社。總社設於德國柏林。納粹德國的新聞通訊社，由戈培爾領導的納粹黨中央宣傳部管轄，但對外仍用海通社名義。

(3) 《法蘭克福彙報》。總社設於德國法蘭克福。

(4) 《德國簡訊郵報》。總社設於德國夏洛滕堡，由魯道夫‧洛倫茨出版社出版。

（六）蘇聯主要報刊與通訊社

(1) 塔斯社。總社設於蘇聯莫斯科。

(2) 《真理報》。總社設於蘇聯莫斯科。蘇聯共產黨中央機關報。

(3) 《消息報》。總社設於蘇聯莫斯科。蘇聯中央政府部長會議機關報。

　　以上西方各主要報社與通訊社都在中國上海英、法兩租界以及南京等地設立分社或記者站，派駐為數不等的記者與攝影師。

第三節　西方傳媒中的特殊群體——上海等地的「洋商報」

　　在當時的西方新聞傳媒中，有一個特殊的群體——由西方人士創辦、經營於中國土地上的上海、天津租界及北平、香港等地的各種報刊

雜誌，多是英文，也有法文、德文、俄文等，中國人習慣稱之為「洋商報」，以及性質相同的、由西方人在上海等地開辦的無線電廣播電臺等。他們的立場、觀點雖與美、英等國的報刊雜誌基本相同，但由於他們地處中國，因而對日軍侵華戰爭與南京大屠殺，更加關注；雖因有種種牽制與顧忌，所刊登的有關報導沒有美、英等國的報刊雜誌那樣直接、快捷，但對中國的影響卻往往更大。

在抗戰爆發與南京大屠殺發生前後設在中國的「洋商報」、西方廣播電臺有：

（一）設在上海英、法兩租界的西方主要報刊──「洋商報」：

(1) 《字林西報》（The North China Daily News，簡稱 N.C.D.N.）。大型英文日報。1864 年 7 月 1 日由英僑創辦於上海英租界，或稱公共租界；1866 年改由字林洋行出版，故取中文名為《字林報》，或更通行的《字林西報》。該報與英租界工部局關係密切，該報編輯部經常與工部局互通資訊，最先登載工部局發佈的各種法令、文告和公報，被視為工部局的半官方報紙，左右上海的輿論，成為上海最重要的外資商業大報，在遠東地區負有盛名，影響很大，銷行中國內外。在二十世紀三十年代初，該報最高日銷數一萬份左右，主要讀者是外國在中國的外交官員、傳教士和商人，也有中國人訂戶。《字林西報》歷任主編有 J.M.史密斯、S.摩斯曼、R.A.詹米森、R.S.甘德里、G.W.海頓、F.H.巴爾福、J.W.麥克萊倫、R.W.李德爾、O.M.格林、E.哈威德等人；在中國各大城市派有記者和通訊員，擁有龐大的撰稿人隊伍，其中很多人是外國在華政界、宗教界和商界的知名人士。《字林西報》闢有「上海本埠消息」、「中國內地消息」、「國際消息」、「國內時事評述」「北方消息」、「經濟新聞」、「船舶消息」、「體育遊戲新聞」、「時人行蹤」、「來函摘登」「專題報導」等欄目，以刊載通訊報導、時事新聞和有關中國的軍政消息為主；大量刊載商業性材料和廣告；同時重視言論，在上海的外文報紙

中，以消息快捷、材料豐富、言論穩健著稱。該報自稱其編輯方針是「公正而不中立」，經常就中外關係、中國政局和其他時事問題發表意見，曾發表大量評論中國內政的言論，對中國歷次革命運動多持反對態度；但在 1931 年「九・一八」事變後，該報及其星期日附刊《北華捷報》重視有關中國抗日的報導。在 1937 年 7 月盧溝橋事變後，直到上海、南京等地淪陷，租界成為「孤島」後，該報揭露日本發動的侵華戰爭與屠殺暴行，如實報導中國軍民的抗日救亡活動，並配合時事發表了多篇評論文章，抨擊日本對華侵略政策，同情與支持中國人民的抗日鬥爭。當日軍當局干涉與壓制租界新聞自由、歪曲事實真相時，該報以自己「中立國」與擁有治外法權的有利地位，根據不同的新聞來源，報導中國報紙無法如實報導的消息，發揮了重要影響。直到 1941 年 12 月 8 日太平洋戰爭爆發後，該報總經理和主筆被日軍逮捕，報遂停刊。

(2) 《北華捷報》（The North China Herald）。英文週報。1850 年 8 月 3 日英國拍賣行商人奚安門（Henry Shearman？-1856）創辦於上海。這是上海最早的英文週報，又名《華北先驅週報》，每星期六出報，主要刊載中國沿海城市的商情、一周新聞及司法、領事公報，供外僑閱覽。其中有許多關於太平天國的報導與文章。1856 年奚安門在上海去世，英國商人康樸同（Charles Spencer Compton，1799-1869）購得此報。當時，因為西方對華貿易中心向上海轉移，有關船舶及商業的材料日多，康樸同於 1856 年增出《航運日報》（Daily Shipping News）。1861 年，《北華捷報》由英商 Edwin Pickwoad 接辦。1862 年增刊《航運日報》擴充為《每日航運和商業新聞》（Daily Shipping and Commercial News）。1864 年 7 月 1 日，《每日航運和商業新聞》又擴充為獨立出版發行的英文日報，定名為 North China Daily News。1866 年該報改由「字林洋行」（Pickwoad and Co）經營，故報名取中文名為《字林報》，或更通行的《字林西報》。《北華捷報》則改為《字林西報》所屬的星期日附刊，繼續刊行，每週出版一期。

(3) 《密勒氏評論報》（Millard's Review of the Far East）。英文週刊，中文全稱為《密勒氏遠東評論報》，簡稱《密勒氏評論報》；1917 年 6 月 9 日由美國報人湯瑪斯・佛蘭克林・費爾法克斯・密勒（Thomas Frank Lin Fairfax Millard 1868-1942）在上海創辦；美國著名報人鮑威爾（John B・Powell，？-1947）長期擔任該報總編輯。1923 年 6 月該報的英文報名改為 The China Weekly Review，中文直譯為《中國評論週報》或《中華評論週刊》，但該報為延續銷路，中文報名仍稱《密勒氏評論報》。[28]該報歷史悠久，通常每期在星期六出版，十六開，有四十到六十頁，主要讀者為在華外國人及中國的官員與知識份子，在中國與東亞地區影響很大。部分報紙銷往美、英等國。1931 年「九・一八」事變後，該報同情與支持中國的抗日救亡運動。1936 年初，該報派遣愛德格・斯諾為記者，到陝北訪問中共中央與紅軍，並於 1936 年 11 月 14 日、21 日的兩期上連載斯諾寫的〈與共產黨領袖毛澤東的會見〉，在 11 月 14 日那一期還發表了斯諾所攝的毛澤東頭戴紅軍八角帽的大幅照片。這是有關毛澤東的身世、言論及照片在新聞媒體上首次公開發表，在海內外產生了很大的震撼與影響。1937 年 7 月中國抗戰發生後，該報是上海租界中最有影響的旗幟鮮明支持中國抗戰的「洋商報」。

(4) 《大美晚報》英文版（The Shanghai Evening Post And Mercury）。1929 年 4 月 16 日由美國僑民在上海創辦，是上海唯一的英文晚報，由美商「大美出版公司」出版，發行人是美國人史帶（C.V. Starr，又譯斯塔爾），總編輯克勞。報名英文原為 Shanghai Evening Post；1930 年 8 月 13 日合併入英文《文匯報》（Shanghai Mercury）後，英文報名改稱 Shanghai Evening Post and Mercury。主要刊載新聞電訊與要聞、各地通訊、上海本埠新聞等，另闢有副刊；在上海英、美僑民中較有影響。1931 年美國記者蘭德爾・高爾德（Randall

---

[28] 前引〔美〕鮑威爾著，邢建榕等譯：《鮑威爾對華回憶錄》，第 93～94 頁。

Gould，又譯古爾德）出任總編輯。1937 年到 1941 年《大美晚報》的發行人是美國人史帶，總經理是美國人白羅斯，總編輯是美國人高爾德。1937 年 7 月抗戰爆發後，該報發表或譯載了多篇揭露日軍暴行、支援中國抗戰的文章，觀點鮮明，言辭激烈，並發表聲明，堅持言論自由原則，嚴厲拒絕日方的新聞檢查，產生很大影響，贏得了廣大讀者。1941 年 12 月 8 日太平洋戰爭爆發後，該報主筆被日軍逮捕，報紙停刊。

(5) 《大陸報》（The China Press）。英文日報，是美國僑民在上海創辦的第一份報紙；由美國報人湯瑪斯・佛蘭克林・費爾法克斯・密勒（Thomas Frank Lin Fairfax Millard 1808-1942）及弗萊塞在上海創辦，在美國註冊，1911 年 8 月 29 日正式發行，孫中山、伍廷芳等在辛亥革命前後曾向該報提供資金，參與辦報活動。1919 年該報出售給英商新康洋行主人伊茲拉接辦，1929 年聘董顯光為總經理兼總編輯。因經營不善，該報於 1930 年 10 月轉讓給中國報界人士張竹平、董顯光，組成股份有限公司，由中、美合辦；1935 年 5 月以後，被國民政府勢力控制，宣稱以促進國際合作、贊助南京國民政府的經濟建設、構建上海國際社會和商業進步為宗旨。

(6) 《上海泰晤士報》（The Shanghai Times，亦譯《上海時報》）。英文報紙。1901 年由英國僑民創辦。在 1937 年 7 月抗戰爆發後，該報表現親日的態度，很少刊登中國抗日的報導。在日軍佔領上海後，該報常刊有利於日偽的消息。1941 年 12 月 8 日太平洋戰爭爆發後，該報在日軍監督下出版了一段時間，不久停刊。

(7) 《中國紀事報》（Chinese Recorder）。英文報紙，「中華全國基督教總會（NCC）」創辦。

(8) 《中國評論》（The China Critic）。英文刊物。

(9) 《遠東新聞》。法文報紙。

(10) 《上海日報》。法文報紙。

(11) 《柴拉早晚報》。俄文報紙。

(12) 《斯羅沃報》。俄文報紙。

(13) 《俄文日報》。俄文報紙。

(14) 《遠東新聞報》。德文小報，由上海的德國僑民創辦，受德國駐中國使領館影響，「基本上只轉載德國官方的德國新聞社（德新社）或遠洋通訊社播發的消息，因此在內容上緊跟納粹德國宣傳部的精神。《遠東新聞報》對德國、德國元首希特勒和德國納粹黨的報導是一片讚揚。」[29]

(15) 《東亞觀察家》。德文刊物，德國國家社會主義工人黨國外組織中國分部的黨部機關刊物。

　　另外，在西方國家出版的一些主要報紙雜誌也在上海出售，其中有美國的《紐約時報》、《新群眾》，英國的《泰晤士報》、《曼徹斯特衛報》，法國的《人道報》，蘇聯的《真理報》、《消息報》等。

（二）設在上海英、法兩租界的西方主要無線電廣播電臺有：

(1) 上海「中華全國基督教總會（NCC）」開辦的無線電廣播電臺。

(2) 「大美廣播電臺」。

（三）設在天津、北平、香港等地的西方主要報刊：

(1) 《京津泰晤士報》（Peking And Tientsin Times）。英文報紙。設在天津。1894 年由英僑創辦，為週刊；1900 年改為日刊。被視為英國人在中國的輿論工具，尤其是在華北影響很大，被稱之為「外人在華北的聖經」。長期擔任該報主筆的伍海德（1883-1959）曾為上海的《字林西報》工作。此人從 1912 年編輯《中國年鑒》（The China Year Book），在中、西方有很大的影響。

(2) 《華北每日新聞報》（The North China Daily News，亦譯《華北日報》）。英文晚報，1916 年 1 月由英僑貝特（R.Bate）創辦，設在天津。

---

[29] 〔德〕埃爾溫・維克特：《約翰・拉貝其人》；〔德〕拉貝著，本書翻譯組譯：《拉貝日記》，江蘇人民出版社 1997 年版，第 711 頁。

(3)　《北京時報》（The Daily Chronicle）。英文報紙，英僑創辦，設在北京。

(4)　《南華早報》（The South China Morning Post）。英文報紙，1903 年
　　 11 月 7 日由英人克寧漢創辦，設於香港。

(5)　《中國論壇》（The China Forum）。英文週刊，中國國際聯盟協會
　　 主持發行，設於漢口。

　　應該指出，美、英、法、德等西方國家，在 1937 年 7 月 7 日日本
發動全面侵華戰爭以後，直至南京大屠殺之後很長一段時間，一直宣布
對日中戰爭採取「中立」政策，與中、日兩國保持同等距離的關係。這
就使得這些號稱「中立國家」的新聞傳媒記者在採訪中日戰事上有許多
便利；而他們以「第三國」與「客觀」相標榜的立場與態度，在國際輿
論界具有特別重要的作用與影響，能發揮中國新聞傳媒與日本新聞傳媒
界所不能起的作用。

　　這些西方新聞傳媒與西方記者，特別是美、英等國的新聞傳媒與記
者，當 1937 年 8 月 13 日上海戰事發生後，將越來越多的新聞注意力集
中到中國的首都南京，報導日軍戰機對南京的轟炸，報導日軍從上海向
南京的包抄進攻，報導中國廣大的無辜民眾突然蒙受的巨大戰爭災難，
報導中國政府的抗戰政策與措施和中國人民的抗日救亡運動。這些西方
新聞傳媒雖堅守中立的立場，但在十分明顯的血淋淋的事實面前，他們
中的大多數人能堅持人類的正義與良心，堅持西方傳統的人道主義與客
觀、公正的新聞道德，因而能真實而客觀地報導南京的真實情況。他們的
報導往往將日本侵略者的兇暴野蠻與踐踏國際公法公之於眾，在字裏行間
流露出越來越多的對中國人民的同情與聲援，對日軍暴行的憤怒與譴責。

第四節　西方記者報導南京成為中國的抗戰指揮中心

　　在 1937 年 7 月 7 日盧溝橋事變發生後，美、英等國的新聞傳媒都
迅速作了報導，但一開始並未給以足夠的重視——沒有認識到這次戰役

將成為日本全面侵華與中國全面抗戰的序幕，甚至成為第二次世界大戰的序幕之一。這是由於自 1931 年「九・一八」事變後，中、日軍隊在華北一線的軍事衝突時有發生，這中間還發生過熱河抗戰、長城抗戰、察哈爾抗戰、綏遠抗戰等幾次較大規模的局部戰爭，但都沒有發展成全面抗戰，沒有發展成日、中間全面的戰爭。因而，美、英等國的新聞傳媒也以為盧溝橋事變會像以往一樣，會通過談判、調停，作為局部的地區的事件，不了了之。

　　例如，1937 年 7 月 19 日，美國的主流媒體、紐約的《時代》週刊首次報導盧溝橋事變，但將這則報導放在「遠東」部分，放在報導日軍在黑龍江沿岸與蘇聯軍隊發生衝突消息的後面。然而，這篇報導注意到南京國民政府表示了前所未有的對日本的強硬態度，指出：

> 日本軍隊在中國華北已在白天向北平附近調動。晚上槍聲不斷，據一份中國官方公報稱：「在有人從豐台兵營朝在宛平城和盧溝橋周圍出現的夜間調動的日本軍隊開槍之後，日本軍隊首先開火。」所提兩個中心地帶立即爆發戰鬥，日軍炮轟不牢固的防線，日方 16 人，中方 200 人被打死，其中一顆炸彈正好落在中國一位地方官員的空床上。戰鬥如此激烈，因此無法弄清楚在日本「首先開火」之前，誰是那個向日本人開槍的「有人」，但在南京的中國政府第一次表現出它已做好與日軍作戰的準備。

> 過去，從未聽說過蔣委員長的經德國顧問訓練過的軍隊，即「蔣的嫡系部隊」，向有日本軍隊的地方調動過。最新消息稱，這些部隊正在火速從華中地區派往華北。日本使館官員已經拿到一份中國方面充滿鬥志的聲明，令他們大吃一驚。聲明要求日本政府就在華北的「不友善表示正式道歉」，然後，「懲罰相關日本軍官，賠償中方損失」。

> 一位南京高官稱：「我們已經做好戰爭準備。」

這篇報導認為，「華北已經成為遠東麻煩的『新颱風』的中心」。這篇報導的標題就是〈新颱風？〉——這代表了當時西方美、英等國新聞傳媒的認識。這篇報導寫道：

> 在北平地區，日本軍隊多年來早已習慣於以強大壓力來使中國人委曲求全，因此，他們傾向於認為中方本週的行為是莽撞和不合常規。

> 既然中國的軍列本週已從南京接近北平，華北已經成為遠東麻煩的「新颱風」的中心。[30]

確實，日本軍國主義當局在近代對中國多次的侵略與擴張中，一直迷信憑藉其強大的國力與軍事力量，全力實施武力征服與戰爭恐怖威懾的手段，迫使中國軍民與中國政府畏懼、「猛省」與屈服，達到以戰迫和，實際是以戰迫降，從而實現日本對中國瓜分、鯨吞、蠶食、佔領與掠奪之目的。正如後來《遠東國際軍事法庭判決書》所說，日本當局的所謂促使中國軍民與中國政府「猛省」，「這事實上就意味著接受日本的統治」。[31]這一直是日本軍國主義對華殖民侵略政策的第一位的與最主要的目標與手段。自甲午戰爭以來，日本在對中國一連串的侵略陰謀與侵略行動中，如前所述，「早已習慣於以強大壓力來使中國人委曲求全」，並多次取得了巨大的成功。日本當局越來越相信，隨著日本國力與軍事力量的不斷增強，他們對中國的武力征服與戰爭恐怖威懾政策將無往而不勝！

1937 年 7 月 7 日，中、日軍隊在北平盧溝橋發生武裝衝突。日本當局立即借機派遣重兵趕赴中國，發動了全面侵華戰爭。據有關資料統計，當時日、中兩國國力與軍事力量的主要指標對比是[32]：

---

[30] 報導：〈新颱風？〉，刊〔美〕《時代》週刊 1937 年 7 月 19 日；中譯文引自李輝：《封面中國》，東方出版社 2007 年版，第 186、188 頁。

[31] 張效林譯：《遠東國際軍事法庭判決書》，〔北京〕群眾出版社 1986 年版，第 480 頁。

[32] 劉庭華：《中國抗日戰爭與第二次世界大戰繫年要錄（1931-1945）》，海潮出版社 1995 年版，第 309～310 頁。

	日本	中國	比率
工業總產值	60 億美元	13.6 億美元	4.4：1
鋼鐵年產量	580 萬噸	4 萬噸	145：1
煤年產量	5070 萬噸	2800 萬噸	1.9：1
石油年產量	169 萬噸	1.31 萬噸	129：1
銅年產量	8.7 萬噸	700 噸	124：1
飛機年產量	1580 架	0	
大口徑火炮年產量	744 門	0	
坦克年產量	330 輛	0	
汽車年產量	9500 輛	0	
年造艦能力	52422 噸	0	
空軍戰機	2700 架	305 架	8：1
海軍總噸位	190 萬噸	5.9 萬噸	13：1
航空母艦	6 艘	0	

　　日本的綜合國力在當時的世界上已排名第六、七位，而中國還在末次。日本是法西斯專制統治下的「舉國一致」，而中國是形式統一下的四分五裂。因此，日本當局狂妄地認為，憑藉日本對中國具有絕對壓倒性的經濟、軍事等方面的優勢，將像甲午戰爭那樣，很快迫使中國政府求和乞降。在日本陸軍參謀本部長期擔任對華情報與特務工作的今井武夫說：「在中國事變的開頭，日本方面有一部分人原以為一個回合就可以使中國訂城下之盟……」。[33]

　　然而，1937 年 7 月 7 日盧溝橋事變爆發後，日本對中國的武力征服與戰爭恐怖威懾政策一再遭到挫折與失敗。它不再像 1894 年甲午戰爭、1900 年八國聯軍侵華戰爭、1928 年 5 月濟南慘案，甚至也不像 1931 年 9 月瀋陽事變與 1933 年華北危機那樣「靈驗」了。歷史證明，盧溝橋事變成為中國全面抗戰的開始。南京國民政府立即表明了堅決抗戰的

---

[33] 〔日〕今井武夫著，本書翻譯組譯：《今井武夫回憶錄》，上海譯文出版社 1978 年版，第 69 頁。

態度，拒絕屈服求和。1937 年 7 月 17 日，國民政府軍事委員會委員長兼行政院院長蔣介石發表著名的廬山講話，號召全國軍民奮勇抗戰。中國軍隊在各個戰場上頑強戰鬥。從華北前線，到長江兩岸，全中國各階層人民掀起了前所未有、空前高漲的抗日救亡的熱潮。它使日本當局以一戰擊敗中國、迫使中國政府與中國軍民迅速地向日本求和乞降的美夢一次次失敗，化為泡影。

此後，《時代》週刊每期都重點突出報導中國抗戰史事與南京國民政府的對日強硬態度。

1937 年 7 月 26 日，美國《時代》週刊以日本首相近衛文麿作為這期刊物的封面人物，並配以文章，小標題為〈榻榻米上的辦公〉，重點報導日本最高當局發動全面侵華戰爭以後緊張、忙碌的活動。文章寫道，在盧溝橋事變發生後，日本天皇等皇室人員立即中斷休假，從海濱趕回東京；近衛文麿首相則連續幾天召開內閣會議：

> 連續幾天，近衛首相召集內閣成員通宵達旦地舉行會議。日本的企業家如通常一樣，看不出上週日本士兵到底是在聽從政府的指揮進行作戰，還是當地駐軍長官不願錯過良機，自行其事，進行小規模的戰鬥。

《時代》週刊的文章報導了日本當局對中國全面抗戰的擔憂、不安的心情：

> ……一切取決於中國的獨裁者現在是否最終做好了準備：冒險一博，對日開戰，動用裝備有美國軍艦、義大利戰鬥機和經過德國顧問訓練的部隊，即中國人稱作的「蔣的嫡系」。
>
> 所有這些兵力，獨裁者蔣在（1932 年）日本轟炸和侵佔上海時都沒有使用過。日本政府第一次害怕中國政府可能會轉而派遣飛機來轟炸日本本土，日本民眾該如何應對轟炸呢？……

　　《時代》週刊的文章還報導了日本統治層內部，在所謂「少壯派」與「自由派」之間，在對侵華戰爭的策略上所出現的分歧：

　　　上週，在東京，一批更年輕、更狂熱的日本軍官氣焰囂張地叫喊，他們的帝國應該首先打敗蘇聯，反對在解決好莫斯科的問題之前與南京打交道，他們認為後者是戰略的、政治的出賣。這些日本的少壯派把史達林看成是蔣的絕對後臺，但日本的「自由派」，如近衛首相認為，更聰明的做法是不放棄任何一次與中國打交道的機會。如果現在蔣委員長會在蘇聯的背後支持下集中全中國的力量抗日，那麼，在榻榻米上通宵達旦辦公的首相，就將完全陷於恐懼。他希望在「自由派」的支持下，能促使天皇用最小代價儘快征服華北。[34]

　　這期《時代》週刊還發表文章，對中、日戰爭雙方的軍事實力、軍隊官兵素質與戰爭準備作了分析：

　　　日本大約有戰鬥機 1200 架，中國大約 400 架，日本首相非常清楚中國的獨裁者蔣對這些具有意義的統計數字也有瞭解。日本陸地作戰裝備遠遠優於中國，後者幾乎沒有坦克；日本的軍火也佔優勢，儘管中國在這方面有明顯改觀。日本有將近 700 萬平民接受過強制性軍事訓練，中國則沒有訓練平民，其所稱的「200 萬士兵」超過一半是裝備簡陋的烏合之眾，日本則有 28 萬裝備精良、訓練有素的部隊。然而中國擁有的人力資源、自然資源非常巨大，日本則相當有限。……

　　　宋（哲元）、土（肥原）「口頭休戰」的跡象，正好可以從南京的檢查官審查通過的合眾社的報導中看出：據今天可靠消息透露，

---

[34]　報導：《榻榻米上的辦公》，刊〔美〕《時代》週刊 1937 年 7 月 26 日；前引李輝：《封面中國》，第 195～196 頁。

中國中央政府尚未做好真正的軍事準備以在華北與日作戰。「中國的軍事機器遠沒有準備好——按照非中國的軍事專家的觀點來看，他的許多部分都不配套。德國的裝甲車無法使用捷克的機槍，法國的裝甲車無法使用英國的機槍，在義大利訓練的飛行員不會駕駛美國飛機。」俄國訓練或日本訓練的軍官，不懂得在他們自己的國土上運用戰略戰術，高級軍官中充滿個人嫉妒，很少有將軍懂得要考慮進行一個團兵力以上的聯合作戰。

有住在中國長期生活經驗的外國人士指出，海外目前普遍認為中國已經做好抗日準備並在華北開戰，這一看法是不對的。[35]

然而，中日戰爭日益擴大。1937 年 7 月底、8 月初，華北日軍攻佔了天津、北平等地，並沿京漢線、津浦線、京綏線繼續進攻，擴大戰果。

1937 年 8 月 9 日，《時代》週刊報導南京國民政府堅決的抗戰態度，寫道：

上週在南京，中國的獨裁者、智慧而具有遠見的蔣介石委員長發表聲明：「……中國決心戰鬥到最後一個人！……我們政府的政策始終如一，我們決不放棄一寸土地，決不喪失我們的主權。我號召全國，動員一切力量，並肩作戰，拯救中國！」

曾有報導稱委員長正調遣精銳部隊（「蔣的嫡系」）北上，欲將日本軍隊趕出華北，迄今已有數週。日本空軍上週沿鐵路南下 85 英里，一直在尋找這些中國軍隊可能抵達的地方，並猛烈轟炸保定城。[36]

---

[35] 〔美〕《時代》週刊 1937 年 7 月 26 日；前引李輝：《封面中國》，第 191～192 頁。

[36] 〔美〕《時代》週刊 1937 年 8 月 9 日報導；前引李輝：《封面中國》，第 189 頁。

1937 年 8 月 13 日，中日軍隊在上海發生激烈的軍事衝突。上海迅速成為中日戰爭的最主要的戰場。在上海戰爭的開始階段，日方十分被動。日本政府沒有預料到中國軍隊會在上海發起主動進攻，會在華北以外另闢戰場。《時代》週刊就此報導寫道：

> 有理由相信，捲入這場孤立的上海戰事，不是日本人最初的計畫，他們的陸地侵略計畫是針對北平地區，有各種原因使他們不願意消耗軍火，分散軍力，在上海另外進行一場戰鬥。[37]

日本當局不得不迅速抽調兵力，於 1937 年 8 月 15 日組成「上海派遣軍」，破格起用已是預備役軍官的松井石根大將為司令官，向上海戰場大肆進攻。「對於已滿五十九歲，同時又是陸軍長老人物的松井大將來說，這是他建立軍功的最後機會了。」[38]我們將看到，松井石根不僅是日本陸軍進攻上海的最高指揮官，而且將是日本陸軍進攻南京的最高指揮官與南京大屠殺的罪魁禍首，「將以『南京劊子手』的醜名被載入史冊」。[39]

從 1937 年 8 月中旬到 1937 年 11 月 12 日，中、日軍隊在淞滬地區展開了約三個月的血戰。

美、英報刊在大力報導中國軍民在淞滬與華北等地區浴血奮戰、稱讚其「創造著遠東的奇跡」[40]的同時，以大量的篇幅報導南京的軍政動態，報導國民政府領導人多次表示的抗戰到底的決心，以及呼籲國際間對中國抗戰進行聲援與支援；報導中國各地區、各黨派的軍政領導人雲集南京，共商抗日大計的壯觀場面與感人情景，報導南京已儼然成為中國抗戰的指揮中心。

---

[37] 〔美〕《時代》週刊 1937 年 8 月 30 日報導；前引李輝：《封面中國》，第 192 頁。

[38] 〔日〕笠原十九司著，李廣廉、王志君譯：《難民區百日》，南京師範大學出版社 2005 年版，第 15 頁。

[39] 〔美〕大衛・貝爾加米尼著，張震久、周鄭、何高濟等譯：《日本天皇的陰謀》，商務印書館 1984 年版，第 50 頁。

[40] 〔美〕《時代》週刊 1937 年 11 月 1 日報導；前引李輝：《封面中國》，第 92 頁。

　　1937 年 8 月 31 日，西方記者報導國民政府軍事委員會委員長兼行政院院長蔣介石在南京接見路透社記者的談話：「目前中日不宣而戰之戰爭，國際間確應有制裁之必要」，「此種國際干涉非全為中國，實為謀國際間整個的安全。」[41]

　　1937 年 9 月 4 日，西方記者報導蔣介石在南京接見美聯社記者的談話：「中國抗戰非僅為本身存亡而戰，亦為維護世界和平而戰。」[42]

　　1937 年 9 月 12 日，西方記者報導宋美齡在南京對美國發表廣播演說，指出日本毀滅人類文明，各國不應熟視無睹。[43]

　　1937 年 9 月 20 日，西方記者報導蔣介石在南京接見外國記者的談話，稱：日本有一兵一卒仍在中國領土之前，決不放棄奮鬥。[44]

　　1937 年 9 月 21 日，西方記者報導蔣介石在南京接見法國《巴黎晚報》記者的談話，稱，希望各國對日本之侵略作有效的制裁。[45]

　　1937 年 9 月 24 日，西方記者報導蔣介石在南京就日軍封鎖中國海岸答外國記者稱：「海岸封鎖，打擊他國實大，影響中國實微，願各友邦均守條約義務。」[46]

　　1937 年 10 月 7 日，西方記者報導蔣介石在南京接見美聯社記者，就美國總統羅斯福於 10 月 5 日發表的「防疫隔離」演說，大加讚賞，並表示中國的抗日決心始終如一，「雖戰至最後一人，領土最後一寸，

[41] 韓信夫、姜克夫主編：《中華民國大事記》第四冊，中國文史出版社 1998 年版，第 145 頁。

[42] 韓信夫、姜克夫主編：《中華民國大事記》第四冊，中國文史出版社 1998 年版，第 149 頁。

[43] 韓信夫、姜克夫主編：《中華民國大事記》第四冊，中國文史出版社 1998 年版，第 156 頁。

[44] 韓信夫、姜克夫主編：《中華民國大事記》第四冊，中國文史出版社 1998 年版，第 161 頁。

[45] 韓信夫、姜克夫主編：《中華民國大事記》第四冊，中國文史出版社 1998 年版，第 162 頁。

[46] 韓信夫、姜克夫主編：《中華民國大事記》第四冊，中國文史出版社 1998 年版，第 164 頁。

亦不稍變更初志，非俟正義確立，條約重申其尊嚴，吾人之抵抗決不停止。」[47]

1937 年 9 月 23 日，《紐約時報》刊登南京 9 月 22 日電訊〈中國紅軍……協助南京政府〉，報導中國共產黨及其領導下的紅軍與國民黨結成抗日民族統一戰線，接受國民政府的領導：

〔據聯合新聞社消息，9 月 22 日，南京訊〕：今天「中華蘇維埃政府」自行解散，並命令其引起中國十年內戰的軍隊及其它武裝接受南京中央政府蔣介石委員長的領導。

中國共產黨中央執行委員會在一份宣言中宣布，支持中國現政府並與之保持統一。該宣言還宣布，將共產黨軍隊改編為國民革命軍，並將其置於蔣將軍的軍事委員會的領導之下。

該委員會在這份公報中宣布，「中國共產黨認識到孫中山（中華民國締造者）的學說對重建中國是不可或缺的，因此決定放棄以推翻國民黨政府為目標的武裝鬥爭、共產主義宣傳和強制剝奪（地主）土地等所有形式的鬥爭。」[48]

1937 年 9 月 24 日，《紐約時報》刊登特派記者德丁從南京發出的報導〈南京居民在擔驚受怕中恢復生活〉，副題為〈公用事業恢復正常，但貿易再創新低，許多人足不出戶；蔣讚揚紅軍的行動，共產黨的支持是民族大業高於一切的勝利〉，其中部分內容繼續報導第二次國共合作的形成與南京國民政府的反應：

針對中國共產黨先前發表的以解散「中華蘇維埃共和國」、放棄共產主義信條、放棄推翻國民黨的奮鬥目標等為內容的公報，昨

---

[47] 韓信夫、姜克夫主編：《中華民國大事記》第四冊，中國文史出版社 1998 年版，第 175 頁。

[48] 報導：〈中國紅軍……協助南京政府〉，刊〔美〕《紐約時報》1937 年 9 月 23 日；前引《南京大屠殺史料集》，(29)，第 348 頁。

天，蔣介石委員長發表講話予以積極回應，稱中國要邁向自由、
民主的資本主義。

蔣將軍歡迎共產黨人遵奉孫中山博士的三民主義。他強調要團結
一切力量貫徹孫博士的主張。蔣將軍關於國民政府領導的抗戰事
業，將會得到全國各階層、各團體支持的講話，這被人認為是蔣
將軍既不想過於偏向共產黨，也不想依靠法西斯。而且，這個講
話還糾正了人們認為與共產黨合作就意味著政府將會迫使自己
進行社會主義變革的錯誤印象。

共產黨的聲明宣布，支持民主政府，將紅軍納入國民革命軍序
列，歸蔣將軍領導。蔣將軍祝賀共產黨採取的這個行動，把它看
作民族情感高於一切的一次勝利。

蔣說，對於任何一個真誠地希望在國民黨的領導下，致力於結
束外敵侵略、致力於國民革命的政治組織，國民政府都樂於接
受。[49]

1937 年 10 月 11 日，美國《時代》週刊報導中共領導人之一、中
共長江局組織部長秦邦憲來到南京的情況，報導了秦邦憲所介紹的八路
軍在山西戰場獲得的重大軍事勝利：

在南京一種東方式的隆重氣氛中，走來了秦邦憲同志、原中華蘇
維埃政府共產黨的主席，其軍隊已加入到中國政府的軍隊。「我
們勇敢的共產黨軍隊，南京政府的第八路軍，上週在山西取得了
兩個大勝仗。」秦宣布，「他們俘虜了整整一個營的日本兵，包
括指揮官、60 輛軍用卡車、1 架重機關槍、2,000 發子彈。在這
一迅猛的出其不意的打擊下，日軍防線已被突破。1,000 多名日

---

[49] 報導：〈南京居民在擔驚受怕中恢復生活〉，刊〔美〕《紐約時報》1937 年 9
月 24 日；前引《南京大屠殺史料集》，（29），第 349 頁。

本士兵被打死，1,000 名蒙古和日本兵被繳械。在第二場戰鬥中，我們共產黨軍隊以『游擊戰』戰術深入到日本防線的後方，這是我們在與南京方面作戰時常常運用的戰術。」[50]

1937 年 10 月 25 日，《時代》週刊報導國民黨桂系軍閥首領李宗仁、白崇禧來到南京的情況，稱日本的侵華戰爭「已使全中國空前地團結起來了」：

在此期間，蔣介石迎來了從南方趕來的能幹的李宗仁和白崇禧——一對長期的軍閥夥伴。八年前，這兩位叛逆者反對蔣介石，因為他當時不願意抗日，而他們認為中國應該這麼做。上個月，白將軍成為委員長的重要將領。上週，彼此之間的失和最終在南京得到修補，隨後，李將軍北上指揮先期從南方調來的五萬軍隊，準備在山東抵禦日本的進攻。……

所有一切意味著日本人對中國的野蠻侵略，在上週已使全中國空前地團結起來了，明顯比以往團結得多。在南京恢復的信心，給中國報紙帶來熱情，他們不加保留地報導誇耀的消息，稱中國共產黨的軍隊在山西奪回了雁門關與平型關，「消滅了五萬日本軍隊」。

顯然，在名義上已由日本「控制」的地區，中國軍隊成功地運用了游擊戰。此種不斷騷擾的游擊戰，對於在上週已經把戰線拉得很長的入侵者來說，將被證明很有效。因為日本必須擁有漫長的軍需供給線，其總長度已達到 1,000 英里以上。[51]

---

[50] 〔美〕《時代》週刊 1937 年 10 月 11 日報導；前引李輝：《封面中國》，第 194 頁；譯文略有改動。

[51] 〔美〕《時代》週刊 1937 年 10 月 25 日報導；前引李輝：《封面中國》，第 193～194 頁。

1937 年 11 月 1 日，《時代》週刊報導中共軍隊總司令朱德與國民黨高級將領衛立煌連袂來到南京、彙報戰況的情況，並指出這一對昔日的仇敵如今為了抗擊日本這個共同的敵人走到一起來了：

> 此外，不斷進行騷擾的中國游擊戰，最近廣泛得到運用，已明顯切斷了日軍的補給線。中國的游擊戰總是在運動中實行打了就跑的戰術。上週，他們的指揮官來到了中國的首都南京，介紹了兩週前的戰鬥情況，作為「打了就跑」的將軍中的主要領袖，走來的是有「紅色拿破崙」之稱的朱德和「常勝將軍」之稱的衛立煌。上週，他們並肩不斷騷擾日本人。儘管四年前，中國政府曾懸賞十萬大洋活捉「紅色拿破崙」，懸賞八萬元殺死他；贏得「常勝將軍」的衛立煌將軍，也在圍剿朱德的中國共產黨軍隊的戰鬥中打過不少勝仗。……[52]

在 1937 年 7 月抗戰爆發後的約半年期間，南京成為中國的抗日指揮中心，寄託著中國人民的希望。同時，她也成為日本軍國主義的仇恨聚焦，必欲置之死地而後快。一場圍繞南京的生死大搏鬥即將展開！

---

[52] 〔美〕《時代》週刊 1937 年 11 月 1 日報導；前引李輝：《封面中國》，第 194～195 頁。

第二章　美、英記者
對日機空襲南京的報導

　　我們在研究西方新聞傳媒怎樣對待與報導日軍南京大屠殺暴行之前，十分有必要先對西方新聞傳媒怎樣報導與評判日軍對南京的空襲、日軍進攻南京、中國軍隊的南京保衛戰等，進行分析與研究。

　　首先，我們對西方新聞傳媒對日機轟炸南京的報導與批評，進行分析與研究。

第一節　報導日機對南京的「無差別轟炸」
與中國民眾的重大傷亡

　　1937 年 8 月 13 日上海抗戰開始以後，日本當局在以重兵向上海發動瘋狂進攻的同時，利用日本的航空兵優勢，出動大批戰機，對中國重要的大中城市實施大規模的野蠻的空襲，其中，中國首都南京成為日軍轟炸的首選目標與重點目標。

　　1937 年 8 月 15 日，日本海軍航空兵戰機第一次對南京實施空襲。15 日下午 1 時 30 分許，日本海軍第一聯合航空隊所轄的木更津航空隊的二十架新銳 96 式陸上攻擊機，從日本本土長崎附近的大村航空基地起飛，經近五個小時的飛行，到達南京，冒著中國戰機的攔截與地面防空火力，強行衝入市區上空，對明故宮機場、大校場機場等軍事設施以及八府塘、第一公園、大行宮、新街口等商業區與人口密集區進行掃射與轟炸。下午 2 時 50 分，第二批日機再次空襲南京。——這一天是日

軍戰機對南京的第一次空襲。南京防空部隊也首開記錄，於當日先後擊落日機六架。

日本戰機對南京野蠻的「無差別轟炸」給南京民眾造成重大的傷亡。這實際上成為日軍對南京軍民大屠殺的開始。美國《生活》畫報著名記者大衛・貝爾加米尼指出：

> 南京浩劫的可怕部署始於 1937 年 8 月 15 日。[1]

西方長駐南京或是專程到南京採訪戰時新聞的各國記者，特別是美國、英國的記者，對日機對南京的空襲，及南京民眾遭受的重大傷亡與災難，進行了及時、客觀的報導。美、英等國報紙迅速刊登了這些報導，「曾經佔據全世界報紙的重要地位」[2]。當時正在南京取景的美國派拉蒙電影公司和環球電影公司的攝影師將日機空襲南京的狂轟濫炸及其造成的中國人民的巨大災難拍攝下來，向全世界報導。美、英等國人民就是通過報紙的報導、新聞攝影圖片和雜誌、小冊子及電影新聞等，初步瞭解了日本軍隊對中國發動的侵略戰爭及其對中國非戰鬥人員的空襲與屠殺，瞭解了中國人民蒙受的巨大災難與痛苦。

就在日機對南京首次空襲的第二天，1937 年 8 月 16 日，美國主流媒體《紐約時報》就對此迅速作了報導，刊登該報駐上海記者發來的電訊《中國人在南京與敵人展開空戰》，稱「日軍首次對南京的空襲是當天空襲行動的重頭戲」，其中寫了日機對明孝陵、光華門等南京歷史名勝與商業區的轟炸：

> 致《紐約時報》無線電訊

---

[1] 〔美〕大衛・貝爾加米尼著，張震久、周鄭、何高濟等譯：《日本天皇的陰謀》，上冊，商務印書館 1984 年版，第 50 頁。

[2] 〔英〕田伯烈著，楊明譯：《1937：一名英國記者實錄的日軍暴行》（按：原書名為《外人目睹中之日軍暴行》），湖北人民出版社 2005 年版，第 125 頁。

〔8 月 16 日，星期一，上海訊〕：日軍空軍轟炸機中隊昨天空襲南京、杭州以及更遠一些的江西南昌，江蘇和浙江的多處中國空軍和軍事基地遭襲。……

毫無疑問，日軍首次對南京的空襲是當天空襲行動的重頭戲。由 12 架德國造漢客（Heinkel）重型轟炸機組成的飛行中隊下午 2 點從南邊呼嘯著來到該市上空，重點打擊機場和軍事集結地。

中國空軍觀測站發現來襲的侵略者後，於 1 點 15 分拉響空襲警報提醒市民。人們急忙躲進防空洞，救護車和防空系統準備就緒迎接敵人的攻擊。

日軍飛機分成 4 個小組作戰，它們向明孝陵、商用機場、光華門、軍用機場和部隊陣地投下炸彈。……[3]

當天的《紐約時報》還以〈東京因空襲得到安慰〉為題，報導日本當局對空襲南京所得到的「安慰」：

致《紐約時報》專電

〔8 月 16 日，星期一，東京訊〕：由於當地報紙獲悉日本海軍將士昨天的豐功偉績，這裏的人們對上海日本海軍與平民安全的擔心因此幾乎完全緩解了。

這些報導說，在惡劣的天氣條件下，經過一連串的空襲，幾乎上海的每一座中國機場都遭到打擊。據稱，執行攻擊任務的飛機是從很遙遠的地方飛過來的。

據報導，攻擊南京的飛機冒著大雨來回飛越數千英里的中國海。

---

[3]　報導：〈中國人在南京與敵人展開空戰〉，刊〔美〕《紐約時報》1937 年 8 月 16 日；前引《南京大屠殺史料集》（29），第 317～318 頁。

日方報導還補充說，在那次攻擊中，28 架中國飛機和兩架大型
商用飛機在停機坪被摧毀；10 架戰鬥機和一架輕型轟炸機在空
戰中被擊落。[4]

此後，《紐約時報》繼續報導日機對南京連續不斷的空襲及其引起
的後果。1937 年 8 月 17 日刊登美聯社消息，題為〈日本關閉駐南京大
使館〉，副題為〈東京下令使館職員撤出中國首都——據悉領事也將撤
退，尋求更多戰爭資金，首相請求日本金融家的幫助，加強國內空防〉，
內容如下：

〔美聯社消息，8 月 17 日，星期二，東京訊〕：日本今天下令關
閉其駐南京大使館，撤回駐中國各地領事館。官員們說，尚不清
楚這一事件是否會給對華外交關係造成嚴重的後果。

外務大臣廣田指示日本駐中國首都代辦日高（Shinrokuro Hidaka）
關閉大使館建築，並儘快率隨員離開南京前往上海。

駐華大使川越（Shigeru Kawagoe）目前正在上海，自今年 7 月
中日戰爭爆發以來，他就一直不在南京。[5]

日本關閉駐南京的使領館，撤走日方人員，意味著日軍戰機將要開
始對南京更大規模的空襲。

1937 年 8 月 21 日，《紐約時報》刊登〈炸彈震撼南京美國大使館〉，
報導日機在 8 月 20 日對南京的猛烈空襲甚至波及美國駐南京大使館，
內容如下：

---

[4] 報導：〈東京因空襲得到安慰〉，刊〔美〕《紐約時報》1937 年 8 月 16 日；
前引《南京大屠殺史料集》（29），第 319～320 頁。
[5] 報導：〈日本關閉駐南京大使館〉，刊〔美〕《紐約時報》1937 年 8 月 17 日；
前引《南京大屠殺史料集》（29），第 320 頁。

〔8 月 20 日，南京訊（美聯社）〕今天，14 架日軍轟炸機乘著黎明對南京發動了空襲，在空襲中，美國大使館因炸彈爆炸而受到震動，美國人的寓所被彈片擊中。

不過，經過清點，沒有一名美國人在空襲中受傷，美國大使館的財產也未遭到破壞。日軍空襲的目標顯然是中國軍方的中央陸軍大學。[6]

南京中央大學醫院被轟炸後起火，據報導，有 10 多名中國平民遇害。中央大學圖書館也遭到嚴重破壞。[7]

1937 年 8 月 28 日，《紐約時報》刊登前一日，即 8 月 27 日記者從南京發出的電訊《大使們譴責轟炸南京》，報導一開頭就寫了日機在 8 月 27 日對南京非軍事區的狂轟濫炸，對大量的最貧困居民造成了嚴重傷亡，慘不忍睹，字裏行間流露出對日方空襲的強烈不滿與譴責。內容如下：

〔8 月 27 日，南京訊〕在一次迄今為止南京遭受的最具破壞性的空襲中，日軍轟炸機今天對首都最貧困地區的轟炸造成 150 人死亡、數十人受傷。

這場大火災的發生地至少離中國軍隊的機場或軍事設施 2 英里遠。大多數受害者是被燃燒彈引發的大火圍困的苦力。……

午夜後不久，南京至少遭受了 4 次空襲。明亮的月光增添了日軍夜間在揚子江下游一帶行動的信心，也照亮了通往 1,000,000 人口的這座城市的夜空。

---

[6] 中央陸軍大學位於南京漢口路與中山路的交界處。

[7] 報導：〈炸彈震撼南京美國大使館〉，刊〔美〕《紐約時報》1937 年 8 月 21 日；前引《南京大屠殺史料集》（29），第 322 頁。

大量的燃燒彈被投下，火焰迅速穿過人口稠密的區域而擴散開來，將擠在茅棚裏的人們圍困。美聯社記者事後在美國大使館的一名官員的陪同下察看了這個地區。他們發現在慘不忍睹的泥巴屋廢墟堆裏保持蜷縮姿勢的燒焦的屍體。

他們看不出這些空襲對日本人有任何軍事上的好處，哪怕是一點點。[8]

當時，承擔轟炸南京任務的，是日軍海軍航空兵部隊。

在侵華日軍各部隊中，日本海軍與海軍航空兵部隊具有特殊重要的作用。它不僅承擔運送日本陸軍到上海等中國各戰場的任務，而且它直接參戰：海軍陸戰隊是進攻上海的主力，海軍的艦炮火力是對中國軍隊的強大威脅，尤其是海軍航空兵部隊不僅轟炸上海戰場，支援日本陸軍作戰，而且從 8 月 15 日起，深入中國內地，轟炸中國首都南京以及廣大的城市與鄉村。當時，日本的空軍不是獨立的軍種，而是分屬日本海軍與日本陸軍。其中，日本海軍航空兵更為歷史悠久，力量強大。日本海軍大臣米內光政成為屠殺中國人民的大劊子手之一，也成為世界矚目的人物。1937 年 8 月 30 日，美國紐約的主流媒體《時代》週刊繼 1937 年 7 月 26 日將日本首相近衛文麿作為封面人物後，又一次將米內光政作為這期刊物的封面人物。米內光政身著海軍服，手持佩劍，看上去威風凜凜而殺氣騰騰。他指揮下的日本海軍及海軍航空部隊結束了自「九‧一八」事變以來在侵華戰爭中無所作為的歷史，正承擔著進攻上海與轟炸南京、屠殺中國軍民的「重要」任務。這期《時代》週刊配發的文章寫道：

1931 年，侵佔滿洲時，日本的海軍未來得及派上用場，上週在上海，日本海軍則幾乎是獨立地進行著第一次世界大戰結束以來世界上最大的一次戰鬥。上週不斷有消息說日本的增援部隊正在

8　報導：〈大使們譴責轟炸南京〉，刊〔美〕《紐約時報》1937 年 8 月 28 日；前引《南京大屠殺史料集》（29），第 323～324 頁。

趕往上海，但幾乎所有真正可見的增援部隊都是奔赴華北，補充北平一帶的軍力。在北平，圓腦袋的綏遠省主席傅作義將軍，兩週來一直在南口的窄長地帶抵禦日軍進攻。上週，北方的其他一些軍閥趕來支援他，渴望進行一場大規模的防禦戰。

不過，在上海，日本海軍不只是投入了最激烈的戰鬥，而是日本海軍至少有一半兵力派來了。聯合艦隊的旗艦，由英國製造、已服役 37 年的「出雲號」旗艦停泊在上海公共租界對面。經歷了 10 天的轟炸、射擊，包括一次魚雷襲擊，旗艦僅受到輕傷。沿黃浦江到長江口，16 英里的河面上，彙集著日本艦隊群，共 50 多艘戰艦、包括 4 艘戰列艦、6 艘巡洋艦、38 艘驅逐艦以及日本的 4 艘航空母艦中的 1 艘。[9]

與米內光政一樣，甚至超過米內光政，當時日本進攻上海地區的最高軍事指揮官——日本「上海派遣軍司令官」松井石根大將更是屠殺中國人民的大劊子手，也是世界更加矚目的人物。《時代》週刊 1937 年 9 月 6 日以〈兩位同志〉為題，重點介紹了日本侵華戰爭中的這兩位陸、海軍元兇。關於米內光政的介紹：

> 作為一個日本人，米內將軍身材可謂魁梧，5 英尺 10 英寸高，這與他的顯赫政治地位很相配。57 歲的米內一直是海軍軍官，老謀深算，避免捲入政治紛爭之中，他受命指揮旗艦。……米內喝酒，但有節制，愛喝日本厲害的燒酒。他的主要愛好是書法，用駝毛製作的毛筆在宣紙上寫中國字，這是練習手的穩健的一項運動。兩週前，裕仁天皇召見他，將處理上海難題的任務交給他。他的一雙有力的日本人的手正在工作著。

---

9 〔美〕《時代》週刊 1937 年 8 月 30 日；前引李輝：《封面中國》，第 197～198 頁。

關於松井石根的介紹：

> 為進行這場戰役，日本政府任命松井擔任海陸空的聯合部隊的最
> 高司令官。松井熟悉中國的程度幾乎同他熟悉自己的國家一樣，
> 並曾與中國熱情的愛國者、「中華民國之父」孫中山合作過，在

日本「上海派遣軍司令官」松井石根大將。

> 中國推進「泛亞西亞主義」。儘管這一主義是針對當時的中華民
> 國政府，但也是反對俄國。但松井的狡猾足以矇騙大量沒有戒心
> 的中國人，他走到哪裡，人們都伸開雙臂歡迎他。現在他的工作
> 不再是矇騙他們，而是與他們作戰。[10]

《時代》週刊對松井石根的介紹更有先見之明。此人後來成為指揮
日軍進攻南京與實施大屠殺的最高司令官。他被美國著名記者大衛・貝
爾加米尼稱之為「南京劊子手」[11]。

---

[10] 報導：〈兩位同志〉，刊〔美〕《時代》週刊 1937 年 9 月 6 日；前引李輝：《封
面中國》，第 198～199 頁。

[11] 前引〔美〕大衛・貝爾加米尼著，張震久等譯：《日本天皇的陰謀》，上冊，

這期《時代》週刊還報導了日本最高當局正為擴大侵華戰爭而緊張地忙碌著：

> 上週，在東京，日本的內閣成員們在護城河環繞的裕仁天皇的皇宮忙進忙出，他們要求天皇做出一系列決定，其中最重要、最轟動的高層軍事決定是，派遣全部日本正規軍，約 26 萬人，前往中國。

> 在上海，差不多有 10 萬日本軍隊參戰，此場戰役不再是孤立的，一場新的地面戰鬥已經擴大，北平、上海、西部山區之間的廣闊三角地帶，都將可能成為戰場。[12]

在松井石根與米內光政的直接指揮下，日軍對上海的進攻與對南京等地的空襲日益瘋狂，日益囂張，日益兇殘，日益血腥。《紐約時報》1937 年 9 月 3 日刊登記者 9 月 2 日從上海發出的無線電訊，題為《據報導南京遭到局部毀壞》，副題為《美國難民稱中國首都因轟炸受損嚴重，講述日軍對火車的攻擊，兩名旅遊者稱日軍飛機用機關槍掃射去上海的火車》，報導「因空襲已經造成數百名平民傷亡的首都，經常籠罩在巨大的恐慌之中」，內容如下：

> 〔1937 年 9 月 2 日，上海訊〕據乘火車從杭州抵達這裏，並將於星期二坐「胡佛總統號」輪船前往美國的兩名美國人稱，三個星期前還是一派繁榮景象的新中國首都南京，現在成了一座遭受創傷的城市。10 架日軍飛機的轟炸使得這座城市部分化為廢墟。

> 這些人得到了美國駐南京大使館的警告，不要坐火車前往上海。他們被告知，要先去漢口，隨後往北坐火車到隴海線，再向東到

第 50 頁。

[12] 〔美〕《時代》週刊 1937 年 9 月 6 日；前引李輝：《封面中國》，第 197 頁。

徐州，最後通過濟南轉往青島。但這些人沒有聽從大使館的勸告，試圖坐火車前往上海。

他們說，他們乘坐的火車四次遭日本飛機轟炸。其中有兩次，日本飛機猛然向下俯衝，并用機關槍掃射，擊斃多名中國人。

不過，南京方面對日軍空襲後果的官方說法是，日軍空襲轟炸實際造成的破壞不大。報導指出，有些茅屋被燒毀，部分工人被炸死。但是，這兩名美國人卻給我們講述了一個內容與中國官方說法不同的故事。他們報告說，許多精美的新大樓被毀滅，許多軍事和航空建築被空襲擊中，或毀滅或遭嚴重破壞。

三個星期前，南京誇耀人口超過 100 萬。比 10 年前至少增加了兩倍。但今天，南京人口卻只有不到 50 萬人。

起初，大量人口逃向上海，隨後則是周邊鄉村地區，現在則是向南京上游的漢口以及更遠些的地方逃離。……

從這兩位美國人的講述中可以得知，南京比上海更害怕遭到空襲。在這座因空襲已經造成數百名平民傷亡的首都，經常籠罩在巨大的恐慌之中。[13]

1937 年 9 月 19 日下午，駐上海的日軍海軍第三艦隊司令官長谷川清海軍中將公然向各國駐滬領事發出通告，宣稱將於 9 月 21 日正午以後，對南京城內及附近的中國軍隊與軍事設施採取轟炸與其他手段，要求各國駐南京使館人員與僑民撤離南京，各國艦船撤離南京江面。「因為日本人認定，南京是『中國軍事對抗日本的基地』」。但還未等到 9 月 21 日正午，日機在 9 月 20 日就對南京進行空襲。《紐約時報》9 月

---

[13] 報導：《據報導南京遭到局部毀壞》，刊〔美〕《紐約時報》1937 年 9 月 3 日；前引《南京大屠殺史料集》（29），第 324～325 頁。

20 日刊登美聯社當日從上海發出的電訊，題為〈日本發動大空襲，南京爆發空戰〉（因時差原因），報導說：

> 〔據美聯社消息，9 月 20 日，星期一，上海訊〕：日軍在一場野心勃勃的空戰中，他們的空軍大隊兩次對南京發動空襲。此舉顯然是為了報復中國空軍星期六晚上空襲上海地區日本軍艦和陸上陣地。
>
> ⋯⋯
>
> 空襲南京之後，日軍再次威脅要採取「嚴厲」的行動，可能會摧毀中國首都這座城市。因為日本人認定，南京是「中國軍事對抗日本的基地」。

警告外國人

外國外交代表收到了日本第三艦隊司令官長谷川中將發出的警告，稱日軍將對南京採取行動，所有外國人必須於明天中午之前離開南京。到時候「日本空軍將採取一切必要的手段打擊南京」。

該警告還要求，美國和其他國家停靠在南京江邊的艦隻必須「向上游方向至少移動十一英里」。美國大使館和海軍司令正在等候華盛頓方面的指示，以決定是否理睬日軍的警告。⋯⋯[14]

《紐約時報》記者德丁等也從南京發出總題為〈在南京等待空襲時我們的大使離開〉的電訊，其中報導了 9 月 20 日上午日機對南京「發動了令人恐怖的三小時空襲」，刊登在 1937 年 9 月 21 日該報上，寫道：

> 今天上午，50 架日軍飛機對南京全城除新居民區以外的所有地區，發動了令人恐怖的 3 小時空襲。毫無疑問，這次空襲搞得人

---

[14] 報導：〈日本發動大空襲，南京爆發空戰〉，刊〔美〕《紐約時報》1937 年 9 月 20 日；前引《南京大屠殺史料集》（29），第 330～331 頁。

心惶惶。日方宣布，從今天中午開始，可能對任何地區發動不加區別的、更加猛烈的空中轟炸。（南京）能否長時間經受得住這種可能發生的空襲的考驗，這個問題有待觀察。

當日本飛機投下的 5 枚炸彈落入國際會議大廈周圍以及實業部附近的時候，南京市中心第一次遭到破壞。

在空襲還在繼續進行的過程中，記者就驅車快速趕往現場，並目睹許多平民被炸死。記者估計，現場附近有 50 人被炸死。

在空襲期間，即便防空炮火也是倉促應戰。儘管日方發出警告，最壞的情況將要發生，暗指甚至將要使用毒氣。但一位軍方高級發言人昨天向記者保證，中國軍隊和政府將堅守南京，直到這座城市被日軍完全摧毀。[15]

1937 年 9 月 21 日正午到了。這是日軍當局宣布的開始大規模轟炸南京時間。當時中國空軍力量很弱。根本無法有效攔截日本戰機的空襲。南京市民在恐怖不安中等待著災難的降臨。但等了約一天時間，日機卻一直沒有出現，原因可能是這天的天氣不適於飛行，也可能是日本當局搞心理戰。美國《紐約每日新聞》（The New York Daily News）刊登美聯社記者 22 日從南京發出的報導，說：

在長達 24 小時的時間裏，這個大都會的百萬百姓帶著極大的恐懼等待著事先預告的轟炸機的到來。[16]

---

15 〔美〕德丁：〈在南京等待空襲時我們的大使離開〉，刊〔美〕《紐約時報》1937 年 9 月 21 日；前引《南京大屠殺史料集》（29），第 339 頁。

16 報導：〈日本對抗美英，轟炸南京〉，刊〔美〕《紐約每日新聞》1937 年 9 月 22 日；張憲文主編：《南京大屠殺史料集》（6），張生編：《外國媒體報導與德國使館報告》，江蘇人民出版社 2005 年版，第 2 頁。

　　於 1937 年 9 月 21 日中午前趕抵南京進行採訪的上海英文《密勒氏評論報》主編鮑威爾、美國《紐約先驅論壇報》駐上海記者基恩、美國「無線電通訊社」董事長皮爾遜等人，在這天下午，「一直待在南京，等候日本人的轟炸。可是，日本轟炸機連影子也沒有出現」。他們看到的南京的情況是：

> 如果光從街道和商店來看，這一天的南京已經是一個死城。城裏的老百姓不是逃走，便是躲了起來，大街小巷空無一人。

　　他們揣測上海方面會發生重大變故，就於當日晚乘車離開南京趕回上海。而在他們的回程路上，他們看到了大批日機飛往南京。他們「錯過了觀看轟炸南京的機會」。[17]

　　1937 年 9 月 21 日，英、美、法、蘇等國宣布，拒絕日方在 9 月 19 日提出的要求這些國家駐南京人員撤出南京之要求；並聲明，倘日機轟炸南京，致各該國僑民及財產發生損壞時，日方當負完全責任。英國向日本外務省提出抗議與警告，警告日本濫炸非軍事區的後果。

　　然而日軍當局不顧英、美、法、德等國家的抗議與勸告，終於在其宣布的開始大規模轟炸南京時間──9 月 21 日正午約 1 天時間以後，在 1937 年 9 月 22 日上午 10 時 35 分，開始了對南京的大規模的血腥空襲，給南京人民帶來了更大的災難。美國《紐約郵報》（The New York Post）刊登美聯社當日發自南京的報導〈日本無視美國抗議，轟炸首都〉，寫道：

> 上午 10 時 35 分，日軍要求的於昨日（按：指 21 日）正午前離開市區的最後通牒期限已過。在緊張地等待了將近整整一天後，預告第一次空襲即將來臨的尖銳警報聲響徹全城。人口超過 100 萬的的南京市民們頓時像發瘋一樣衝向已準備好的防空洞以及

---

[17]　前引〔美〕鮑威爾著，邢建榕等譯：《鮑威爾對華回憶錄》，第 311～313 頁。

其他的掩體，有的人則到小山上躲避。恐懼中的人們拼命地從人
口密集地區向四處逃散，街道上呈現著極度慌亂的景象。[18]

日本海軍航空隊從 22 日上午 10 時 35 分開始，到正午 12 時，先後
出動六十五架飛機，兩度突入南京城區上空，大規模空襲南京，不僅轟
炸掃射了城南人口稠密區，而且首次轟炸了城西新居民區和城北下關交
通樞紐，共三十餘處地點，歷時約一個半小時，造成很大的財產損失與
人員傷亡。美、英各報於當日迅速作了報導。

1937 年 9 月 22 日，美國《紐約每日新聞》（The New York Daily
News）刊登美聯社當日發自南京的報導〈日本對抗美英，轟炸南京〉。

〔據美聯社報導，9 月 22 日，發自南京〕今天，日軍不顧美國
和英國的警告，悍然派出轟炸機攻擊了南京，對中國首都的轟炸
持續了一個半小時之久，據稱造成了很大傷亡。……日本轟炸機
自上午 10 時 35 分開始轟炸首都，並一直持續至正午。……轟炸
極其猛烈。……[19]

1937 年 9 月 22 日，《紐約郵報》（The New York Post）刊登美聯社
當日發自南京的報導〈日本無視美國抗議，轟炸首都〉。

〔美聯社報導，9 月 22 日，發自南京〕在英美兩國對日軍無差
別轟炸中國首都提出抗議後不滿 48 小時之內，今天，50 多架日
本飛機對南京進行了兩次空襲。炸彈傾瀉而下，中國平民的死亡
人數超過 200 人。

---

18 報導：〈日本無視美國抗議，轟炸首都〉，刊〔美〕《紐約郵報》1937 年 9 月
22 日；前引《南京大屠殺史料集》（6），第 6 頁。
19 報導：〈日本對抗美英，轟炸南京〉，刊〔美〕《紐約每日新聞》1937 年 9 月
22 日；前引《南京大屠殺史料集》（6），第 1 頁。

多數傷亡人員屬於體弱無力者，他們甚至不能躲到周圍的農村避難。

城內到江邊的下關貧民街上落下了幾十枚燃燒彈與高爆炸彈。連接在一起的茅草小屋像火柴盒一樣熊熊燃燒。許多人因無處藏身而被燒死。

……

儘管美英兩國對轟炸平民及私有財產提出了抗議，並且法國、德國稍後也進行了交涉，市內人口最集中的地區還是受到了轟炸。其中包括美、意、德、荷的各大使館或公使館，以及事實上全部是美國等外國人居住的新住宅區。

首都的 30 個地區中，平均每處落下了 3 枚炸彈，中國的兩大重要鐵路——津浦線和京滬線也未能倖免。不遠處的長江上停泊著美、英、法、意各國的軍艦。[20]

當天，英國路透社記者史密斯在日機轟炸結束後來到下關難民收容所。他在報導中描述了他看到的慘狀：

在空襲後，我來到那裏，下關的難民營裏呈現出可怕的景象。受害者扭曲的屍體撒落在一大片地區。許多難民居住的蘆席棚被炸彈點燃，在燃燒著。燃燒的濃煙直沖雲霄，在數英里外都能看到。[21]

在 9 月 22 日以後，日機連續多日對南京猛烈轟炸。

---

[20] 報導：〈日本無視美國抗議，轟炸首都〉，刊〔美〕《紐約郵報》1937 年 9 月 22 日；前引《南京大屠殺史料集》(6)，第 3～4 頁。

[21] 徐淑希編著：《日本人的戰爭行為》（英文），1938 年出版，藏美國國會圖書館；前引《南京大屠殺史料集》(29)，第 602 頁。

　　1937 年 9 月 25 日，日機自上午九時半至下午四時半，先後有九十六架，分五次空襲南京，投炸彈五百枚。日機轟炸的多為南京之文教衛生等機關，如中央大學、中央通訊社、中央醫院、廣東醫院、下關電廠、首都電燈公司、首都自來水公司、下關難民所等，以及江東門、三條巷、邊營、中山東路等居民住宅區。南京居民傷亡達六百人。[22]是為日機轟炸南京的高峰與最血腥的一天。上海租界的英文《字林西報》在第二天對這次空襲報導如下：

　　今天在日本轟炸機空襲南京的過程中，巨大的爆炸聲震撼了南京。在上午的兩次空襲後，中午警報再次拉響，但是在先前對下關電廠空襲所造成的破壞使得第三次警報聲音顯得很微弱。

　　下午 12 時 20 分，由 21 架飛機組成的編隊從東面飛來，投下大批炸彈。……6 枚炸彈落在市中心，有一炸彈據說落在毗鄰財政部的海關大樓附近。目前為止，傷亡人數尚無法確定，但是一般認為，大約有 100 多名平民傷亡。[23]

　　1937 年 9 月 27 日，美國《紐約時報》刊登報導，題為〈南京從大轟炸中恢復〉，副題為〈轟炸總死亡人數達 100 人；隨著瓦礫堆被運走，將會找到更多的屍體，首都不會遷移，外交部指責敵機在空襲廣德時冒用中國標誌〉，報導前一天日軍空襲南京所造成的嚴重後果，「稱作飛機有史以來對任何一個城市最兇殘的轟炸」：

　　〔致《紐約時報》無線電訊，9 月 26 日，中國南京訊〕……

22　〔澳〕哈樂德・約翰・廷伯利（按：即田伯烈）著，馬慶平、萬高湖譯：《侵華日軍暴行錄》，〔北京〕新華出版社 1986 年版，第 111 頁。

23　徐淑希編著：《日本人的戰爭行為》（英文），1938 年出版，藏美國國會圖書館；前引《南京大屠殺史料集》（29），第 606 頁。

外國觀察員把昨天的空襲轟炸，稱作飛機有史以來對任何一個城市最兇殘的轟炸。他們還對中國人民和中國政府能否經受得住這次嚴峻的考驗，表示高度的懷疑。一些並沒有遭受威脅的地方，許多人也已經被嚇倒。……中國官方的報導稱，昨天空襲造成的傷亡有100多人。但在清運廢墟時，不斷有屍體被發現。……[24]

1937年10月2日，上海英文《密勒氏評論報》發表文章，概述近一星期內，即1937年9月25日以後的一個星期內，日機多次轟炸南京的情形，其內容全係根據英國路透社的南京消息。其主要內容如下：

英、美、法三國雖向日本提出抗議，日方顯然置之不顧，日機二十九架又於九月二十五日上午，猛烈轟炸中國的首都。城南一帶是南京最熱鬧的人口最稠密的區域，尤為日機所注意……

日機第二次襲擊南京時，中央通訊社總社辦公室全部被毀，職員五人受傷頗重。事後，中央通訊社即著手佈置一切，現在仍照常工作。該社在土街口，離銀行區甚近，共落炸彈三枚。那一帶人口稠密，沒有重要的軍事建築，中央通訊社為文化機關之一，日方蓄意加以破壞，以消滅中國最大的新聞機關……

九月二十五日南京空襲的結果，平民死傷達六百人。自上午九時半迄下午四時半，日機先後五次侵入南京上空，共擲炸彈約五百枚。午後的兩次空襲，以中央醫院和衛生署為目標，共落炸彈約十五枚，但無一中的。有一個彈穴的深度達二十尺，直徑達四十五尺，醫生的宿舍為爆炸的巨力所震倒，廚房間被毀，手術間略有損害。

---

[24] 報導：〈南京從大轟炸中恢復〉，刊〔美〕《紐約時報》1937年9月27日；前引《南京大屠殺史料集》（29），第350頁。

據中央社稱，日機轟炸中央醫院，絕非出於誤認目標，因屋頂上漆有大紅十字符號及中央醫院四字。

關於衛生署問題，衛生署是與國聯合作的，所設中央護士學校，一部分的基金，則由洛克斐勒基金委員會所供給。衛生署的禮堂和中央護士學校，都受嚴重的損失，並有兩個僕人斃命。

犧牲於轟炸下的，還有首都電燈公司、首都自來水公報、中央廣播電臺、市政府衛生局、廣東醫院、哈瓦斯、海通和合眾三通訊社的辦事處。

日本飛機以兩百五十公斤的巨型炸彈，轟炸住宅區，在中山路山西路口，有一個其大無比的窟窿。兩顆炸彈落在寧夏路轉角的小丘上，附近住宅震撼甚劇，玻璃窗碎裂，電燈泡落地。

日本飛機顯然想轟炸內政部和衛戍司令部，因標的不準，毀去一家當鋪，中國銀行後面的七家住宅也同歸於盡，但無人受傷，因都已避入防空壕。電報局當然也是目標之一，有幾顆炸彈落在附近，無一中的……

九月二十五日日機轟炸南京時，有一顆炸彈落到高門樓法國領事館的院子內。九月二十七日，則有五顆炸彈落在下關，和停泊三汊河的法國炮艦僅隔二百公尺。

在這以前，日本的空軍曾於九月二十二日兩次襲擊南京，第一次飛機五十架，空襲的時間自上午十點三十分到中午，第二次飛機十五架，時間甚短促。

在三百處以上的地點，包括城南市區和新住宅區（美、意、德各國使館以及全體外僑住宅，都集中於此），每天平均要落下兩三顆炸彈。據路透社報告，第二次空襲時，下關難民收容所中彈，

死者至少在百人以上，事後前往觀察，殘骸遍地，蘆席棚火焰熊熊，直沖雲霄……

不到一小時，又來日機十架，這一次是東北方飛來的，抵達浦口上空時，即列成圓形，以潛水式輪流擲彈，轟炸津浦鐵路，然後向東北方飛去。據法國領事館消息，九月二十五日，曾有五百磅重的炸彈四枚，落在該領事館附近，相距不到一百碼。以各國使館或領館而言，這要算是最危險的一次了……[25]

這則報導以確鑿的事實，證明日軍戰機是有目的地轟炸南京「人口密集的居民區」，轟炸醫院，轟炸「中國最大的新聞機關」──中央通訊社等文化機關，甚至轟炸外國駐華使館區。它向全世界揭露了日本當局的兇殘面目與日本新聞宣傳的虛假不實。

1937 年 10 月 4 日，美國《時代》週刊刊登報導〈正如宣布的那樣〉（As advertised）。這是該刊記者在聽到日軍海軍第三艦隊司令官長谷川清宣稱將於 9 月 21 日正午以後猛烈空襲南京後，緊急趕往南京，親歷日機對南京的多日轟炸，並進行廣泛的採訪，所寫的報導。報導指出，日軍戰機確如長谷川清所宣布的那樣，對南京實施了連續多日毀滅性的野蠻轟炸：

自日本海軍第三艦隊司令長谷川清中將對南京進行系列「超級轟炸」以便將南京從地圖上抹去後，上週南京已遭受十六次空襲。

……

「保護南京。尊重國際法。不要轟炸毫無防禦能力的平民！」這些是英國、美國，後來又有另外兩個西方國家在東京發出的外交呼籲和抗議的要旨。日本官員的回答是他們人道的目標是盡可能

---

[25] 〔英〕田伯烈著，楊明譯：《1937：一名英國記者實錄的日軍暴行》（按：原書名為《外人目睹中之日軍暴行》），湖北人民出版社 2005 年版，第 126～127 頁。

快地結束戰爭，同樣，（9 月 21 日）中午——原定的「零點」最後期限，南京沒有被轟炸，直到第二天上午轟炸才開始——並非因為日本人尊重了列強的抗議，而是因為天氣不適合轟炸。

（9 月 22 日）上午 10 點 35 分，令人焦躁的南京響起了淒屬的防空警報。……在總共 4 個小時期間，一波又一波的日本飛機不斷飛來，日本飛行員丟下了各種炸彈，從能夠摧毀整個街區並使地面顫抖的 500 磅巨型炸彈到和手榴彈差不多大小的燃燒彈，它們能夠點燃它們所碰到的任何可燃物資。

……日本飛機對南京火車站及沿江貧民窟的轟炸，在那裏，那些年紀太小、太老、太窮、病得太重或是什麼都不懂而沒有離開南京的中國人被大批地屠殺。日本的炸彈炸毀或是焚燒了他們可憐的棚屋，將其變為碎片，將活人烤焦，將死人焚化。

……

第二天，日本出動了 80 架轟炸機對南京進行了今年規模最大的一次轟炸，使本星期被炸身亡的南京市民超過 500 人，並在一次最壯觀的空襲中，最終成功地摧殘了中國首都價值 100 萬美元的發電廠。為了確保其 500 磅的炸彈不偏離目標，日本轟炸機群的隊長在電廠上空進行了絕對垂直的俯衝，在他的飛機似乎要撞上電廠煙囪的最後時刻丟下炸彈，然後爬起，不可思議地逃脫了密集的防空炮火的攻擊。根據通訊社最新的報導，被毀壞的電廠成了一個內部被燒完的空殼。

日本飛機還轟炸了兩所中國醫院，每一所醫院都標有巨大的紅十字標記。南京的供水系統也遭破壞，停止供水。[26]

---

[26] 報導：〈正如宣佈的那樣〉，刊〔美〕《時代》週刊 1937 年 10 月 4 日；前引

1937 年 10 月 7 日，《紐約時報》刊登該報記者德丁 10 月 6 日發自南京的電訊〈12 個小時之內南京遭到三次空襲〉，報導日機頻繁的空襲使南京的白天生活「斷斷續續地陷入癱瘓」：

> 〔10 月 6 日，南京訊〕今天，在 12 個小時之內，中國的這座首都遭到三次空襲。但據官方報導，空襲造成的損失不大。
>
> 日軍飛機轟炸了郊區一帶的軍事目標和附近的機場。日軍成功地使南京這座城市白天的生活斷斷續續地陷入癱瘓。……
>
> 今天的第三次空襲是自中日戰爭爆發以來，南京遭到的第 53 次空襲。[27]

1937 年 10 月 23 日，英國《倫敦新聞畫報》刊登〈南京在構築大量防空掩體〉，報導南京民眾雖構築了許多防空掩體，但在日機的猛烈轟炸下仍傷亡慘重：

> 儘管如此，日本轟炸機的襲擊還是造成了一些可怕的後果。當一顆炸彈於 9 月 22 日的空襲中落在一個兵營時，有 100 人被炸死。9 月 25 日，有 35 顆落在了一個人口稠密的地區，又炸死了 100 人。[28]

1937 年 11 月 12 日日軍佔領上海後，迅速向南京包抄進攻。為了配合日本陸軍對南京的合圍與進攻，日軍當局進一步加強了對南京及其週邊陣地的空襲，除日本海軍航空隊更為瘋狂外，在 12 月初，又投入

《南京大屠殺史料集》（29），第 579～582 頁。

[27] 〔美〕德丁：〈12 小時之內南京遭到三次空襲〉，刊〔美〕《紐約時報》1937年 10 月 7 日；前引《南京大屠殺史料集》（29），第 354 頁。

[28] 報導：〈南京在構築大量防空掩體〉，刊〔英〕《倫敦新聞畫報》1937 年 10月 23 日；中譯文引自《南京晨報》2007 年 12 月 13 日。

日本陸軍航空隊第三飛行團，「大舉空襲南京」。[29]1937 年 12 月 2 日，
美國《紐約時報》刊登該報記者德丁 12 月 1 日發自南京的電訊〈南京
守軍在規避陷阱〉，其中報導日機的空襲使南京周圍的許多城鎮變成了
「日軍的屠宰場」：

> 中方承認，日軍正從無錫、宜興向南京穩步推進。他們報告說，
> 日軍加緊對一些城鎮進行空襲。據說，這些城鎮都變成了日軍的
> 屠宰場，除了中國守軍外，幾乎沒有一個平民。[30]

1937 年 12 月 4 日，中國飛行員董明德駕駛南京機場唯一的一架中
國驅逐機升空，最後一次空襲正向南京進攻的日軍地面部隊。此後，為
數很少的中、蘇戰機不得不撤退轉移到內地機場去。日機已完全取得了
制空權，肆無忌憚地對南京城內外進行更加猛烈的空襲。1937 年 12 月
4 日，美國《紐約時報》刊登報導〈中國軍人從南京安全區撤走〉，其
中寫道：

> 〔12 月 4 日，南京訊〕……
>
> 從南京可以聽見聲音，但看不見中國驅逐機在城東數英里外的上
> 空迎戰強大的日本空軍的空戰。顯然日本空軍突破了中國的空中
> 防線，向南京附近的空軍基地以及鐵路線投下炸彈。[31]

1937 年 12 月 6 日，美國《紐約時報》刊登該報記者德丁當日（因
時差原因）發自南京的報導〈日本的轟炸令英國炮艦艦長負傷〉，副題
是〈蕪湖空襲令英國商務船兩名英國人受傷，汽船燃燒，多名中國人死

29　〈支那事變實記〉；轉引自南京市志叢書：《南京人民防空志》，海天出版社
　　1994 年版，第 31 頁。
30　〔美〕德丁：〈南京守軍在規避陷阱〉，刊〔美〕《紐約時報》1937 年 12 月 2
　　日；前引《南京大屠殺史料集》（29），第 404 頁。
31　報導：〈中國軍人從南京安全區撤走〉，刊〔美〕《紐約時報》1937 年 12 月 5
　　日；前引《南京大屠殺史料集》（29），第 408 頁。

亡——飛機阻擊逃亡軍隊，南京遭攻擊，侵略軍離首都僅 25 英里——估計週末佔領〉，報導日機 12 月 5 日炸沉了從南京駛抵蕪湖江面的英商怡和洋行的「德和號」（Tuckwo）商船，該船上有從南京等地逃亡的中國難民 6,000 多人，喪生者有 1,000 多人；同時報導了在 12 月初日機對南京的轟炸及其造成的慘痛景象：

〔12 月 6 日，星期一，發自南京〕……

就在蕪湖遭轟炸不久前，日軍飛機在南京城內投放了燃燒彈。距明故宮民用飛機場 100 碼的地方，日軍飛機一字排開投放了 6 枚炸彈，炸毀了一個車庫和數十間中國貧民的簡陋房屋，居民死亡 14 人。

一對夫婦帶著兩個孩子逃到明故宮門下，被落在明故宮門口的炸彈炸得滿身瘡痍。丈夫儘管受了傷，但把身負重傷的妻子抱在懷裏，眼睜睜地看著妻子和孩子們死去。[32]

1937 年 12 月 7 日，日軍戰機對南京實施了「空戰史上空襲規模最大的一次行動」。當日的《紐約時報》刊登記者阿本德的報導〈日軍抵達南京；九十架飛機轟炸南京；孫中山的陵墓被包圍〉，寫道：

〔12 月 7 日，星期二，上海訊〕……

由於遭受挫折，未能按原定計劃於今天上午攻入南京城，日軍大為惱怒。他們出動了 90 架飛機空襲中國前首都。據信，這是空戰史上空襲規模最大的一次行動。空襲的結果尚不得而知，但由於日本飛機扔下大量炸彈，已經造成了嚴重的混亂。[33]

---

[32] 〔美〕德丁：〈日本的轟炸令英國炮艦艦長負傷〉，刊〔美〕《紐約時報》1937 年 12 月 6 日；前引《南京大屠殺史料集》（6），第 42 頁。

[33] 〔美〕阿本德：〈日軍抵達南京，90 架飛機轟炸南京，孫中山的陵墓被包圍〉，刊〔美〕《紐約時報》1937 年 12 月 7 日；前引《南京大屠殺史料集》（29），第 420 頁。

　　1937 年 12 月 10 日是日軍在中國守軍拒絕投降而向南京發動瘋狂總攻擊的日子。日機對南京的轟炸也達瘋狂程度。英國《泰晤士報》記者麥克唐納在〈恐怖的南京〉中報導說：

> 12 月 10 日星期五那天，日機轟炸，用機槍掃射穿越市區來增援戰鬥最激烈的城牆陣地的中國軍隊。[34]

　　一直堅持留在南京採訪的英國路透社記者史密斯在報導中記載了南京保衛戰最後幾天的戰況，其中寫到在 12 月 11 日日機對南京的頻繁空襲：

> 12 月 11 日，……南京這一整天都受到日本飛機的攻擊和轟炸。開始還發空襲警報，後來攻擊次數多了，接踵而來，發警報已沒有意思了。飛機轟炸引起多處起火，火勢較小，沒有造成值得一提的損失，看來，日本飛行員的主要任務是偵察。[35]

　　1937 年 12 月 12 日是南京保衛戰的最後一天。當時留在南京城內採訪的美國記者德丁在這天發出的電訊〈侵略者受阻於南京城牆上的眾多工事〉中，報導了日機在這天對南京加強空襲，出現了前所未見的重型轟炸機：

> 今天早上，由於天冷多霧，日軍只進行了零星的空襲。午後天空放晴，日軍改為進行持續的空襲。一直以來承擔空襲任務的都是輕型轟炸機，但今天重型轟炸機也出現了。三架重型轟炸機編組從薄雲中穿過，在中國軍隊集結點、橋樑和城門周圍投下了炸彈。在他們的配合下，輕型轟炸機也積極展開了類似的襲擊。

---

[34] 〔英〕麥克唐納：〈恐怖的南京〉，刊〔英〕《泰晤士報》1937 年 12 月 18 日第 12 版；前引《南京大屠殺史料集》(6)，第 109 頁

[35] 〔英〕史密斯：〈關於 1937 年 12 月 9 日至 15 日南京戰情的報告〉；中國第二歷史檔案館、南京市檔案館合編：《侵華日軍南京大屠殺檔案》，江蘇古籍出版社 1997 年 9 月出版。第 617〜618 頁。

……

三架日本重型轟炸機對從中山門進入市內的中國軍隊長長的行軍隊伍投彈轟炸。記者就在此前剛剛離開行軍隊伍，已經走出幾個街區遠了，但一聽到爆炸聲就立即趕回來。估計一百多人被打擊精確度較高的炮彈炸成碎片，炮彈正好落在中央陸軍大學外面。[36]

據英國記者田伯烈在 1938 年初報導：「自一九三七年八月十五日起，到一九三七年十二月十三日，即日軍確實佔領中國首都時為止，南京不斷在空襲的威脅下。十二月十八日東京路透社發出下列電訊：『據此間軍部今日發表公報稱，自戰事暴發迄南京陷落，日軍非機先後飛往南京五十次，轟炸中國之密集部隊軍事設施，共擲炸彈一百六十噸。公報並稱參加轟炸南京之飛機，在八百架以上。』」[37]而據中國學者研究統計，從 1937 年 8 月 15 日到 12 月 13 日日軍攻佔南京，在這長達四個月的時間中，「南京共遭受日機空襲 118 次，投彈 1357 枚，市民死亡430 人，重傷 528 人」。[38]而且這個數字僅指城區的普通市民，不包括被炸死傷的中國軍人與郊區農民。保守估計，日機空襲造成南京中國軍民傷亡當在 3,000 人以上，造成的財產、房屋損失則難以計算。

---

[36] 〔美〕德丁：〈侵略者受阻於南京城牆上的眾多工事〉，刊〔美〕《紐約時報》1937 年 12 月 12 日；前引《南京大屠殺史料集》（29），第 457 頁。

[37] 〔英〕田伯烈著，楊明譯：《1937：一名英國記者實錄的日軍暴行》（按：原書名為《外人目睹中之日軍暴行》），湖北人民出版社 2005 年版，第 125～126 頁。

[38] 南京市志叢書：《南京人民防空志》，〔深圳〕海天出版社 1994 年版，第33 頁。

第二節　報導南京軍民的防空作戰與無畏精神

　　面對日本侵略者的野蠻空襲，南京軍民以無畏的精神，以弱抗強，奮勇抗擊，保家衛國。對南京中國軍民奮勇抗擊日機空襲的無畏戰鬥與不屈精神，美、英多家報刊記者以讚揚的筆調，多次作了重點報導。

　　當時日軍戰機數量多，性能優越，而且日本國內生產能力強，補充容易。相比之下，中國空軍才成軍不久，力量很弱，戰機國內不能生產，只能到歐美各國購買，數量既少，性能不一，補充更不易；中國飛行員又多經驗不足；而南京等地的防空工事倉促草建，十分簡陋，中國軍民又多沒有防空經驗。但是，中國軍民是為著保家衛國，為著打擊侵略者，因而愛國抗日熱情高漲，鬥志昂揚，無所畏懼，「用血肉之軀迎戰鋼鐵的裝備」。[39]

日軍先進的「96」式戰機在中山陵上空肆虐

---

[39] 報導：〈上海新聞〉，刊〔上海〕《北華捷報》英文週刊 1937 年 12 月 15 日；
　　前引《南京大屠殺史料集》（6），第 25 頁。

　　1937 年 8 月 15 日日機首次對南京空襲。年輕的中國空軍毫無畏懼，騰空而起，奮起反擊，與日機進行了激烈的空戰；地面防空炮也同時開火，給狂妄的日本侵略者迎頭痛擊，取得了輝煌的戰果。美國《紐約時報》於 1937 年 8 月 16 日刊登報導〈中國人在南京與敵人展開空戰，擊落 12 架敵機中的 6 架〉，對南京上空的這場空戰報導如下：

　　〔8 月 16 日，星期一，上海訊〕日軍空軍轟炸機中隊昨天空襲南京……毫無疑問，日軍首次對南京的空襲是當天空襲行動的重頭戲。……中國空軍觀測站發現來襲的侵略者後，於 1 點 15 分拉響空襲警報提醒市民。人們急忙躲進防空洞，救護車和防空系統準備就緒迎接敵人的攻擊。

　　日軍飛機分成 4 個小組作戰……。中國空軍騰空而起，在空中與敵人搏鬥。市內以及周圍山上的防空炮開火，空中飛舞著爆炸的炮彈。

　　中方事後報導說，有 6 架敵機被擊落。而獨立觀察人士則聲稱，至少 3 架日軍飛機被擊毀。中方聲稱，日軍空襲造成的損害不大，只是明故宮機場留下幾個彈坑，其他機場的機庫受到輕微破壞而已。不過，日方卻聲稱，大量停在地面的飛機被擊毀，飛機庫被炸毀。……[40]

　　1937 年 9 月 3 日，《紐約時報》刊登記者 9 月 2 日從上海發出的無線電訊，題為〈據報導南京遭到局部毀壞〉，其中寫到了「南京的防空措施非常嚴厲」：

　　南京的防空措施非常嚴厲。當防空警報響起時，所有車輛和一切交通工具都必須立即停止行駛。這些汽車、馬車和黃包車的車主

---

[40] 報導：〈中國人在南京與敵人展開空戰，擊落 12 架敵機中的 6 架〉，刊〔美〕《紐約時報》1937 年 8 月 16 日；前引《南京大屠殺史料集》(29)，第 317～318 頁。

們不允許離開自己的車子。所有的步行者都必須找地方躲藏，並不得喧嘩，直到空襲警報解除為止。[41]

當日軍海軍第 3 艦隊司令官長谷川清於 1937 年 9 月 19 日發出通告，威脅將於 9 月 21 日正午開始對南京實施猛烈轟炸後，中國政府官員表現了凜然正氣，沈著應戰。《紐約時報》在 9 月 20 日刊登的報導〈外國人準備離開南京〉中寫道：

〔9 月 20 日，星期一，南京訊〕：上海日軍昨天發出警告，明天中午過後，類似的空襲將在南京全城展開。受此影響，本地的外國人開始了緊張的行動。所有外國人都得到勸告，要他們轉移到更加安全的地方。

⋯⋯

一名中國高官在建議人們接受勸告離開南京時說：「讓他們來吧，我們做好了準備。」

這條新聞傳得很廣，⋯⋯儘管非核心的部門官員和不急用的檔案可能會運往漢口，但據信中國政府決心留在南京不走。[42]

1937 年 9 月 21 日，是日本當局宣布要在當日正午後大規模空襲南京的日子。美國、義大利等駐南京的使館人員在前一日晚就驚慌地乘船逃離南京城。但南京的中國官民，上從國民政府的領導人蔣介石、宋美齡夫婦，下到普通市民，都繼續留在南京的各自崗位上，勇敢而平靜地應對災難與危險。在這天中午趕至南京採訪的美國《密勒氏評論報》主

---

41 報導：〈據報導南京遭到局部毀壞〉，刊〔美〕《紐約時報》1937 年 9 月 3 日；前引《南京大屠殺史料集》（29），第 325 頁。

42 報導：〈外國人準備離開南京〉，刊〔美〕《紐約時報》1937 年 9 月 20 日；前引《南京大屠殺史料集》（29），第 335 頁。

編鮑威爾，在看到美國使館人員幾乎逃之一空的同時，卻看到南京市民仍在正常地工作著。他還在這天下午採訪了蔣介石。鮑威爾寫道：

> ……中午，我們便在大使館裏和帕克斯頓一起吃飯，飯菜是由使館的中國廚師準備的。在使館工作的中國廚師和僕役都沒有逃跑，仍舊在大使館上班。飯後，我驅車前往勵志社——中國軍隊的青年會組織。在勵志社的大樓裏，我採訪了蔣委員長和蔣夫人。我問委員長，每次聽到日本飛機要來南京轟炸時，美國使館的官員們立刻逃之夭夭，對此有何感想？他笑了笑，聳聳肩膀說：「你看，我們不是仍舊在這兒嗎？」[43]

如前所述，蔣介石還於 9 月 20 日、21 日連續在南京接見西方記者，莊嚴地表示：「日本有一兵一卒仍在中國領土之前，決不放棄奮鬥。」

1937 年 9 月 22 日，日機大規模空襲南京。美國《紐約郵報》（The New York Post）刊登美聯社當日發自南京的電訊〈日本無視美國抗議，轟炸首都〉，報導了中國年輕的飛行員與地面防空部隊不畏強敵、抗擊日機的英勇壯舉，寫道：

> 勇敢的中國飛行員們駕駛著美製高速飛機擊退了日軍 3 隊飛機。並擊落了至少 4 架。
>
> ……
>
> 日軍飛機尚未出現，13 名中國年輕飛行員就駕著美製殲擊機在隆隆的引擎聲中飛上天空，朝著西北方向飛去，以迎擊敵機。

43　〔美〕鮑威爾著，邢建榕等譯：《鮑威爾對華回憶錄》，〔上海〕知識出版社 1994 年版，第 312 頁。

然而沒想到的是，30 至 40 架日機突然出現在西南方 10,000 英尺
的空中。日機隨即俯衝下來，向政府中樞所在地城南地區投下了
雨點般的炸彈。

設置在古城牆邊丘陵上的中國軍隊高射炮立即開火，炮彈在空中
形成了名副其實的鋼鐵颶風。

中國殲擊機猛烈衝入日軍飛機群。不久，4 架日機冒著火焰墜落
下來。[44]

在中國飛行員與地面防空部隊的猛烈打擊下，日機傷亡慘重。後來
入侵南京的日機不得不採取超低空飛行。美國記者報導說：

在第 1、2 次空襲中，日軍飛機因遭中國殲擊機攔擊而蒙受重大
損失，因此下午 1 時 50 分在實施第 3 次空襲時，日機採取了超
低空飛行。投彈高度估計為 2 英里。[45]

9 月 23 日，由於天氣陰雨，日機對南京的空襲被迫暫停。南京民
眾抓緊這難得的機會，修復被毀的房屋、道路等設施，顯示了面對戰爭
災難的堅韌與頑強。美國《紐約時報》9 月 24 日刊登特派記者德丁從
南京發出的報導〈南京居民在擔驚受怕中恢復生活〉，寫道：

記者 F·蒂爾曼·德丁致《紐約時報》無線電訊

〔9 月 24 日，星期五，中國南京訊〕：由於低沉的雲層籠罩著長江
下游地區，再加上許多地方下雨，南京昨天因此未遭日軍空襲轟炸。

---

[44] 報導：〈日本無視美國抗議，轟炸首都〉，刊〔美〕《紐約郵報》1937 年 9 月
22 日；前引《南京大屠殺史料集》（6），第 6 頁。

[45] 報導：〈日本無視美國抗議，轟炸首都〉，刊〔美〕《紐約郵報》1937 年 9 月
22 日；前引《南京大屠殺史料集》（6），第 5 頁。

隨著週三日軍飛機空襲造成的大部分後果被消除，這座城市的核
心公用事業——自來水、電、郵政、電話電報和公共汽車差不多
再次恢復正常。被 5 枚炸彈擊中的中國國民黨黨部大樓，受損並
不很嚴重，沒有影響到該機構人員的正常工作。下關火車站也已
經修復。[46]

　　1937 年 9 月 25 日，英國《倫敦新聞畫報》刊登〈空襲威脅下的南
京〉，報導南京軍民已對日方威脅的大規模空襲做好了「廣泛而細緻的
準備」：

　　日本駐上海海軍艦隊司令長谷川給上海的各國領事館發出了一
個空襲警告，說日本空軍從 9 月 21 日中午起可能會對位於南京
及其周圍的中國軍隊和機構採取攻擊措施。外國人被勸告轉移到
安全的地方去。駐南京的各國大使館立即對此作出了反應，除了
美國之外，所有的外國大使館都決定繼續留在南京。美國的軍艦
也留了下來。可以說，日本海軍的通知對於南京的任何人來說都
不是一個意外。中國人對於這樣的大規模的空襲已經做了廣泛而
細緻的準備。當空襲沒有按照預定的時間表到來時，在上海的一
位日本發言人說：「我們寧願讓南京始終懸起一顆心」。以下有關
這座城市歷史的細節摘自 F.E. 迪安先生最近發表在《每日電訊
報》上的一篇文章。「轟炸南京和威脅要毀掉這個城市」，迪安先
生寫道，「給這個在過去 1800 年中一直在輝煌和廢墟之間不斷變
換的城市歷史增添了另一個富於細節性的章節。」[47]

---

[46]　〔美〕德丁：〈南京居民在擔驚受怕中恢復生活〉，刊〔美〕《紐約時報》1937
　　年 9 月 24 日；前引《南京大屠殺史料集》（29），第 348～349 頁。
[47]　報導〈空襲威脅下的南京〉，刊〔英〕《倫敦新聞畫報》1937 年 9 月 25 日；
　　中譯文引自《南京晨報》2007 年 12 月 13 日。

1937 年 9 月 27 日，美國《紐約時報》刊登電訊，題為〈南京從大轟炸中恢復〉，報導南京軍民投入全城力量，清除和化解前一天日軍戰機「最兇殘的轟炸」所造成的嚴重後果：

〔致《紐約時報》無線電訊，9 月 26 日，中國南京訊〕：

今天，南京投入全城力量，清除和化解昨天日軍空襲所造成的嚴重後果。工人們義務清運瓦礫、打掃街道、修理電話線路和炸毀的自來水總管，還專門下功夫恢復中央發電廠，讓其正常運轉。

大雨和低垂的雲層似乎為首都星期日的和平承擔起責任。

重新開張的店鋪令人驚訝地多，市民們總體上表現得異常的平靜。面對此類空襲，不斷出現要求至少將政府民事機構遷往遙遠內地的建議，但政府發言人對此建議予以駁斥。

「日軍的野蠻行徑以及週六空襲的軍事意義不大，這些並不令我們吃驚。反倒使我們萬眾一心保衛首都。我們甚至拒絕考慮自己被日軍趕出南京的可能性。」這位發言人這樣堅持說。

……在眾多不顧遭受到的破壞、現在還在繼續工作的機構中，有中央新聞社，中、英教會組織以及面向全國的廣播電臺。

……約翰‧霍普金斯大學畢業生梅（Y.L.Mei）博士對日軍的這次空襲進行了強烈的譴責。他強調指出，衛生總署的這家醫院樓頂上漆有巨大的紅十字標誌。數輛紅十字救護車被炸毀，但這座大樓內的 150 名平民患者沒有被炸傷。[48]

---

[48] 報導：〈南京從大轟炸中恢復〉，刊〔美〕《紐約時報》1937 年 9 月 27 日；前引《南京大屠殺史料集》（29），第 350～351 頁。

　　1937 年 10 月 4 日，美國紐約的《時代》週刊刊登文章〈正如宣布的那樣〉（As advertised），報導南京的貧苦民眾面對日本戰機的狂轟濫炸與隨時可能降臨的死亡，雖然有些畏縮、困惑、害怕，但更多的是憤怒，是更努力的工作，而且毫無驚慌失措或是亂作一團。報導寫道：

> 南京悲慘的窮人的反應似乎是畏縮、困惑、嚇得發抖，或是大喊著、咒罵著向日本飛機揮舞著拳頭跑向街道，而不是驚慌失措或是亂作一團。……苦力立即開始著手填平街道上的彈坑，並匆忙地建造更多的防空洞。

　　這篇報導記述了中國空軍與地面防空部隊英勇殺敵的感人場面：

> （9 月 22 日）日本轟炸機從上海起飛，13 名中國年輕的飛行員駕駛著美國製造的柯帝士——霍克飛機呼嘯起飛，向西北方向飛去，以迎戰侵略者。……
>
> 日本飛機向南京俯衝下來，南京周圍山上的防空高射炮開始開火，中國戰鬥機的預備隊起飛，像伸出利爪的禿鷹撲向日本的轟炸機。日本飛機編隊的長機噴出煙霧，發出信號，所有日本轟炸機都丟下了他們的炸彈，然後爬高返航。奇怪的是幾乎同時 4 架日本飛機被擊落，冒著濃煙和火焰向地面栽下來。
>
> ……
>
> 第二天下午 3 點 33 分，一個中國飛行中隊在向上海方向飛了 90 英里後，與 50 架前來轟炸南京的日本飛機交戰，在激烈的戰鬥後，將日本飛機趕回。
>
> 很明顯，日本飛行員既沒能摧毀中國人的士氣，也未能贏得中國首都上空的制空權。

　　這篇報導同時記述了中國國民政府最高領導人蔣介石夫婦始終堅守在南京，與南京民眾在一起，並在自己的崗位上，指揮軍民抗戰，以及呼籲國際援助的情況：

> 在實際由蔣夫人管理的位於南京的空軍部，蔣總司令的夫人坐在她的辦公桌前，她既虔誠又優雅。在日本（飛機）第一次空襲的時候，她的丈夫去前線視察，但她返回了南京，儘管在此後連續多天裏發生了這些空襲、空戰和轟炸。

> 出於謹慎，蔣總司令對自己確切行蹤盡可能保密，但記者們會不定期被秘密地帶到他那兒接受採訪，以向世人證明他仍在南京。……根據華盛頓《九國公約》，美國、法國、英國、日本、義大利、葡萄牙、比利時與荷蘭公開保證尊重中國的主權、獨立和領土與行政權力的完整，在援引該條約後，蔣總司令說：「我相信美國政府目前對中國危機的態度並不代表美國人民的真正的情感與態度……中美兩國友誼源遠流長，由於侵略者的行為，中國人民現在正在流血。我相信美國最終會兌現根據《九國公約》所承擔的義務，只要《九國公約》存在，美國就不能對日本目前的侵略戰爭保持中立態度。」

　　這篇報導還記述了中國政府與南京軍民防空、備戰的一些情況：

> 藥房賣給南京民眾成千上萬只僅有紗布製成的粗製濫造的防毒面具，接著政府命令「南京所有的防毒面具充公以供軍需」。與此同時，根據蔣介石總司令的命令，整個首都的民眾都在不辭辛勞的拼命地挖著防空洞，在長谷川中將設定的最後期限──零點到來以前，中國人建成了 5,000 個防空洞，每個防空洞能夠容納 10 人。

南京的平民百姓可以自由地逃離南京，相當一部分民眾有序地撤離了南京。……但根據蔣總司令的命令，對那些擅自離開被認為是不可或缺的崗位的政府的僱員的懲罰是死刑。

這篇報導記述了南京軍民在防空備戰的緊張時刻，百倍警惕，抓捕與鎮壓日本間諜與漢奸的情況：

在死亡隨時會降臨的極端恐懼的日子裏，有 29 名嫌疑犯，其中大部分是本地中國人，但也有一到二位的父母是日本人，作為間諜被槍決。[49]

此報導中所記述的中國政府槍決漢奸間諜事，最重要的一次發生在 1937 年 8 月 26 日，南京警備司令部與首都員警廳將黃濬、黃晟、羅致遠、莫樹英等賣國求榮、罪大惡極的漢奸間諜共十八人在雨花臺刑場處決。這是大快人心的事，不僅引起中、日各界的反響，連在南京工作的西方人士也加以關注。當時在南京「金陵女子文理學院」擔任教務長與教育系主任的美籍教授明妮·魏特琳（Minnie Vautrin）女士在 1937 年 8 月 29 日的日記中記載：「在空襲期間，我們聽到了許多關於漢奸或叛徒的議論。我間接地聽說，有十八個男女，其中一些人還身居要職，昨天被當做漢奸槍斃了。由於在被擊落的日本飛機裏發現了地圖，中國當局知道，政府的秘密和計畫被洩露給了敵人。在我看來，這是目前危機中最可悲的事情之一。當一些人為自己的國家犧牲一切的時候，另外一些人卻在發國難財。當然，這種情況每個國家都有——無論在戰時或是和平時期，難道不是這樣嗎？」[50]歷史證明，中國政府在抵抗日軍的空襲期間，嚴厲鎮壓日本的間諜活動，是反侵略戰爭的需要。

---

[49] 報導：〈正如宣布的那樣〉；刊〔美〕《時代》週刊 1937 年 10 月 4 日；前引《南京大屠殺史料集》（29），第 579～584 頁。

[50] 〔美〕明妮·魏特琳著，南京師範大學「南京大屠殺研究中心」譯：《魏特琳日記》，江蘇人民出版社 2000 年出版，第 31 頁。

1937 年 10 月 11 日，美國紐約《時代》週刊刊登報導，題為：〈我心已碎〉，內容是轉載中國政府最高領導人蔣介石的夫人宋美齡發表在《曼哈頓先驅論壇》上的她於日軍戰機轟炸南京期間的英文日記的摘錄。報導寫道：

> 上個星期，國家領導人的夫人為紐約的日報定期寫文章的僅有羅斯福的夫人和蔣介石的夫人。中國行政院院長和軍事委員會委員長在南京堅守著，他的經常遭受轟炸的首都和蔣夫人的日記，與羅斯福夫人描述的……屬於完全不同的類型。蔣夫人上個星期開始將她的日記發送給《曼哈頓先驅論壇》（Manhattan's Herald Tribune），下面是蔣夫人的日記摘錄：

> 「中國，南京。我剛剛從上海前線返回。在每一個急救站，數以千計的傷員在耐心地等待著被送往後方醫院。儘管他們十分勇敢，並忍受著巨大的痛苦，看到這一情景，我的心受到無盡的折磨。」

> 「由於我所處的位置，我比任何人都認識到日本的侵略給中國所造成的悲劇，因為我知道在戰爭爆發時，中國正在步入進步和發展的正軌。在建國中，我的特別任務就是協助我的丈夫創造一個新生活運動和幫助組建一支空軍。……」

> 「參與指導提升民族精神的運動似乎是一個奇怪的活動，但九一八事件教給中國人這樣一個真理：上帝幫助那些自我救助的人……」

> 「南京。日本人試圖奪取非戰鬥人員的生命和毀壞人道主義機構，如醫院是上個週末空襲的一個顯著目標。在連續兩輪空襲中，95 架日本飛機故意試圖將有 500 個床位的洛克菲勒中央醫院夷為平地，不過日本人卻聲稱醫院是由軍隊佔用的。」

> 「在我看過轟炸現場後，我毫不猶豫地說這是最愚蠢和最殘忍的現代戰爭行為。醫院的屋頂上標有巨大的紅十字，表明這是一所

醫院。150 名病人被炸身亡，200 名醫務服務人員和其他人員受傷，總的傷亡人數超過 500……」

「情報機關報告說，日本人決定通過轟炸消滅蔣總司令和我本人，因此引起中國的混亂，以便使他們建立傀儡政府。」

「經由南京（由於軍事原因，蔣夫人目前所在地方沒有透露），想到在近期和遙遠的未來中國其餘的領土上將會發生的事情，我的心要碎了。我們的港口被封鎖，我們遼闊的北方地區成為廢墟，這裏我們周圍的一切註定要被摧毀。但有一個想法是占主導地位的——這就是戰鬥到我們不能再戰。」

宋美齡在一次集會上帶頭高呼抗日口號

　　這則報導所刊登的蔣介石夫人宋美齡在日軍戰機轟炸南京期間的英文日記的摘錄，既是她個人的日記，又是當時南京幾十萬居民在日機轟炸下的共同的心聲、共同的痛苦、共同的悲憤、共同的不屈不撓。

　　這則報導還記述了關於刊登在美國報紙上的一張日軍將中國戰俘捆在柱子上練習刺殺的照片是否真實所引起的爭論：

　　最有說服力的戰爭暴行的照片刊登在美國報紙的頭版——日本士兵將一名死亡的中國人捆在一根柱子上練習刺殺。在遭到兩次詢問後，美聯社資深記者米爾士和哈裏斯發誓該照片是可信、真實的，該事件發生在天津，時間為 9 月 5 日。

　　東京日本參謀本部的高橋中佐對曼哈頓的記者尖叫道：「這是穿著日本軍裝的一名中國士兵擺的姿勢。我們的刺殺技術與照片上的完全不同，我可以證明這一點。」他抓住一支鉛筆，向一個想像的敵人又刺又砍，並非常逼真地叫喊著「殺」，以致女記者由於噁心差點昏厥過去。」[51]

　　兩位資深的美聯社記者指出了這張照片所拍攝的暴行場景發生的時間、地點，論證了這張照片的真實性；相比之下，日軍總參謀部那位軍官強詞奪理的詭辯顯得十分無力。隨著日軍暴行照片被報紙刊物揭載的越來越多，日軍當局的抵賴與詭辯也就越來越沒有市場了。

　　1937 年 10 月 12 日是南京發生激烈空戰的日子。在這一天，日機先後三次空襲南京，中國空軍奮起迎戰。其中以午後二時的空戰最為驚心動魄，日軍九架轟炸機在六架「96」式戰鬥機掩護下，突入南京上空。「96」式是日本三菱公司剛研製開發的最新式戰機，性能在當時世界空軍中是最先進的。中國空軍驅逐機大隊長高志航奉命率五架「霍克」式與兩架「波音」式驅逐機及一架「菲亞特」式戰鬥機騰空迎擊。日機憑藉其性能優越，趁中國戰機立足未穩，就發軔俯衝，噴吐火舌，企圖迅速絞殺中國戰機。處於劣勢的中國戰機盤馬彎弓，沈著應對，突然騰空而起，向日機發動猛烈的反擊。雙方戰機打成一片，中國地面守軍的高射炮為防誤傷自己的戰

---

[51] 報導：〈我心已碎〉，刊〔美〕《時代》週刊 1937 年 10 月 11 日；前引《南京大屠殺史料集》（29），第 584～585 頁。

機，也停止射擊。只見高空中煙塵四起，火光閃閃，敵我戰機飛越騰挪，合離交錯，馬達轟鳴聲、炸彈爆炸聲響徹雲霄。高志航眼疾手快，率先打下一架日「夜叉」式轟炸機。日機瘋狂反撲，擊中我第二十四中隊飛行員曹芳震的座機，曹芳震身中十七彈，壯烈殉國。有「中國紅武士」之稱的優秀飛行員劉粹剛怒火中燒，決心為戰友報仇，駕著自己的戰機，緊緊咬住一架日機，正準備發射時，突然發現有另一架日機正狡猾地緊跟在他戰機後面伺機偷襲。情況危急，千鈞一髮，劉粹剛憑藉其高超的技術，駕機前飛後轉，左滾右翻，以風馳電掣之速，連續飛起了幾個「八」字形，使尾隨的敵機頭昏眼花，暈頭轉向，不辨彼此，失掉目標。劉粹剛立即抓住戰機，對準前面的日機一陣猛掃。日機在空中爆炸，聲震全市，殘骸墜毀於南京水西門外。這是劉粹剛自抗戰以來擊落的第十一架敵機。據日軍戰史記錄，日方在 10 月 12 日的南京空戰中，共損失戰機四架，陣亡飛行員三名，另有一名飛行員跳傘逃命。其餘日機落荒而逃。劉粹剛在作戰中負傷，他忍痛駕機，與戰友們一道返回，安全降落機場。

日軍將一名中國青年綁在樹上，然後再刺殺。

「中國紅武士」劉粹剛

　　當中日戰機激烈交戰時，南京民眾不顧危險，爭相觀看。中國空軍
的英勇作戰感動了全城男女老少。擔任中國航空委員會秘書長的蔣介石
夫人宋美齡也走出掩體，淡定從容仰望天空，在含淚祝福中國空軍時，
並在當天的日記中用飽含深情的筆墨記錄了這場南京空戰的全過程。

　　英國路透社記者報導了南京這場空戰的激烈與中國飛行員的英
勇，寫道：

　　〔南京〕今日午後首都發生至烈之空戰。鐘鳴兩句，警報突作，
　　四十分後，日轟炸機九架在東北方出現，向南直趨京市。敵機在
　　高射炮猛烈轟擊中，擲下炸彈四枚，落於南門外。炸彈之重量，
　　較歷來所用者為大。中國驅逐機立即騰空迎戰。維時日驅逐機三
　　架亦由高處突下，以圖保護其轟炸機。雙方乃即鏖戰，高射炮頓
　　止射擊，任令雙方飛機交綏。空中飛行員各顯身手，如鷹隼之搏
　　鬥。觀者皆為驚心動魄，歎為觀止。蓋京市歷來空戰，從無如此

次之猛烈也。未幾，中國驅逐機飛臨敵機一架之上，以機槍猛射，敵機中彈起火，墜落於門東某姓之宅，屋內五人全遭非命。該宅亦毀屋多椽。同時中國飛行員一人，顯因受傷，在大戰中安然降落故宮飛行場。後悉僅頰受微傷。鐘鳴三句，敵機絕跡天空，僅中國驅逐機環飛揚威。[52]

不久，美國《論壇》（Forum）雜誌上發表了宋美齡題為〈中國在空襲下〉的文章，內容是她在 1937 年 10 月 12 日的日記，記錄了她當日所觀察到的日軍戰機轟炸南京與中國空軍奮勇迎戰的壯烈場景，寫道：

> 此刻我正靜待日本空襲者的來臨，同時執筆寫此文，警報已於 15 分鐘以前發出，照例到外邊來觀察空襲，並細看我們的防禦設施。當敵機來臨時，我將我看到的一一記錄下來。
>
> 自從日本在上海開始進攻我們以來，迄今已有兩個月。在兩個月內，我國人民所受的苦難是不可言喻的。外國軍事專家都說，無論在世界上任何地方、即使是今日的西班牙世界大戰，他們都沒有過如此殘酷的、有計劃的空中轟炸與炮轟，像日本軍隊現在施於我們的配備不全然而卻是很英勇的士兵。這些專家又說，他們不能理解，怎麼中國人血肉之軀怎能抵禦人類不能忍受的事情……
>
> 我此刻看到日本的轟炸機了。小傑米（孔令傑）的目光非常銳利，所以我時常把他帶在身邊，他高聲喊道「3 架——6 架——9 架。」
>
> 此刻是（十月十二日）下午兩點四十二分。天氣很晴朗，天上有一堆堆的雲。更在它們之上佈滿著整齊的捲積雲。三架日本的重

---

[52] 中央社 1937 年 10 月 12 日路透電，張憲文主編：《南京大屠殺史料集》(1)，經盛鴻等編：《戰前的南京與日機的空襲》，江蘇人民出版社 2005 年版，第 273 頁。

轟炸機從那些積雲中間的一條青色裂縫中穿了出來，由北向南。後面還有三架，高射炮在打頭的三架周圍佈滿了一叢叢的黑煙。現在它們對著後面的三架轟擊了。這邊又來了三架，——所以一共是九架躲在那些雲上面。我可以聽見驅逐機的聲音。高射炮的爆炸聲從四面八方傳來，我們的驅逐機有幾架出現了。它們本來都飛在雲上面。機關槍現在在我上面的高空中響著，那些飛行員正在雲端裏交戰。那九架轟炸機在城市上空不住的前進，它們要擊中其目標，不能保持著它們的陣線，打頭的三架現在已經飛到南面的城牆上空了。

兩點四十六分——大股的火焰噴上來了；一柱柱的濃煙、塵埃直向上沖，它們已經投了幾顆炸彈。於是它們分散了，我們有幾架驅逐機正在追擊。在我北面，一場空中惡戰正在進行著，那是在兩點四十三分開始的。所有的轟炸機現在都湧入了雲中，看不見，只有幾架日方的驅逐機依舊被我們的戰鬥機圍著。

兩點五十分——西北方的空中在交戰，一架敵機很快的掠下來，有一架「鷹」式驅逐機緊跟在它後面，敵機消失在紫金山背後了。那些戰鬥員正在雲端裏飛進飛出。打頭的三架轟炸機，已丟下它們所帶的炸彈，正在迅速地向東逃走，飛回上海附近的根據地去。其他的六架，讓我們的驅逐機沖散了，正在南方的雲層內外盤旋著，企圖一擊其目標。

兩點五十一分——突然，在城市的西南方，有很大的幾股濃煙，火焰與塵埃湧起來。又有幾架轟炸機完成了它們的使命。

兩點五十五分——北方的空中依然有幾架飛機在交戰，機關槍聲格格地響個不住。另外幾架轟炸機趁此時機，疾飛到南方去，把它們的炸彈投在飛機場上。

兩點五十六分——又有幾個炸彈落在同一的地方。在稍微偏西的高空中，交戰正在大家的眼前進行。一架中國的「鷹」正在追逐

一架日本的單翼機。它們盤旋回翔，悠然迅速地掠下來，倏爾又嗡嗡地急升上去。它們的機關槍格格地響個不住。那敵機似乎打中了我們的人；不，它逃走了。他們遠遠地彼此分開，各自兜了一個圈子，隨即又迅速的彼此撲攏來。猛烈的高射炮火對那些正在逃走的轟炸機放射著。那架單翼的敵機似乎在半空中停住了，它已被擊中了。我們的「鷹」又疾飛回來攻擊它。它停止了一會兒，於是就頭朝下直落下來；火焰衝了出來，這架將要毀滅的敵機向著本城南門附近的一個人煙稠密的區域落下去。橙黃色的火焰，拖著一條彗星尾巴似的黑煙，割破了天空。我們的「鷹」在上面盤旋著，看它的敵人墜地而毀。

兩點五十八分——現在敵機彷彿碰著了本城的頂端，發出了一大陣黑煙與火焰來，接著發生了一陣黃煙，一所房子在燃燒了。我們的「鷹」又盤旋了一會兒，才飛向北方去，因那邊的天空又在響徹著戰鬥的聲音。在東北方與西北方的雲層內外，許多飛機正在交戰。這些空戰在三點零三分以後就在分別進行。

三點十分——我們的一架飛機大聲咆哮了一聲，迅速地掠下來。從雲層後面來了三架日機，都在追擊它。有一架緊跟在它後面，好像鉛錘似的直撲下來，但它已消失得無影無蹤了。

三點十七分——現在空中寂然無聲。此次空襲，歷時約 40 分鐘。……回到家裏時，我才得知日機被擊落了三架，而在上午還有兩架被擊落。這兩架是在中途被我們截住的，並沒有飛到南京。此次來本市空襲的，共有九架雙引擎重轟炸機（每架載飛行員六人）和六架驅逐機。我們的損失是兩架被迫降落——但有飛行員四人受傷，一人殞命。[53]

---

53 宋美齡：〈中國在空襲下〉，刊〔美〕《論壇》（Forum）雜誌 1937 年；中譯文

　　宋美齡文中所說的殉國飛行員即是前述身中十七彈壯烈犧牲的的曹芳震。他是湖南籍人，1914 年生，中央航空學校第六期畢業，犧牲時年僅二十三歲，後來被追贈中尉軍銜。

　　1937 年 10 月 23 日，英國《倫敦新聞畫報》刊登〈南京在構築大量防空掩體〉，報導南京民眾構築防空掩體的情況：

> 日本飛機對南京進行的（大規模）轟炸是從 9 月 22 日開始的。早先小規模的轟炸已經使市民們適應了形勢，並且教會了他們在遇到空襲時該如何處置。城市裏構築了大量的防空掩體，其中大部分都很原始。
>
> 此外，南京的 100 萬市民中有四分之三以上的人都曾經歷過空襲，並且用過這些防空掩體。另外，在南京的城市中有大量的空曠地帶和開闊空間可供人們疏散。[54]

　　1937 年 10 月 30 日，英國《倫敦新聞畫報》刊登〈中國的防禦並非無效〉，用新聞照片與文字說明，報導南京軍民的空防給來犯日機一定的懲罰：

> 用炸彈和機關槍來進行空襲越來越成為中國戰爭的一個顯著特徵。
>
> 我們在這裏用照片來表現中日雙方的一些典型場景和事件，其中有一些表明，儘管日本的空襲已經造成了許多毀壞和生命的喪失，但中國的防禦並非是無效的，空襲者並非沒有受到懲罰。[55]

轉引自北京航空聯誼會、世界華人華僑社團聯合總會：《中蘇美空軍抗日空戰紀實》，2005 年內部出版；由南京民間抗日戰爭博物館吳先斌先生提供。

[54] 報導：〈南京在構築大量防空掩體〉，刊〔英〕《倫敦新聞畫報》1937 年 10 月 23 日；中譯文引自《南京晨報》2007 年 12 月 13 日。

[55] 報導：〈中國的防禦並非無效〉，刊〔英〕《倫敦新聞畫報》1937 年 10 月 30

　　1937 年 11 月 22 日，日機在繼續對南京瘋狂空襲時，向南京城內投一函件，規勸蔣介石放棄抗日，與日本共同反共。蔣介石在部署南京保衛戰與指揮全國抗戰的緊張時刻，於 11 月 25 日特地接見留駐南京的西方記者，就日方空投函件發表談話，稱，此函不載寄者姓氏，其內容希望早日停戰，並聲明日本不欲提出嚴厲條件，僅欲得中國防共之合作。此種言論，殊與事實相反。西方各記者詢問蔣介石對日方信函作何感想及如何處置？蔣介石答稱，本人對此類事件向置不理；並宣稱，中國擬維持決心抗戰之政策。談及停戰之可能性時，蔣氏稱此事決於日方。蔣介石對西方記者重申中國抗戰到底的決心，並深信公理必將戰勝強權，說：「抗戰到底，至最後一寸土地與最後一人，此乃吾人固定政策。」[56]

　　1937 年 12 月 2 日，美國《紐約時報》（The New York Times）刊登該報記者德丁 12 月 1 日發自南京的電訊〈南京守軍在規避陷阱〉，報導在日本當局下令進攻南京後，損失慘重的中國空軍仍出動所剩不多的戰機，與新到達南京的蘇聯援助的戰機配合，升空迎擊來犯的日機，為保衛南京作最後的流血奮鬥：

> 人們期望中國空軍出動，挑戰日軍。這將成為阻止日軍向南京前進的最後手段。唯其如此，方能使侵略者佔領南京時付出盡可能大的代價。多架中國飛機昨天飛往南京。中國官員承認，這支飛行隊準備配合守軍向日本空軍、海軍和地面部隊發起協同攻擊。

> 許多新式飛機明顯是俄國製造的。中方雖沒有明確公佈這次飛機集結的數目，但據外國觀察家觀察，這次軍事行動至少集中了 100 架性能一流的飛機參戰，其中包括許多重型轟炸機。最近兩週，隨著蘇製飛機的加入，參戰飛機的總數可能超過 100 多架。[57]

日；中譯文引自《南京晨報》2007 年 12 月 13 日。

[56] 韓信夫、姜克夫主編：《中華民國大事記》第四冊，中國文史出版社 1998 年版，第 205 頁。

[57] 電訊：〈南京守軍在規避陷阱〉，刊〔美〕《紐約時報》1937 年 12 月 2 日；

第三節　報導西方國家的抗議　發出新聞界的譴責

　　西方記者根據國際公法與西方的人道主義價值觀，對日本「無差別轟炸」南京非軍事區與普通平民表現了鮮明的態度：一方面及時報導西方國家，主要是美、英等民主國家政府與民眾對日本提出的各種抗議與越來越強烈的譴責，一方面發出新聞界的聲音，呼籲對蒙受苦難的中國人民進行聲援與支持。

　　1937 年 8 月 28 日，《紐約時報》刊登報導，題為〈大使們譴責轟炸南京〉，副題為〈外交官請求東京當局停止空襲，遠離軍事區域的平民區遭遇最嚴重的轟炸，飛機轟炸引發百姓房屋起火，致 150 人死亡，又有美國人離開〉，內容如下：

> 〔8 月 27 日，南京訊〕在一次迄今為止南京遭受的最具破壞性的空襲中，日軍轟炸機今天對首都最貧困地區的轟炸造成 150 人死亡、數十人受傷。
>
> ……日軍的轟炸招致美國駐華大使尼爾森・Ｔ・詹森以及其他國家的駐華大使向日本領導人發出呼籲，促使其飛行員展示一定程度的同情心，放過無辜的非戰鬥人員。他們要求日軍保證對南京的轟炸僅限於軍事目標。但沒有得到日軍的回應。
>
> 今晚發生的一次空襲適逢外交團為詹森先生舉辦晚宴，慶祝他從事外交工作 30 週年。當空襲的飛機靠近的時候，警報聲響徹全城。但宴會繼續進行。
>
> 週四，英國駐華大使許閣森先生在回上海的路上遭日軍飛行員掃射。南京外交團對此事件表示驚愕。[58]

前引《南京大屠殺史料集》（29），第 404 頁；譯文略有改變。

[58] 報導：〈大使們譴責轟炸南京〉，刊〔美〕《紐約時報》1937 年 8 月 28 日；

　　1937 年 9 月 22 日,《紐約世界電訊》（The New York World Telegram）
刊登新聞評論〈南京的命運〉,就當時美國政府因日軍海軍第三艦隊司
令長官長谷川清 9 月 19 日宣稱要大規模轟炸南京而提出抗議與交涉一
事,發表評論,首先辛辣地嘲諷與批判了日本發動侵華戰爭與瘋狂轟炸
南京、屠殺中國人民的「理由」與藉口,揭露了日本當局威逼各國使館
人員撤離南京的用心:

> 日本與中國並沒有處在戰爭狀態,至少他們自己是這樣說的。日本
> 宣稱,他們實際上是要與中國結成友好關係,但中國卻不願「合作」。
> 既然中國頑固「抗日」,那麼作為受害一方的日本,就只有懲罰這個
> 頑固國家,直到他們服從日本的意願為止。這就是日本的說明。
>
> 於是,他們攻擊了上海,屠殺了成千上萬的男女平民和兒童。然
> 後,日本冷酷地宣布要派出大批轟炸機,「用轟炸將南京從地圖
> 上抹去」。而且,如果各國不願意看到他們的駐華使節與部下、
> 家人一起被炸飛的話,就最好讓他們撤離南京。日本人就是用如
> 此傲慢的語調說出了這樣的話。

　　新聞評論接著要求西方各國政府對日本的侵略行徑與瘋狂轟炸明
確地表明反對與抗議的態度:

> 在本新聞稿執筆之時,（美國政府）對日本政府交涉的準確內容
> 尚未被公開。但我們相信,我方已提出了明確的抗議。如果說有
> 時候需要直截了當地表明態度的話,那麼現在正是這種時候。
>
> ……
>
> 列強們該如何答覆是明顯的。他們本應該採取一致立場斷然拒絕
> 撤離南京。世界上 90% 的人們渴求著法制、秩序與和平,他們必

前引《南京大屠殺史料集》（29）,第 323～324 頁。

須團結起來反對違反國際法的行為。而現在可以說正是到了這個時候、這種狀況了。[59]

1937 年 9 月 21 日，美、英、法、蘇等國宣布，拒絕日方在 9 月 19 日提出的要求這些國家駐南京人員撤出南京之要求；並聲明，倘日機轟炸南京，致各該國僑民及財產發生損壞時，日方當負完全責任。美國、英國等國政府向日本外務省提出抗議與警告，警告日本濫炸非軍事區的後果。

同一日，國聯第十八屆大會討論中國政府就日本全面侵華提出的控告。日本、德國拒絕參加會議。

1937 年 9 月 22 日，英、美、法政府向日本外務省再次提出抗議，反對轟炸南京等非軍事區。

西方各新聞傳媒立即大量報導上述消息。

1937 年 9 月 22 日，美國《紐約每日新聞》刊登合眾社（UP）9 月 21 日發自華盛頓的電訊〈因美國抗議，日本推遲轟炸南京〉，報導說：

〔9 月 21 日，發自華盛頓，合眾社（UP）〕今天，高蒂爾・赫爾國務卿公佈說美國此前已對日本發出警告，稱日本轟炸中國首都南京的計畫違反了國際法，這一舉動將威脅美中外交關係。

赫爾說，他已通過日本駐美大使齊藤博和東京的美國駐日大使約瑟夫・C・格魯向日本提出了嚴正交涉，並質問日本是否有國際法上的權利要求美國等國家的外交使節在轟炸前撤離南京。

……

一位國務院官員指出，這一警告包含與日本斷絕外交關係的威脅，儘管這種成份很少。

---

[59] 新聞評論：〈南京的命運〉，刊〔美〕《紐約世界電訊》（The New York World Telegram）1937 年 9 月 22 日；前引《南京大屠殺史料集》（6），第 8 頁。

在赫爾公開發言前不久，英國也提出了交涉。據稱，駐紮在上海的英國艦隊司令薩‧查理斯‧里特爾中將對日軍司令部警告說，無論發生什麼，英國軍艦都不會離開南京。[60]

1937 年 9 月 22 日，美國《紐約郵報》刊登美聯社 9 月 22 日發自南京的電訊〈日本無視美國抗議，轟炸首都〉中，報導說：

> 美國雖然聽從了日方的撤退警告，但同時也立即在東京和華盛頓與日本當局進行了交涉，抗議日方對普通平民地區進行無差別轟炸。
>
> 英國則拒絕撤離，並進行了態度強硬的抗議。它警告說，如果空襲對任何英國公民的生命和財產帶來損失，日本必須負全部責任。同一天，法國也提出了抗議。
>
> 此後，與日本簽訂了防共協定的德國也與東京聯絡，要求他們不要轟炸南京的德國大使館或者任何有德國人居住的地區。
>
> 駐東京的德國大使向日本外務省提出了上述要求。[61]

1937 年 9 月 23 日，美國《紐約先驅論壇報》（The New York Herald Tribunc）刊登記者約翰‧C‧奧布拉音 9 月 22 日發自華盛頓的報導，題為〈美國發出強硬通牒，譴責東京戰爭政策將美國人和全體平民置於危險〉，副題為〈批評日本的對中國戰術，認為日本無權干涉第三國，詹森返回南京的大使館〉，報導美國政府第二次向日本政府提出更強烈的書面抗議。報導開頭寫道：

---

[60] 合眾社（UP）1937 年 9 月 21 日電：〈因美國抗議，日本推遲轟炸南京〉，刊〔美〕《紐約每日新聞》1937 年 9 月 22 日；前引《南京大屠殺史料集》（6），第 2 頁。

[61] 美聯社 1937 年 9 月 22 日南京電：〈日本無視美國抗議，轟炸首都〉，刊〔美〕《紐約郵報》1937 年 9 月 22 日；前引《南京大屠殺史料集》（6），第 6～7 頁。

〔9 月 22 日，發自華盛頓〕今天，國務院向日本政府發出了強硬的通牒，進一步強化了此前對日軍轟炸南京以及要求美國人離開南京的抗議。

美國的通牒再一次重申了昨日駐日大使約瑟夫・C・格魯對東京政府，以及當局對日本駐美大使齊藤博表達的立場，對日本威脅美國人和一般平民的生命，干涉美國官員合法正當行為的做法表示了強烈的反對。[62]

這篇報導轉錄了美國政府對日本提出的抗議全文。

美國《鈕約鏡報》（The New York Mirror）在 9 月 23 日刊登報導，題為：〈警告日本鬼子〉，副題是：〈赫爾抗議：轟炸南京是威脅〉，內容也是報導美國政府第二次向日本政府提出更強烈的書面抗議。這篇報導歸納了美國書面抗議的四個主要觀點：

(1) 美國對給本國國民以及所有非戰鬥人員的生命帶來危險，以及對本國官員和國民發出勸告撤離南京表示「反對」。
(2) 轟炸普通居民地區「是不當的，是違背法律和人道主義原則的」。
(3) 當該市受到全面轟炸時，日本所謂保證不會損害各國國民的生命和財產是虛心假意的蒙蔽。
(4) 因日本在南京地區的軍事行動而發生的不管什麼樣的美國人員的傷亡乃至財產的損失都應該由日方承擔責任。

通告要求日本以後不要再進行轟炸。[63]

---

62 〔美〕奧布拉音：〈美國發出強硬通牒，譴責東京戰爭政策將美國人和全體平民置於危險〉，刊〔美〕《紐約先驅論壇報》1937 年 9 月 23 日；前引《南京大屠殺史料集》(6)，第 9～10 頁。

63 報導：〈警告日本鬼子——赫爾抗議：轟炸南京是威脅〉，刊〔美〕《紐約鏡報》1937 年 9 月 23 日；前引《南京大屠殺史料集》(6)，第 13～14 頁。

　　上海租界的英文《字林西報》從 1937 年 9 月 24 日開始的兩星期中，連續多日報導西方各國政府與民眾對日本戰機狂轟濫炸南京等中國城市的抗議與譴責，從該報所用的下列標題就「足以讓人們瞭解世界輿論對日本行徑的義憤」：

英國報紙對南京空襲的憤怒；一致譴責「不分青紅皂白的殘忍」，保證幾乎無法起作用。

巴黎報紙譴責日本對南京轟炸。

「日本政策瘋狂的標誌」；紐約報紙譴責對城市的轟炸。

轟炸使法國感到驚駭，《時光》（Le Temps）譴責日本軍隊行為。

倫敦的遊行——「將日本殺人犯從中國趕走」。

英國對日本轟炸擁擠的城市感到震驚；中國今天的痛苦將是歐洲的明天，文明世界必須對危險警醒。

英國報紙對不計後果的轟炸感到極度厭惡，日本人在南京和廣東空襲的野蠻行徑受到強烈的譴責。

美國宗教界也加入到抗議中，日本人空襲平民的行徑受到了譴責。

英國抗議轟炸，和平組織表達「恐懼和悲哀」。

敦促英國抵制日本貨，神職人員加入了譴責轟炸的行列。

在英國人們敦促抵制以限制日本，捕魚舢板的悲劇打動了公共輿論。

日內瓦報人顯示同情。

英國抵制日本的呼籲得到支持；公眾對過分使用武力的義憤在增加，尋求激進的表達的方式。

英國勞工的看法轉告給了日本使者，不人道的轟炸平民受到譴責。

英國基督徒發佈請願，日本被要求終止無情的轟炸。

英國領導援助中國的運動，著名的贊助人呼籲醫療救濟基金，國聯被要求提供幫助。

日本的空襲激起英國人的憤怒，自由派人士要求支持譴責「暴行」；蘇格蘭人和加拿大人的憤怒。

廣東的外國人怨恨屠殺，成立了向轟炸受害者提供救濟的協會。

大主教主持了一次巨大的抗議集會，坎特伯雷大主教宣布良心禁止對無情屠殺保持沈默。[64]

《字林西報》在連日以顯著地位報導日機對上海、南京等地平民狂轟濫炸的同時，發表評論，嚴厲譴責日本當局的法西斯野蠻行為，寫道：

請問日本做母親的，對於日本飛機轟炸中國婦孺的行為，設身處地的將作何等感想？

該評論警告日本當局企圖以兇暴的戰爭恐怖威懾，武力征服中國政府與中國軍民，其結果只能是適得其反。「日本想迅速的完成解決對華軍事問題」，然而這種暴力威懾卻只能「激起一個民族不可征服的抵禦精神」，「加強中國人的抵抗意志」；同時，在國際上，各國政府與人民「經此次眼見中國人民所受的慘痛，大家的同情心將格外增加。」[65]

---

[64] 徐淑希編纂：《日本人的戰爭行為》（英文），1938 年出版，藏美國國會圖書館；前引《南京大屠殺史料集》（29），第 611～612 頁。

[65] 《國聞週報》第 14 卷 33—35 期合刊譯載《字林西報》文章，1937 年 10 月

　　1937 年 9 月 27 日，日本駐華大使館海軍武官本田少將奉命就各國政府提出的抗議，發表講話，對日本海軍航空兵飛機故意轟炸中國非戰鬥人員的指控表示斷然否認，吹噓他們將「不惜任何代價」保護中國和外國非戰鬥人員的生命和財產。第二天，《字林西報》針鋒相對地發表社論，以血的事實說明，「最近日本一位負責任的海軍軍官在外國報紙上所概括的令人欽佩的意圖顯得異常的虛偽。」[66]

　　1937 年 10 月 2 日，英國《倫敦新聞畫報》刊登報導，題為〈轟炸南京使全世界「極度震驚」〉：

> 日本飛機對南京進行的地毯式轟炸是從 9 月 22 日開始的，而對廣州的轟炸則是從 9 月 23 日開始的。……當我們在撰寫這篇報導時，空襲似乎仍舊繼續；但根據報導，到目前為止，沒有任何值得一提的軍事目標被日軍的炸彈擊中。這些空襲引來了廣泛而激烈的抗議，而所有這一切隨著國際聯盟遠東顧問委員會在日內瓦所提出的抗議而達到了高潮。在一項決議中，該委員會嚴厲譴責了這樣的軍事行動，並宣稱他們已經激起了全世界的震驚和義憤。[67]

　　1937 年 11 月 13 日，在日軍佔領上海的第二天，上海租界的英商《字林西報》（英文）報導美國亞洲艦隊司令耶納爾（亦譯雅內爾）將軍於 11 月 12 日在上海英國皇家空軍協會的宴席上發表的演說，公開譴責日本戰機「不分皂白」轟炸上海、南京等地的暴行。

　　但被「勝利」沖昏頭腦的日本當局已全然不顧國際輿論的譴責與約束，在迅速發動對南京的包抄進攻的同時，將對南京的空襲推向高潮。

---

　　4 日出版。

[66] 徐淑希編纂：《日本人的戰爭行為》（英文），1938 年出版，藏美國國會圖書館；前引《南京大屠殺史料集》（29），第 613 頁。

[67] 報導：〈轟炸南京使全世界「極度震驚」〉，刊〔英〕《倫敦新聞畫報》1937 年 10 月 2 日；中譯文引自《南京晨報》2007 年 12 月 13 日。

第四節　批評在日機空襲時逃離南京城的西方外交官

　　西方記者在關於日機空襲南京的報導中，對在中國人民遭受日機瘋狂轟炸屠殺時表現膽怯與逃避的西方外交人員進行了不留情面的批評與嘲諷。

　　1937 年 9 月 19 日，美國駐南京大使尼爾松・詹森（Nelson T・Johnson，亦譯詹森）接到日駐上海的海軍第三艦隊司令官長谷川清向各國駐上海領事發出的關於日機將於 9 月 21 日中午以後大規模轟炸南京的通告後，提前於 1937 年 9 月 20 日晚，率領使館的幾乎全部人員逃離南京城，登上停泊在南京下關長江中的美國炮艦「呂宋號」上避難。隨後義大利使館的人員也逃避到此艦上。美聯社記者 22 日從南京發出報導，刊登在當日的美國《紐約每日新聞》（The New York Daily News）上，說：

> 詹森於此前接到日方警告，稱日方從星期二（本書著者按：指 9 月 21 日）正午起不再對留在城內的外國人負責。星期一（本書著者按：指 9 月 20 日），詹森將大使館工作人員轉移到了「呂宋號」上。[68]

　　1937 年 9 月 22 日，美國《紐約郵報》也在報導中指出：

> 在（9 月 22 日）南京遭到轟炸期間，美國大使尼爾松・詹森以及使館工作人員都在「呂宋號」炮艦上，並未遇到危險。為保護美國人的生命，「呂宋號」和「古阿姆號」一起，一直停泊在緊靠江岸的長江水面上。「呂宋號」在此期間一直讓引擎保持在滿負荷狀態，準備著一旦發現危險就開往上游。

---

[68] 報導：〈日本對抗美英，轟炸南京〉，刊〔美〕《紐約每日新聞》1937 年 9 月 22 日；前引《南京大屠殺史料集》(6)，第 2 頁。

此外在軍艦上避難的只有義大利大使館（人員）。……

在收到日方不保證空襲中任何外國人生命安全的警告後，詹森隨即安排了大使館的撤離，自那以後，（美國大使館）工作人員中只有 J・豪爾・帕庫斯通（J・Hall Paxton）書記官留在城內。[69]

在 1937 年 9 月 21 日中午前趕抵南京的《密勒氏評論報》主編鮑威爾等人，親眼看到了美國大使館裏幾乎逃之一空的情景：

我們把車子直接駛進了美國大使館，裏面居然也是冷冷清清，除了一位名叫帕克斯頓（J・Hall　Paxton）的秘書還留在使館內，其他的美國官員都已溜得精光。帕克斯頓出生在中國，父親是在華多年的傳教士，他在美國念完大學後，便又回到中國，在美國駐華使館工作已有數年。帕克斯頓告訴我們，為了避免受到日本炸彈的傷害，使館裏的其他人員在天剛亮的時候就已動身，急急忙忙地搭船駛往長江上游去了。至於他自己，他說：「要是怕小日本，我就不是人……」

鮑威爾還瞭解到更多的關於美國駐南京使館在日本空襲威脅、訛詐面前所表現的膽怯與逃避的舉動，以及美國政府對日本侵華戰爭所採取的妥協、退讓與孤立主義、綏靖主義政策及其惡劣的影響，作了生動的記述與辛辣的嘲諷。他寫道：

在日本軍隊侵佔南京前的幾個星期裏，南京美國大使館人員的一些不平常的活動。從這一時期詹森大使與美國國務院之間來往的從未公佈的檔來看，大使本人一直在擔心日本侵略者的態度，其情形，同美國國務院不斷給他的指令所擔心的，可以說完全一致。而當時大多數人的心裏都十分清楚。日本軍隊佔領上海後，就開始把注意力集中在中國的首都南京。於是，詹森大使立即聘請了一名

---

[69] 報導：〈日本無視美國抗議，轟炸首都〉，刊〔美〕《紐約郵報》1937 年 9 月 22 日；前引《南京大屠殺史料集》（6），第 5 頁。

中國建築師，在美國大使館和使館人員宿舍的對面，一個小小的長方形花園中，挖了一個防空洞。這個防空洞，在南京的外交人員的圈子裏，引起了普遍的注意，因為這不僅是南京城內第一個防空洞，而且洞內的設施非常精良完備。儘管防空洞的圖紙和照片都已呈送國務卿，但是，遠在華盛頓負責維護美國在遠東的利益和聲譽的官員們仍然感到不滿意。他們擔心防空洞的防護能力不足，尤其希望不要在美日之間發生任何糾紛。因此，他們就再次指示詹森大使，採取更加特殊的防護措施，避免被日本飛彈擊中。

於是，詹森大使命令長江上的美國巡邏艦隊指揮官派遣幾艘小型的內河巡邏艦，包括「帕奈號」在內，都停泊在離美國大使館很近的南京江邊碼頭。無論什麼時候，只要上海方面傳來消息，說日本飛機已經起飛、前來轟炸南京時，美國大使館的全體人員，包括秘書、領事、副領事，甚至速記員等等，立刻就由大使率領，直奔碼頭，登上炮艦，立即起航，開足馬力，逆流而上，上行數英里之後，這些炮艦就泊在長江中間，等到日本飛機轟炸南京過後，他們才敢返航，回到大使館的住處。為了避免對偉大而又強盛的美國用心良苦的舉動產生誤會，因而導致懷疑和危險，美國大使館特地把有關大使館的所在位置，美國炮艦每次航行和停泊在長江中的正確地點，以及炮艦上所載的都是些什麼人，一一告知日本陸軍和海軍。並且，還在炮艦的最高一層甲板和天蓬上，漆上大幅的美國國旗，希望日本飛行員在空中可以分辨得一清二楚。

美國大使館的驚慌失措，很快地傳染給別的國家駐華使館，甚至連德國使館都決定租用英國船隻，仿效美國使館的做法，每逢空襲警報，就立即溯江而上。[70]

70 〔美〕鮑威爾著，邢建榕等譯：《鮑威爾對華回憶錄》，〔上海〕知識出版社1994年版，第310～311頁。

　　美國等國家駐南京外交使館部分官員在中國人民遭受日機瘋狂轟炸屠殺時所表現的膽怯與逃避的舉動，遭到了南京人民的指責。美聯社記者報導說：

> 正在不安地等待著日軍飛機來臨的、憤怒的南京市民對他們進行了多次侮辱。[71]

　　與美國大使館相反，英國、法國甚至德國的駐華大使館卻表示了「拒絕撤離」的強硬立場。1937 年 9 月 22 日，美國《紐約郵報》報導說：

> 英國則拒絕撤離，並進行了態度強硬的抗議。他警告說，如果空襲對任何英國公民的生命和財產帶來損失，日本必須負全部責任。同一天，法國也提出了抗議。[72]

　　1937 年 10 月 4 日，美國紐約的《時代》週刊刊登報導〈正如宣布的那樣〉（As advertised），也對美國、蘇聯等國駐南京外交官面對日機空襲所表現的膽怯、自私，進行了挖苦、嘲諷與批評，對堅守在南京崗位上的其他國家的外交官則表示讚揚：

> 上週，古怪的日本武士將軍把外國人及外交官清出南京城，強烈建議他們到城外尋求安全之地。在西方國家看來，這種騎士般的建議是日本對國際法最厚顏無恥的蔑視。在南京，頗有先見之明的蘇聯大使鮑格莫洛夫同志和其他使館工作人員立即躲進了造價為 12,000 美元、配有冰箱和小廚房的新的混凝土防空洞，它能夠抵擋 500 磅炸彈的直接攻擊。

---

[71] 報導：〈日本對抗美英，轟炸南京〉，刊〔美〕《紐約每日新聞》1937 年 9 月 22 日；前引《南京大屠殺史料集》（6），第 3 頁。

[72] 報導：〈日本無視美國抗議，轟炸首都〉，刊〔美〕《紐約郵報》1937 年 9 月 22 日；前引《南京大屠殺史料集》（6），第 6 頁。

英國大使許閣森被日本空軍所傷，躺在上海的醫院裏，然而英國駐華使館代辦毫（R. G. Howe）決定堅守在南京他的崗位上。這使得美國大使詹森對執行美國政府最近給美國使館、公使館和領事館下發的「標準」命令有些猶豫不決，這些命令強迫在現地的高級官員根據自己的判斷決定什麼對他本人及使館成員構成「不必要的冒險」……

詹森大使對美聯社說：「我非常悲傷，難以表述，這是我三十年的職業生涯中第一次被迫離開自己的崗位……我不能夠拿我們使館的忠實的工作人員的性命冒險，我不是逃兵。」

當詹森大使及使館工作人員轉移到停靠在南京江邊的「呂宋號」和「關島號」炮艇上的消息迅速傳到中國外交部的時候，美國使館的二等秘書帕克斯頓，一位傳教士之子，獨自提出他是否可以留在南京，以便使美國大使館繼續開放。大使的回答是：「可以。」……由於具有傳教士的美好精神，二等秘書帕克斯頓沒有因此小視中國人，而是對上個星期像野火般蔓延的反美情緒痛心疾首，原因是中國人認為：「美國大使把我們給拋棄了」。

……美國記者在他們租來的汽車上插著美國國旗，所以當美國記者駛入南京時，迎接他們的是中國人的一片噓聲和侮辱性的手勢。[73]

也許是國際輿論的譴責與南京民眾的憤怒使得那些逃避的外交官們感到了良心的不安與進行了反省。在此後的 1937 年 9 月 25 日，當日機再次猛烈空襲南京時，他們都勇敢地留在了南京城內的使館內。上海的《字林西報》在 9 月 26 日報導說：

---

[73] 報導：〈正如宣佈的那樣〉，刊〔美〕《時代》週刊 1937 年 10 月 4 日；前引《南京大屠殺史料集》（29），第 580～581 頁。

下午 12 時 20 分，由 21 架飛機組成的編隊從東面飛來，投下大批炸彈。炸彈落在廣播電臺附近，爆炸衝擊波震動了美國大使館的建築。門窗嘎嘎作響，但是美國大使詹森先生和使館工作人員仍然堅守在工作崗位上。[74]

到 1937 年 12 月南京淪陷前後，南京民眾看到了美國政府對日本侵華政策日益嚴厲的譴責與美國傳教士們在救助中國難民時所表現出的勇敢與無私。他們曾有過的對美國大使的不滿與指責煙消雲散。1937 年 12 月 7 日，美國《芝加哥每日新聞報》刊登記者司迪爾發自南京的報導〈現在南京美國人二十一人〉，寫道：

> 兩個月前，在（美國）大使館突然搬遷後爆發的反美風暴，隨著羅斯福總統和赫爾國務卿發表了十分注重形式的聲明後，似乎已煙消雲散。

而今日，南京社會對美國的同情和友情表達著近乎絕望的感謝。事實上，這是一種極端的反應，中國人似乎正在期待著迄今為止從未期待過的更多的美國的援助。[75]

---

[74] 徐淑希編著：《日本人的戰爭行為》（英文），1938 年出版，藏美國國會圖書館；前引《南京大屠殺史料集》(29)，第 606 頁。

[75] 〔美〕司迪爾 1937 年 12 月 7 日南京電：〈現在南京美國人二十一人〉，刊〔美〕《芝加哥每日新聞報》1937 年 12 月 7 日；前引《南京大屠殺史料集》(6)，第 34 頁。

第三章 西方記者對國軍
南京保衛戰的採訪報導與評論

第一節 報導日軍從上海「殺」向南京

1937 年 11 月 12 日,松井石根指揮日「華中方面軍」數十萬軍隊,
經三個月的血戰,終於攻佔了上海,並夾戰勝之威,立即向日本大本營
要求迅速向南京進攻。在這期間,美國《時代》週刊記者對松井石根作
了採訪。剛剛率軍攻佔上海的松井石根躊躇滿志,狂妄囂張。《時代》
週刊記者記錄了他接受採訪時的談話與神態:

> 獲勝的是長著一對長耳朵的松井將軍,有記者問他日本是否繼續
> 進攻,佔領蔣委員長的中國首都──在長江上方距上海 200 英里
> 的燃燒中的南京。松井將軍緩緩地說:「你們最好去問蔣介石未
> 來的發展。據說蔣已經預計要打 5 年戰爭。好啊,那就打那麼長。
> 我們不知道是否繼續向南京挺進,這取決於蔣。」[1]

如前所述,日軍攻佔上海後,南京國民政府拒絕求和乞降、堅持抗
戰的強硬態度,使日本最高當局更加惱怒。他們中有越來越多的人認
為,為了進一步實施對中國的武力征服與戰爭恐怖威懾政策,為了更快
地實現「以戰迫和」、「以戰迫降」,只攻佔北平、天津,甚至攻佔上海,
還是不行的;必須攻佔南京,才能迫使中國政府與中國人民迅速而完全
地屈服。

---

[1] 〔美〕《時代》週刊 1937 年 12 月 12 日報導;中譯文引自李輝:《封面中國》,
東方出版社 2007 年版,第 199 頁。

美國《生活》畫報著名記者大衛・貝爾加米尼在其名著《日本天皇的陰謀》中指出：

> 攻佔南京是在東京皇宮中最深處的密室裏策劃的，旨在迫蔣下臺。[2]

美國《時代》週刊著名記者白修德分析日本最高當局當時的心態是：

> 覺得中國首都之攻陷已經剜掉了中國抗戰的心臟，覺得蔣（介石）會願意講和。[3]

因此，十多萬日軍在佔領上海後僅數日，未等及日本大本營的命令到達，便兵分兩路，沿太湖兩岸，向南京包抄掩殺過來。1937 年 11 月 19 日，南路的日第十軍的第十八師團，攻佔嘉興，第六師團佔領南潯；北路的日「上海派遣軍」的第 9 師團佔領蘇州，第十六師團與重藤支隊佔領常熟；1937 年 11 月 25 日，第十六師團佔領無錫。……日軍每佔領一地，無不燒殺淫掠，禍害遍地。

舉世矚目的南京保衛戰首先在週邊打響了。

西方國家的新聞傳媒關注著南京保衛戰。如前所述，在這時，西方記者大體上兵分兩路：一部分記者留駐或趕往南京，對中國政府與中國守軍進行採訪報導，如美國《紐約時報》記者德丁、英國路透社記者史密斯、美國《芝加哥每日新聞報》記者司迪爾、美聯社記者查理斯・葉茲・麥克丹尼爾等；另一部分記者因日軍當局拒絕一切外國記者隨軍採訪，只得集中在上海——日軍的戰略後方，進行採訪報導，如英國《曼徹斯特衛報》記者田伯烈、美國《紐約時報》駐華首席記者阿本德、上海《密勒氏評論報》主筆鮑威爾等。這兩方面的報導共同構成了西方傳媒關於南京戰役的完整新聞內容。

2　〔美〕大衛・貝爾加米尼著，張震久等譯：《日本天皇的陰謀》，上冊，商務印書館 1984 年版，第 50 頁。

3　〔美〕白修德、賈安娜著，端納譯：《中國的驚雷》，新華出版社 1991 年版，第 58 頁。

　　集中在上海進行採訪報導的西方記者，一方面根據日方提供的材料，報導日軍向南京迅猛推進的消息；在這同時，他們根據蘇南、浙北各地西方傳教士與其他人提供的材料，報導日軍在從上海向南京進攻的沿途所犯下的各種戰爭暴行，以及中國人民蒙受的巨大災難。

　　上海英文《密勒氏評論報》1938 年 3 月 19 日發表一篇文章〈中國之毀滅〉，在列舉了日軍從上海一線分路向南京殺奔而來的一路上的種種暴行後，憤慨地寫道：

> 要是有人相信在華的日本軍隊確欲使中國人民過著更好更愉快的生活，那麼，請他去觀光一下南京到上海間二百哩以內的情形罷，請他去目睹難於令人相信的荒涼和破壞的景象罷。在六個月以前，這一帶是地球上人口最稠密的區域，是中國最繁華的部分。

> 可是，如今一個觀光者所能看到的，只是被轟炸蹂躪的城市，化為灰燼的鄉村和小鎮，農田是荒蕪了，只有很少的老翁和老嫗淒涼地耕種著「福地」。牲口有的被殺掉了，有的被搶去了。凡是配備著現代武裝的野蠻軍隊所能進行的各種破壞行動，日本軍隊是樣樣做到了。

> 被迫離開田園的那些老百姓，如今究竟在哪裡呢？

> 無數老百姓被殺死了；許多人成了殘廢，終身殘廢；還有許多人蜷伏於難民收容所中，或藏匿在山洞裏，不敢重返荒蕪的田地和被搶劫一空的店鋪、遭受破壞的工作單位。即使他們敢回去，瘋狂的日軍也不准他們回去。

> 事實如此。但日軍控制著通訊網，向全世界宣傳說，他們現在正讓中國人重返故鄉，去過和平而豐滿的生活，這真是無恥的欺騙啊！[4]

4　報導：《中國之毀滅》，刊上海：英文《密勒氏評論報》1938 年 3 月 19 日；

　　有「中國威尼斯」之稱的蘇州是聞名中外的美麗水城與有數千年歷史的古都。《密勒氏評論報》的文章〈中國之毀滅〉記述了在日軍佔領蘇州前，日機對這個美麗城市多日的狂轟濫炸：

> 十一月第二個星期內，日機開始向蘇州市區投擲高度爆炸性的炸彈，於是美麗古雅的蘇州城所有三十五萬居民——年老的年輕的和殘弱的，面對著令人厭惡的野蠻勢力，成為無法掙扎的可憐蟲。

> 巨量的炸彈從天空撞擊而下，猛烈爆炸，肢體、塵垢、磚石和泥瓦，不斷飛騰，好像一道道的瀑布，這真是駭人的景象，可怖的瘋狂的場面，使我們不敢正視，不敢留戀。日機整天在頭上翔翔著，投下死亡的禮物。

> ……沒有人知道日機向這一個不設防的城市，到底擲下了多少枚炸彈。在整整十二個小時內，落下的炸彈，密如雨點。[5]

　　由於中國軍隊的指揮無能與撤退混亂，竟然未經戰鬥，就放棄了「蘇福線」（蘇州到常熟福山的防線）。日軍第 9 師團於 1937 年 11 月 19 日輕易佔領蘇州。1937 年 11 月 21 日，《紐約時報》刊登該報記者阿本德從上海發出的電訊，題為〈蘇州的陷落是一場「悲喜劇」〉，報導如下：

> 〔11 月 21 日，星期日，上海訊〕據這裏得到的官方消息稱，星期五黎明，蘇州這座偉大的城市被日軍佔領。當時，15 名頭戴遮肩帽、部分臉被遮住的日軍步兵在一名中尉的帶領下，扛著太

中譯文引自〔英〕田伯烈著，楊明譯：《1937：一名英國記者實錄的日軍暴行》（原書名《外人目睹中之日軍暴行》），湖北人民出版社 2005 年版，第 94 頁；譯文略有改動。

5　報導：〈中國之毀滅〉，刊上海：英文《密勒氏評論報》1938 年 3 月 19 日；前引〔英〕田伯烈著，楊明譯：《1937：一名英國記者實錄的日軍暴行》，第 89～90 頁。

陽旗進入蘇州。與此同時，數千名混亂的中國部隊未放一槍一彈就倉惶地從蘇州逃走。

日本軍方發言人把奪取蘇州比作「現代戰爭史上最不同尋常的一幕悲喜劇」。他說，佔領蘇州不僅令中國人感到意外，日本人也一樣。

……

這位發言人表示，經過數天的激戰和行軍，再加上遭受不知道什麼時候會落到頭上的空襲，這些序列被打亂的中國部隊已經疲憊不堪。

先前預計至少可以抵抗 6 個月的蘇州—常熟防線已經被日軍奪取……[6]

日軍佔領蘇州城後，進行了多日的燒殺淫掠。《密勒氏評論報》的文章〈中國之毀滅〉寫道：

這也是如何悲慘的一種景象啊！……屍首堆滿路上，散遍田間。……每一家銀行、每一家店鋪和每一家住宅，都已門戶洞開，日本兵進進出出，川流不息，好像是一群群的螞蟻，背上馱著一捆捆的絲、野鴨絨被、日用商品和各種傢俱。

……古老而殷富的蘇州，原有人口三十五萬，日軍佔領該城時，只剩五百人了。[7]

6　〔美〕阿本德 1937 年 11 月 21 日上海電：〈蘇州的陷落是一場「悲喜劇」〉，刊〔美〕《紐約時報》1937 年 11 月 21 日；前引《南京大屠殺史料集》(29)，第 388 頁。

7　報導：〈中國之毀滅〉，刊上海：英文《密勒氏評論報》1938 年 3 月 19 日；前引〔英〕田伯烈著，楊明譯：《1937：一名英國記者實錄的日軍暴行》，第

　　日軍突破「蘇福線」（蘇州到常熟福山的防線）後，中國軍隊撤至「錫澄線」（無錫到江陰的防線）。美聯社記者 1937 年 11 月 21 日上海電訊〈由於防線被突破，日軍對南京的威脅增加了〉報導說：

> 〔11 月 21 日，星期日，上海訊〕在奪取中國興登堡防線上的堡壘蘇州後，日本軍隊今天又向西開始征服之旅。中方集中兵力構築新的防線以阻礙日軍向南京推進。昨天，中國政府正式宣布將首都遷往四川重慶。
>
> ……
>
> 據報導，從蘇州以北 25 英里的無錫到揚子江邊的江陰，中國這條新的防線沿線布下 13 萬兵力。日軍從三個方向撲向上海西北的這條防線。[8]

　　素有「小上海」之稱的無錫，為當時中國的一個工業中心，平時人口達九十萬人。1937 年 10 月下旬以來，該城幾乎每日均遭日機轟炸。據上述《密勒氏評論報》文章〈中國之毀滅〉所載，僅 11 月 10 日這天，日機竟向該城投炸彈一百六十餘顆，全城工廠與商業區盡成瓦礫，軍民死傷無算。惡名昭彰的日軍第十六師團於 11 月 25 日攻陷無錫城後，大施屠殺，縱火焚城達十餘日。此文寫道：

> 距上海約一百哩的無錫，本來是一個工業區，有人口九十萬。所有工廠建築，因日機的猛烈轟炸，或損失甚巨，或全部被毀，其中最重要的有幾家麵粉廠，一家紗廠，一家電廠和一家設備非常新式的絲廠。……

90、148 頁。

8　美聯社 1937 年 11 月 21 日上海訊：〈由於防線被突破，日軍對南京的威脅增加了〉，刊〔美〕《紐約時報》1937 年 11 月 21 日；前引《南京大屠殺史料集》（29），第 387 頁。

東亭是無錫的一個熱鬧市鎮，幾無一屋一椽，損害的情形最為慘重，鄉民數人在瓦礫堆中尋覓殘餘的東西。

無錫北郊被焚的市區，長約一哩，只有一家紗廠倖免。許多絲廠和倉庫，同歸於盡。從車站到城門口，旅館、商店、貨棧和住宅，均付之一炬。車站與城垣，都變成了廢墟，各種電線都斷裂落地。

進城以後，破壞的情形同樣同樣嚴重。無錫的房屋被焚者至少在半數以上，包括從城中到北門，以及從北門到大洋橋的整個商業區。和運河並行的城南大街，約有一哩長的市廛，化為焦土。工業中心與糧食要站的無錫，現在是完全陷入癱瘓的狀態了。[9]

　　日軍的侵略戰爭及其暴行造成了從上海到南京這一中國最富庶地區的空前災難，大量中國難民被迫離鄉背井，流落異鄉，生活悲慘。1938年1月3日，英國《曼徹斯特衛報》刊登路透社駐上海記者的報導，題為〈長江流域的大量中國難民，巨大的悲劇〉，對此作了報導：

據路透社上海記者報導，日本人在向長江流域推進前，該地區有2,000萬人——大不列顛人口的一半——開始逃亡。由於華中地區災難性地突發戰禍而引發的潰逃，其規模之巨大和在該地區所造成的恐怖狀況正在慢慢地顯露出來。

上海和南京之間是世界上最富庶、人口最為稠密的農業地區之一，這裏座落著數千個村莊和許多富庶的城鎮。在過去的個4月以來，該地區持續和定期地受到日本飛機的轟炸，結果造成難以形容的恐慌，且導致大量人口的遷移。這在該地區是史無前例的。

9　〈中國之毀滅〉，刊上海：英文《密勒氏評論報》1938年3月19日；前引〔英〕田伯烈著，楊明譯：《1937：一名英國記者實錄的日軍暴行》，第148～149頁。

> 當日本軍隊進入蘇州時，他們發現在喝座曾經擁有 25 萬人口的繁華美麗城市裏，中國居民已不到 500 人。向西 20 英里的工業城鎮無錫，這個中國近代工業發展的搖籃，幾乎已經無人居住。……[10]

據世界紅十字會救濟專員於 1937 年 12 月 19 日自江蘇長江以北的南通、如皋、泰興、寶應、靖江等處發函上報，江蘇長江以南的蘇州、常州、鎮江一帶戰區的難民聚集於江北各縣者，不下百餘萬。[11]

戰火日益向南京迫近。南京國民政府一方面調兵遣將，構築工事，緊張地進行南京保衛戰的各項準備工作；同時組織各黨、政、軍機關、大型工商企業與有條件的南京市民撤離南京，向內地轉移。1937 年 11 月中旬，悲壯的南京大撤退開始了。留駐南京的西方記者對中國政府與中國守軍的備戰與撤離活動，對南京城內緊張、慌亂的景況進行了採訪報導。

《紐約時報》1937 年 11 月 16 日刊登該報記者德丁從南京發出的報導，題為〈南京方面的官員可能將要逃離〉，副題為〈擔心中國軍隊守不住南京，居民已經開始向內地撤離，傷員離開南京，太湖前線抵抗日軍的部隊得到增援〉，寫道：

記者 F・蒂爾曼・德丁致《紐約時報》無線電訊

〔11 月 16 日，星期二，南京訊〕由於中國軍隊從上海撤退，日軍部隊從陸路、沿長江和太湖穩步向前推進，各種不著邊際的謠言滿天飛，南京城的緊張情緒日趨明顯。

10　路透社駐上海記者報導：〈長江流域的大量中國難民，巨大的悲劇〉，刊〔英〕《曼徹斯特衛報》1938 年 1 月 3 日第 12 版；張憲文主編：《南京大屠殺史料集》（31），張連紅等編：《英國使領館文書》，江蘇人民出版社 2007 年版，第 559 頁。
11　韓信夫、姜克夫主編：《中華民國大事記》，中國文史出版社 1996 版，第 4 冊，第 220 頁

南京大量的居民正在出逃。兩週之內去漢口的江輪船票已被訂購一空。蕪湖機場和其他各種交通運輸工具的情況也與此類似。現在情況遠未到令人恐慌的地步，但如果日軍突破中國軍隊重兵防禦的常熟－蘇州－嘉興防線的話，那毫無疑問將導致居民大規模地逃離南京。

南京的高官聲稱，政府不打算轉移。但消息靈通的觀察家相信，大多數政府辦公室可能會先期向別處轉移。離南京300英里外的漢口，甚至更遠的雲南，都是未來轉移的目的地。一個精幹的、對軍事大本營而言唯一關鍵的政府將繼續留在南京維護「門面」，直到日軍快入城時為止。

另外據信，政府撤離將不作正式宣布，直到日軍兵臨城下。[12]

1937 年 12 月 1 日，日本裕仁天皇下達了攻佔南京的「大陸命第 8 號」敕令。其主要內容是：

華中方面軍司令官須與海軍協同，攻佔敵國首都南京。[13]

1937 年 12 月 1 日，日參謀次長多田駿中將親自攜帶此「敕令」，從東京飛抵上海，向「華中方面軍」司令官松井石根下達。日「華中方面軍」在松井石根的指揮下，以強大的兵力，向南京發動更猛烈的攻擊。

日軍由於武器裝備的先進，迅速突破中國軍隊的防守，於 12 月 5 日攻抵南京週邊陣地。敵強我弱的南京保衛戰打響了。

美國《時代》週刊在 1937 年 12 月 12 日的第 24 期，報導了日軍攻抵南京週邊陣地的消息，還報導了日軍在向南京進攻的沿途，對中國民眾燒殺淫掠，甚至發生了進行殺人比賽的野蠻事件：

12　〔美〕德丁 1937 年 11 月 16 日南京電：〈南京方面的官員可能將要逃離〉，刊〔美〕《紐約時報》1937 年 11 月 16 日；前引《南京大屠殺史料集》(29)，第 371 頁。

13　前引〔日〕防衛廳防衛研究所戰史室：《中國事變陸軍作戰史》，第 1 卷第 2 分冊，第 109 頁。

日本的進攻，目前以每天 55 英里的速度向前推進。本週佔領紫金山，控制了位於南京郊區的用價值 300 萬美元的大理石修建的中山陵。日本轟炸機對南京城也進行了轟炸。本次進攻中，日本的英雄是兩個下級軍官，他們比賽看誰的軍刀最先殺死 100 名「中國抵抗者」。最新記錄：野田少尉，78 名；向井少尉，89 名。不管莫斯科是否把迫使蔣加入共產國際作為蘇聯援助的條件，上週從蘇聯飛來了 300 架 800 型雙引擎、時速 250 英里的蘇式轟炸機。日本聲稱，在燃燒的南京，他們已經擊落了其中的 10 架。蔣委員長似乎已經棄守南京，儘管他曾發過誓，要「堅守到最後」。[14]

關於日軍在進軍南京的沿途開展殺人競賽的消息，不僅《時代》週刊，美、英等國家的多家報紙都及時加以轉載與報導。

例如東京一家由美國人創辦的英文報紙《日本廣告報》（Japan Advertiser）首先在 1937 年 12 月 7 日，轉載刊登了《東京日日新聞》上關於日本兩軍官「舉行友誼的殺人比賽」的報導的譯稿：

片桐部隊的向井敏明少尉與野田毅少尉兩人均在句容作戰，舉行友誼的殺人競賽，即在完全佔領南京以前，能親手殺死一百人者奪得錦標，現已達最後階段。據《朝日新聞》消息，星期日在句容城外作戰時，兩人的記錄如下：向井少尉已殺死八十九人，野田少尉已殺死七十八人。[15]

1937 年 12 月 14 日，這家《日本廣告報》根據前一天，即 12 月 13 日《東京日日新聞》上刊登的消息，再次報導日軍兩位青年軍官「舉行

---

[14] 〔美〕《時代》週刊 1937 年 12 月 12 日報導，中譯文引自李輝：《封面中國》，東方出版社 2007 年版，第 199 頁。

[15] 轉引自〔澳〕田伯烈著，楊明譯：《外人目睹中之日軍暴行》附錄之六，漢口：國民出版社 1938 年 7 月出版；刊《侵華日軍南京大屠殺史料》編委會、南京圖書館合編：《侵華日軍南京大屠殺史料》，江蘇古籍出版社 1997 年版，第 259～260 頁。

友誼的殺人比賽」的後續消息──在南京紫金山下決定繼續進行殺人比
賽的報導：

> 據《日日新聞》戰地特派記者從南京城外紫金山坡來電稱：向井
> 少尉與野田少尉舉行殺死一百個中國人的競賽，其錦標現尚未能
> 決定，向井少尉已殺死一○六人，野田少尉已殺死一○五人，但
> 不能決定誰先殺死一百。現兩人同意不以一百人為標準，而以一
> 百五十人為標準。

> 在此次競賽中，向井少尉的刀鋒，已略受挫損，因為他把一位中
> 國人，連鋼盔及身軀劈成兩半個。據向井少尉說，這一次競賽，
> 完全是「玩意兒」，他覺得彼此能突破一百人的記錄，而互不相
> 知，實在是很有趣味的事情。

> 星期六的早晨，當《日日新聞》的記者在總理陵園高處訪問向井
> 少尉時，另一部日本軍隊在紫金山坡放火，驅逐中國軍隊，同時
> 掩護向井少尉及其部隊，子彈從頭頂上橫飛而過。

> 據向井少尉說，他把殺人的軍刀擱在肩上時，一顆子彈都不能打
> 中他。[16]

　　這兩篇新聞最早將日軍舉行殺人競賽的駭人聽聞的暴行向西方世
界傳播，向全世界傳播。只是由於這家報社設在日本的東京，受到日本
當局的嚴格控制；同時報紙的發行量也少，因而在世界上沒有及時產生
很大的影響。但後來英國記者田伯烈在編寫英文著作《戰爭意味什麼：
日軍在華暴行》（中譯本書名為《外人目睹下之日軍暴行》）時，將《日

---

[16] 轉引自〔澳〕田伯烈著，楊明譯：《外人目睹中之日軍暴行》附錄之六，漢
　　口：國民出版社1938年7月出版；刊《侵華日軍南京大屠殺史料》編委會、
　　南京圖書館合編：《侵華日軍南京大屠殺史料》，江蘇古籍出版社1997年版，
　　第259～260頁。

本廣告報》刊登的這兩篇新聞作為附錄之六，收進書中。隨著《戰爭意味什麼：日軍在華暴行》（《外人目睹下之日軍暴行》）在中外各地廣泛的傳播，這兩篇最早將日軍舉行殺人競賽的駭人聽聞的暴行向世界傳播的新聞稿也廣泛地為人們所知。

1938 年 1 月 1 日，上海租界的英文週報《密勒氏評論報》也轉載了日本報紙上的「殺人競賽」報導。當然，這些報紙與著作多是作為揭露日軍暴行的典型材料而刊登的。

《密勒氏評論報》在 1937 年 11 月初還刊登了兩張日軍以中國人作為刺刀殺人練習對象的照片，以鮮活的視覺影像將日軍的兇暴殘忍暴露在世人面前，在國際上引起很大的反響。日方當局馬上辯稱「那是偽造的」，但拍攝者卻堅稱「是真實的」。這在本書前面所引美國《時代》週刊 1937 年 10 月 11 日所刊報導〈「我心已碎」〉已作過介紹。德國駐華大使陶德曼也對此事引起關注，特地於 1937 年 11 月 9 日向德國外交部作了報告：

> 《密勒氏評論報》發表了此處附上的兩張照片，內容是日本士兵在中國人的屍體上作刺刀殺人練習。
>
> 照片是由天津聯合新聞通訊社的一名攝影記者拍攝的。日方說這些照片是偽造的，那個日本兵是一名偽裝的中國人。相反，聯合新聞通訊社堅持說拍攝的照片是真實的。[17]

英國《曼徹斯特衛報》記者田伯烈在 1938 年初編著的《戰爭意味什麼：日軍在華暴行》（《外人目睹中之日軍暴行》）一書中，系統地揭露了日軍在滬寧沿線的暴行及其「有計劃的恐怖政策」：

> 日軍在佔領上海、蘇州、杭州廣大面積內的主要城市和交通線後，繼續推進，而於十二月十三日攻入國民政府的首都——南京。

---

[17] 〔德〕陶德曼：《致柏林德國外交部報告》（1937 年 11 月 9 日），前引《南京大屠殺史料集》（30），第 8 頁。

日軍急速向前推進，跨越中國人口最稠密地方最安閒的一個區域，凡鐵騎所過之處，生靈塗炭，精華毀滅……

一位外國觀察家曾有幾次去過那些地方（在佔領以前及佔領以後），據他審慎估計，這一次揚子江三角地帶戰爭的結果，至少有三十萬中國平民犧牲了他們的生命，其中一部分是慘遭屠殺的。他說，日本兵強迫老年人和孩子運送重量過大的東西，等他們力竭倒地時，日本兵就用刺刀斫戮，擲入路旁的小溝裏。日本兵對於已死的人也要加以虐待。日軍所過的地方，有許多中國墳墓被發掘，棺木被焚毀。據他觀察的結果，認為日軍向南京推進時，曾採取一種有計劃的恐怖政策。

田伯烈在記錄日軍暴行的同時，還指出日軍暴行將給劫後餘生的中國人民今後的生活帶來長期的、更為可怕的後果與影響：

中立的外國觀察家曾赴日軍佔領下揚子江下游三角地帶旅行視察。據他們的報告，破壞毀滅的情形，決非局限於上海及其附近，凡較大的城市，如南京、無錫、蘇州、鎮江等處，以及點綴於江南田野的無數村舍，同罹浩劫。據他們觀察，和上海的情形一樣，那些財產的毀滅，一大部分並非戰爭的直接結果，而是日軍佔領以後造成的事實。

日軍暴行直接給予中國人民的痛苦，已經是夠深刻的了。可是，無數田園住宅的破壞，尤其要者，生產和生存工具的全部絕滅，更使劫後餘生的中國人民，陷入悲慘黑暗的深淵。……對於一般民眾而言，生產和生存工具的絕滅，比較幾千幾萬人犧牲於姦淫屠殺之下，其影響實在更為可怕呵！[18]

---

[18] 〔英〕田伯烈著，楊明譯：《1937：一名英國記者實錄的日軍暴行》（原書名《外人目睹中之日軍暴行》），湖北人民出版社 2005 年版，第 87、139 頁。

戰火日益向南京逼近。日軍的暴行隨著戰火的蔓延而日益猖獗。

第二節　深入前線採訪報導中國軍隊南京保衛戰的全過程

當戰火迅速向南京逼近時，留駐南京的西方記者以新聞從業人員的工作責任感與職業道德，冒著生命危險，深入最前線，對中國守軍抗擊日軍進攻南京戰役進行全程的採訪與最及時、深入、客觀與比較準確的報導，並對中國守軍當局在軍事指揮中的得失與一些官員軍事道德的淪落進行尖銳的評論與批評。

1937 年 11 月 30 日，美聯社記者從南京發出電訊〈南京為抵禦日軍的進攻做準備〉，刊登在第二天，即 1937 年 12 月 1 日的美國《紐約時報》上，報導南京守軍為抗擊來犯的日軍，在城內外構築了多層防禦工事及各種軍事設施，內容如下：

> 〔11 月 30 日，南京訊（美聯社）〕……
>
> 為預防日軍的進攻，今天晚上，南京城關閉了八座城門。其他四座城門則壘起沙袋，拉上帶刺的鐵絲網，作為障礙物。連接防禦陣地的電話線已經架了起來，方便指揮（部隊）通往城市的各條陸路和水上通道。
>
> 在守軍軍官的指揮下，一千名中國百姓加固了現有的炮臺、水泥地堡和地下掩體。這個掩體還包括以南京城為中心，以貫通南京東西的長江沿岸為終點的七個半圓形戰壕，工事網路綿延 30 英里。[19]

---

[19] 美聯社 1937 年 11 月 30 日南京電：〈南京為抵禦日軍的進攻做準備〉，刊〔美〕《紐約時報》1937 年 12 月 1 日；前引《南京大屠殺史料集》(29)，第 401 頁。

1937 年 12 月 2 日，美國《紐約時報》刊登該報記者德丁 12 月 1 日發自南京的電訊〈南京守軍在規避陷阱〉，報導了中國守軍在南京週邊，從蕪湖、廣德到鎮江一線的防禦情況：

> 〔12 月 1 日，南京訊〕中方已經開始從南京各陣地撤走部隊、大砲及軍需物資，這些人員、物資渡過長江後向上游方向轉移。此舉意味著中方已經採取行動，避免首都周圍的大部隊落入日軍包圍戰的陷阱之中。
>
> 據報導，一大批中國部隊集中在蕪湖東面及東南方向，這表明，中方決心防止日本人推進到南京西面的長江。
>
> 中方有關守衛蕪湖至廣德地區的計畫包括：掘開湖堤，利用洪水淹沒日軍前進路線上的廣大地區，增加日軍通過惡劣的太平湖濕地的困難。……
>
> 人們期望，中國南京守軍展開自英勇的上海保衛戰以來最堅決的一場地面防禦戰。南京週邊的防禦力量，包括鎮江以南的陣地，被認為是非常強大的。專家相信，中國守軍可以支撐一段時間。[20]

1937 年 12 月 2 日，美國《芝加哥每日新聞報》記者司迪爾以新聞記者的責任感與職業勇氣，歷盡千辛萬苦，從濟南趕到南京採訪。他於當日從南京發出電訊〈因害怕日軍，大批難民逃難〉，副題是〈記者的奮鬥，歷盡千辛萬苦到達南京〉，報導他從濟南趕到南京的沿途中，所見儘是中國民眾從南京慌亂撤退的情景；以及他到達南京後，所看到的中國軍隊為堅守首都進行著種種準備。此報導刊登在當日的《芝加哥每日新聞報》（因時差原因）上。報導寫道：

---

[20] 〔美〕德丁 1937 年 12 月 1 日南京電：〈南京守軍在規避陷阱〉，刊〔美〕《紐約時報》1937 年 12 月 2 日；前引《南京大屠殺史料集》(6)，第 403～404 頁。

〔12月2日，發自南京〕……

> 雖然南京面臨著孤立、覆滅的現實危險，但政府領導者似乎已決
> 定了要死守南京。大多數軍隊已經撤離，然而為了要讓日軍在佔
> 領首都時付出最大的犧牲，必要的守軍還是留了下來。一些中國
> 軍隊已經開始構築城門的防守工事。[21]

由於中國軍隊在武器火力與兵力上遠遠差於日軍，因此無法阻截日軍猛烈的攻勢。各路日軍進展迅速。1937 年 12 月 5 日晨，東路日軍攻佔句容城，進抵南京週邊防線。日本「華中方面軍」司令部下令於當日晚發起進攻南京的戰役。各路日軍分別向南京的第一道防線——週邊各陣地的棲霞山、湯水鎮、淳化鎮、秣陵關、江寧鎮一線猛攻。戰事主要在南京城外的東部與南部遠郊區展開。戰線距南京城約四十至三十公里。戰鬥極其激烈而殘酷。

1937 年 12 月 5 日，美聯社記者查理斯·葉茲·麥克丹尼爾自行駕車，從南京城出發，到「南京城以東地區」的最前線採訪，在戰火中出沒。他在後來所發出的報導〈戰地記者的日記描繪恐怖的南京〉中寫道：

> 12 月 5 日，我開車到南京城以東地區採訪戰事的發展，相互矛
> 盾的報導使我吃驚。一發炮彈在車前方 200 碼處爆炸並將我的車
> 子掀起來之際，我尋獲了戰爭的進程，並發現已開車穿越了離南
> 京城 28 英里遠的日軍防線。[22]

以後幾天，麥克丹尼爾每天都這樣冒著生命危險到前線採訪。他對12 月 7 日的戰況報導如下：

---

[21] 〔美〕司迪爾 1937 年 12 月 2 日南京電：〈因害怕日軍，大批難民逃難〉，刊〔美〕《芝加哥每日新聞報》1937 年 12 月 2 日；前引《南京大屠殺史料集》（6），第 32 頁。

[22] 〔美〕麥克丹尼爾 1937 年 12 月 17 日上海電：〈戰地記者的日記描繪恐怖的南京〉，刊〔美〕《芝加哥每日論壇報》1937 年 12 月 18 日第 8 版；前引《南京大屠殺史料集》（6），第 115～116 頁。

12 月 7 日，車子開出去 15 英里，穿越燃燒的村莊，這是撤退的中國軍隊放火燒的。日機俯衝時我不得不在鄉村的屋子後面躲一躲。駛經湯山溫泉時，突然發現自己處於無人的區域，雙方的炮彈在頭頂上呼嘯。迅速把車倒出來，當時離日軍炮兵陣地只有 300 碼遠。[23]

美國《紐約時報》記者德丁也於 12 月 6 日，和一位中國助手及三位美國新聞電影攝影師，自行駕車冒險深入到湯山最前線，「近距離觀察了前線戰鬥」。他們也經歷了血與火的生死考驗，採訪了大量可貴的戰地新聞，並看到南京週邊防線的粗陋、落後，「在許多方面具有美國南北戰爭時期的野戰特點」。他寫道：

〔12 月 7 日，星期二，南京訊〕

昨天，記者近距離觀察了前線戰鬥。……

記者於正午驅車前往從句容，未曾想到剛駛出南京城僅 16 英里就到達了前線陣地。蔣介石委員長近年來在湯山溫泉大修軍事設施和夏季軍事總部。在距湯山 2 英里開外的一座石橋前，我們被迫停車，因為橋上設置了地雷。

一群神態自若的四川士兵[24]針對我的疑問，冷冷地警告我說，橋上的那些稻草看上去沒有什麼，但只要稍微一碰，埋在橋下面的地雷就會引爆。這些士兵指著幾英里外的一座山丘說：

「日軍就在對面，不能過去，太危險了。……」

23　〔美〕麥克丹尼爾：〈戰地記者的日記描繪恐怖的南京〉，刊〔美〕《芝加哥每日論壇報》1937 年 12 月 18 日第 8 版；前引《南京大屠殺史料集》(6)，第 115～116 頁。

24　這裏報導有誤，應是廣東士兵。當時防守湯山一線的是粵軍——陸軍第 66 軍葉肇部。

……

繞過一座山腳，我們來到一個可以將戰線一覽無遺的地方。在前方 1 英里遠的地方，中國和日本的機關槍手正隔著一條狹窄的山谷進行激烈的槍戰。在左側，雙方的炮兵部隊隔著一道有三座山峰的的山梁互相炮擊。在右側，我們可以聽見日軍大跑正在從遠處炮轟湯山附近陣地的中國軍隊。

……

通過這次採訪，我們可以看出，南京東部一帶到處都在做著抵抗日軍的工作。中國軍隊所謂的週邊防衛的特點給人們這樣一種印象：實質上只是在延緩日軍接近與攻擊南京內城的進程，以爭取時間，加強嚴防死守南京內城的準備工作。

湯山至南京之間的公路沿線至少每隔一英里就會設置一個路障。在接近首都的地段，中國軍隊燃起熊熊大火，清除可能被敵軍用來抵擋炮火的農村房屋。有一個在山谷裏的村子整個都被燒光了。樹木和竹林被砍倒，竹椿被削得像刀一樣鋒利，可以阻礙日本步兵。從湯山之戰可以判斷，南京周圍的戰鬥，除了使用機關槍以外，在許多方面具有美國南北戰爭時期的野戰特點。[25]

美國《芝加哥每日新聞報》記者司迪爾在南京採訪中，同樣表現出極大的勇敢精神。他在 12 月 2 日趕到南京後，幾次冒險出城深入火線採訪，又隨著中國守軍於 12 月 8 日退至城內——南京第二道防線——內廓陣地，繼續在中華門一線採訪。1937 年 12 月 9 日，《芝加哥每日新聞報》在發表他的報導時，所加「編輯部按」中，稱讚「他是在處於包

---

[25] 〔美〕德丁 1937 年 12 月 7 日南京電：〈中國人為減緩侵略者推進而繼續戰鬥〉，刊〔美〕《紐約時報》1937 年 12 月 7 日，前引《南京大屠殺史料集》（29），第 417～419 頁；譯文略有改動。

圍攻擊下、治安惡化的南京城裏有勇氣冒著生命危險做記者的幾個人中的一個」。[26]司迪爾在 12 月 9 日從南京發出的報導〈等待命運的南京衛戍軍，戰僅僅是挽回名譽〉中，記述了中國守軍從城外撤退進城時進行「清野」的情景：

〔南京，12 月 9 日〕南京人都意識到他們被城牆圍著的這個世界眼看著就要崩潰了，他們在等待著。日軍分別從東面、西南面到達了距市內 10 英里的範圍。他們為了最後一次的跳躍，像貓一樣陰險地磨著爪子。如果瞭解日本人的徹底性的話，誰都會知道他們不到決定好最詳細的細節，他們是不會對這布有厚重防衛的、被丘陵包圍著的首都進行最後的攻擊的。

……

遠處依稀聽得見戰鬥的聲音，南京城時而會因為城外的橋樑、道路、武器庫的爆炸而搖動，這都是出於防禦目的而進行的。

……

從這些苗頭開始，中國軍隊在城牆周圍大約 1 英里以上的範圍內，不顧一切代價和可能帶來的痛苦，一律清野。

昨晚我們去了西門（漢中門）外的村莊。村裏的人在收集財物，準備到難民區去。據說是軍隊下達了命令要放火燒村，所以必須在半夜前搬走。很多人像螞蟻搬家似的一下子湧向了難民區。[27]

美聯社記者查理斯·葉茲·麥克丹尼爾對 12 月 9 日的戰況報導如下：

---

26 〔美〕《芝加哥每日新聞》1937 年 12 月 9 日「編輯部按」；前引《南京大屠殺史料集》(6)，第 51 頁。

27 〔美〕司迪爾 1937 年 12 月 9 日南京電：〈等待命運的南京衛戍軍，戰僅僅是挽回名譽〉，刊〔美〕《芝加哥每日新聞報》1937 年 12 月 9 日；前引《南京大屠殺史料集》(6)，第 51～52 頁。

12 月 9 日，發現城東南的幾個城門被堵塞了，中國軍人向半英
里外的日軍猛烈開火。日機轟炸了離我們兩個街區以遠的房屋。
日機出現之際，我和一支中國部隊一起向前行進。我鑽進防空
洞，再把頭探出來時，看見十來個被炸死或痛苦蜷縮的士兵。我
離開了那兒。[28]

12 月 9 日，日軍已突破南京第一道防線——遠郊外圍陣地，兇猛
地攻抵南京第二道防線——以紫金山、雨花臺與城牆為依託的內廓陣
地前。

在蘇州的日「華中方面軍」司令官松井石根大將見各部日軍已推進
至南京城下，從四面將南京緊緊包圍，南京已是危在旦夕、指日可下。
他認為，或者他希望，在日軍強大的軍事威脅之下，被包圍在南京城內、
無處可逃的中國守軍必將會放棄抵抗、派出代表向日軍乞降。因此他於
當日正午派遣飛機向南京城內空投致唐生智的〈和平開城勸告文〉，即
〈勸降書〉數千份，威脅與利誘並施，以最後通牒的口吻，規定限期一
天，中國守軍必須於 12 月 10 日中午前派代表到中山門外句容道的警戒
線上，向日軍談判投降，否則日軍「將斷然開始進攻南京」；同時令各
部日軍於下午四時暫停對南京的攻擊。

美國《芝加哥每日新聞報》記者司迪爾在 1937 年 12 月 9 日從南京
發出電訊〈是否投降，否則日軍將踏平南京〉，刊登在 12 月 10 日美國
芝加哥的《每日郵件》（The Daily Mail）上，報導日軍飛機向南京城內
散發〈勸降書〉：

〔南京，星期四（12 月 9 日）〕明天正午看來是南京陷落的決定
時刻。南京的群眾早就看到了閉塞狀態下的南京會被攻破。

---

[28] 〔美〕麥克丹尼爾 1937 年 12 月 17 日上海電：〈戰地記者的日記描繪恐怖的
南京〉，刊〔美〕《芝加哥每日論壇報》1937 年 12 月 18 日第 8 版；前引《南
京大屠殺史料集》(6)，第 116 頁。

今天日軍飛機投下了最後通告，命令（明天）正午之前交出南京。如果不按通告所說的辦，將會引起無法控制的災難。

日軍像貓捕捉獵物時一樣，一邊做好最後的跳躍準備，一邊迫不及待地進軍，但可以認為在舞臺沒有弄好之前，他們是不會發起進攻的。[29]

《紐約時報》駐華首席記者哈立德‧愛德華‧阿本德在 1937 年 12 月 10 日從上海發出的電訊〈日軍的最後通牒〉，也報導了松井石根向南京守軍發出〈勸降書〉，刊登在當日的《紐約時報》上。報導寫道：

〔12 月 10 日，星期五，發自上海〕昨天晚上，在離南京南門不到 1 英里遠的公路上，日軍 50 輛戰車一字排開，用炮彈把城牆炸出一個洞。城牆另外一個地方也被日軍集中火力給炸穿了。

在這以後，日軍停止了攻擊，等待中國軍隊對松井將軍的投降勸告作出答覆。

昨天，一架日本軍機在（南京）城內空投了松井將軍的「勸降書」。「勸降書」要求衛戍軍司令長官唐生智在今天正午（紐約時間星期四下午 2 時）之前將答覆送達句容公路上的日軍前哨，如得不到滿意答覆，所有包圍的日軍將向南京發起猛攻。

松井將軍在「勸降書」裏還表達了願南京遠離戰火和破壞的希望。「勸降書」裏還提到了現在長江以南的日軍已逾百萬。這種說法應該只不過是技巧性表現而已。[30]

---

[29] 〔美〕司迪爾 1937 年 12 月 9 日南京電：〈是否投降，否則日軍將踏平南京〉，刊〔美〕《每日郵件》1937 年 12 月 10 日；前引《南京大屠殺史料集》（6），第 67 頁。

[30] 〔美〕阿本德 1937 年 12 月 10 日上海電：〈日軍的最後通牒〉，刊《紐約時報》1937 年 12 月 10 日；前引《南京大屠殺史料集》（6），第 35～36 頁。

這天的《紐約時報》還刊登了美聯社記者 1937 年 12 月 10 日從上海發出的電訊〈美國炮艦正處於待發〉，報導說：

> 〔12 月 10 日，星期五，發自上海，美聯社〕：10 萬日本軍隊已經擺好架勢，一旦今天正午以前日軍司令官要求投降的最後通牒未得到滿足，就會對南京發起總攻。[31]

美聯社從上海發出的這則報導，公佈了松井石根〈勸降書〉的全文。

但南京的守軍卻對松井石根的〈勸降書〉不僅輕蔑地不予理睬，而且以頑強的戰鬥給日軍的誘降以有力的回答。12 月 10 日《紐約時報》刊登美聯社當日從上海發出的電訊〈日本發佈最後通牒後開始對南京發起猛攻〉，副題是〈中方無視南京投降提案以後，日軍開始猛烈攻擊，佔領蕪湖的報導，日軍軍艦順長江而上──大部分美國人從原首都撤退，攻擊軍準備舉行慶祝儀式，日軍運送大批香檳用以祝賀攻陷南京〉，報導如下：

> 〔12 月 10 日，星期五，上海（美聯社）發報〕：據未被確認的中方報導稱，今天南京衛戍軍司令長官唐生智將軍正午以前尚未對日軍要求中國軍隊投降的最後通牒作出答覆。下午 2 時得到南京的報導解釋說，拒絕對最後通牒作出答覆就是拒絕日方的要求。
>
> ……[32]

由於中國守軍的拒降與頑強抵抗，日軍惱羞成怒，於 1937 年 12 月 10 日午後 1 時發動了對南京內廓陣地猛烈的總攻擊。

---

[31] 美聯社 1937 年 12 月 10 日上海電：〈美國炮艦正處於待發〉，刊〔美〕《紐約時報》1937 年 12 月 10 日；前引《南京大屠殺史料集》（6），第 37 頁。

[32] 美聯社 1937 年 12 月 10 日上海電：〈日本發佈最後通牒後開始對南京發起猛攻〉，刊《紐約時報》1937 年 12 月 10 日；前引《南京大屠殺史料集》（6），第 35～36 頁。

美國《芝加哥每日新聞報》記者司迪爾 12 月 10 日從南京發出的電訊〈大炮集中攻擊南京，防衛已放棄〉中，報導了日軍在 10 日猛烈炮轟南京城的景況：

> 〔南京，12 月 10 日〕：這個處於包圍下的首都，由於日軍的重炮襲擊，受到了嚴重的損害。今天我在一個易於眺望的地方觀察到炮彈一個接一個地落在南京的中央以及南部地區，繼而紛紛爆炸，平均一分鐘四回這樣的比例。
>
> 整個城市都瀰漫著濃重的煙霧，很難判斷戰況。日軍好像是想把城南部的城牆炸出個孔，從那裏突入市內，所以全力地在攻那個地方。據我的判斷，現在還沒有突入市內。

面對日軍猛烈的炮轟，中國守軍英勇地以炮還擊。司迪爾報導說：

> 由蔣介石委員長最好的部隊和最差的部隊混合而成的，還包括數千名新兵的中國部隊的官兵們，只要有城牆在他們和日軍之間存在，就頑強抵抗著。中國軍隊的炮口，炮彈一個接一個地打出。[33]

美聯社記者麥克丹尼爾在報導中記述了 12 月 10 日的戰況，寫道：

> 12 月 10 日，在美國使館附近，10 門中國的大炮終日怒吼。南門附近炮彈擊中之處，炸死 10 個軍人。已處在日軍炮火射程之內時，彈片四處飛濺，我不得不離開。今天最後一座城門封閉了，堵塞了逃離這座遭受厄運城市的出路。[34]

---

[33]　〔美〕司迪爾 1937 年 12 月 10 日南京電：〈大炮集中攻擊南京，防衛已放棄〉，刊〔美〕《芝加哥每日新聞報》1937 年 12 月 13 日；前引《南京大屠殺史料集》（6），第 55 頁。

[34]　〔美〕麥克丹尼爾 1937 年 12 月 17 日上海電：〈戰地記者的日記描繪恐怖的南京〉，刊〔美〕《芝加哥每日論壇報》1937 年 12 月 18 日第 8 版；前引《南

在激戰中，12 月 10 日的夜幕降臨了。司迪爾報導了南京城內軍民死傷累累的慘景：

〔南京 12 月 10 日訊〕：南京最艱難的時刻來臨了，……夜幕低垂時，充滿持續不斷的轟炸、機槍掃射的一天終於落下了帷幕。一天的轟炸、掃射，將數以百計血肉模糊、肢體破碎的人送進醫院，將其他殘缺不全、失去生命的軀體奇形怪狀地散落在彈坑四周。

今夜，由於中國軍隊在城牆周圍點燃的大火，三個方向的地平線上，泛著紅光。晚上，幾次雷霆般的爆炸向我們揭示了明天雙方開始炮戰時將會出現的情況，那將比轟炸更加難以捉摸，驚心動魄。[35]

12 月 11 日，戰鬥更加激烈。南京已被日軍幾乎完全包圍，形勢萬分危急。美聯社 12 月 11 日從上海發出的報導〈南京四面戰火迭起，給中國人設下陷阱〉，指出：

〔美聯社上海 12 月 11 日電〕：南京已經處在日軍除西北長江正面以外全方位的猛烈的攻擊之下。今晚，南京已經完全被包圍了。

中國軍隊誓死抵抗，阻止了日軍進一步擴大上週星期五開始在城內準備的落腳之處的範圍。但是，衛戍軍的撤退路線正在被完全地、一點點地切斷。

南京上游 60 英里處的戰略要地、長江港口城市蕪湖已經落入日軍的手中。[36]

京大屠殺史料集》（6），第 116 頁。

[35] 〔美〕司迪爾 1937 年 12 月 10 日南京電：〈狂轟濫炸南京，造成累累死傷〉，刊〔美〕《芝加哥每日新聞報》1937 年 12 月 10 日；前引《南京大屠殺史料集》（6），第 61 頁。

[36] 美聯社 1937 年 12 月 11 日上海電：〈南京四面戰火迭起，給中國人設下陷阱〉，刊〔美〕《芝加哥每日新聞報》1937 年 12 月 11 日第 1 版；前引《南京大屠

　　1937 年 12 月 11 日，在日軍的猛烈進攻下，眼看南京內廓防線即將被突破，這日午後，蔣介石兩次致電南京衛戍司令長官唐生智，指示「如情勢不能久持，可相機撤退，以圖整理，而期反攻」。[37]但中國守軍仍在各陣地上堅守，繼續頑強地抗擊日軍的攻擊。

　　12 月 12 日是南京保衛戰的最後一日。中國守軍利用城牆陣地進行最後的也是最頑強的抵抗。《紐約時報》駐華首席記者阿本德 12 月 12 日從上海發出電訊報導〈城牆阻擋住日軍〉，寫道：

　　〔12 月 12 日，星期日，上海訊〕：日軍對南京的進攻繼續進行，但毫無結果。這是因為高 45 英尺，厚 30 英尺的南京古老城牆上，中國軍隊星羅棋佈地建起了強化水泥製的機關槍座、炮座和各種掩體戰壕。

　　「我們用血肉和鋼鐵作戰」，南京衛戍司令唐生智將軍在從南京發往漢口的一份引人注目的報告中這樣寫道。在這份報告中，唐將軍強調，雖然中國軍隊損失慘重，但依舊保持著昂揚的士氣。不過，外國人士方面的消息稱，由於奉令增援光華門的部隊拒絕進入陣地，日軍將可能輕易地佔領光華門。[38]

　　阿本德在同一日發自上海的電訊報導〈南京包圍圈在縮小〉說：

　　〔12 月 12 日，星期日，上海訊〕：今天，三支日軍縱隊、攻城重炮和空軍轟炸機對南京發動猛攻。與此同時，其他日軍部隊也開始向南京迫近，形成了一個包圍圈。一支日軍部隊沿江而下，

殺史料集》（6），第 68 頁。

[37]　《南京衛戍軍戰鬥詳報》，國民政府國防部戰史會檔案，藏南京：中國第二歷史檔案館，檔案號：787-7593。

[38]　〔美〕阿本德 1937 年 12 月 12 日上海電：〈城牆阻擋止日軍〉，刊〔美〕《紐約時報》1937 年 12 月 12 日；前引《南京大屠殺史料集》（29），第 459 頁。

威脅到最後一條從南京出逃的道路。現在城內仍滯留有 16 名美
國人。

據報導，一支侵略軍前進到距離南京江對岸浦口僅 10 英里遠的
地方。如果浦口被日軍佔領，日軍就收緊了包圍圈。南京上游
60 英里處、具有戰略地位的長江港口城市蕪湖，以及蕪湖和南
京之間的太平，已經落在日軍手中。[39]

正在南京採訪的美聯社記者麥克丹尼爾在報導中寫道：

12 月 12 日，南京城內沒有水，沒有肉食，也沒有燈光。今天下
午的炮擊可怕極了，甚至 1400 英尺高的紫金山山峰上也濺落著
彈片。四周槍彈亂飛時，只好彎腰鑽進汽車內。目睹交通部大樓
爆炸、燃燒。[40]

1937 年 12 月 12 日，《紐約時報》記者德丁發自南京的電訊報導〈侵
略者受阻於南京城牆上的眾多工事〉，刊登在當日的該報上（由於時差
原因）。德丁寫道：

〔12 月 12 日，星期日，南京訊〕：由於日軍自大校場機場方向
突襲南京城牆受阻後，昨天，日軍用一整天的時間鞏固、清理距
城牆 4 至 8 英里對稱性半圓形前線陣地。

一整天，在南京城內隨處可聽見日軍野炮和中國軍隊陣地的白炮
（炮身短、口徑大的一種大炮）之間進行炮戰的轟鳴聲。午後稍

---

[39] 〔美〕阿本德 1937 年 12 月 12 日上海電：〈南京包圍圈在縮小〉，刊〔美〕
《紐約時報》1937 年 12 月 12 日；前引《南京大屠殺史料集》（29），第
460 頁。
[40] 〔美〕麥克丹尼爾 1937 年 12 月 17 日上海電：〈戰地記者的日記描繪恐怖的
南京〉，刊〔美〕《芝加哥每日論壇報》1937 年 12 月 18 日第 8 版；前引《南
京大屠殺史料集》（6），第 116 頁。

晚時分，日軍大炮開始對市西南部古老的儒教寺院朝天宮一帶及
太平路附近進行炮轟。從跑擊的閃光來判斷，大炮應該是設置在
中山門外 5 英里處的紫金山山麓。

……

靠近正午的時候，日軍 4 枚炮彈落在了安全區內，致使 1 名外國
人和 20 名中國人受了傷。

……

據報導，日軍炮艦、驅逐艦共計 5 艘已經通過江陰封鎖線，按照
計畫，除去了南京下游 16 英里處設置的小封鎖線和機械水雷的
話，他們可立即到達炮轟南京的位置。

……

江岸地區靜寂而荒涼，江面上幾乎看不見船隻。事實上，儘管這
裏是唯一的出逃通道，卻顯示出南京守軍並沒有作好渡江撤退的
準備。[41]

　　同日，美國《洛衫磯時報》第 11 版刊登合眾社 12 月 12 日發自上
海的電訊報導：〈南京築起血肉城牆阻止日軍進攻〉，寫道：

〔合眾社上海 12 月 12 日，星期天電〕震耳欲聾的日軍炮火今天
清晨震撼著南京城，步兵則在 18 座城門上短兵相接，進行著中
國歷史上空前慘烈的血腥攻防戰。

41　〔美〕德丁 1937 年 12 月 12 日南京電：〈侵略者受阻於南京城牆上的眾多工
　　事〉，刊〔美〕《紐約時報》1937 年 12 月 12 日；前引《南京大屠殺史料集》
　　（29），第 456～458 頁。

攻打首都的戰鬥非常激烈，……火焰映紅了首都四周 32 英里長
的城牆。炮彈在城中央和城南地區爆炸，日軍猛烈的炮火估計以
一分鐘四發炮彈的頻率持續著。

中國的大炮進行反擊，隆隆之聲震耳欲聾。顯然，日軍正努力炸
開南京的城牆，然後攻擊城內人口稠密的地區。

成千上萬裝備好、紀律嚴明的中國部隊並肩和裝備差的地方部隊
一起作戰，擊退日軍猛烈的進攻。據估計有二十萬日軍參加了這
次攻城戰役。[42]

　　由於日軍兵力的雄厚、武器的先進以及違反國際公法施放毒氣等，
也由於中國守軍當局的指揮失誤，南京保衛戰迅速失敗。1937 年 12 月
12 日上午 10 時，日軍第六師團攻佔南京城南的制高點雨花臺陣地；正
午，日軍炮擊中華門以西城牆後，日軍第六師團數百人從城牆缺口突入
城中，佔領中華門，這是日軍最先攻入南京的部隊。約在同時，日軍第
六師團、第一一四師團的另一部佔領水西門。下午，日軍第十六師團攻
佔南京城東的制高點紫金山頂南北一線主陣地，向中山陵、中山門逼近；
日軍預備隊第三師團一部佔領武定門、通濟門；第九師團繼續猛攻光華
門。中國守軍與從中華門、武定門、通濟門攻入城中的日軍展開巷戰。
　　12 日下午 5 時，南京衛戍司令長官唐生智在唐公館召開守軍各軍、師
長會議。唐宣讀蔣介石來電後，下達書面的撤退命令——「衛戍作命特字
第一號」，部署守城各部的突圍方向與目標、方案，即只有衛戍司令部各
直屬部隊、第七十八軍（第三十六師）及憲兵部隊可渡長江北撤，其他各
部隊衝破正面之敵突圍，向皖南等地轉移。——簡言之，即「大部突圍，
一部渡江」。但唐生智又作了一個口頭命令：「第八十七師、八十八師、七
十四軍、教導總隊，如不能全部突圍，有輪渡時，可過江，向滁州集結」。

---

[42]　合眾社 1937 年 12 月 12 日上海電：〈南京築起血肉城牆阻止日軍進攻〉，刊
〔美〕《洛杉磯時報》1937 年 12 月 12 日第 11 版；前引《南京大屠殺史料集》
（6），第 70～71 頁。

　　12 日下午 5 時左右，中國守軍放棄陣地，全線後撤或突圍。南京防線崩潰。——由於唐生智所作的完全不顧實際情況的口頭命令，使南京守軍，除第二軍團、第六十六軍、第八十三軍外，幾乎全部湧向城北，企圖渡長江北撤。但衛戍司令部在戰前已撤走了幾乎全部運輸船隻，從而使得大量守軍在城北被阻，從中山路到長江邊一帶，擁擠不堪，秩序混亂，死傷累累。

　　許多西方記者在報導中記述了南京保衛戰最後時刻的戰況及防線崩潰、南京陷落的慘狀。

　　英國路透社記者萊斯利‧史密斯（L.C.Smith）於 1937 年 2 月 18 日從上海發出的報導〈目擊者敘說南京的陷落〉中，記述了他目睹的 12 月 12 日南京的情景：

> 　　（12 月 12 日下午）4 時 30 分，形勢突變，老百姓驚恐異常，紛紛跳入防空洞，高喊：「日軍進城了！」
>
> 　　當晚 10 時，緊鄰著通往江邊唯一幹道中山路的那座交通部具有中國風格的華麗大樓被火點燃。儲存著彈藥的大樓熊熊燃燒，釋放出強大的熱浪，使得街上的車輛無法通行。結果，道路擁塞，大火蔓延到一連串汽車、炮車、高射炮、自行車和三輪車上。
>
> 　　中國軍隊步行前往通向江邊的挹江門。這裏通道狹窄，一次只能過一輛車。很快這通道也被堵塞，著了火，堵住了通往江邊的道路。
>
> 　　許多中國軍人在此喪身，燒焦的屍體留在那兒形成一條穿越城牆的道路。
>
> 　　數以百計的中國軍人被困在城內，他們用繩梯，甚至用衣服結成的繩索縋城而出。
>
> 　　至此逃出來的倖存者爬上筏子、船隻過江，但船超載擁擠。一位目擊現場的中國人說：「成百上千的人淹死了。」[43]

43　〔英〕史密斯：〈目擊者敘說南京的陷落〉，刊英文《北京時報》1937 年 12

1937 年 12 月 13 日晨，日軍部隊分數路攻入南京城中，沿城內各馬路向城北追擊，屠殺馬路上逃跑的中國軍民。上午 10 時，在城外西部的日軍，沿水西門、漢中門外城牆向北推進至下關長江邊，與城外東部沿玄武湖東岸向北推進的日軍會合，完全包圍了正擁堵在長江邊、無法渡江的中國潰軍，截斷了中國守軍的退路。午後 2 時，日海軍第 11 支隊的艦艇溯江而上抵達下關，封鎖江面，掃射屠殺正渡江北逃的中國潰軍。

《紐約時報》記者阿本德在 12 月 13 日從上海發出的報導〈南京被包圍〉中，記述了南京陷落的大致過程：

> 〔12 月 13 日，星期一，上海訊〕：自凌晨 4 時攻佔了中山門以後，日軍在坦克的引導下，已蜂擁入城，據日軍司令部的消息，攻佔全城只在旦夕。
>
> 昨日夜裏天空晴朗，南京城激烈的戰鬥絲毫沒有減弱。日軍在昨天佔領了南京城北面玄武湖沿岸。……
>
> 昨天日落之前，城牆上到處飄揚著日本旗。日軍首先攻佔了光華門、中華門及其周邊地帶。
>
> 渡過長江前往江北烏江的一支日軍部隊星期日已經佔領了浦口。這裏是津浦鐵路的南端，位於南京正對面。由於佔領了浦口，日軍也隨即切斷了南京及其附近地區中國守軍的最後一條逃生退路。[44]

英國路透社記者萊斯利·史密斯在發出的報導〈目擊者敘說南京的陷落〉中，記述了 12 月 13 日南京的情況：

月 19 日；前引《南京大屠殺史料集》（6），第 81 頁。

[44] 〔美〕阿本德 1937 年 12 月 13 日上海電：〈南京被包圍〉，刊《紐約時報》1937 年 12 月 13 日；前引《南京大屠殺史料集》（29），第 465 頁。

12月13日早晨，許多中國軍人仍困在城內，飢餓不堪，絕望地四處徘徊，也完全明白如落入日軍之手將遭受的不可避免的命運。

> 史密斯先生在南京收到的報告顯示，南京城防司令唐生智將軍於12月12日夜離開南京城。

> 日軍主攻的地點是城南的主要城門。該城門遭猛烈轟擊。其他城門相對來說損壞不大。在南門，中國軍隊炸毀了護城河上的橋樑以遲滯進攻者，但這一做法並不很成功。

> 12月13日下午1時，全城大部，包括城中央和城南被日軍侵佔，中國軍隊仍佔據著城北大部分地區和城中央一部分。中國城防部隊被逐漸往城北驅趕，很多人在此過程中遭殲滅。

> 12月13日下午1時，美聯社的葉茲·麥克丹尼爾先生在城裏遇到日軍巡邏隊。半小時後，第一面日本旗在美國大使館南面的山丘上升起。不久，城裏的主要建築上升起許多日本旗。[45]

1937年12月13日晚，日軍完全佔領了南京。《紐約時報》記者12月14日刊登從上海發出的電訊〈日方報導南京已經被攻佔〉，記述了南京的陷落與大量中國守軍被俘：

> 〔12月14日，星期四，上海訊〕：這裏的日軍司令部昨晚宣布，日軍部隊已經完成對南京的佔領。這離上海郊外爆發淞滬抗戰四個月僅差幾個小時的時間。

> 據宣布，對南京的佔領是在日落時完成的。但也存在許多其他說法。不過，據認為，留下來的中國守軍全部無條件投降了。[46]

---

[45] 〔英〕史密斯1937年12月18日上海報導：〈目擊者敘說南京的陷落〉，刊英文《北京時報》1937年12月19日，前引《南京大屠殺史料集》(6)，第81～82頁。

1937 年 12 月 15 日，上海租界的英商《北華捷報》（The North China Herald），在「上海新聞」欄目之下，刊登一系列報導，其內容是自 12 月 3 日日軍發動進攻南京，直至 12 月 13 日佔領南京這一期間，發自漢口、南京、上海、東京等地的關於南京的戰況及其他情況的逐日報導，對南京保衛戰作了全景式的記述。

第三節　讚揚浴血奮戰、為國盡忠的中國守軍官兵

美、英記者在對南京戰事的報導中，對中國守軍中勇敢戰鬥、為國盡忠的官兵作了由衷的讚揚。

1937 年 12 月 7 日，美國《紐約時報》記者德丁從南京發出的特電〈為拖延敵軍的進攻中國軍隊正在抗戰〉中，報導他在句容最前線採訪時，親眼目睹了中國軍隊官兵在「不休不眠、幾乎粒米未進」的極其艱苦的條件下，無畏戰鬥、浴血沙場的情景：

〔12 月 7 日，星期二，南京訊〕：昨天，記者近距離觀察了前線戰鬥。由日軍先頭部隊突擊引發的戰鬥在綿延 5 英里的戰線上進行。廣東軍兩個師因為睡眠不足疲憊不堪，但為了阻止敵軍的進攻仍拼死一戰。

⋯⋯

廣東第 95 師的殘部遭到了日軍襲擊。他們在不休不眠、幾乎粒米未進的狀態下，持續戰鬥了三天之後，終於在這個村子裏休息了一夜。汪通齡（音譯）上尉不顧疲勞領著我們參觀了前線。

46　1937 年 12 月 14 日上海電：〈日方報導南京已經被攻佔〉，刊〔美〕《紐約時報》12 月 14 日；前引《南京大屠殺史料集》（29），第 467 頁。

……

硝煙勾勒出地平線。遙遠的前方可以看見幾個很大的煙柱。據汪上尉說，這些煙柱是從句容升起來的。經過這場爭奪戰，現在句容已經在大火中變成了一片廢墟。

汪上尉說：「雖然我們正在進行著一場打不贏的戰鬥，但我們相信這可以使日軍的推進變得非常緩慢，而且可以令他們付出更多的代價。」。

他嚴重不滿地抱怨中國軍隊像「瞎子」一樣打仗。他說：

「我們不知道敵軍會從何處發動進攻。由於我們沒有探測敵軍行動的飛機，也沒有其他可以從空中偵察的手段，所以經常會被敵人抄了我們的後路。」

……[47]

日軍迅速從句容一線推進至距南京城約 30 公里的湯山鎮。這裏是中國守軍在週邊防線中的重點設防地區。1937 年 12 月 9 日，美國《紐約時報》記者德丁發出題為〈日軍放火燒山，300 名中國人山頂陣亡〉的電訊，報導了他在湯山戰場上親眼目睹的一場悲壯的血戰：300 名中國廣東部隊的軍人因武器低劣，被優勢日軍包圍在一個小山頭上，仍頑強戰鬥，最後被敵人炮轟火燒，幾乎全部壯烈犧牲。德丁寫道：

〔12 月 9 日，星期四，南京訊〕：300 名中國軍人被日軍圍困在離南京 20 英里的湯山公路邊一座雛形山的山頂，經昨天一整天激戰，全體士兵幾乎一人不剩。

---

[47] 〔美〕德丁 1937 年 12 月 7 日南京特電：〈為拖延敵軍的進攻中國軍隊正在抗戰〉，刊〔美〕《紐約時報》1937 年 12 月 7 日，前引《南京大屠殺史料集》（6），第 43～45 頁；譯文略有改動。

日軍在山頭四周放火。樹木、草助長火勢，漸漸延燒到山頂部，迫使中國軍人向山頂上退，擠作一團，無情的機槍掃射置他們於死地。

在兩英里以外的地方，筆者觀察了這場獨特戰鬥的最後階段。這支遭厄運的一名倖存者，今天早些時候和其他幾個人衝破日軍封鎖線下山，當時和我在一起。這名受輕傷的倖存者向我透露，被困的是廣東部隊第154師和第156師的殘部。他說，他們遭三面襲擊後，往山裏撤退，迅即被佔優勢的敵軍包圍。

中國軍隊竭盡全力反擊。他們只有自動手槍，彈藥很快打完。一小群士兵冒著殺傷力極強的機槍火力，從進攻者之間的空隙往外衝，和筆者在一起的個別人活著衝了出來。

與山頂上的殘部激戰數小時後，日軍用輕型炮對準山頭轟擊。之後，日軍放火把樹木、灌木叢、草點著，火焰漸漸迫使受困的中國部隊退到山頂，湯山公路邊密集的炮火、機槍火力將每一個人置於死地。

當記者問其他阻擊日軍進攻南京的廣東部隊情況時，疲憊的他們只是無望地聳聳肩。一個士兵答道：

「飛機向我們射擊，機槍掃射我們，日軍發現我們的陣地後，派來坦克、裝甲車，我們用毛瑟槍、手槍和幾挺機槍根本無法阻擊敵人。」[48]

1937年12月10日午後1時，日軍在中國守軍拒絕了投降以後，發動了對以城牆為依託的南京內廓陣地的猛攻。

---

[48] 〔美〕德丁1937年12月9日南京電：〈日軍放火燒山，300名中國人山頂陣亡〉，刊〔美〕《紐約時報》1937年12月9日；前引《南京大屠殺史料集》（29），第437～438頁。

防守南京城牆的中國軍隊。

　　1937 年 12 月 11 日，南京保衛戰已到了最激烈、最緊張的時刻。《北華捷報》報導說：

〔漢口 12 月 11 日訊〕：今天此間收到的南京城防司令唐生智頗為激動的電文說：「我們遭受重大傷亡是很自然的，因為我們是用血肉之軀迎戰鋼鐵的裝備。」

唐將軍宣稱，全城遭到猛烈的轟炸，激烈的戰鬥仍在雨花臺進行，中國軍隊堅守著那兒的碉堡以及紫金山周圍的陣地。雖然承認日軍昨日已突破光華門，唐將軍說中國軍隊仍控制著局勢，並進行著堅決的抵抗。

他說很難估計中國軍隊還能堅持多久，但軍隊的士氣仍很高昂。

> 唐將軍補充道，即便日軍進入南京，中國軍隊將會在更好的陣地
> 上抵抗入侵者，因為日軍越是深入縱深，越會遇到更多的困難。[49]

在 12 月 11 日這天，在南京城中採訪的美國記者德丁親眼看到中國
守軍官兵誓死保衛南京、誓與陣地共存亡的感人場面：

> 某種歇斯底里的情緒在中國城防部隊裏顯現出來。大家都懂得大
> 多數人已被困住，都要犧牲。筆者見到一小股士兵剛剛在街角豎
> 好路障，他們莊嚴地圍成一圈，宣誓與陣地共存亡。[50]

1937 年 12 月 12 日是南京保衛戰的最後一日。在這艱難困苦的最
後時刻，中國守軍以自己的血肉之軀，憑藉南京的城牆，對日軍進行著
最後的拼搏與抵抗。1937 年 12 月 12 日中午以後，日軍憑藉強大的兵
力與先進的武器，在付出沉重的代價後，終於陸續佔領了南京的一些城
門，突入城內。但中國守軍仍在浴血奮戰。在日軍突破的地方，中國守
軍頑強地抗擊日軍的攻擊，並進行反衝鋒，企圖奪回丟失的陣地。戰鬥
更加劇烈。南京衛戍軍副司令長官羅卓英中將親臨中華門前線指揮，「躬
冒炮火，在中華門一帶和敵人展開了壯烈的巷戰，把攻入的敵軍全部消
滅。」[51]第八十七師第二五九旅旅長易安華少將在光華門犧牲，第八十
八師第二六二旅旅長朱赤少將在雨花臺犧牲，第二六四旅旅長高致嵩少
將在雨花臺犧牲，第五十一師第一五一旅第三〇二團長程智在賽虹橋犧
牲，第五十一師第一五三旅第三〇六團團副劉曆滋、第三營營長胡豪在
中華門犧牲，……許多將校軍官與許許多多的官兵血灑陣地，戰鬥到最
後一息。

---

[49] 《上海新聞》，刊《北華捷報》1937 年 12 月 15 日；前引《南京大屠殺史料
集》（6），第 25 頁。

[50] 〔美〕德丁 1937 年 12 月 22 日上海訊：〈南京陷落，日軍施暴〉，刊〔美〕
《紐約時報》1938 年 1 月 9 日；前引《南京大屠殺史料集》（6），第 132 頁，
陸束屏譯校。

[51] 譚道平：《南京衛戍戰史話》，東南文化事業出版社 1946 年版，第 66 頁。

日軍佔領中華西門

　　《紐約時報》記者阿本德在 12 月 13 日從上海發出的特訊〈南京遭圍困〉中，寫道：

〔上海 12 月 13 日星期一電〕：……

中國軍人在南京再次展現了能夠經受艱難困苦的非凡能力，並在任何軍人都為之膽寒的條件下堅守陣地。

在大多數情況下他們沒有酬勞，吃不飽，也沒有條件救護傷員，但是中國軍人逼迫日軍為城門附近的每一寸土地付出巨大的代價。

猶如 1900 年，中國軍隊堅守著天津城牆直到屍積如山達 7,000 多具。1928 年在山東濟南，他們再次引人注目地以同樣的英勇氣概戰鬥，與日軍爭奪每一寸國土。

從光華門城牆上的許多地方，從紫金山上，以及南京周圍的其他制高點，近 50 個小時，日軍將各種炮彈、機槍火力傾瀉入南京城內。每一個小時都有空襲轟炸，但中國軍人仍進行著不畏犧牲的戰鬥。[52]

12 月 12 日下午 5 時半開始，中國守軍奉命放棄陣地，開始突圍與撤退。當大部分中國守軍向北退向長江邊時，粵軍部隊第六十六軍、第八十三軍卻向東由太平門出城，從正面衝破日軍戰線，在太平門、岔路口、馬群等地連續與日軍展開拼殺肉搏血戰。第一五九師代師長羅策群少將帶頭衝鋒，用粵語對部下高呼：「弟兄們，跟我來，勿要做衰仔呀！」第一五六師參謀長姚中英少將、第一六〇師參謀長司徒非少將在太平門犧牲，羅策群少將在岔路口犧牲。這兩支廣東部隊在付出很大傷亡後，終於殺開一條血路，經紫金山麓，向浙皖邊界突圍而去。

1937 年 12 月 12 日晚至 13 日上午，日軍分數路，從城內、城外，向後撤的中國軍隊兇猛地追擊與進行血腥的屠殺。為了掩護戰友與民眾的撤退，中國守軍的後衛部隊勇敢地戰鬥，以自己的鮮血與屍骨阻擋日軍的前進。正在南京城中採訪的英國路透社記者史密斯寫道：

12 月 12 日……在南京城內，一個師的中國軍隊慌慌張張地在中山路上朝北走去，他們似乎是在逃跑。突然幾聲槍響，是第 88 師的部隊放了幾槍，擋住他們的去路，迫使他們返回。下午晚些時候，大批中國軍隊開始從城南撤退，紀律良好的部隊秩序井然地北撤，只有約 1,000 人奉令留守在城南。他們勇敢地堅持巷戰，直到午夜，他們全部被殲。[53]

[52] 〔美〕阿本德 1937 年 12 月 13 日上海特訊：〈南京遭圍困〉，刊〔美〕《紐約時報》1937 年 12 月 13 日第 1、第 15 版；前引《南京大屠殺史料集》（6），第 79～80 頁，陸束屏譯校。
[53] 〔英〕史密斯：〈關於 1937 年 12 月 9 日至 15 日南京戰事報告摘要〉；前引《南京大屠殺史料集》（30），第 70～71 頁。

　　擔任後衛的部隊勇敢地戰鬥，阻遏日軍前進。機槍通宵達旦猛烈地掃射，在午夜時分達到最高潮，許多城防部隊的軍人在城外戰死，目擊者後來在那兒見到上千具中國軍人的屍體。[54]

　　美國派拉蒙新聞電影社的攝影記者亞瑟‧B‧門肯在 1937 年 12 月 17 日發往美聯社的無線電訊稿〈目擊者描述中國軍隊潰退時南京的恐怖景象〉中，記述了中國守軍中一位「未被頌揚的英雄」：

> 對我來說，南京城陷落之際，未被頌揚的英雄是位無名的中國二等兵。他的行為也許救了我和來自德克薩斯州的《紐約時報》記者弗蘭克‧提爾蔓‧德丁的命。我們在中央飯店附近的中山路上行走，這位二等兵示意我們到路邊去，他正和一群士兵進行最後的抵抗戰鬥。

> 我們彎腰鑽進安全地帶後，日軍的坦克在街上隆隆駛來，機槍噴著火舌。坦克走後，我們發現二等兵和他的戰友都倒在街頭犧牲了。[55]

　　數十年後讀著這些西方記者記述的中國守軍官兵在極其艱苦的條件下，無畏戰鬥、浴血沙場、奮不顧身保衛南京的悲壯事蹟，我們仍禁不住潸然淚下。

　　關於中國國民政府軍隊在極其艱難困苦的條件下堅持長期抗戰、流血犧牲，抗戰時擔任《救亡日報》總編輯的著名新聞記者、作家、中共地下黨員夏衍在 1945 年 10 月寫成的《亂離人語》中寫道：

---

[54] 〔英〕史密斯 1937 年 12 月 18 日上海報導：〈目擊者訴說南京的陷落〉，刊英文《北京時報》1937 年 12 月 19 日；前引《南京大屠殺史料集》（6），第 81 頁，陸束屏譯校。

[55] 〔美〕亞瑟‧B‧門肯 1937 年 12 月 17 日上海訊：〈目擊者描述中國軍隊潰退時南京的恐怖景象〉，刊〔美〕《芝加哥每日論壇報》1937 年 12 月 17 日；前引《南京大屠殺史料集》（6），第 104 頁，陸束屏譯校。

我相信沒有一個國家的軍隊能夠經受中國軍隊——這裏說的是
國民黨的軍隊那樣的艱苦。他們冬天穿不到棉衣，夏天沒有替換
衣服，冬夜沒有棉被，夏天沒有蚊帳，病了沒有醫藥，傷了沒有
搶救的運輸工具和醫療條件。簡易的戰地醫院是有的，但條件的
簡陋，待遇之惡劣，是難以想像的。這一切除外，最大的問題還
在伙食。……站崗的士兵經常突然會暈倒，因為他們每頓只能吃
到水一般的稀飯，由於營養不足，夜盲症、腳氣病流行，加上衛
生狀況不好，蚊子蒼蠅傳佈細菌，瘧疾傷寒等等流行病隨時威脅
著戰士的生命……他們在這樣的條件下戰鬥，請閉目想像一下這
八年間戰地情景！

香港打仗的時候（本書著者按：指 1941 年 12 月日軍進攻香港英
軍），日本人炸壞了自來水公司的水池，英國軍隊就說因為沒有
水，就不能繼續作戰了。而我們的軍隊卻是一直在一種非人所能
忍受的環境中熬受過來的。[56]

第四節　深刻分析中國當局在軍事戰略上的失誤

　　美、英記者在報導中，對中國軍事當局在指揮南京保衛戰中的得失
進行了客觀的分析、評論與尖銳的批評。

　　西方記者的可貴之處，不僅在於他們冒著生命危險，深入最前線，
對中國守軍歷時近十天的南京保衛戰，進行採訪與最及時、客觀與比較
準確的報導；而且，他們還就其認識，對中日雙方的戰略戰術，進行客
觀的評議與較深入的分析；尤其是對中國守軍「南京衛戍司令部」長官
的無能與錯誤決策以及誇誇其談、自食其言、臨危先逃、棄近十萬大軍於

---

[56] 夏衍：〈亂離人語〉（1945 年 10 月），刊中國人民抗日戰爭紀念館編：《抗戰
　　紀事》，中國友誼出版公司 1989 年 7 月版，第 264 頁。

圍城中而不顧的可恥品德，進行了無情的鞭韃。他們在報導中，對中國軍隊南京保衛戰的悲壯慘烈與最後失敗的經驗教訓，都作了報導與評論。

　　例如，美國《紐約時報》記者德丁在南京經歷了保衛戰的全過程，並且目睹了中國守軍崩潰覆滅的可悲下場。他對此次戰役進行了細緻的觀察與認真深刻的分析。日軍佔領南京後，他於 12 月 15 日乘美國軍艦「瓦胡號」離開南京，12 月 17 日到達上海，就拍發出第一篇專電，刊登在 12 月 18 日的《紐約時報》上，題為〈所有俘虜均遭屠殺〉，副題為〈日軍在南京製造恐怖，平民也遭殺害，美國大使館遭空襲；蔣介石戰術錯誤以及領導人逃離導致首都陷落〉，除以親身見聞揭露了日軍在佔領南京最初幾天進行大屠殺的暴行外，還以較多的篇幅報導了南京保衛戰的經過，總結了中國軍事當局的指揮錯誤及其造成的中國軍隊慘重的損失。

　　他對中國軍隊在南京保衛戰失敗中的慘重損失，寫道：

> 南京被攻佔是中國軍隊遭受到的最嚴重的失敗，也是現代戰爭史上最悲慘的一次潰敗。防守南京的中國軍隊竟然甘願自己被包圍，然後被有條不紊地屠殺。

> 南京保衛戰的失利讓中國損失了數萬訓練有素的部隊和價值數百萬元的裝備，並使長江下游的中國軍隊士氣為之低落。正是這種勇氣和精神，激勵這些部隊在戰爭早期階段，在淞滬抵禦日軍的侵犯，堅持長達兩個月之久。

　　他分析了中國軍隊在南京保衛戰中失敗的諸多原因，直言不諱地寫道：

> 蔣介石委員長對此要負很大的責任。因為正是他沒有聽從德國軍事顧問們的一致勸告，也沒有聽從總參謀長白崇禧將軍的意見，便批准進行這場無益的城防戰役。

> 唐生智將軍及相關的師長要負更加直接的責任，他們擅離部隊出逃，在第一批日軍進城後的危急時刻，他們甚至沒有進行盡力挽救的努力。

> 為數眾多的中國軍人想通過僅有的幾個出路逃生是不可能的。他們沒有在戰略要地部署少量部隊抵擋侵略者掩護其他部隊撤退，相反，許多將領臨陣脫逃，在普通士兵中引起了恐慌。

> 沒能逃出把江門到下關渡過長江的軍人，均被日軍俘虜而遭屠殺。[57]

　　首先，中國軍事當局在軍事戰略方針上的嚴重失誤。西方記者指出，因為敵強我弱的軍事態勢，中國軍隊剛剛從淞滬戰場敗退下來，面對著士氣正盛、武器裝備戰力都遠遠超過中國軍隊的數十萬日軍，中國軍事當局本不應在南京集結許多兵力，與敵人再打一次陣地戰。它必然是最終的失敗與令人痛心的慘重損失。美國《紐約時報》記者阿本德在1937年12月9日從上海發出的電訊〈日軍將包圍敵人作為目標〉中，就記錄了日「華中方面軍」司令官松井石根的一位參謀人員向他所闡述的日方當局的戰略意圖：

> 「這似乎不可思議，中國的高級指揮官或他們的德國顧問居然沒有意識到，我們最大的希望就是把中國軍隊調動過來，集中起來，以便我們好將其一舉擊潰。」松井將軍的一位參謀人員數週前這樣告訴記者。

> 「戰事之初，中國擁有近2百萬軍人，分佈很廣。中國人不是將其分散在山區，令我們的機械化裝備優勢無法發揮作用，反而將其集中投放在廣闊的上海周邊地帶與我們作戰。」

---

[57] 〔美〕德丁1937年12月17日專電：〈所有俘虜均遭屠殺〉，《紐約時報》12月18日；前引《南京大屠殺史料集》（29），第478～481頁；譯文略有改動。

> 「實際上，這些部隊太龐大，不適宜軍事行動。因為他們大規模
> 調動反而成了我軍炮彈和炸彈最好的轟炸目標。如果某些秘密的
> 中國派系打算給我們提供徹底消滅整個龐大的中國軍隊的機會
> 的話，那就再也沒有比這更令我們滿意的事了。」

> 「就中國而言，歷史將會記錄上海周邊的這場戰爭是一場愚蠢透
> 頂的、浪費驚人的戰爭。……」[58]

拿破崙說：「有一句確切不移的作戰格言，便是不要做你的敵人所
願望的任何事——理由極簡單，就是因為敵人如此願望。」然而，中國
軍事當局卻做了敵人所願望的事：面對強大日軍的進攻，集中大量兵力
層層設防，打陣地戰，在三個月的上海陣地戰失敗後，緊接著又來打南
京陣地戰。這正中了敵人下懷。歷史證明，面對強大的侵略國軍隊，弱
國絕不能打單純的被動防禦的陣地戰！那等於是悲壯的自殺。中共領袖
毛澤東早在 1936 年 7 月就根據日、中雙方的戰力與其他各方面情況的
比較，指出：「中國軍隊要勝利，必須在廣闊的戰場上進行高度的運動
戰，迅速地前進和迅速地後退，迅速地集中和迅速地分散。這就是大規
模的運動戰，而不是深溝高壘、層層設防、專靠防禦工事的陣地戰。……
如果我們集中兵力在一個狹小的陣地上作消耗戰的抵抗，將使我軍失掉
地理上和經濟組織上的有利條件，犯阿比西尼亞的錯誤。戰爭的前期，
我們要避免一切大的決戰……」[59]

其次，中國軍事當局在戰場選擇與兵力部署上的失誤。西方記者指
出，面臨日軍的戰略大包圍，中國軍事當局不應選擇在背水臨江、進退
不便、戰場條件極為不利的南京，企圖依靠古老的城牆，打一場「太平

---

[58] 〔美〕阿本德 1937 年 12 月 9 日上海電訊：〈日軍將包圍敵人作為目標〉，
刊《紐約時報》1937 年 12 月 9 日；前引《南京大屠殺史料集》(29)，第
435 頁。
[59] 毛澤東：〈論持久戰〉，《毛澤東選集》第二卷，人民出版社 1966 年版，第
412～413 頁。

天國式的南京保衛戰」。《紐約時報》記者德丁指出了日軍在進攻南京時
採取的大包抄戰略：

> 日軍攻入南京城兩週前，就詳細預測了南京城陷落的情形。佔優
> 勢的日軍在廣德周圍和以北地區，與裝備低劣的中國軍隊相持，
> 在攻入首都數天前，日軍就突破防線，攻佔了蕪湖及南京上游長
> 江沿岸各設防點，由此堵死了中國軍隊向上游撤退的可能性。[60]

　　然而，中國軍事當局卻不顧南京的地理地勢與兵力、民力等條件，
尤其不顧面臨的是近代化的戰爭，是日軍最先進的火炮與戰機的大規模
的轟炸，卻主觀地想要沿襲中世紀的守城方法，集結兵力於南京城牆內
外，打一場單純防禦戰，並聲稱破釜沉舟，下令撤走長江上的所有船隻，
自斷退路，甘心落入敵人的包圍圈中。這實際上是自投羅網，作繭自縛。
而當戰役失敗，軍事當局率先逃走，丟下十多萬軍隊，迅速崩潰，進退
維谷，一敗塗地。

　　1937 年 12 月 22 日，德丁又寫了一篇航空通訊發往《紐約時報》，
刊登在 1938 年 1 月 9 日的《紐約時報》第 38 版上，題為〈中國指揮官
逃走，日軍暴行標誌著南京的陷落〉，更為詳盡地報導了南京保衛戰的
經過，指出「南京戰役無疑將作為現代軍事編年史上最悲慘的一頁而載
入史冊」；同時，也更加鮮明、直接，更加深刻、尖銳地總結了中國軍
事當局在南京保衛戰指揮上與道德上的諸多錯誤。

　　德丁在報導一開始就指出：

> 中國軍隊在防守南京時犯了現代軍事戰略指揮上的大忌——招
> 致自己被圍困，投降和被消滅的人數至少達 33,000 人，約占整
> 個部隊的三分之二……

---

[60] 〔美〕德丁 1937 年 12 月 17 日專電：〈所有俘虜均遭屠殺〉，刊《紐約時報》
12 月 18 日；前引《南京大屠殺史料集》(29)，第 478～481 頁；譯文略有
改動。

然後，德丁具體分析了中國當局在軍事戰略與防守部署上的致命錯誤與缺陷。

德丁首先指出南京城「易攻難守」的地理位置：

> 為了理解南京城難以防守的特點，有必要告訴大家，南京城位於長江的拐彎處，長江河道在此由北轉而往東流去。防守部隊只能佔據城牆內的區域，而攻城的軍隊卻可以從該市上游和下游兩個方向佔領長江南岸，這樣就可以將南京城三面圍住。從地形上很容易看出這一點。

這個分析是符合事實的。德丁接著指出，以南京這樣不利於防守的地理、地形，面對的卻是具有強大的集中進攻能力的日軍，「中國將領應該明白侵略者有能力將南京三面包圍」──即應能判斷強大的日軍在進攻南京時，必將從南京的上游與下游兩個方向佔領長江南岸，從而三面包圍南京。而日軍「也確實是這麼做的」：日軍先行佔領了南京上游的蕪湖與下游的鎮江等地，「得以壓迫南京，並以半圓形圍住除臨江一面的南京城的各個方向」；而中國軍隊「依靠長江作為逃生通道是不明智的。儘管南京下游有江面封鎖線阻礙航道，但在日本陸軍攻城的過程中，日本艦隊最終會駛抵下關的江面，致使中國軍隊不可能渡江退往北岸」。

然而，中國軍事當局在南京的防守部署中，恰恰犯了兵家大忌，無視南京的地理、地形，不顧中、日兩軍在力量上的懸殊，卻以南京城區為中心，層層設防，被動防守，不留後路，從而陷入被日軍四面包圍的可怕境地。德丁說：「在力圖防守南京的過程中，中國軍隊的戰略地位是沒有希望的，這可以從戰役及城市被攻佔的各細節顯露出來。」[61]

61　〔美〕德丁 1937 年 12 月 22 日航空通訊：〈南京陷落，日軍施暴〉，刊《紐約時報》1938 年 1 月 9 日第 38 版；前引《南京大屠殺史料集》(6)，第 126 頁～128 頁；譯文略有改動。

第五節　尖銳批評中國守軍當局指揮的浮誇與道德的淪落

美國記者在指出中國軍事當局在軍事戰略與防守部署上的失誤以後，又揭露了他們在戰前的虛驕與浮誇，大言磐磐，「宣稱固若金湯」，侈談「與城市共存亡」，卻沒有認真地進行必要的工事準備，又毫無為將之道，言行不一，貪生怕死，在戰局危急時搶先逃走，棄守軍官兵於不顧，終於導致了南京保衛戰的迅速失敗與約十萬軍隊覆沒的慘劇。

《紐約時報》記者德丁描述了中國軍隊構築的防守南京的週邊工事的粗糙脆弱：

> 攻佔江陰要塞和常州後，日軍迅速從吳縣向北橫跨長江三角洲直抵長江，數天之內在南面取廣德，北面繞過鎮江，攻佔丹陽之後，攻擊句容附近所謂的南京週邊防禦陣地。
>
> 句容防線及由南京輻射向外擴展的其他七道防線，每道防線均為一道和城牆對稱的圓弧線，並相隔幾英里，數月來一直宣稱固若金湯，準備充分。實際上，離南京 25 英里的句容的永久防禦工事粗糙得很，只有零星的碉堡，這可以由視察過這些防禦工事的中立國參觀者加以證實。
>
> 其他防禦工事則是倉促用床架支撐成堆的沙包、雜物碎片和鬆土而構起的路障。此外，建立機槍射擊位，並在中國軍隊撤退時炸毀公路、橋樑。[62]

---

[62] 〔美〕德丁 1937 年 12 月 22 日航空通訊：〈南京陷落，日軍施暴〉，刊《紐約時報》1938 年 1 月 9 日第 38 版；前引《南京大屠殺史料集》(6)，第 128 頁；譯文略有改動。

　　當時中國軍事當局在南京大體上建立了兩道防線。德丁在上述報導中所寫的是第一道防線，即南京的週邊防線，是如此的粗糙脆弱；那麼第二道防線，即以古老的南京城牆為依託的內廓防線，又是怎樣呢？另一位《紐約時報》駐中國的記者阿本德在 1937 年 12 月 7 日《紐約時報》上所發表的報導中指出：

> 唯一能繼續抵抗下去的機會是部分中國守軍可以憑藉城牆內的工事。這些數百年前明朝皇帝修建的城牆非常高大，綿延有 30 英里長，把南京圍在牆內。
>
> 上海的外國軍事觀察家昨晚指出，任何想利用古老的城牆進行抵抗的舉動都是徒勞的。據說，城內的守軍處於毫無希望的劣勢，因為除遭受持續的空襲之外，一旦日軍控制了城市四周的山丘，他們便完全處於日軍炮火的直接打擊之下。[63]

　　外國軍事觀察家正確地指出了中國軍事當局依靠南京城牆的被動防守策略的嚴重局限與嚴重後果：在日軍戰機與大炮的轟擊下，高大而古老的南京城牆只能化作破磚爛瓦。

　　兩道防線工事是如此粗糙、脆弱、被動、保守，而參加南京保衛戰的中國守軍又多殘破不堪。德丁報導說，這些守軍既有中央軍，又有廣東、湖南、廣西的地方部隊，編制紛亂，指揮不一，裝備落後，且多是從上海戰場潰退下來，損失嚴重：

> 很難說出南京城內及周圍的中國軍隊的長處。有些觀察家估測，有多達 16 個師參加城防戰役，這可能是真的。中國軍隊的師即使在正常時期平均只有 5,000 人，被打垮了再參加南京保衛戰的

63　〔美〕阿本德 1937 年 12 月 7 日上海電訊：〈日軍逼近南京〉，刊《紐約時報》1938 年 12 月 7 日；前引《南京大屠殺史料集》（29），第 421 頁。

師至少在有些情況下大約只有 2,000 或 3,000 人，可以很有把握地說，5 萬部隊參加南京保衛戰，並被困在城內。[64]

阿本德則指出：

南京的外國軍事觀察家向上海方面報告說，最近幾天有 12 個師坐輪船抵達南京。他們分別是訓練水平低下的四川兵，新近從雲南招募的新兵以及來自廣東的地方部隊。這些部隊沒有一支是訓練有素並擁有現代化裝備的。外國觀察家相信，把這樣的部隊投入到南京的東部防禦線不可能提高中國軍隊的士氣，也不可能使防禦力量得到加強。這麼做只會多犧牲幾千條生命而已。[65]

在守衛南京東郊湯山前線的中國守軍部隊中，竟還有一些不明世事的娃娃兵：

湯山一帶的兵營裏有很多男童。這些小傢伙年齡大約在 10 至 12 歲，身著正規軍服，在部隊幹著傳令兵、搬運工和伙夫等工作。有時他們也上到最前線，但他們似乎把這場戰爭當作一次遊戲玩。[66]

士兵如此。而奉命擔任南京衛戍司令部司令長官的唐生智，又是個在守軍官兵中缺乏威望、缺乏實力、缺乏指揮現代戰爭能力與經驗的最高指揮官。德丁在採訪剛就任司令長官的唐生智後，寫道：

---

[64] 〔美〕德丁 1937 年 12 月 22 日航空通訊：〈中國指揮官逃走，日軍暴行標誌著南京的陷落〉，刊《紐約時報》1938 年 1 月 9 日第 38 版；前引《南京大屠殺史料集》（29），第 509～520 頁；譯文略有改動；本書著者按：當時南京被圍的中國守軍有近 10 萬人。

[65] 美聯社消息：〈由於防線被突破，日軍對南京的威脅增加了〉，刊《紐約時報》1938 年 11 月 21 日；前引《南京大屠殺史料集》（29），第 387 頁。

[66] 〔美〕德丁 1937 年 12 月 7 日南京電訊：〈中國人為減緩侵略者推進而繼續戰鬥〉，刊《紐約時報》1937 年 12 月 7 日；前引《南京大屠殺史料集》（29），第 419 頁。

南京衛戍司令長官唐生智

> 雖然他斷然表示：「死守南京，與南京共存亡」，但我總覺得他不
> 像是個有實力的指揮官。[67]

　　德丁的判斷是較準確的。當時在國民政府中擔任教育部部長的王世
杰在 1937 年 11 月 18 日的日記中，記下了他對剛被指定為南京衛戍司
令長官的唐生智的接觸與看法：

> 唐生智經指定為南京衛戍長官，但尚未見明令。唐年來多病，如
> 此嚴重之守城工作，其體力似不勝任。予今日兩次用電話與商南
> 京市民救濟事宜，彼均在就寢，從可想見。微聞彼聲稱對於都城
> 之守禦願與城共存亡。[68]

　　這就是新任南京衛戍司令長官的唐生智，體弱多病，難以支撐繁
重的工作，面臨大戰在即，時間是多麼緊迫，軍事指揮事務千頭萬緒，
竟然常常臥床不起，除了發幾句宏願外，既不視察陣地，督促檢查，

---

[67] 轉引自〔日〕笠原十九司著，李廣廉等譯：《難民區百日》，南京師範大學出
　　 版社 2005 年版，第 40 頁。
[68] 曉葦整理：《王世杰日記選（1937 年）》，刊《近代史資料》總 119 期，第 195 頁。

又不接見官兵，鼓舞士氣，更未研究敵情，制訂作戰計畫。王世杰言詞之間，充滿了對唐生智擔任南京衛戍司令長官一職的不滿與不信任。

不利的地理、地形，粗糙脆弱的防禦工事，裝備落後、編制殘破的守軍，缺乏威望、缺乏實力、缺乏指揮現代戰爭能力與經驗的最高指揮官，面對著具有強大攻擊力量的日軍，中國守軍方面儘管有官兵的愛國熱情，但守城難以持久且將被敵包圍於孤城之內的危險是必然將要出現的前景。然而南京衛戍司令部軍事當局卻對十多萬守軍的安全撤退不作任何有遠見的、切實可行的預謀與準備工作，而寄希望於不切實際的「與城市共存亡」的「英勇行為」。

德丁寫道：

> 中國守軍指揮官完全清楚中國軍隊肯定會被包圍在南京城牆之內──猶如甕中之鱉。而日軍則以陸、海軍的大炮及飛機將他們炸成碎片。但中國將領仍自願地將部隊置於這種背水一戰的境地，顯然要以中國人崇高的英勇行為讓日軍攻佔南京時付出最高代價。[69]

德丁在報導中就此評價道：

> 的確，在圍城之前，中國守軍司令官唐生智將軍及其手下的各師指揮官就已經發表聲明，中國守軍從未考慮過撤退。這些聲明是誠心誠意的，這也表明了中國守軍指揮官的真正意圖：誓死保衛南京，絕不撤退。[70]

---

[69] 〔美〕德丁 1937 年 12 月 22 日上海航空通訊：〈中國指揮官逃走，日軍暴行標誌著南京的陷落〉，刊《紐約時報》1938 年 1 月 9 日第 38 版；前引《南京大屠殺史料集》（29），第 511 頁。

[70] 〔美〕德丁 1937 年 12 月 22 日上海航空通訊：〈中國指揮官逃走，日軍暴行標誌著南京的陷落〉，刊《紐約時報》1938 年 1 月 9 日第 38 版；前引《南

　　德丁在這裏所指的唐生智在戰前所發表的聲明，是指 1937 年 11 月
20 日唐生智就任南京衛戍司令長官後數天，於 11 月 27 日向報界發表
的著名的談話。在這個談話中，唐生智提出了「本人及所屬部隊誓與南
京城共存亡」的令人感動、令人振奮的響亮口號。為了實施這個口號，
表示實施這個口號的決心，唐生智下令撤走長江中的幾乎一切舟船，斷
全軍退路，以此激勵全軍將士與進攻的日軍誓死拼搏，絕不後撤，為保
衛南京流盡最後一滴血。德丁就此在報導中寫道：

> 顯然，除了數千部隊以外，中國守軍司令部從來沒有仔細考慮到
> 城防部隊能否渡江撤離的問題。整個保衛戰期間，除了為數不多
> 的舢板和汽艇，就再也沒有其他渡江工具了，這點就可以說明問
> 題。[71]

　　戰爭必然要有犧牲。在近代化的戰爭中，部隊要有重大的傷亡，更
是必不可免。但是無謂的犧牲卻是應該避免的！更不能將近十萬守軍將
士的生命輕意地孤注一擲，這簡直就是對中國抗戰的犯罪！中國的一些
位高權重的當權者從來就很少珍惜部下官兵與廣大民眾的生命！當需
要他們時，他可以使用他們，讚揚他們，褒獎他們；而一旦當他們失去
使用價值時，就會棄之如弊屣。這點甚至連當時身處南京危城中的德國
商人約翰‧拉貝也看出來了。他在 1937 年 12 月 8 日的日記中寫道：

> 我擔心的是，守城的唐將軍可能會毫不留情地獻出他手下的士兵
> 和平民百姓的生命。在中國，幾個人甚至幾十萬人的性命又算得
> 了什麼，中國每年都有大約 100 萬人死於饑荒或洪水。[72]

京大屠殺史料集》（29），第 511 頁。

[71]〔美〕德丁 1937 年 12 月 22 日上海航空通訊：〈中國指揮官逃走，日軍暴行
標誌著南京的陷落〉，刊《紐約時報》1938 年 1 月 9 日第 38 版；前引《南
京大屠殺史料集》（29），第 510～511 頁。

[72]〔德〕拉貝著，本書翻譯組譯：《拉貝日記》，江蘇人民出版社 1997 年版，

歷史的發展不幸被拉貝所言中了。拉貝的擔心成了四天後的預言！

尤其令人氣憤的是，以唐生智為首的南京衛戍司令長官部在下令撤走了長江上的幾乎所有船隻，斷了全軍退路，並發誓「與南京城共存亡」之後，卻私下在江邊的蘆葦叢裏為自己密藏了一艘火輪。當南京保衛戰迅速失敗，前線中國守軍奉命後撤，湧向了南京城北的下關江邊，卻因無船難以渡過冬日寒冷而浩瀚的長江，陷入了混亂與走投無路的危險境地時，以唐生智為首的南京衛戍司令部的長官們卻言行不一，背棄了自己的「與南京城共存亡」的諾言，搶先於 1937 年 12 月 12 日晚 8 時秘密地登上私藏的火輪，倉皇地逃向長江以北，棄自己的近十萬部屬官兵與數十萬中國平民於不顧，使他們陷於群龍無首、混亂張惶、束手就擒、任敵殺戮的可怕境地，造成了極其慘痛的結果。

德丁在報導中憤慨地寫道：

> 整個戰役最不光彩的一幕是，中國將領缺乏勇氣將他們一再宣稱的鮮明意圖實施到底。當日軍突破西南部城牆時，日本陸軍包抄過來，日本艦隊也在逼近。把江門這條後路的門還開著，唐將軍及其下屬便出逃了，丟下他的下屬軍官，任群龍無首的部隊在無望的形勢下掙扎，這些情況從來就沒有向他們解釋過。[73]

當唐生智登上私藏的火輪，倉皇地逃向長江以北時，竟來不及通知他部下的軍官。德丁寫道：

> 他出逃的意圖竟未告知他司令部裏的軍官。筆者認識一名上尉，他於午夜得知司令長官已逃離，自己也試圖離開，卻發現日軍已由四面沿城牆橫掃過來，正佔領下關地區。這位上尉利用從城裏

第 151 頁。

[73] 〔美〕德丁 1937 年 12 月 22 日航空通訊：〈南京陷落，日軍施暴〉，刊《紐約時報》1938 年 1 月 9 日第 38 版；前引《南京大屠殺史料集》（6），第 128 頁；譯文略有改動。

爬往城外的士兵留下的由早期結成的繩索重新爬進城，以求最終
投降保命。[74]

　　正在與日軍殊死作戰的許多守軍部隊更未得到撤退的通知，繼續在
原陣地上進行最後的戰鬥。他們的最後下場只能是被包圍、被消滅、被
俘虜、被殺害。德丁寫道：

三分之一的部隊被困

日軍攻佔挹江門後，中國軍隊所有出逃的通道就全部被堵死。而
這時尚有三分之一的部隊仍留在城內。

由於中國軍隊缺乏組織協調，一些部隊星期二中午仍在戰鬥，很
多人不知道自己已經被日軍包圍，這種抵抗是徒勞的。日軍的坦
克巡邏隊有條不紊地消滅了這支部隊。

星期二（本書著者按：指 12 月 14 日）上午，我開車試圖去下關，
途中遇到一群約登 26 人的中國士兵，他們仍然佔據著中山路上
的寧波同鄉會大樓。他們後來投降了。[75]

　　德丁在報導中還揭露與譴責了南京衛戍當局在南京戰役一開始就對
守軍傷病員棄之不顧的卑劣行為。——這不僅暴露了南京衛戍當局軍事
組織能力的低下與軍事道德的低劣，而且勢必嚴重影響整個軍隊的士氣：

自從日軍攻城，南京就呈現出可怕的景象。中國方面收治傷兵的
設施悲劇性地不足，早在一周之前在大街上就經常見到傷兵，有
的跛行，有的在地上爬著，乞求得到醫治。[76]

---

[74] 〔美〕德丁 1937 年 12 月 22 日航空通訊：〈南京陷落，日軍施暴〉，刊《紐
約時報》1938 年 1 月 9 日第 38 版；前引《南京大屠殺史料集》(6)，第 128
頁；譯文略有改動。

[75] 〔美〕德丁 1937 年 12 月 17 日專電：〈所有俘虜均遭屠殺〉，刊《紐約時報》
12 月 18 日；前引《南京大屠殺史料集》(29)，第 480 頁；譯文略有改動。

德丁在這篇報導的最後，總結道：

很難說得出中國在南京城防軍事上可悲的崩潰應歸咎於誰。

南京保衛戰是在不願中國軍隊的德國軍事顧問竭力勸阻之下進
行的。蔣委員長的總參謀長白崇禧將軍也強烈反對守南京。據
說，蔣將軍起先贊成在南京抵抗一下，指出在南京防衛工事上花
了幾百萬美元，為保衛國家的首都至少要打一仗是可取的。

一般報導說，蔣將軍是從這個角度被說服了。很多在南京消息靈
通的觀察家說，最終決定守衛南京是因為唐生智及其他將領的態
度，他們堅持要守，自己也願意與軍隊一起堅守城池。

誠然，蔣將軍不應該允許鑄成如此大錯。唐將軍當然也應該就引
發這場他不能堅持到底，或者，充其量，指揮得極差並導致重大
犧牲的戰事而受到嚴厲的指責。

也許，星期天唐將軍可以安排小部分部隊留下來以阻止日軍深入城
市縱深，以掩護大軍撤退，以此努力挽回局面。情況並非如此，無
論如何，局面並未挽回，而且唐將軍離城出逃，竟連他的指揮所的
許多人都不知情，使得整個部隊群龍無首，這便是全面崩潰的徵
兆。南京之戰對作戰雙方均無榮耀可言。[77]

　　總之，西方記者在他們的報導中，不僅以自己親見親聞如實地陳
述了中國守軍南京保衛戰的悲壯、混亂、脆弱及其迅速失敗的過程，
而且深刻地揭露了南京衛戍當局在軍事指揮上的失誤與一些高級指揮

---

[76] 〔美〕德丁1937年12月17日專電：〈所有俘虜均遭屠殺〉，刊《紐約時報》
1937年12月18日；前引《南京大屠殺史料集》（29），第480頁。

[77] 〔美〕德丁1937年12月22日上海航空通訊：〈中國指揮官逃走，日軍暴行
標誌著南京的陷落〉，刊《紐約時報》1938年1月9日第38版；前引《南
京大屠殺史料集》（29），第520頁。

官軍事道德上的淪喪，切中要害地剖析了南京保衛戰迅速失敗、大批中國守軍被俘的原因：一是中國軍事當局不顧南京城不利的，易攻難守的地理位置，不顧敵強我弱的軍事態勢，硬行在這裏打一場陣地戰、一場城市保衛戰、一場會戰，犯兵家之大忌，最終失敗是必然的；二是南京守軍準備倉促，防禦工事粗糙、脆弱，防禦思想保守僵硬，造成被動挨打、迅速失敗；三是指揮保衛戰的南京衛戌司令部的長官們浮誇、腐敗，既不顧嚴峻的現實，為戰敗後全軍安全撤退準備必要的通道；又言行不一，背信棄義，率先逃命，放棄指揮，將十多萬部屬官兵留給敵軍作俘虜。美國記者們不僅分析正確而深刻，而且對南京軍事當局作了不留情面、義正詞嚴的鞭撻與批判。這在當時的中國新聞輿論界是很為少見的。

　　西方記者還批評了中國國民政府守軍的所謂「焦土戰術」的嚴重弊病。在戰爭中，預先破壞可以資敵或可以掩護敵人進攻的有軍事價值與意義的房屋、物資，實行堅壁清野，是必要的；但如果沒有這些軍事價值與意義，而是盲目地大肆焚燒、破壞房屋、物資，甚至影響到民眾的起碼生存生活條件，則是沒有必要的，而且是有害的。中國國民政府守軍在抗戰初期，在南京等地實施的所謂「焦土戰術」，就有這方面的嚴重弊病。美國《紐約時報》記者阿本德在 1937 年 12 月 9 日從上海發出的電訊中指出：

> 留在南京的外國軍事觀察家對中國軍隊破壞尚在自己手中的戰區內的一切感到驚訝。據說，這類破壞行動大部分毫無目的性可言，對中國軍隊完全沒有軍事價值，除了讓侵略者不能在建築物裏只能在帳篷裏宿營外，對日軍沒有造成不利的結果。
>
> ……
>
> 唯一可以令人接受的解釋，似乎與「保全臉面」的古老東方觀念有關。中國人相信，如果他們撤退的時候，只給侵略者留下一堆

冒著煙的荒涼廢墟，這樣就會提高他們的聲望。這種政策根本沒有考慮從這些作戰地區逃難的數以百萬中國人的生計。[78]

《紐約時報》在 1937 年 12 月初刊登的另一篇報導，引用美籍飛行員佩特森的話，也對中國守軍的焦土政策作了批評：

由於國軍放火燒毀了南京郊區十英里內的村莊，現在南京因那些難民以及潰敗的士兵等蜂擁而至，極度混亂。全市人口達兩萬的鎮江成了一片火海。這是國軍自己焚燒的。我認為全是毫無意義的破壞，也只能說全是令人可怖的破壞。[79]

戰時留駐南京的金陵女子文理學院美籍教授魏特琳女士在 1937 年 12 月 9 日的日記中寫道：「美聯社的麥克丹尼爾說，他看見火是用煤油點燃的。這些房子的主人是過去兩天大批擁入城內的難民。如果這種方法能使日軍延緩 12～14 個小時進城，我不知道這是否值得，因為它給平民造成了如此大的災難」。[80]基督教南京德勝教堂牧師約翰‧馬吉在 1938 年 4 月 2 日致麥金函中，也指出中國守軍「出於防衛目的」而燒毀了城外一些民房，但在阻截日軍進攻上卻「未見成效」：

城外許多民房確實是被中國軍隊出於防衛目的而焚毀的，這當然也可以稱為暴行，但這樣做是因為錯誤地認為有助於守城，但結果卻未見成效。[81]

---

[78] 〔美〕阿本德 1937 年 12 月 9 日上海電訊：〈日軍將包圍敵人作為目標〉，刊《紐約時報》1937 年 12 月 9 日；前引《南京大屠殺史料集》(29)，第 436～437 頁。

[79] 轉引自〔日〕洞富雄著，毛良鴻等譯：《南京大屠殺》，上海譯文出版社 1987 年版，第 303 頁。

[80] 〔美〕魏特琳著，南京師範大學南京大屠殺研究中心譯：《魏特琳日記》，江蘇人民出版社 2000 年版，第 183 頁。

[81] 〔美〕馬吉：〈致麥金函〉(1938 年 4 月 2 日)，章開沅編譯：《天理難容——美國傳教士眼中的南京大屠殺 (1937-1938)》，南京大學出版社 1999 年版，第 222 頁。

　　西方記者對南京戰役的評議在許多方面是有見地的，得到了中外許多人士的認同。外國觀察家與外國軍事當局的看法是：

> 外國觀察家相信，政治上的不和以及軍事上的無能是中國的敗局的主要原因。外國軍事當局只是對中國軍隊的英勇表示佩服，但批評中國領導人缺乏協作，批評後勤補給線的中斷。[82]

　　一位在南京戰役前後一直生活在南京的德國目擊證人在〈關於1937年12月8日至1938年1月13日在南京目擊的情況報告〉中，直言指出：

> 導致南京的命運有兩個事實是清楚的：（1）南京要塞衛戍部隊領導的無能。……[83]

　　另一位身處南京危城中的德國僑民克勒格爾也說：

> 在南京城受難的日子裏，我和大家一起經歷了多少可怕的日日夜夜，這一方面使我們認識到，中國軍事領導人的素質是可悲的，中國軍隊完全不具有軍人的氣質……[84]

　　美國記者詹姆斯在1937年12月12日《紐約時報》上刊發的報導〈據信日本發動的長江攻勢即將結束〉中，認為對中國軍政當局部署與指揮南京保衛戰的得失評價，將要長期爭論下去。他寫道：

> 中國人大崩潰的完整故事可能需要數年的時間才能書寫完畢，不管中國守軍是否盡到最大的努力或者防禦時是否有叛變行為，蔣

---

[82] 美聯社1937年11月21日上海電訊：〈由於防線被突破，日軍對南京的威脅增加了〉，刊《紐約時報》1937年11月21日；前引《南京大屠殺史料集》（29），第387頁。

[83] 一個德國目擊證人：〈關於1937年12月8日至1938年1月13日在南京目擊的情況報告〉，前引《南京大屠殺史料集》（6），第445頁。

[84] 前引〔德〕拉貝：《拉貝日記》，江蘇人民出版社1997年版，第473頁。

介石的軍事計畫都會在目前或今後一段時間引起爭論。不管怎麼樣，侵略者已經取得對上海這座大都市的控制權，也把中國政府從南京趕走。[85]

歷史最終會作出結論。中國守軍南京保衛戰的慘重失敗，原因是多方面的。敵強我弱，中國軍隊剛剛從淞滬戰場敗退下來，面對著士氣正盛、武器裝備戰力都遠遠超過我們的數十萬日軍，中國方面本不應集結兵力打陣地戰；更不應在背水臨江、戰場條件極為不利的南京，企圖依靠古老的城牆，打一場中世紀式的保衛戰，打一場單純防禦戰。中國國民政府軍事當局在指揮上表現的軍事思想與戰略戰術的陳舊落後，一些高級指揮官軍事道德的淪落，官兵政治素質與軍事素質的普遍低下，官兵關係與軍民關係的脫節，等等，都使這場悲壯的南京保衛戰最終必然失敗，只是它失敗得太快，太慘！

早在南京保衛戰的前一個多月，1937 年 10 月 25 日，毛澤東在延安和英國記者貝特蘭的談話中，就針對中國國民政府的軍事改革發表了中肯的意見：

> 軍事上說來，亦須實行全盤的改革，主要地是戰略戰術上單純防禦的方針，改變為積極攻擊敵人的方針；舊制度的軍隊，改變為新制度的軍隊；強迫動員的方法，改變為鼓動人民上前線的方法；不統一的指揮，改變為統一的指揮；脫離人民的無紀律狀態，改變為建設在自覺原則上的秋毫無犯的紀律；單單正規軍作戰的局面，改變為發展廣泛的人民游擊戰爭配合正規軍作戰的局面，等等。[86]

---

[85] 〔美〕詹姆斯：〈據信日本發動的長江攻勢即將結束〉，刊《紐約時報》1937 年 12 月 12 日；前引《南京大屠殺史料集》（29），第 460 頁。

[86] 毛澤東：〈和英國記者貝特蘭的談話〉（1937 年 10 月 25 日），刊延安：《解放》第 23 期，1937 年 11 月 13 日出版。

1937 年 12 月 5 日，是日軍向南京週邊陣地發動攻擊、南京保衛戰正式打響的日子。在這一天，毛澤東在延安接見《大公報》記者發表的談話中，再次談了中國在抗戰初期「致敗之弱點」與所「獲得偉大教訓」：

> 目前抗戰，雖遇挫折，但在此挫折中，吾人已獲得偉大教訓。全國久已普遍認識致敗之弱點。今後極應實施戰略的反攻，改革軍隊素質，提高政治自覺性，進行獨立自主的運動戰以殲滅敵人。[87]

以毛澤東的這些意見來對照與分析南京保衛戰，我們就可以知道它為何失敗得那樣悲壯，又為何失敗得那樣慘痛與快速的原因了。以毛澤東的這些意見來對照與分析美、英記者關於南京保衛戰的報導與評論，我們就會感歎當時美、英新聞傳媒的客觀、真實與深刻。

第六節　對中國堅持長期抗戰充滿信心與期待

1937 年 12 月 13 日日軍攻佔了南京城，而且成功地包圍與殲滅、俘獲了絕大多數中國守軍。這在軍事上來說，是日軍發動全面侵華戰爭以來一次很大的勝利。消息傳出，日本舉國狂歡。1937 年 12 月 17 日，日「華中方面軍」在司令官松井石根的指揮下，特地舉行了一場聲勢浩大的「南京入城式」，意在向中國政府與中國軍民，向世界人民炫耀日本強大的國力與戰無不勝的軍威，脅迫中國政府與中國軍民向日本求和乞降。果然，日本政府很快於 1937 年 12 月 22 日向中國政府提出了苛刻得近乎亡國的「議和」條件，狂妄地要中國政府迅速無條件地接受。

中國在丟失了古都北平、丟失了最大的工商業城市上海、丟失了沿海廣大地區以後，又丟失了首都南京，中國的精銳軍隊在南京城下遭到

---

[87] 《大公報》記者膚施 1937 年 12 月 5 日下午 6 時專電：〈毛澤東談抗戰〉，刊武漢：《大公報》（漢口版）1937 年 12 月 7 日第 2 版。

了沉重的損失。中國的抗戰還能繼續下去嗎？中國的抗戰能取得最終的勝利嗎？一時間，一股悲觀主義與懷疑情緒在中、外部分民眾中瀰漫開來。

在這中國抗戰處於困難的時刻，美、英記者以其豐富的閱歷與敏銳的新聞眼光，以其可貴的對中國人民的理解與同情，對人類正義事業的執著與支援，在新聞報導與新聞評論中，對中國政府與軍隊在南京保衛戰失敗後堅持長期抗戰，仍充滿了信心與期待。

1937 年 12 月 15 日，美國《紐約時報》刊登該報記者發自上海的特電，報導在日軍攻佔南京後，中國政府軍事委員會委員長兼行政院院長蔣介石從「戰線後方某處」向全中國民眾「發出宣言，輕視日本佔領南京的意義」。這就是在 1937 年 12 月 13 日，在南京失陷的當天，蔣介石代表中國政府發出的通電，表示了中國政府與中國軍民不以一城一地之得失而動搖抗戰國策與全國一致繼續抗戰的決心：

> 國軍退出南京，絕不致影響我政府始終一貫抵抗日本侵略原則之國策，其唯一意義，實只有更加強全國一致繼續抗戰之決心。蓋政府所在地，既已他遷，南京在政治上、軍事上已無重要性可言。予作戰計畫，本定於敵軍炮火過烈，使我軍作無謂犧牲過甚之時，將陣線向後移動。今已本此計畫，令南京駐軍退守其他陣地，繼續抗戰。[88]

美國《紐約時報》的特電在報導了上述蔣介石的通電內容後，寫道：「不過，日方似乎把佔領南京看作是蔣介石政權的覆滅。」[89]

---

[88] 中央社 1937 年 12 月 13 日電訊：〈蔣委員長發表宣言，繼續抵抗敵軍侵略〉，刊漢口：《大公報》1937 年 12 月 14 日；張憲文主編：《南京大屠殺史料集》（2），馬振犢等編：《南京保衛戰》，江蘇人民出版社 2005 年版，第 134 頁。

[89] 美聯社 1937 年 12 月 15 日上海電訊：〈沒有 18 名美國公民的消息〉，刊《紐約時報》1937 年 12 月 15 日；前引《南京大屠殺史料集》（29），第 472 頁。

　　1937 年 12 月 17 日，美國《華盛頓郵報》刊登美聯社當日發自上海的電訊，題為〈日本舉行南京入城儀式〉，副題是〈大量中國男子被處死，蔣介石呼籲繼續抗戰〉，也報導了中國政府與中國軍民「不能投降」的抗戰決心，寫道：

> 〔12 月 17 日星期五，發自上海（美聯社）〕：日本陸海軍司令準備在今天舉行淪陷的中國首都南京的入城儀式。另一方面，蔣介石委員長在內陸地區以不同的渠道向中國人民傳達以下的資訊：「我們不能投降」。
>
> ……
>
> 被逐出南京的中國政府領導者蔣介石從華中司令部裏向國民發出號召：雖受極大損害，仍要堅持抗戰。
>
> 投降必將遭到滅種的危機。不管國家形勢如何變化，吾等應全國抗戰，不依賴任何外力。
>
> 日本戰鬥力枯竭，中國最終獲勝的時刻必將到來。[90]

　　1937 年 12 月 17 日，英國《曼徹斯特衛報》刊登專論：〈其後的南京〉，分析了日軍攻佔南京後的中日戰爭形勢。據筆者考證，這篇專論很可能出自該報駐上海記者田伯烈（Harold John Timperley）之手。此人一直同情與支持中國的抗戰，在 1937 年 8 月 15 日日機開始狂轟濫炸南京時，就冒險趕到南京採訪報導；1937 年 12 月 13 日日軍攻佔南京後，他幾次要求從上海到南京採訪，遭到日軍當局的拒絕，未能成行；但他始終關注著南京的命運，不久就編寫出版了影響巨大的名著《外人目睹中之日軍暴行》（這在本書後面將有詳細論述）。專論〈其後的南京〉

---

[90] 美聯社 1937 年 12 月 17 日上海電訊：〈日本舉行南京入城儀式〉，刊《華盛頓郵報》1937 年 12 月 17 日；前引《南京大屠殺史料集》(6)，第 99～100 頁。

首先指出，日軍攻佔南京，「可以說是日軍迎來了繼上海陷落 30 天之後的最終的成功」；但文章進一步指出：

> 軍事上的成果雖然值得關注，但是最終的階段還不明確。這是因為中國軍隊是否會誓死保衛南京？中國軍隊是否為了幫助主力部隊逃亡而與日軍對抗？這些都還是疑問。雖然有日本的報導（也有中國的報導）稱中國軍隊決心戰鬥到底，但是幾乎沒有什麼激戰，即使有，最多也只限於幾個師團。………的確，在（南京）陷落以前最強大的正規部隊就已經撤離了，在陷落之前還不斷能看到渡過長江的士兵和西逃的士兵。

英國《曼徹斯特衛報》的專論〈其後的南京〉指出：

> （南京）中國軍隊的撤退到底是巧妙的戰略還是防禦的瓦解，這些都不得而知。在證明其為戰略性撤退這一點上，確實有爭議。

實際上，《曼徹斯特衛報》的專論〈其後的南京〉是有傾向性的，即認為南京中國軍隊的撤退應是巧妙的戰略，而不是防禦的瓦解。只是因為蔣介石的逃避，因為南京衛戍部隊長官的「不明智」與「失策」，才使得「日軍的侵入輕而易舉」。但中國政府的南京保衛戰，總的說來，是成功的。專論〈其後的南京〉最後總結道：

> 總體看來，（中國政府的南京保衛戰）實現了預想。首都是陷落了，但是日軍還沒有給中國的主力部隊以致命的打擊。日本陸軍司令官急著想在中國民眾的警戒沒有擴大的時候，直追中國軍隊至內陸，但結果未能得逞。中國雖然失掉了主要的都市、最大的港口和富裕地區，但是還不能說已經輸掉了這場戰爭。[91]

91　專論：〈其後的南京〉，刊《曼徹斯特衛報》1937 年 12 月 17 日；前引《南京大屠殺史料集》（6），第 105～106 頁。

　　也許《曼徹斯特衛報》專論〈其後的南京〉的一些分析並不完全正確，也不能完全說服人。例如它稱「在最終的攻擊中，最多只有兩萬名中國士兵參戰，而且他們不是守衛南京的士兵，而是從鎮江撤退的兵力」；而且這兩萬名中國士兵也大多安全撤退了。這顯然不符合事實。事實是，南京保衛戰有中國軍隊十多萬人參戰，而最後由於中國守軍當局的指揮失誤等原因，導致「防禦的瓦解」，中國軍隊的大多數官兵未來得及撤退而被日軍俘虜與殺害。但《曼徹斯特衛報》專論〈其後的南京〉中有許多分析是有道理的。例如它指出，日軍雖攻佔中國的首都南京，卻沒有「給中國的主力部隊以致命的打擊」，也沒有能「在中國民眾的警戒沒有擴大的時候，直追中國軍隊至內陸」，順利實現追擊與消滅中國軍隊主力之目的。尤其此文的總結性的結論更是深刻而又鼓舞人心：中國雖然失掉了南京、上海、北平、天津等主要的都市、最大的港口和沿海、沿江的富裕地區，但是不能說中國已經輸掉了這場戰爭。這個結論經得起時間的檢驗，是最終被歷史證明的真理。中國人民的抗日戰爭是正義的！中國人民最後一定能贏得這場反侵略的戰爭！正如國民政府軍事委員會委員長蔣介石於 1937 年 12 月 17 日發表的〈我軍退出南京告全國國民書〉所說：「（中國）最後決勝之中心，不但不在南京，抑且不在各大都市，而實寄於全國之鄉村與廣大強固之民心。」[92]《曼徹斯特衛報》專論〈其後的南京〉的這個結論產生了良好的影響，鼓舞了中國人民，也鼓舞了世界上一切主持正義、同情與支持中國抗戰的各個國家的人民。

　　1937 年 12 月 20 日，美國《紐約時報》刊登該報記者發自美國的電訊，題為〈南京主教看到了中國的希望〉，報導南京羅馬天主教大主教于斌在到達美國時的講話，譴責日本的侵華。報導寫道：

---

[92] 蔣介石：〈我軍退出南京告全國國民書〉，刊漢口：《大公報》1937 年 12 月 17 日。

南京羅馬天主教大主教于斌 10 月 30 日離開中國，並於昨天乘法
國輪船「張伯倫」號抵達美國，開始他的首次美國之行。于斌
36 歲，受教於羅馬，會講六種語言。

在一場事先準備好的用法語所作的演講中，他說，由於教皇庇護
十一世（Pius XI）把基督教改革運動交由中國本土人士而非外國
傳教士進行，天主教在中國的發展取得了進步。

「在蔣介石的領導下，中國的統一進程很快，但由於日本的侵
略，最近十年的所有建設化為烏有。」他在演講中說：「我們的
對手利用所謂中國社會無序為藉口，通過引發動亂來證明他們自
己的卑鄙手法是正當的。但是，中國並沒有社會動亂。基督教在
中國不會消亡。」[93]

1938 年 1 月 3 日，美國的主流媒體、紐約《時代》（Time）週刊刊
登剛剛評選出的 1937 年年度封面人物——蔣介石、宋美齡夫婦的照
片，文字內容：「（為了抗日）付出任何犧牲都是值得的」。這是蔣介
石、宋美齡夫婦第三次成為《時代》週刊的封面人物，而且是年度封面
人物，即這一年世界上最有影響的人物。

《時代》週刊在這時評選蔣介石、宋美齡夫婦為《時代》週刊的年
度封面人物，顯然是有深刻的含義與重大的影響的。該刊在說明中寫出
了如下理由：「兩次當選過年度人物（1932 年和 1934 年）的羅斯福總
統，肯定不會成為 1937 年的年度封面人物。因為 1937 年是他出任美國
總統以來，第一次沒有在美國公眾生活中成為醒目的、標誌性的人物。」
當時世界各國的另一些著名人物，如美國勞工領袖路易斯、英國的新女
王、英國新當選的首相張伯倫等，在 1937 年都沒有太大的轟動新聞。
西班牙內戰正酣，尚未見分曉，佛郎哥也還沒有較大的影響。因此，《時

---

[93] 電訊：〈南京主教看到了中國的希望〉，刊《紐約時報》1937 年 12 月 20 日；
前引《南京大屠殺史料集》（29），第 488 頁。

美國《TIME》（1938 年 1 月）封面年度人物：蔣介石、宋美齡夫婦

代》週刊將評選的目光轉向了戰火瀰漫的遠東，轉向了正浴血奮戰的中國，轉向了正領導著貧弱的中國軍民艱苦抗擊日本侵略、即使丟掉了首都南京仍絕不屈服求和、堅持持久抗戰必勝的蔣介石及其夫人宋美齡。《時代》週刊向這位中國的抗戰領袖表示了最大的敬意。《時代》週刊寫道：

> 在 1937 年世界上引人注目的國家是中國。他們與日本在陸、海、空開戰，而日本是自機器時代以來總是征服他國的唯一的非白種人民族。……

> 然而，正是當日本沒有卓越的領袖率領來進行它的巨大冒險時，冒險的受害者中國卻有了最有才幹的領袖。整個 1937 年，中國人一直接受著一個卓越的領袖和他的著名的妻子的領導，其間並非沒有光榮之舉。在這對夫婦的領導下，長期以來處在分裂狀態

的中國人——其中千百萬人過去很少使用「中國」這個詞——已經逐漸具備了民族意識。

……每位關心要聞的讀者都知道，在 1937 年，日本的戰爭機器在上海被卡住了 13 個星期之久，它的時間表第一次被中國的戰爭機器粉碎了。現代世界看到了中國不辜負戰爭機器這一名稱。蔣委員長被迫使用他的戰爭機器，至少兩年前當它剛剛形成時，他的手被激進的愛國者逼迫。同時，他也被狡詐的日本人所逼迫，他們認為如果不能在 1937 年打敗中國，就將永遠無法打敗之。如今，蔣委員長夫婦一直不承認中國已戰敗，他們早就宣布，只要需要，他們將持久作戰，用游擊戰拖垮、消耗、最終打敗日本。如果蔣委員長真的贏得戰爭，他將成為本世紀的亞洲巨人。能否獲得這樣的勝利尚難預料。但在此期間，他和蔣夫人已經使他們本人成為了 1937 年的夫婦年度人物。[94]

儘管當時中國丟失了北平、天津、上海等大城市，又丟失了首都南京，日本囂張一時，國際間許多人都對中國的抗戰前景感到悲觀時，《時代》週刊卻對中國的抗戰前途充滿了信心。它寫道：

蔣委員長與蔣夫人已經逃離的事情是本週的一個軍事機密。他們現在的工作是發動一場抗日的游擊戰爭，就像尼加拉瓜的桑地諾將軍抗擊美國總統柯立芝的軍隊。對蔣這樣一位資源雄厚的人來說，戰爭並非沒有希望。日本不是美國，它的資源已經嚴重消耗，可以相信，這一戰爭長期繼續打下去，將使它的經濟崩潰。中國也不是尼加拉瓜，她幅員廣闊，任何入侵者都必須有漫長的但又易受打擊的供給線。眾所周知，她的人口眾多，人力資源不可能

---

[94] 〈1937 年年度封面人物說明〉，刊美：《時代》週刊 1938 年 1 月 3 日；中譯文引自李輝：《封面人物——美國〈時代〉週刊講述的中國故事》，東方出版社 2007 年 5 月版，第 205～206 頁。

消耗殆盡。她的最大弱點在於過去一直缺乏士氣，如果蔣介石和宋美齡能夠將他們的意志變為中國的意志——該意志被說成「任何犧牲都不會白白付出」——中國的前途是美好的。

……

本週，一位合眾社記者「在長江流域某地」與蔣、宋夫婦在一起，他證實年度夫人因患流行感冒而臥病在床。他引用了年度先生的話：「請告訴美國，充分信任我們，戰局已經發生變化，勝利最終屬於我們！」[95]

　　《時代》週刊在 1938 年 1 月 3 日評選蔣介石、宋美齡夫婦為 1937 年年度封面人物及所作的說明，表明他們不僅是對蔣介石、宋美齡夫婦的偏愛，而是曲折而鮮明地表明瞭美國主流媒體對中國抗戰的同情與支持，對正蒙受日軍戰爭災難的中國人民的同情與支持。

---

[95]　〈1937 年年度封面人物說明〉，刊美：《時代》週刊 1938 年 1 月 3 日；中譯文引自李輝：《封面人物——美國〈時代〉週刊講述的中國故事》，東方出版社 2007 年 5 月版，第 206 頁。

第四章　留駐南京的五位英、美記者最早報導日軍南京大屠殺

第一節　日軍屠城時南京只留下五位西方記者

早在日軍進攻上海與轟炸南京期間，日方當局就對封鎖南京戰事的真實情況作了種種準備。從 1937 年 9 月至 12 月初，日本當局通過外交途徑，多次通告各國駐中國的外交使節，要求他們從南京撤走一切外交人員與外僑，包括西方新聞記者。在日軍戰火的逼迫下，原駐南京的各國外交人員與外僑，包括西方新聞記者，多先後撤離南京，避往武漢、上海或香港等地。到 1937 年 12 月 8 日，當日軍迫近南京城下、準備發動總攻擊時，日方當局再次通告各國駐華使、領館，要求立即撤出仍然留駐南京的一切外交人員與外僑，包括西方記者。[1]——日方當局的目的之一，就是防止與減少第三國人士目睹日軍即將在南京實施的大屠殺暴行。

1937 年 12 月 10 日是日軍向南京復廓陣地發動最後總攻擊的日子，也是中國守軍關閉全部城門作最後拼搏的時刻。南京將陷入一場巨大的戰火中！這天，留駐南京的最後幾個西方外交官終於全部撤離南京，登上停泊於長江中的美國炮艦「帕奈號」上。在南京採訪戰時新聞的西方記者也多隨之登上這艘炮艦，其中有美國環球新聞（Universal news）製片公司的攝影記者諾曼·愛黎（Norman Alley）、美國福克斯電影新聞公司的攝影記者艾利克·馬亞爾、英國《泰晤士報》（The Times）的特約記者柯林·M·麥克唐納（Malcolm MacDonald）、義大利記者桑德羅·桑德利等人。「帕奈號」為避戰火，駛離南京，向西航行，撤退到南京上游的

---

[1] 報導：〈日本總領事申請外僑離京〉，刊上海：《申報》1937 年 12 月 10 日。

安徽和縣長江中。不幸的是，在 1937 年 12 月 12 日，日軍戰機空襲炸沉了「帕奈號」，炮艦上的人員死傷累累，其中，義大利記者桑德羅‧桑德利被炸身死。他「不僅挨了彈片，還中了機槍子彈，第二天就死了。」[2]

難能可貴的是，在這南京最危急的時刻，卻有二十多位西方僑民拒絕撤離，冒著生命危險，堅持留在南京城內，進行救護中國難民的各項工作；另有五名西方新聞記者也拒絕撤離，冒著生命危險，堅持留在南京城內，進行觀察、採訪與報導日軍攻佔南京及其以後的新聞工作。他們共同經歷與目睹了南京城被日軍攻陷、被佔領、被屠殺蹂躪的許多個緊張恐怖的日日夜夜。這五位勇敢的西方記者是：

阿契包德‧特洛簡‧司迪爾（Archibald Trojan Steele），美國《芝加哥每日新聞報》記者。

弗蘭克‧提爾曼‧德丁（Frank Tillman Durdin），美國《紐約時報》（The New York Times）記者。

亞瑟‧B‧門肯（Arthur B. Menken），美國派拉蒙新聞電影社的攝影記者。

萊斯利 C‧史密斯（Leslie C.Smith），英國路透社記者。

查理斯‧葉茲‧麥克丹尼爾（Charles Yates Mcdaniel），美聯社記者。

隨著日軍包圍圈的日益緊縮與戰事的日趨激烈，南京城內與外界的聯繫只剩下電訊聯絡。到 1937 年 12 月 12 日，電訊聯絡也即將中斷了。

1937 年 12 月 12 日是日軍瘋狂進攻、南京即將失守的日子，戰鬥極其激烈。這天早晨，「南京電報局被直接擊中，因此通訊中斷了幾個小時。」「上午和南京的所有電報電話聯絡均中斷了數小時」，「然而造成的損壞最終被修復，並恢復了和外界的聯繫。」「到中午，聯絡又恢復了。」[3]

---

[2] 〔美〕鮑威爾著，邢建榕等譯：《鮑威爾對華回憶錄》，上海：知識出版社 1994 年版，第 315 頁。

[3] 報導：〈上海新聞〉，刊上海：英文《北華捷報》1937 年 12 月 15 日；前引

　　留駐南京採訪的五名美、英記者抓住這個機會，向外界拍發出最後的電訊新聞報導。

　　1937 年 12 月 13 日日軍佔領南京後，一方面立即開始了有計劃的血腥屠城，對數十萬手無寸鐵的南京普通民眾與近十萬已經放下武器的戰俘進行了一個多月的大規模的瘋狂屠殺，伴之以瘋狂的搶劫財物、強姦輪姦婦女、縱火焚燒房屋建築，使南京變成了人間活地獄。目睹日軍暴行的德國僑民拉貝寫道：「這是一個無休無止的歲月，無論人們怎麼想像都絲毫不會過分。」[4]日軍侵佔南京後對中國軍民實施的戰爭暴行是史所罕見、舉世震驚。

　　另一方面，日軍在開始有計劃的血腥屠城的同時，則開始了有計劃的對南京嚴密的新聞封鎖：

> 日軍當局首先切斷了南京與外界的所有電訊聯繫。

　　1937 年 12 月 14 日，美國《波士頓環球晚報》（The Boston Globe）第 15 版刊登美聯社記者於 14 日發自上海的電訊（因時差原因），題為〈日軍向南京城外推進〉，副題是〈南京城內大火熊熊燃燒，侵略軍屠殺首都捍衛者〉。該電訊憑著從南京「時斷時續的通訊系統傳來的不完整消息」、「來自南京的零星報導」以及「停泊在長江上的外國軍艦發出的無線電訊」等，報導了 12 月 13 日南京失守前夕與失守時的片斷情況，值得注意的是，其中提到了「日軍實際上在南京城周圍屠殺戰敗的中國軍人這一未經證實的消息」：

> 〔美聯社上海 12 月 14 日電〕今晚，陷落的南京城內火光沖天。與此同時，日軍採取殘酷的懲罰性行動，延伸到被佔領的首都城外，向中國的內陸縱深推進。

《南京大屠殺史料集》（6），第 25～26 頁。
[4]　〔德〕拉貝著，本書翻譯組譯：《拉貝日記》，江蘇人民出版社 1997 年版，第 267 頁。

日本飛行員報告，在數周前仍是將介石政府引以為驕傲的首都南京城裏，大火瘋狂地四處肆虐。

據時斷時續的通訊系統傳來的不完整消息，真正的戰鬥在南京城內已經結束，但日軍並未減緩攻勢，而是採取軍事行動，向郊野縱深推進。

日軍實際上在南京城周圍屠殺戰敗的中國軍人這一未經證實的消息已在此流傳，急劇增加了人們對南京居民安全狀況的嚴重擔憂。

……

停泊在長江上的外國軍艦發出的無線電訊稱，中日雙方仍在南京上游約 45 英里的和縣交火。

……

日本的太陽旗今天在南京城牆的各個城角飄揚。被放棄的中國政府首都那古老的石頭城內則是烈焰四起。

來自南京的零星報導稱，數股中國軍隊被困在城內，繼續與日軍進行著幾乎是自殺性的搏鬥，或以建築物為屏障阻擊日軍，以遲滯佔領者的進程。

與此同時，報導說，日軍在進行「清剿殘敵」的行動。

但該電訊卻不能進一步報導南京失守後的有關較詳細情況，無可奈何地說：

由於正常的通訊系統已中斷，只有日本人保持著聯繫，淪陷城市（南京）的真實情況尚無從獲取。

此間的日本陸軍和海軍發言人今晚聲稱，自從日軍佔領南京後，尚未得到有關南京城內情況的消息。他們辯稱無法進行有效的通訊聯絡。

12 月 10 日日軍猛攻南京時仍留在城中的美國人的情況亦不得而知。[5]

1937 年 12 月 13 日晚以後，日軍當局完全切斷了南京與外界的電訊聯繫。南京再也傳不出任何電訊，外界再也不可能得到南京的任何消息。戰時留駐南京的金陵女子文理學院美籍教授魏特琳女士在 1937 年 12 月 13 日的日記中寫道：「今晚，南京沒有電燈，沒有水（本書著者按：指自來水），不通電話和電報，沒有報紙，沒有廣播，我們與你們所有的人確實被一個無法穿透的區域隔開了」。[6]

其次，為了封鎖南京的新聞資訊，日軍當局還嚴禁一切中外人員，包括西方新聞記者，進出南京，即既不讓任何人離開南京，更不容許任何人進入南京。這種人員封鎖一直延續到 1938 年 1 月初。1937 年 12 月 19 日，美國《紐約時報》刊登該報記者哈立德·愛德華·阿本德當日（因時差的原因）發自上海的特別無線電訊〈日軍控制在南京的過火行為〉中，指出：

> 日軍很長一段時間以來一直都不希望外國人來南京，而且今後也不會允許他們來。[7]

直到 1938 年 1 月 6 日，日軍當局才允許三名美國外交官回到南京大使館；1 月 9 日才允許三名德國外交官與三名英國外交官回到南京大使館。對其他中外人員仍嚴禁進出。德國駐華大使館南京留守處的外交官沙爾芬貝格回到南京後，在一份題為〈1938 年 1 月 13 日的南京現狀〉的報告中，描述了當時南京通訊與交通長時期癱瘓的情況，說：

---

[5] 美聯社記者 1937 年 12 月 14 日上海電訊：〈日軍向南京城外推進〉，刊《波士頓環球晚報》（The Boston Globe）1937 年 12 月 14 日第 15 版；前引《南京大屠殺史料集》（6），第 90～91 頁；陸束屏譯校。

[6] 〔美〕魏特琳著，南京師範大學南京大屠殺研究中心譯：《魏特琳日記》，江蘇人民出版社 2000 年版，第 191 頁。

[7] 〔美〕阿本德 1937 年 12 月 19 日上海電訊：〈日本人約束南京暴行〉，刊《紐約時報》1937 年 12 月 19 日；前引《南京大屠殺史料集》（29），第 487 頁。

南京已經不通電報，不通郵件，不通電話，街上也看不到汽車、計程車和人力車。水管中沒有自來水，只有大使館有電，但樓上不允許有燈光。而英國大使館目前尚未通電。[8]

同時，在日軍佔領南京並實施最瘋狂的大屠殺期間，日軍當局經精心策劃，還拒絕向國際新聞界提供有關南京狀況的任何資訊。《紐約時報》1937 年 12 月 15 日刊登上海專訊〈南京的沈默令上海害怕〉，報導了日軍當局刻意封鎖南京新聞消息的這一極不正常的情況：

〔12 月 15 日，星期三，上海訊〕：雖然日軍完全佔領南京已經過去了兩天，但令人不可思議的是，從日方的聲明中可以看出，日本陸軍、日本大使館以及日本海軍的新聞發言人居然對於南京的狀況毫不知情。

日方提供的唯一有關南京的消息是，日軍飛行員昨天報告稱，儘管戰鬥已經停止，但該市大多數地方仍處於一片火海。這位發言人稱，他們不能提供任何有關南京外國人命運的消息，也無法提供大使館財產狀況、可能的對平民的屠殺、戰俘的人數以及財產破壞程度等方面的消息。

有記者問，請解釋為何對被佔領城市的消息如此缺乏。這位發言人回答說，由於上海、南京地區的日軍司令官松井石根大將的司令部已遷到距上海很遠的地方，因此，消息傳遞得很慢。

但當有記者提醒有幾艘日軍軍艦已經在星期一晚間到達南京時，這位海軍發言人堅持稱，到達南京的日本海軍沒有向停泊在上海的旗艦「出雲」號發送過任何無線電報告。

---

[8] 〔德〕沙爾芬貝格：〈1938 年 1 月 13 日的南京現狀〉，前引《南京大屠殺史料集》（30），第 82 頁。

就這樣，日軍取得偉大勝利的詳情，卻被不可思議地封鎖了。上
海方面對於滯留南京的 30 萬平民可能在日軍的包圍攻擊中遭遇
駭人聽聞的災難的擔心也因此加重了。[9]

因此，在日軍佔領南京後的很長一段時間，南京成了全世界新聞視
野以外的一個被隔絕、被孤立、被封閉的城市。全世界的新聞傳媒，包
括西方的與中國的，都得不到關於南京的任何一點真實資訊。在這時，
有關南京失守後的情況，全世界所能得到的，只能是經過日本當局嚴格
審查過、由日本新聞傳媒發出的「南京獲得新生」、「南京一片祥和」、「南
京人民喜迎解放、感激皇軍恩德」的消息。

因此，對當時正在南京發生的日軍對中國戰俘與平民實施大規模血
腥屠殺的情況，中外新聞傳媒都不能做一點報導，即使是處於「中立國」
有利地位、電訊設備條件優越的西方傳媒也不例外。例如：

《紐約時報》12 月 14 日刊登從上海發出的電訊〈日方報導南京已
經被攻佔〉，記述了南京的陷落與大量中國守軍被俘，但對這些中國戰
俘與中國平民的遭遇和命運卻沒有作一點報導，這是因為：

〔12 月 14 日，星期四，上海訊〕：……

在日軍報導已經佔領南京 14 個小時之後，今天上午，這裏的日
本官員公開聲稱，自己一點也不知道南京現在的情況。他們聲
稱，沒有收到任何有關俘虜人數或投降條件的消息。

這些官員還堅持稱，他們對非正式的南京安全區的命運，對外國
人或外國人在當地的財產狀況一無所知。他們唯一知道的情況
是，中國軍人昨天上午在南京大面積地縱火。日軍飛行員報告
說，南京周邊的能見度只有 1 英里。

9　上海專訊：〈南京的沈默令上海害怕〉，刊《紐約時報》1937 年 12 月 15 日；
　　前引《南京大屠殺史料集》(29)，第 471～472 頁。

1937 年 12 月 15 日，美國《波士頓環球晚報》（The Boston Globe）第十三版刊登美聯社 12 月 15 日發自上海的電訊：〈攻佔的南京城內美國人均安然無恙〉，其消息來源是南京城內的日本使館，稱「日軍攻佔中國首都南京之際，城內的二十七名外籍人士，包括十八名美國人，均安然無恙。」至於南京城內的中國居民與中國戰俘的情況則隻字未提。該報導另「據零星滲入上海的消息」，記述「遭戰火蹂躪的南京城內，日軍仍在搜索、清剿中國軍隊。在爭奪南京城而進行的短兵相接的戰鬥中傷亡顯然極為慘重。」也未能較詳細報導南京城內的中國居民與中國戰俘的情況。[10]

同日，該報第十二版刊登美聯社 12 月 15 日發自華盛頓的電訊：〈海軍報導外籍人士在南京安然無恙〉，其消息來源是「日本駐上海海軍司令部的一份通報」和「日本領事館的報告」，內容仍只是報導「外籍人士在南京均安然無恙」，以及五名美、英記者門肯、德丁、司迪爾等人「詢問從南京前往上海的最佳路線」等，對南京城內的中國居民與戰俘的情況仍無隻字報導。[11]

1937 年 12 月 16 日，美國《紐約時報》刊登記者當日發自上海的專電：〈入城式已定〉，副題為〈松井和長谷川將於明天下午率部隊正式入城，所有在南京的外國人安然無恙，十四萬守軍撤至西北五英里處的浦鎮控制鐵路線〉，報導了攻佔南京數天後的日軍正得意洋洋地準備舉行所謂「入城式」，然而卻未能對南京城內幾十萬中國平民與約十萬中國戰俘的情況和命運提供任何消息：

致《紐約時報》專電

〔12 月 16 日，星期四，上海訊〕：明天下午 1 時 30 分，日軍部隊將舉行正式的入城儀式。據本地今天得到的消息稱，入城式將

---

[10] 美聯社 1937 年 12 月 15 日上海電：〈攻佔的南京城內美國人均安然無恙〉，刊美國《波士頓環球晚報》1937 年 12 月 15 日第 13 版；前引《南京大屠殺史料集》（6），第 82～83 頁。

[11] 美聯社 1937 年 12 月 15 日華盛頓電：〈海軍報導外籍人士在南京安然無恙〉，刊美國《波士頓環球晚報》1937 年 12 月 15 日第 12 版；前引《南京大屠殺史料集》（6），第 85～86 頁。

由日軍滬寧地區司令官松井石根將軍和日本第三艦隊司令長谷川清中將率隊進行。

參加儀式的部隊將從中山門進入，穿過整個城市後行進至揚子江。與此同時，一大批登岸的海軍則由已遭破壞的下關入城。

不過，除此之外，所有本地的日軍高級軍官都聲稱不知道這座已被放棄的中國首都的情況或發生的事件。唯一的例外是一份特別的報告，內稱美國駐南京大使館的建築物和院落毫髮無損。這大概是因為日本急於想維護與美國的友誼，努力消除「帕奈號」被擊沉後的影響而故意為之。……[12]

在日方當局的精心策劃與嚴密封鎖下，西方新聞傳媒對日軍佔領南京後的情況幾乎一無所知，對日軍實施大屠殺的暴行連續數天幾乎沒有任何報導，或者只有十分模糊的片言隻語。日軍在南京大屠殺的暴行贏得了開初幾天的不受國際輿論指責、為所欲為的從容時間。

第二節　五位美、英記者以親見的事實最早報導南京大屠殺

值得慶幸的是，當 1937 年 12 月 13 日日軍攻佔南京並立即實施大屠殺，同時對南京實施嚴格的新聞封鎖時，南京城裏那五位冒著生命危險留下進行採訪的美、英記者，成為全世界新聞界目睹日軍佔領南京後實施瘋狂大屠殺的唯一目擊者、見證人與最早報導者。

在日軍佔領南京時，這五位美、英記者都住在美國大使館或其他國家的大使館內。他們親身經歷與親眼目睹了日軍攻入南京、連續數日對放下武器的中國戰俘與手無寸鐵的中國居民瘋狂屠殺的慘烈景象。這五

---

[12] 1937 年 12 月 16 日上海電：〈入城式已定〉，刊美：《紐約時報》1937 年 12 月 16 日；前引《南京大屠殺史料集》（29），第 472 頁。

名記者都被震驚了。他們都十分熟悉近代國際戰爭法規。1929 年 7 月
17 日，日內瓦國際會議訂立了《關於戰俘待遇的公約》，簡稱《日內瓦
公約》，明文規定：敵對雙方對戰俘生命的任何危害或對其人身的暴力
行為，均應嚴格禁止，尤其不得加以謀殺或消滅。它標誌著人類戰爭行
為告別了中世紀的野蠻，走向近代的人性與法治，體現了人類社會的進
步與對基本人權的尊重！日本政府代表當時參加了會議並在公約上簽
字。然而，日軍進入南京後的大規模的暴行，卻血腥踐踏了《日內瓦
公約》，表現了人類歷史上前所未有的、法西斯的兇殘、暴虐、野蠻、
醜惡！

　　這五位美、英新聞記者以西方近代的人道主義精神，力圖給正遭受
巨大苦難的中國人民一點援助。但在十多萬橫暴的日軍法西斯官兵面
前，記者們的力量顯得極其微弱，他們的一切善良願望與善良舉動，都
是無補於事的。

　　《紐約時報》記者德丁經過南京城北靠近挹江門的國際俱樂部門
前，看到那裏一個穿著軍裝的中國兵躺在路邊。他的下顎已經被槍彈打
掉，他身體上的傷痕有的是被燒的，有的是被刀砍的，還在流血。他伸
出手，期望德丁能把他帶走。而德丁對此毫無辦法，後來他回憶說：

> 我不知道能把他送到哪裡，或者怎麼辦，我拿出五塊錢放在他的
> 手裏，這當然對他毫無幫助，但我內心覺得應該為他做點什麼，
> 他還沒有死。[13]

　　1937 年 12 月 16 日，最後一個離開南京的美聯社特派記者麥克丹
尼爾去長江邊，準備搭乘日軍的驅逐艦「津賀號」前往上海，他在路上
看到正被日軍驅趕往屠殺刑場的中國人隊伍中，有一人向他求救，他卻
「無能為力」：

---

[13] 〔美〕《日本侵華研究》1992 年第 8 期。

路途上遇到一長列中國人，手都被捆綁著。一個人跑出來，到我跟前雙腳跪下，求我救他一命。我無能為力。[14]

這五位美、英記者親眼目睹了日軍在南京燒殺淫掠的無數戰爭暴行，震驚，痛苦，卻又無能為力。他們只能以記者的職業本能，立即記錄下他們目睹的這些血淋淋的事實。

1937 年 12 月 14 日，美國《芝加哥每日新聞報》記者司迪爾在南京寫下了他關於日軍南京大屠殺暴行的第一篇報導，題為〈屠殺與搶劫籠罩著南京〉。文中一開頭就寫道：

〔南京 12 月 14 日〕：日軍興高采烈地報導了攻佔南京、軍隊勝利入城的情況，然而，他們卻絕少提及首都淪陷前後城牆內上演的人間悲劇。

無數激情、悲愴、恐慌、野蠻擁塞在那數天之內，以至於難以用數百字，或即使用上幾千字也無法將它們恰當地表述出來。只希望通過這幾個故事來敘述我親見親聞的幾件事，由此能傳遞出這座城市經歷劫掠的一些印象。

第一段的標題是「對城市實施可怖的狂轟濫炸」，寫道：

我目睹了對南京城防系統兩天驚心動魄的轟炸，最終動搖並摧毀了中國軍隊的抵抗。

我耳聞隱約的隆隆炮聲、機槍聲伴隨著日軍對抵抗頑強的南門進行最後的強攻，南門那兒沖天的火焰把戰場照耀得雪亮。

此後，映入我眼簾的是南門外一片肆意屠殺的場景，有至少上千具以各種可能的姿態戰死的軍人的軀體，斷落的電話、電燈線雜

---

[14]　〔美〕麥克丹尼爾：〈戰地記者的日記描繪恐怖的南京〉，刊《芝加哥每日論壇報》1937 年 12 月 18 日第 8 版；前引《南京大屠殺史料集》(6)，第 117 頁；陸束屏譯校。

亂無章地散落在周圍，到處是燒焦的殘骸，顯然，他們為緊閉的
城門所困。

我見到日軍不但在商店裏搶，而且在居民家裏掠奪，還在醫院、
難民營中洗劫。

第二段的標題是「孤苦無助的平民遭刺殺」，寫道：

我見過這樣的場面：一個驚懼的士兵蜷縮在一面德國旗下面；上
百名傷兵匍匐爬行、跛行在街頭，乞求每一個過路人伸出援手；
日軍強迫苦力、毛驢為他們馱運搶來的物品；月光下日軍的槍手
在街頭遊蕩，槍殺奔跑者，也打死不跑的人；日軍有計劃地逐屋
搜索，抓走身著便衣的嫌疑分子，把他們幾十個人綁成一團，一
個個拉出去槍斃，其他命運相同的夥伴則木然地坐在一邊，等待
輪到他們被槍斃的時刻。

我眼見日軍拳打腳踢孤苦無助的老百姓，在醫院見到許多刺刀刺
傷的平民。

我眼見每條街上都橫陳著屍體，其中包括一些不可能對他人造成
傷害的老人，還見到成堆成堆遭處決而死的屍體。

在北門，我看見可怖、雜亂的一堆，那曾是 200 人的軀體，現在
是一攤焦爛的骨肉。

城門外，我觀察到繩梯，布條、毯子繫成的帶子從城牆上掛下去，
許多人發現城門堵塞時，從這兒逃出城，只是又陷入更加致命的
陷阱。[15]

---

[15] 〔美〕司迪爾：〈記者描繪戰場屠殺場景〉，刊美國《芝加哥每日新聞報》1937
年 12 月 18 日；前引《南京大屠殺史料集》（6），第 95～96 頁。

　　這是西方記者關於侵華日軍南京大屠殺暴行的第一篇新聞報導，也是全世界關於侵華日軍南京大屠殺暴行的第一篇新聞報導。其他幾位西方記者也一定寫下了他們的報導文字。這幾位西方記者就生活在血腥的南京城裏。他們寫的都是他們親眼看到、親耳聽到的剛剛發生的暴行，特別具體，特別貼近現實，也特別生動，特別震撼人心。

　　新聞報導的生命在於真實，同時也在於「新」，在於時效性。失去了最新時間報導的新聞就失去了新聞價值，而成為舊聞了。因此，五位美、英記者都必然地急於要把這些南京的真相迅速報導出去，呼喚世界輿論的譴責與聲援。

　　但是當時的南京已沒有任何可以利用的電訊機構與設備。南京與外界的一切電訊聯繫都已被日軍切斷。司迪爾沒有也根本不可能將他寫的這篇關於日軍南京大屠殺暴行的第一次報導從南京發出去。其他西方記者也是如此。

　　這五名美、英記者要將他們親眼目睹或採訪記述的日軍南京大屠殺暴行迅速報導出去，只能前往上海。

　　1937 年 12 月 14 日，最為年輕的《紐約時報》記者德丁驅車離開南京。但是日軍當局要封鎖南京的一切真相，特別是要掩蓋日軍的戰爭暴行真相，因而下令阻止一切人員，包括西方人士離開南京。德丁的汽車到了南京以東約五十公里的句容即被當地日軍擋了回來。

　　後經交涉，日軍當局出於某種考慮，允許德丁、司迪爾、門肯、史密斯等四名西方記者於 12 月 15 日乘美國「瓦胡」號炮艦離開南京前往上海。這艘「瓦胡」號炮艦是因到南京來救護被日本戰機擊沉的美國炮艇「帕奈號」上受傷官兵而駛抵南京的。

　　麥克丹尼爾則是在 12 月 16 日乘日軍的驅逐艦「津賀號」離開南京前往上海。他是最後一個離開南京的西方記者。

　　1937 年 12 月 15 日，德丁、司迪爾、門肯、史密斯四名西方記者登上美國炮艦「瓦胡號」後，司迪爾立即以他非凡的社交能力，說服了「瓦胡」號炮艦上的無線電收發報人員，將他親眼目睹的日軍南京大屠

殺的消息，以〈日軍殺人盈萬〉為題，搶先通過艦上的電訊設備，拍發
給《芝加哥每日新聞報》。

由於時差的原因，《芝加哥每日新聞報》在當日第 1 版，就以顯著
位置，刊出司迪爾的這篇電訊報導，題目是：〈日軍殺人盈萬〉，副題為：
〈目擊者敘述剛剛陷落的南京城「四天地獄般的日子」，馬路上積屍高
達五英尺〉。——這是公開刊出的第一篇向世界揭露日軍南京大屠殺的
新聞報導。報導寫道：

> **〔南京 12 月 15 日，經由「瓦胡號」發出〕**
>
> 「地獄般的四天」，是對南京城「圍城」與「陷落」的最合適的
> 形容與寫照。
>
> 我本人是在南京城的「攻城戰」開始以後，隨同第一批撤離這座
> 首都城市的外國人，登上美國炮艦「瓦胡號」的。我們撤離這座
> 城市時所看到的最後一個景象，是在南京下關江邊，沿著城牆，
> 有一群約 300 個中國人，正在被集體槍決，而江邊早已「積屍過
> 膝」。這種瘋狂的場面，在南京陷落後的這幾天，已成為這個城
> 市特有的景象。
>
> 南京城陷落的經過，可以說成是被圍困的中國守衛軍無以言狀的驚
> 慌與混亂；隨即是日本佔領軍的恐怖統治，數以萬計生靈遭塗炭。
> 儘管中國軍隊在放棄這座城市以前的某些表現與行為令人感到可
> 悲，但是與入侵者進城後的種種行徑比較起來，則是微不足道的了。
>
> ……

然後，報導以「失去了贏得同情的機會」、「積屍高達五英尺」、「搶
劫美國大使館官員住宅」為小標題，分三段記述了日軍在南京燒殺淫掠
等大屠殺的種種暴行及中國民眾的悲慘遭遇，讀來令人悲憤欲絕。其中
部分內容如下：

積屍高達五英尺

當時所發生的情況，竟如同宰羊一樣，究竟有多少軍隊被俘和有多少人被殺掉，難以說得清楚。估計，約在 5,000 人到 2 萬人之間。

由於陸路交通已被切斷，中國人蜂擁地通過下關城門湧向江邊，城門很快被堵塞。當今天我們從下關「把江門」衝出來的時候，我發現我們一行人不得不從堆積高達 5 英尺厚的屍體上走過去。而這些屍體早已被經過城門的日軍的卡車和炮車輾過多遍了。

在整個城區和市區的馬路上，到處都可以看到有平民的屍體橫陳，以及中國士兵所拋棄的軍服和槍支，有許多未能上船渡江的中國士兵成批地跳進了揚子江，這些人也必死無疑。

搶劫美國大使館官員住宅

日軍進入南京之後所進行的「搶劫」，使得在此之前的中國兵的搶劫，不過像是一次星期日主日學野餐了。……他們甚至還侵入難民區，搶劫難民身上的錢，哪怕是僅有的幾塊錢。

上述情況，乃是根據我本人，以及在圍城時期其他留在南京城的外國人所見所作的報導。[16]

　　由於司迪爾同時兼任美國《太陽報》（The Sun）、《每日郵報》（The Daily Mail）的特約記者，因此，他的這篇報導也同時刊登在這兩家報紙上。《太陽報》的標題是：〈地獄般的南京淪陷，記者離開時看到殘酷

---

[16] 〔美〕司迪爾 1937 年 12 月 15 日電訊報導：〈日軍殺人盈萬〉，刊《芝加哥每日新聞報》1937 年 12 月 15 日；朱成山主編：《侵華日軍南京大屠殺外籍人士證言集》，江蘇人民出版社 1998 年版，第 317～319 頁。

的大屠殺〉,《每日郵報》的標題是：〈我目擊三百人被處死〉,內容與《芝加哥每日新聞報》所刊報導基本相同。

司迪爾的報導首先震驚了西方世界,並迅速傳遍全世界。全世界的目光都被吸引到南京這塊血淚的土地上。人們為中國人民的苦難流下同情之淚,對日軍慘絕人寰的暴行發出憤怒的抗議之聲。當然,當時《太陽報》和《每日郵報》的標題雖然使用了「大屠殺」和「處死」的辭彙,而且指出大屠殺發生地在南京,但畢竟未能完整的直接提出「南京大屠殺」一詞。

美國影響最大的《紐約時報》由於沒有及時得到該報記者關於南京大屠殺的報導消息,只得在12月16日轉載了司迪爾的這篇報導的節略：

南京「四天地獄般的日子」致《紐約時報》專電

〔12月15日倫敦訊〕：A.T.斯蒂爾從停泊在南京城外的美國炮艇「瓦胡號」上發出電報,報導說,南京被圍困和佔領期間,用「地獄般的四天」這個說法才能最準確地表達南京的境況。而且所有這些都是他親眼所見。他繼續寫道：

「我們離開南京時看到的最後一個場面是,江邊一堵牆前300名中國人正在被日軍處決。江邊的屍體已經堆積很高足以沒膝。這一場景是過去兩週南京最典型的畫面。

「南京城陷落的故事就是一個令人不可思議的混亂不堪的故事。被包圍的中國守軍在日軍入城後驚慌失措,為此付出了數以千計的生命代價。」

「所有在南京的外國人均安然無恙。」[17]

---

[17] 報導：〈南京「四天地獄般的日子」〉,刊《紐約時報》1937年12月16日；前引《南京大屠殺史料集》(29),第474～475頁。

　　1937 年 12 月 17 日「瓦胡號」到達上海後，司迪爾又在艦上拍發出他於 1937 年 12 月 14 日在南京城內寫下而無法拍發出去的報導〈屠殺與搶劫籠罩著南京〉，報導日軍南京大屠殺的情況，內容見前，只是在報導的時間上加上「稿件被耽擱」，以作說明。同時，司迪爾還拍發出他在「瓦胡號」上剛剛採訪到的關於美國炮艦「巴納號」在 12 月 12 日遭日本戰機襲擊沉沒、美軍官兵傷亡的情況的報導〈「帕奈號」遭日軍襲擊長達半小時〉。這兩篇報導以〈記者描繪戰場屠殺場景〉為題，刊登在當日的《芝加哥每日新聞報》（The Chicago Daily News）上。該報編輯部特地在報導前加了一段「編者的話」：

> 《芝加哥每日新聞報》記者司迪爾冒著生命危險，忍受困苦，不畏恐怖，從而能夠向美國讀者講述日軍進攻中國首都並造成浩劫的悲慘經歷。幸虧一艘美國軍艦，他現已平安抵達上海。這些電訊表達了司迪爾親眼所見，或通過其他目睹者得知，在日軍進入南京之際生死攸關的幾個小時發生的事，及其企圖將外國船隻趕出中國水域的情形。[18]

　　與司迪爾同時登上美國炮艦「瓦胡號」的《紐約時報》記者德丁等其他幾名西方記者卻未能及時在艦上拍發出日軍南京大屠殺的消息。當時，德丁也去找了「瓦胡號」上的無線電發報員，但遭到拒絕，理由是「違反規定」。但真正的原因可能是別有所在。在此事發生五十多年後，垂暮之年的德丁重提當年之事時，推測道：「可能他（司迪爾）塞給他五十元錢或其他什麼東西。……那時我年輕又是新手，而司迪爾是個行家，他搶先登出新聞。」[19]直到 1937 年 12 月 17 日「瓦胡號」到達上海後，德丁才將他的新聞「專電」拍發給《紐約時報》。該報在第二天，即 1937 年 12 月 18 日刊登了德丁寫的這篇報導，題為〈所有俘虜均

---

[18]　〔美〕司迪爾：〈記者描繪戰場屠殺場景〉，刊《芝加哥每日新聞報》1937 年 12 月 17 日；前引《南京大屠殺史料集》（6），第 95 頁。

[19]　〔美〕《日本侵華研究》，1992 年第 8 期。

遭屠殺〉，副題為〈日軍在南京製造恐怖，平民也遭殺害，美國大使館遭侵襲；蔣介石戰術錯誤以及領導人逃離導致首都陷落〉。由於《紐約時報》影響遠比《芝加哥每日新聞報》要大得多，而且德丁在報導中第一次使用了觸目驚心的「南京大規模的暴行」一詞，因此，這篇關於日軍南京大屠殺的報導引起了世界輿論更強烈、更巨大的震動與反響。

德丁在這篇報導一開頭寫了三小段總括性的、觸目驚心的提示：

記者德丁發往《紐約時報》專電

〔12 月 17 日，發自上海美國軍艦「瓦胡號」電〕：由於在南京實施大規模的暴行以及惡意破壞的行為，日軍錯失了在當地中國居民及外國人中贏得尊敬和信賴的一次絕佳機會。

中國當局的崩潰以及中國軍隊的失敗，使留在南京的許多人已經做好準備，回應隨著日軍的進城而可能隨之的法律與秩序。想到隨著日軍佔領整個城市，令人恐懼的轟炸將要結束，以及中國民眾普遍擔心的中國軍隊可能出現的嚴重違紀的威脅將被消除，人們感到如釋重負。

人們覺得日軍的統治可能會嚴厲些，至少，在戰事結束之前是這樣。但日軍佔領南京兩天之後，人們完全改變了這一看法。大規模的搶劫，強姦婦女，屠殺平民，將中國人趕出家園，集體屠殺戰俘與身體強壯的男子，把南京變成了一座恐怖之城。

然後，這篇報導分段詳細記述了日軍佔領南京後，對成千上萬放下武器的中國戰俘與無數手無寸鐵的普通平民進行大規模的、慘絕人寰的大屠殺以及燒殺淫掠等暴行：

刊登南京大屠殺報導的《紐約時報》

很多平民遭屠殺

屠殺平民的暴行廣泛存在。週三，走遍全城的外國人發現每一條大街上都有死難的平民。他們中間有老年人，有婦女，還有兒童。

員警和消防隊員成了日軍專門襲擊的目標。很多人都是被刺刀捅死的，從傷口處可以看出，有的死者是被極其野蠻、極端殘忍地殺害的。

任何因害怕或受刺激而跑開的人都可能會被當場殺害，任何人天黑後在大街上被日本巡邏兵抓到也會遭到同樣的下場。外國人目睹了多起這樣的殺戮。

日軍的搶奪幾乎將整個南京城洗劫一空。日軍幾乎侵入到每棟房屋，經常是在自己長官的眼皮底下搶走一切想要的東西。日本兵還常常強迫中國人搬運搶來的東西。

食物顯然成了搶奪的首要目標，接下來就是其他一切有用或值錢
的東西。最可恥的是那些大規模搜查難民營的日本兵，他們搶劫
難民的錢物，而這往往是這些受害者的全部家當。

⋯⋯

美國大使官邸遭侵襲

⋯⋯

許多中國人向外國人報告自己的妻子和女兒被劫走，遭強姦。他
們乞求幫助，但外國人通常對此愛莫能助。

集體屠殺戰俘更加深了日軍在南京製造的恐怖。在屠殺放下武器
投降的中國士兵後，日軍又在全城對那些被懷疑當過兵的男子展
開仔細搜查。

在難民區一棟樓裏有 400 個男子被抓。他們每 50 個人一組被捆在
一起，手持步槍和機槍的日本兵走在隊伍兩邊，將這些人押往刑場。

在登船去上海之前，記者看到 200 人在江邊被處決。這場屠殺用
了 10 分鐘，這些人靠牆排成一行被槍殺。接著，一些拿著手槍
的日本兵若無其事地從蜷縮在一起的屍體旁走過，對還在動彈的
遇難者再補上一槍。

這些劊子手還邀請停在江邊軍艦上的海軍欣賞屠殺場面。顯然這
種場面給那些海軍觀賞者帶來極大的愉悅。⋯⋯

三分之一的部隊被困

⋯⋯

成千上萬的中國俘虜被屠殺，大多數留在安全區的中國軍人遭集體屠殺。日軍在全城有計劃地挨家挨戶仔細搜索那些肩膀上有背包印痕，或其他當兵留下痕跡的人。這些人被一起押走槍決。

很多人被抓後當場被殺，其中包括與軍隊沒有任何牽連的無辜者、眾多傷兵及平民。星期三這天，在數小時之內，我親眼目睹三起集體屠殺。其中一次，日軍坦克機槍在交通部防彈掩體附近對 100 多名中國士兵開槍掃射。

日軍最喜歡的屠殺方式是將十幾個人趕到防空洞口將他們射殺，這樣屍體就會倒入洞中，便於鏟土將其掩埋。

……

南京街頭死屍橫陳。有時要把屍體移開才能開車通過。

日軍攻佔挹江門的同時就開始大肆屠殺中國守軍，他們的屍體堆積在沙包之間，達六英尺之高。就在星期三，日軍還沒有將屍體搬走。兩天之內，重型軍車穿行於此，輾壓在人、狗、馬的屍骸之上。

……[20]

　　值得注意的是，《紐約時報》刊登其記者德丁在 1937 年 12 月 17 日發出的這篇電訊報導，最早界定和使用「南京大規模的暴行」一詞，有著重要的價值。雖然與「遠東國際軍事法庭」判決書中引用「南京大屠殺」一詞作為篇章題目，與南京「國防部審判（日本）戰犯軍事法庭」在判決書中多次使用「南京大屠殺」作為判詞，在界定被屠殺死難者的

---

[20] 〔美〕德丁 1937 年 12 月 17 日上海專電：〈所有俘虜均遭屠殺〉，刊《紐約時報》1937 年 12 月 18 日第 1 版和第 10 版；前引《南京大屠殺史料集》（29），第 476～480 頁；譯文略有改動。

數量、屠殺的範圍、涵蓋的內容（前者僅指屠殺，後者包括燒、殺、淫、掠）等方面，都有著較大的差距，但前者是在慘案剛開始發生的過程中，後者是在慘案發生數年後調查的基礎上，我們不能苛求德丁和《紐約時報》，相反更凸顯出他們當年在報導用詞上的真實性、準確性和預見性。因為「南京大規模的暴行」一詞不僅僅是指「數字」上的慘烈與震撼，更重要的是對日本法西斯軍隊泯滅人類良知和踐踏文明，公然違反國際公理與準則，對俘虜和平民百姓，包括老人、婦女和兒童的戮害，是獸性的暴行。德丁和《紐約時報》在報導中，對日軍在南京對中國軍民「極其野蠻的手段殺害」，作出了明確而肯定的回答。

　　除了司迪爾、德丁，留駐南京的另外三名西方記者，美國派拉蒙新聞電影社的攝影記者亞瑟・B・門肯、英國路透社特派記者萊斯利・史密斯、美聯社特派記者麥克丹尼爾先後到達上海後，也立即向各自的新聞機構拍發出他們親見親歷的日軍南京大屠殺的新聞報導。

　　1937 年 12 月 16 日，美國派拉蒙新聞電影社的攝影記者亞瑟・B・門肯從「瓦胡」號炮艦上發往美聯社的無線電訊稿〈目擊者描述中國軍隊潰退時南京的恐怖景象〉，刊登在 12 月 17 日美國《芝加哥每日論壇報》（The Chicago Tribune Daily）第 4 版上。門肯寫道：

> 〔美聯社南京 12 月 16 日經由「瓦胡號」發出無線電訊〕：一度為古老中國驕傲的首都南京，今天遍佈著在轟炸、炮擊、激烈戰鬥中喪生的衛戍軍人和平民的屍體。
>
> ……中國男子只要被發現有在軍隊服役的痕跡，即被押到一起，遭處決。[21]

21　〔美〕亞瑟・B・門肯 1937 年 12 月 16 日電訊：〈目擊者描述中國軍隊潰退時南京的恐怖景象〉，刊《芝加哥每日論壇報》12 月 17 日第 4 版；前引《南京大屠殺史料集》（6），第 103～104 頁。

1937 年 12 月 17 日，美國《華盛頓郵報》（The Washington Post）刊登美聯社 12 月 17 日發自上海的電訊〈日本舉行南京入城儀式〉，副題為〈大量中國男子被處死，蔣介石呼籲繼續抗戰〉，內容主要是門肯關於南京大屠殺的電訊報導：

〔美聯社 12 月 17 日，星期五，發自上海〕：……

從美國戰艦「瓦胡」號上傳來了最新的關於佔領南京的目擊者報導，派拉蒙新聞電影攝影師亞瑟·B·門肯用無線電報道了以下內容：

昔日繁華的都市南京遭受著日本陸、空軍的攻擊，市民、士兵的屍體到處可見，已經變成了一座流血之城。

大量執行死刑。

門肯說：只要看上去有點像是在軍隊任職的男子，都被押到一起處死。……[22]

英國路透社記者史密斯到達上海後，寫出〈關於 1937 年 12 月 9 日至 15 日南京戰事的報告〉，其中對日軍在 12 月 13 日攻佔南京後實施的大屠殺逐日作了記述：

12 月 13 日……中午時分才在城南見到第一批日本的巡邏隊，他們 6 至 12 人一隊，小心而緩慢地試探著向前走去。還能聽到零星的槍聲，有些地方的路邊還有被打死的平民屍體，日本人聲稱他們是在逃跑時被槍打死的。

……

---

[22] 美聯社 12 月 17 日發自上海的電訊：〈日本舉行南京入城儀式〉，刊《華盛頓郵報》1937 年 12 月 17 日；前引《南京大屠殺史料集》（6），第 99 頁。

12 月 14 日……將近中午時分，許多地方組成了 6 至 10 人的日本小分隊，取下了他們所在聯隊的標記，開始挨門逐戶地洗劫。……「他們洗劫了這個城市，有系統地一點不漏」，直到我離開的這一天，12 月 15 日。根據我自己和其他外國人的觀察，中國人的房屋無一例外和歐洲人的房屋絕大部分都被日本人洗劫一空。飄揚在房屋上空的歐洲人的國旗都被日本人扯了下來。人們看見日本軍人拿著各種家用物品離開，當時發現他們特別喜愛牆上的掛鐘和那些外國人尚留在南京的汽車。

……

12 月 15 日，外國記者得到日本人的准許，可以乘坐一艘日本軍艦離開南京到上海去。但後來有機會乘坐一艘英國軍艦去上海。……由於等待出發的時間很長，我們就利用這個時間再作一次小小的巡視。我們看到日本人讓上千名被捆綁著的中國人站在一塊空地上，他們被一小批一小批地帶走，用槍打死。他們被迫跪在地上，對著他們的後腦上開一槍。我們觀看了約有 100 起這樣的處決，當時有個日本高級軍官發覺了這情況，就要求我們立即離開。對餘下的那些人處置的情況我們就不得而知了。[23]

值得注意的是，在 12 月 15 日同時撤離南京的司迪爾、德丁和史密斯在他們的報導中，都不約而同地記述了他們在長江邊親眼所見日軍集體屠殺中國戰俘與平民的殘忍場景，可見這起事件對他們的震動之大、刺激之深。

1937 年 12 月 16 日，最後一個撤離的美聯社特派記者麥克丹尼爾乘日軍的驅逐艦「津賀號」離開南京，於 17 日到達上海。他立即發出專電〈戰地記者的日記描繪恐怖的南京〉，在第二日，即 12 月 18 日，

---

23 英國路透社記者史密斯：〈關於 1937 年 12 月 9 日至 15 日南京戰事的報告摘要〉，前引《南京大屠殺史料集》（30），第 71～72 頁。

刊登於《芝加哥每日論壇報》第八版上。《芝加哥每日論壇報》為麥克丹尼爾的這篇報導特地加了編者按，寫道：

> 麥克丹尼爾是美聯社的記者，操漢語，日軍攻佔中國首都時他身陷南京。這是他在危險、動盪不定的日子裏記下的日記。

麥克丹尼爾的這篇報導以日記的形式，逐日記載了從 1937 年 12 月 5 日到 12 月 16 日期間，每天在南京發生的事情，從 12 月 5 日到 12 月 12 日是南京保衛戰，而從 12 月 13 日到 12 月 16 日則是日軍破城後對中國軍民的大屠殺。麥克丹尼爾寫道：

〔美聯社上海 12 月 17 日電〕：

戰地記者在南京的日記：

……

12 月 13 日在城北面的城牆附近，突然看到日軍從城牆的缺口爬上來。日本兵舉著槍向我衝來時，我舉著雙手，從車子裏出來。經日軍同意，我爬過殘破的城門，穿行在佈滿中國軍人的屍體的街道上。見到日軍的惡作劇──被砍下的頭顱平放在路障上，嘴裏插了支長長的中國煙斗。

……

12 月 14 日目睹日軍洗劫全城。看見一個日本兵在安全區用刺刀威逼老百姓，共勒索了 3,000 塊錢。沿著橫陳著人、馬屍體的街道走到北門，見到第一輛日軍車子駛進城門，車輪在碾碎的屍體上打滑。

……

12 月 15 日陪同使館的一位僕役去看他的媽媽，在溝裏發現她的屍體。使館另一位男工作人員的兄弟也死了。今天下午，看見幾

位我協助解除武裝的士兵被拉出去槍斃，再踢進溝裏。夜裏，看見 500 名老百姓和解除武裝的軍人的手被捆綁著，由手持中國大刀的日本兵從安全區押出來。沒有人活著回來。

⋯⋯

12 月 16 日啟程去上海之前，日本領事館拿來「不得入內」的告示，這些告示貼在使館的房產上。去江邊的路上，見到街上的屍體又多了許多。⋯⋯

我對南京的最後的記憶是，死難的中國人，死難的中國人，還是死難的中國人。[24]

此後，德丁、司迪爾等五位記者繼續寫出與拍發出他們關於日軍南京大屠殺暴行的電訊報導。《芝加哥每日新聞報》對司迪爾的勇敢的採訪與迅速、及時的報導大加讚賞，多次在「編者按」中說：司迪爾是向世界報導與揭露日軍南京大屠殺的第一人，是「了不起的戰爭記者」，稱他關於日軍南京大屠殺的報導，在《芝加哥每日新聞報》海外報導史上，「是偉大的報導」。

1937 年 12 月 22 日，德丁在《紐約時報》上發表以〈美國傳教士敘述的南京恐怖統治〉（American missionaries desc r ibe Nanking reign of terror）為題的報導，其內容根據在南京的美國傳教士的書信、日記、報告等整理而成。

1938 年 1 月 9 日，《紐約時報》第 38 版，以小號字體，占滿整整一個版面，刊登德丁於 1937 年 12 月 22 日發自上海的長篇航空通訊，題曰：〈中國指揮官逃走，日軍暴行標誌著南京的陷落〉，副題為〈侵略者處死 20,000 人，日軍對被包圍的平民實施集體屠殺，中國人死亡總

---

[24] 〔美〕麥克丹尼爾：〈戰地記者的日記描繪恐怖的南京〉，刊《芝加哥每日論壇報》1937 年 12 月 18 日第 8 版；前引《南京大屠殺史料集》（6），第 117 頁；陸束屏譯校。

數達 33,000 人；征服者撒野，野蠻種下深仇大恨；中國軍人放火造成巨大損失〉，除了更詳細地記述了日軍進攻南京的經過與批評了中國守軍在防守上的種種錯誤外，還更多地記述了日軍佔領南京後對中國戰俘與平民大屠殺的情況：

……

解除武裝的中國軍人遭到屠殺

星期一（本書著者按：指 1937 年 12 月 13 日）全天，仍有部分中國軍隊在城東和西北部繼續與日軍作戰，但大多數被圍的部隊已停止戰鬥。成千上萬的軍人到安全區繳械，國際安全區委員會只得接受他們。那時還以為日軍會寬待俘虜。……

星期二（本書著者按：指 1937 年 12 月 14 日）中午，所有武裝抵抗的中國的軍隊都被消滅，日軍控制了全城。攻佔南京時，日軍肆意屠殺，擄掠搶劫，其野蠻殘酷之極達到中日開戰以來前所未有的程度。日軍毫無節制的殘暴能與歐洲中世紀黑暗時代或中世紀亞洲的征服者肆意摧殘相匹敵。

大部分已經繳械、準備投降的中國軍人已是求助無門，他們被有組織地搜捕並處決。成千上萬名在安全區國際委員會繳械並住進難民中心的軍人被搜出來，手綁在背後，押往城外的屠場。

小股躲進防空洞的士兵被趕出來，在避彈掩體的入口被槍斃，或用刀捅死，屍體再扔回防空洞掩埋。坦克上的機槍時常用來射殺被捆綁的軍人。更常見的是用手槍擊斃。

在南京，每一個身強力壯的男子都被日軍懷疑為士兵。他們檢查肩膀上的背包痕、槍托印，由此把士兵和平民分辨出來。當然，

在很多情況下和軍隊沒有任何瓜葛的無辜平民被趕入將遭處決的人群。在其他情況下，當過兵的也會漏網。

日本人自己宣稱，前三天在南京的清剿行動中，搜捕了 15,000 名中國軍人。那時認為還有 25,000 人仍藏在城內。

這些數位準確地顯示困在城內部隊的數量。也許日本人 25,000 人的數字有所誇大，但有 20,000 名中國軍人被處決是極有可能的。

平民中，男女老少都有被日軍打死的。消防隊員和員警常常被殺。任何人在日軍到來之際由於緊張或恐懼而奔跑都有被槍殺的危險。在日軍對城市鞏固控制之際，到城裏轉了轉的外國人發現每天都有平民被打死。常常看見老人面朝下倒在人行道上，顯然是日本兵一時興起從背後開的槍。

大規模搶劫也是日軍佔領南京時的主要罪行之一。一旦日軍完全控制一個區域，士兵便接到可以洗劫區內房屋的命令。首先搶的是食物，但其他值錢的，特別是容易攜帶的物品也被任意搶奪。住在屋子裏的人也遭搶，只要抵抗就被打死。

洗劫外國人的財產

日軍闖入難民營，在很多情況下，不幸難民的幾塊錢也被搶去。上了鎖的房屋被破門而入。……

中國婦女被任意凌辱，美國傳教士親眼目睹許多婦女從難民營被劫持走並遭到強姦的案件。……[25]

---

25 〔美〕德丁 1937 年 12 月 22 日上海航空通訊：〈中國指揮官逃走，日軍暴行標誌著南京的陷落〉，刊《紐約時報》1938 年 1 月 9 日第 38 版；前引《南

《紐約時報》刊登南京大屠殺的報導

　　這五位美、英記者除了用筆寫下關於日軍南京大屠殺暴行的文字報導外，司迪爾、麥克丹尼爾等人還在報上發表了多張他們在南京城內拍攝的日軍大屠殺的照片，與文字報導相配合，發揮了更為廣泛、深刻的影響。眾所周知，圖片新聞有著直接訴之於讀者視覺、比文字新聞更具體、更形象、更真實、更有視覺衝擊力的特點與優點，能更快地為更廣大的讀者群所接受。二戰時的西方著名戰地攝影家羅伯特・卡帕說：「照相機本身並不能阻止戰爭，但照相機拍出的照片可以揭露戰爭，阻止戰爭的發展。」[26]

　　例如，1938 年 1 月 10 日，美國芝加哥《生活》畫報（The Life）刊登〈關於攻掠南京的紀事和照片〉，副題是〈海外攝影——征服者日本軍在中國國民政府首都「地獄般的一周」〉，刊登兩組關於日軍進攻南京與大屠殺的新聞照片。**這是西方報紙第一次刊登有關日軍南京大屠殺的圖片**，具有單純文字新聞報導所難以達到的作用。這幾張照片的拍攝人顯然是當時在南京採訪的西方新聞記者。其中題為〈士兵與市民〉的照片，反映的是在日軍攻佔南京後實施大屠殺，挹江門前屍體橫陳的恐怖情景，經有關專家考證，拍攝者是美國《芝加哥每日新聞報》記者司

京大屠殺史料集》（29），第 516～517 頁。
[26] 轉引自房偉：《屠刀下的花季——南京 1937》，濟南出版社 2007 年版，第 71 頁。

迪爾。[27]而題為〈中國人的頭顱〉，反映的是一個被日軍殺害的中國人的人頭，豎立著，嘴裏還被塞進了一枝香煙，被日軍放置在帶刺的鐵絲路障上，據筆者考證，拍攝者則是美聯社記者麥克丹尼爾。因為如前所述，麥克丹尼爾於 12 月 17 日從南京抵達上海後發出的第一篇電訊報導〈戰地記者的日記描繪恐怖的南京〉，其中寫道：「12 月 13 日，……見到日軍的惡作劇──被砍下的頭顱平放在路障上，嘴裏放了塊餅乾，另一個嘴裏插了支長長的中國煙斗。」[28]

1938 年 2 月 3 日，美國《芝加哥每日新聞報》第 2 版刊登該報記者司迪爾的「未經檢查刪節的」報導的第一部分，題為〈揭示恐怖殘暴的場面〉。第二天，1938 年 2 月 4 日，該報第 2 版續登該報導的第二部分，題為〈在南京屠殺驚恐的中國人〉。這篇長篇報導對日軍進攻南京的戰事與日軍佔領南京後的大屠殺，再次以他親身經歷的事實，進行詳細的記述與自己的分析評判。該報編輯部為這篇報導加了如下的不無自豪的編者按：

> 《芝加哥每日新聞報》的記者首先向外界完整報導南京攻城、陷落及浩劫的情況，最終描寫出下面中日雙方在那些可怕的日子裏的所作所為。司迪爾先生這篇未經檢查刪節的描述分兩部分刊登。

司迪爾在〈揭示恐怖殘暴的場面〉中寫道：

> ……從南門突破進城的日軍，堅守陣地到（12 月 13 日）破曉時分，然後進行清剿行動。此時城防已全線崩潰，日軍不費一槍一彈就能佔領全城。

27　尹集鈞、史泳：《南京大屠殺──歷史照片中的見證》，中英文對照版，Chicago:Innovative Publishing Group,1995 年版，第 40 頁。

28　美聯社記者麥克丹尼爾：〈戰地記者的日記描繪恐怖的南京〉，《芝加哥每日論壇報》1937 年 12 月 18 日第 8 版；前引《南京大屠殺史料集》(6)，第 116 頁；陸束屏譯校。

日軍把南京人的頭顱砍下來掛在鐵絲網上，嘴裏還插上一支香煙

南京街頭遍地是日軍屠殺留下的中國人屍體

剩下的中國軍隊已成驚弓之鳥，毫無組織的烏合之眾，如果保證寬待俘虜，他們會自願投降。但日軍卻肆意屠殺。不把所有的官兵抓到斬盡殺絕，日軍就不會如意。

投降者並沒有受寬待，而是和其他人一道被押往刑場。沒有軍事法庭，更沒有審判。恐怖籠罩之中，數以百計的平民百姓被捕，遭殺戮也在預料之中。[29]

司迪爾在〈在南京屠殺驚恐的中國人〉中，將日軍的大屠殺比喻成美國西部的「圍獵大野兔」行動：

> 我在美國西部見過圍獵大野兔，一隊隊獵手圍攏過來，將任人宰割的兔子趕進圍欄，敲打、槍擊致死。在南京的情況非常相像，只是受害者是人。被困的人和兔子一樣喪失了戰鬥力，任人宰割。大多數人已丟掉槍支武器。

司迪爾仔細地描述了日軍大屠殺的兇殘：

> 日軍在街上緩緩推進，用機槍、步槍掃射奔跑或形跡可疑的人，此時垂頭喪氣的敗兵輾轉進入安全區。安全區是日軍最後進行搜索殘敵行動的地區。街道形同閻王地獄。
>
> ……
>
> 日軍像用一把細齒梳子仔細地在城內搜索中國軍人和「便衣人員」。數以百計的人從難民營中被搜出並遭屠殺。臨刑就戮的人們被兩三百人一群地押往就近的屠場，被用步槍、機槍掃射槍殺。有一次，坦克被調來處決了數百名俘虜。
>
> 我親眼目睹了一場集體屠殺。一群幾百個行將處死的人扛著一面大幅日本旗穿街而過，他們被三三兩兩的日本兵押著，趕入一塊空地，被一小組、一小組地槍殺。一名日本兵站在越積越多的屍體堆上，用步槍補射仍在動彈的屍體。

---

[29] 〔美〕司迪爾：〈揭示恐怖殘暴的場面〉，刊《芝加哥每日新聞報》1938年2月3日；前引《南京大屠殺史料集》(6)，第160～161頁。

被日軍用煤油燒死的南京市民。

司迪爾稱日軍兇殘的大屠殺為有計劃的「謀殺」：

> 對日軍來說，這可能是戰爭，然而對我來說，卻像是謀殺。[30]

第三節　五位美、英記者對南京大屠殺的最早報導震動世界

　　五位留駐南京的美、英記者以自己親見、親聞、親身經歷的事實，率先揭露日軍佔領南京後實施血腥大屠殺的的報導，迅速為西方各國與上海租界、香港以及中國各地的報紙轉載，引起了強烈的反響。日軍在南京的戰爭暴行，是因為這五位美、英記者的報導，才突破了日軍當局的蓄意封鎖，傳遍世界，引起了國際輿論的震動與強烈譴責，也使中國

---

[30]　〔美〕司迪爾：〈在南京屠殺驚恐的中國人〉，刊《芝加哥每日新聞報》1938年2月4日；前引《南京大屠殺史料集》（6），第 161～162 頁。

廣大人民與中國政府瞭解了南京淪陷後的真實情況，激起了對日本侵略
者的無比憤恨，增強了奮勇殺敵、抗戰到底的決心。正如 1938 年出版
的由徐淑希編著的英文著作《日本人的戰爭行為》一書所說：

> 日本人在 1937 年 12 月 13 日進入南京。一個星期後，當首批西
> 方人士──幾名記者離開中國首都南京到達上海，世界開始對侵
> 略者所犯下的暴行有了一些模糊的瞭解。20 日，有關暴行的某
> 種描述第一次出現在上海的一家外國報紙上。[31]三天後該雜誌發
> 表了來自紐約的特別報導，日期是前一天的，報導了從上海記者
> 站發給《紐約時報》系列聳人聽聞的消息，揭露「日本在華派遣
> 軍的軍紀完全失控的情況以及其恐怖行徑，據稱這些罪惡行徑超
> 過過去中國土匪所幹的勾當。」[32]

首先是西方國家的新聞傳媒紛紛轉載這五位美、英記者的報導文
章，並給予很大的重視。例如：

1937 年 12 月 18 日，美國《世界日報》以〈日軍在南京的屠殺、
掠奪〉為題，副題為〈下關的路上屍體成山高達五英尺〉，轉錄了司迪
爾在 12 月 15 日《芝加哥每日新聞報》（The Chicago Daily News）發表
的關於南京大屠殺的第一篇報導。[33]

1937 年 12 月 19 日，《紐約時報》就前一日刊登德丁關於南京大屠
殺的第一篇報導，特地發表了一篇題為〈日本人在南京〉的短評，痛斥
日軍在南京的暴行就像中世紀的野蠻軍隊，「與一個文明民族的行為不
相配」：

---

[31] 原注：The Shanghai Evening Post and Mercury。本書著者按：指上海租界的
英文《大美晚報》。

[32] 徐淑希編著：《日本人的戰爭行為》（英文），1938 年出版；前引《南京大屠
殺史料集》（29），第 617 頁。

[33] 〈日軍在南京的屠殺、掠奪〉，英文《世界日報》1937 年 12 月 18 日；前引
《南京大屠殺史料集》（6），第 144～145 頁。

新聞報導，尤其是《紐約時報》昨天發表日軍入城時留在南京的記者 F．蒂爾曼‧德丁的報導，讀起來就像發生在幾百年前的戰爭故事——在格勞秀斯[34]制定戰爭與和平的國際法基本準則之前——當時獲勝的士兵自然地期望，被征服的城市及其無助的居民應該讓勝利者享受 24 小時肆無忌憚的放縱。顯然，在這起事件中，日軍指揮官不是無能力約束下屬，就是與一個文明民族的行為不相配。

這樣野蠻對待中國人，可能救中國於共產主義之水火中，能夠增強（中國人）對日本人的友誼，甚至為東亞的穩定做出貢獻嗎？德丁先生的報導表達了一個現場觀察家的觀點，「通過掠奪這座城市及其居民，日本人已經加深了中國人被壓抑的仇恨，這種仇恨將以各種反日形式在中國人的胸中慢慢燃燒，經久不衰，而這正是東京宣稱正在為之戰鬥以便連根剷除的東西」。[35]

　　1938 年 2 月 14 日，美國主流媒體、影響巨大的紐約《時代》週刊（The Time）刊登報導〈目擊者——南京殘暴事件〉，轉載了司迪爾發表在《芝加哥每日新聞報》1938 年 2 月 3、4 日上的關於日軍在南京暴行的詳實的目擊報導。

　　這五位美、英記者對南京大屠殺的率先報導，更被上海租界的由西方國家商人創辦的英文報紙（所謂「洋商報」）重視與轉載：1937 年 12 月 22 日，英文《大美晚報》（The Shanghai Evening Post And Mercury）首先刊登報導〈皇軍在南京的獸行〉；12 月 23 日，該報刊登道〈日軍在京軍紀蕩然〉、〈南京城的暴虐，令司令部驚訝，軍隊失控〉；12 月 24 日，該報刊登報道〈時報的暴露〉；25 日刊登報導〈目擊者說在南京

---

[34]　雨果‧格勞秀斯（1583-1645）荷蘭法官、政治家及神學家，其主要著作《戰爭與和平法》（1625 年），被認為是有關戰爭國際法的第一部綜合性論著。
[35]　評論：〈日本人在南京〉，刊《紐約時報》1937 年 12 月 19 日；前引《南京大屠殺史料集》（29），第 481～482 頁。

日本軍的暴行是事實〉；等。——這是在中國國內最早刊登關於南京大
屠殺的報導，其內容主要來自西方美、英國家的報刊，來自五位美、英
記者的報導。接著，《字林西報》、《密勒氏評論報》等「洋商報」也刊
登出越來越多的揭露日軍南京大屠殺的報導與消息。

　　上海租界英文「洋商報」的報導，對中國新聞傳媒與中國廣大民眾
瞭解南京淪陷後的情況起了極其重要的作用。撤退到中國內地、採訪條
件極其困難的中國各新聞傳媒首先是從上海英文「洋商報」的報導中才
得知南京大屠殺的消息的，引起了極大的震驚與悲憤，迅速轉載，廣泛
宣傳，使南京大屠殺成為戰時中國家喻戶曉的日軍暴行，極大地激勵了
中國軍民的抗日鬥志。

　　這五位美、英記者對南京大屠殺的率先報導，還成為各國政府瞭解
中日交戰局勢與日軍暴行的重要材料。

　　1937 年 12 月 24 日，中國國民政府領導人蔣介石致函美國總統羅
斯福，嚴厲控訴日軍的野蠻暴行，表達中國抗戰的決心，呼籲美國人民
給予中國更多有效的援助：「以最先進的武器武裝起來、施展其中世紀
以來野蠻特性的日軍，在中國登陸以後，其陸海空軍不斷地攻佔城市。
這期間，他們殘殺了無數非戰鬥人員，其中包括不少的外國人，還毫不
留情地破壞了巨大的設施、財產以及宗教寺廟，就連慈悲設施也無一倖
免。……」[36]

　　1938 年 1 月 11 日，羅斯福給蔣介石回信，寫道：在中國發生的悲
劇戰爭，不僅僅最直接關係到兩個當事國家，而且還成了全世界共同關
注的事情。合眾國政府和人民懷著極大的憂慮和深切的悲痛注視著中國
所發生的破壞事件。」[37]

---

[36] 蔣介石：《給羅斯福的信件》（1937 年 12 月 24 日），前引《南京大屠殺史料
　　集》（12），第 146〜147 頁。
[37] 〔美〕羅斯福：《給蔣介石的回信》（1938 年 1 月 11 日），前引《南京大屠殺
　　史料集》（12），第 149〜150 頁。

　　1938 年 2 月 10 日，美國駐日本大使格魯在日記中寫道：「侵入南京的日本軍，其行為十分殘忍，他們的恣意行為嚴重損害了美國諸多利益。」「對中國人實施無差別屠殺，很多中國婦女遭到了凌辱」，「判處了大量的死刑，殺害了大量的平民，婦女遭受了凌辱。」[38]

　　甚至納粹德國駐中國大使館的外交官員也對這五位美、英記者以自己親見親聞親身經歷的事實揭露日軍南京大屠殺的新聞報導，高度重視，高度評價。

　　在 1937 年 12 月 21 日，德國駐中國大使館留守南京辦事處的政務秘書羅森等三名外交官，為避戰火，乘英國軍艦「蜜蜂」號，從南京撤退到上海。他們看到了西方報紙上刊登的五位美、英記者以自己親見親聞親身經歷的事實揭露日軍南京大屠殺的新聞報導，深感震驚。在 1937 年 12 月 24 日，羅森在給德國外交部的報告中，寫道：

> 一些美國記者發表了很有份量的報導文章，使日本人對待這裏平民百姓一些令人髮指的事實才廣為人所知。這些記者是南京被佔領後隨第一個護航艦隊到達上海的。儘管估計後來有少數不太負責的記者對此有些誇大，但確有足夠的事實會使日本軍隊羞愧不已。[39]

　　納粹德國駐中國大使館及其南京辦事處、北平辦事處還幾次在給德國外交部等的報告中，在報告中日戰爭與中國局勢時，將這五位美、英記者揭露日軍南京大屠殺的新聞報導，以及留駐南京的西方僑民所寫的文章、信件，所拍攝的電影影片與解說詞等，作為最有力的「附件」，一道送往柏林。如：

---

[38] 〔美〕格魯：《駐日十年》上卷，〔日〕每日新聞社 1948 年出版；中譯文引自日本「南京事件調查研究會」：《南京大屠殺否定論的十三個謊言》，柏書房 1999 年出版，易青譯，未刊。

[39] 《羅森給德國外交部的報告》（1937 年 12 月 24 日於上海），前引《南京大屠殺史料集》（6），第 282 頁。

　　1937 年 12 月 30 日，德國駐中國大使館北平辦事處給漢口德國
大使館的報告附件：

(1)　金陵大學歷史系美籍教授貝德士所寫報告的副本；

(2)　美國《芝加哥每日新聞報》記者阿契包德・特洛簡・司迪爾
的新聞報導。[40]

　　1938 年 1 月 6 日，德國駐中國大使陶德曼寄往德國外交部的報告
附件：英國路透社記者史密斯關於從 1937 年 12 月 9 日到 12 月 15 日在
南京戰鬥中所發生的事件的演講摘錄。[41]

　　應該指出，五位美、英記者對日軍南京大屠殺的報導，基本上都是
他們個人的目擊報導，是他們對親眼所見或親身經歷的日軍暴行事件的
記錄，十分真實，十分鮮活，十分珍貴，但也必然受到個人視野的局限。
他們只能看到南京大屠殺暴行的某一局部地區甚至是某一個角落的情
況，不可能對日軍南京大屠殺的全貌有所瞭解，更不能對日軍屠殺中國
戰俘與中國平民的具體數目有較完整與正確的統計，出現一些差錯是難
免的；同時，這五位美、英記者分別在 1937 年 12 月 15 日和 16 日就
先後離開了南京，他們只是看到了日軍佔領南京城後最初三、四天的
情況，那時，日軍大屠殺的暴行才剛剛開始，而此後，「南京的情況顯
然更加惡化」[42]，而這五位美、英記者就不可能看到，也就不可能加以
報導了。這是極大的遺憾與缺陷，當然這不能歸咎於這五位美、英記
者的。

---

[40]　《德國大使館北平辦事處給漢口德國駐華大使館的報告》（1937 年 12 月 30
　　日），前引《南京大屠殺史料集》(6)，第 288～295 頁。

[41]　《陶德曼大使給德國外交部的報告》（1938 年 1 月日於漢口），前引《南京
　　大屠殺史料集》(6)，第 296～300 頁。

[42]　〔美〕阿本德 1937 年 12 月 19 日上海電訊：《日本人約束南京暴行》，刊《紐
　　約時報》1937 年 12 月 19 日；前引《南京大屠殺史料集》(29)，第 487 頁。

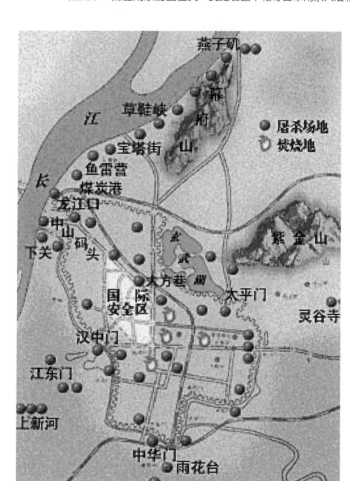

侵華日軍南京大屠殺示意圖

第五章　美、英記者對西方僑民建立「南京安全區」及其活動的報導

　　美、英記者在報導南京保衛戰與日軍南京大屠殺的過程中，對二十多名生活在南京的西方僑民，不顧日機的轟炸與戰火的威脅，冒著生命危險，拒絕撤退，堅持留在南京，積極組建「南京安全區國際委員會」、「國際紅十字會南京分會」，以崇高的人道主義精神，克服種種艱難險阻，日以繼夜地救護數十萬無依無靠的中國難民，勇敢地與日軍的暴行鬥爭，所進行的艱難的工作，所表現的崇高精神，所促進的中國人民與各國正義、友好人民的友誼，作了多次報導與讚頌。這是黑暗與恐怖籠罩的南京城裏透露出的一線明亮、溫馨的人性亮光，這也是美、英新聞傳媒在報導南京大屠殺中的又一貢獻。

第一節　在日軍大屠殺期間留駐南京的二十多名西方僑民

　　從 1937 年 8 月 15 日開始，日本戰機連續數月對南京進行大規模的空襲。1937 年 11 月 12 日，日軍攻佔上海後，迅速分數路向南京攻擊、包抄過來。中國軍隊在南京城內外設重兵佈防。眼看著一場惡戰即將在南京發生。在這期間，日本當局用種種方法，脅迫居住在南京的西方外交官與西方僑民離開南京。

　　為避戰火，各國駐南京的僑民絕大部分先後離開了南京，分別前往上海、武漢或廣州，或是回國。各國駐南京使領館的外交人員在 1937 年 11 月中、下旬大部分撤離南京，前往武漢，只以少數幾個人留守使館；在 1937 年 12 月初南京戰事爆發後，少數留守的外交官也離開使館，避往停泊在長江中的外國軍艦上。

　　在這南京人民最危難的時刻，卻有數十位正直而勇敢的西方人士，拒絕了日方的脅迫，決定冒著生命危險留在南京。他們不僅關注著自己的教堂、學校與工商企業，而且關注著南京城內數十萬無法撤走、無路可逃、即將陷入戰火與日軍屠刀威脅下的中國民眾──都是最貧苦的、無權無勢無錢的底層民眾。他們以人道主義精神，開始實施救助中國難民的神聖而偉大的工作。

　　1937 年 11 月 17 日，在金陵女子文理學院負責留守的美籍教授魏特琳女士致信美國駐南京大使館官員佩克，建議在南京設立一個收容難民的「安全地區」。她說：「在日軍逼近南京前，我認為預先為那些無法避難的貧苦婦女、兒童，以及其他市民設立一個對他們來說較為安全的場所（類似『安全中心』或『安全地區』）為好，並期望能事先就此事進行商討。正如你所知，這樣的事情在上海已經實行了，但為時已晚。毫無疑問，如果能及早著手進行周密的準備，將能挽救更多人的生命。」魏特琳當然知道這件事並不那麼容易，「必須事先征得交戰雙方的同意，」「還必須由有影響的中立國人士出面。」魏特琳還勇敢地表示：「無論從地理位置或建築的牢固性來說，金陵女子文理學院作為難民收容所是再合適不過了。」[1]

　　幾乎與魏特琳同時產生同樣想法的，還有美國長老會牧師米爾斯、金陵大學歷史學教授貝德士、社會學教授史邁士等西方僑民。他們也向美國駐南京大使館的佩克提出了設立「南京安全區」的設想。

　　這些西方僑民的建議與設想得到了美國駐南京大使館的贊同與支持。就在 11 月 17 日晚，佩克邀請來中國國民政府立法院院長孫科、中央政治會議秘書長張群與南京市市長馬超俊等共商，決定仿上海法國神父饒家駒（Jacpninot，又譯雅坎諾）創辦上海南市難民區的先例，由西方僑民在南京擇地設立一個戰時接納難民的「安全區」（又稱「難民區」）。

---

[1]　〔美〕魏特琳：《致美國駐華大使館 W·R·佩克的信》，藏美國國家檔案館。

　　金陵大學校董會主席杭立武也有同樣的想法。他利用自己在國民政府與西方僑民中的關係與影響，聯絡了在南京的一些西方僑民，於 11 月 22 日舉行會議，正式建立「南京安全區國際委員會」（Nanking International Safty Zone Committee）。會議推選了「國際委員會」的組成人員：

主席：約翰・拉貝，德籍，德國西門子公司駐南京辦事處代表，商人；
秘書：史邁士，美籍，金陵大學社會學系教授；
委員：貝德士，美籍，金陵大學歷史學系教授；
　　　　米爾斯，美籍，美國長老會中國區牧師；
　　　　里格士，美籍，金陵大學農藝學系教授；
　　　　約翰・馬吉，美籍，美國聖公會南京德勝教堂牧師；
　　　　史波林，德籍，德商上海保險公司駐南京代表；
　　　　特里默，美籍，金陵大學鼓樓醫院代院長；
總幹事：喬治・費奇，美籍，美國「基督教男青年會」南京分會牧師、秘書；
　　　　　杭立武，中國籍，金陵大學校董會主席；
　　　　　總稽查（員警委員）：約翰・馬吉（兼）；
　　　　　史波林（兼）；
　　　　　許傳音，中國籍，中國紅卍字會南京分會副會長；
財務主管：克勒格爾，德籍，德商禮和洋行工程師；
糧食委員會主任：韓湘林，中國籍，德國西門子公司駐南京辦事處中國職員；
住房委員會主任：許傳音（兼）；
衛生委員會主任：沈玉書，中國籍；
運輸委員會主任：希爾施貝格，德籍。

　　「安全區」的位置選在南京城的西北部，那裏離日軍進攻南京的主攻方向城東部、南部較遠，較少軍事設施，而且是外國使館與教會學校較為集中的地區，其範圍是：「東面以中山路北段從新街口到山西路廣場為界；北面以山西路廣場向西到西康路（即新住宅區的西南界路）為

「南京安全區國際委員會」主要成員合影，中間為拉貝主席

界；西面以由西康路向南到漢口路交界（即新住宅區的西南角），又向
東南成直線到上海路與漢口路交界處為界；南面以漢中路與上海路交界
處到原起點的新街口為界。」[2]占地面積 3.86 平方公里，約為當時南京
市城區面積的 1/8。在「安全區」的邊界都插上了「安全區」的旗幟作
記號。「在旗幟上面有一個紅十字，紅十字以外再有一個紅圈圈，並在
旗上寫了『難民區』三字。」[3]

　　「南京安全區國際委員會」的總部設於寧海路 5 號國民政府中央政
治會議秘書長張群的原公館內。

[2]　《「安全區國際委員會」告南京市民書》（1937 年 12 月 8 日），原件藏南京
　　中國第二歷史檔案館。
[3]　《「安全區國際委員會」告南京市民書》（1937 年 12 月 8 日），〔德〕約翰‧拉
　　貝著，本書翻譯組譯：《拉貝日記》，江蘇人民出版社 1997 年版，第 148 頁。

　　「安全區國際委員會」在「安全區」內尋找合適的地方設立若干個難民收容所，收容那些最需救助的婦女、兒童與老人。金陵女子文理學院與金陵大學校園是其中兩個最大的難民所。這樣的難民所後來發展到二十五個。在南京城外東北郊，江南水泥廠的德國人卡爾‧京特與丹麥人辛德貝格則在廠區南北建立起一所面積很大的難民所。

　　1937 年 12 月 1 日，「安全區國際委員會」在南京北平路中英文化協會舉行記者招待會，由拉貝宣布該委員會正式成立並開始辦公，並「公佈了計畫和各個職務的分配情況。」[4]中國南京市政府也於 12 月 1 日向「安全區國際委員會」授予「安全區」的行政管理之權，並向安全區「提供了 30,000 擔（2.4 萬袋）大米、2 萬袋麵粉（每袋 50 磅）」。在日軍入城前，「安全區國際委員會」「共運進了約 8,800 袋大米和 1,000 袋麵粉」，其餘的大米與麵粉被日軍沒收。[5]「安全區國際委員會」以「這些糧食在 2 個月中維持了難民的生命。」[6]

　　在這同時，「國際紅十字會南京分會」也宣告成立，約翰‧馬吉牧師任會長，副會長是中國人李健南、羅威二人，秘書是美國牧師福斯特，會計是德國禮和洋行工程師克勒格爾，委員中有金陵大學教授德威南夫人、金陵女子文理學院教授魏特琳和鼓樓醫院的外科醫生威爾遜、行政主管麥卡倫牧師等。

　　在這期間，由於大戰在即，南京衛戍司令長官唐生智於 1937 年 11 月 27 日發表講話，勸告尚留在南京的外國人士迅速離開南京。一些原準備留駐南京的西方僑民也撤離了南京。從 1937 年 12 月初到 1938 年 2 月上旬，在日軍進攻南京與對南京軍民大屠殺的整個期間，始終留駐南京、救護中國難民的外國僑民有如下人員：

---

[4]　〔德〕約翰‧拉貝著，本書翻譯組譯：《拉貝日記》，江蘇人民出版社 1997 年版，第 123 頁。

[5]　〔德〕約翰‧拉貝著，本書翻譯組譯：《拉貝日記》，江蘇人民出版社 1997 年版，第 488 頁。

[6]　《南京的暴行》，刊〔香港〕英文《南華早報》1938 年 3 月 16 日；前引《南京大屠殺史料集》(6)，第 175 頁。

金陵大學歷史系教授貝德士

1. 馬內・舍爾・貝德士（Miner Searle Bates，又譯貝茨）。美國傳教士，1897 年 5 月 28 日生於美國俄亥俄洲的紐華克（Newark，Ohio），父親是一位牧師，曾任哈萊姆學院院長。1916 年他獲得哈萊姆學院的學士學位；1920 年從牛津大學畢業後，於同年夏被基督會任命為傳教士，來中國，任金陵大學歷史系教授。[7]1934 年到 1935 年，他作為洛克菲勒基金學者，在哈佛大學進修日語與俄語；1935 年在耶魯大學以中國歷史研究獲博士學位。1937 年他 40 歲。在日軍進攻南京與對南京軍民大屠殺期間，擔任金陵大學「應變委員會」主席、「南京安全區國際委員會」委員與「世界紅十字會南京分會」委員。在日軍佔領南京的第二天，他就向日本大使館提出對日軍暴行的第一次抗議。1937 年 12 月 15 日，他以親見親聞的材料寫成《南京一瞥》，成為最早揭露日軍南京大屠殺暴行的文章，提供給新聞界，傳遍海內外。此後，他一直站在鬥爭的最前線。1938 年 1 月 13 日，為了加強貝德士對日軍的抗暴力量，金陵大學董事會任命他為副校長。貝德士是英國記者田伯烈編寫《戰

---

[7]　參見貝德士 1946 年 7 月 29 日在東京遠東軍事法庭上的證詞與回答質證，前引《南京大屠殺史料集》（7），第 77～78 頁。

爭意味什麼：日軍在華暴行》一書的積極支持者與主要籌畫者。
1938 年 6 月 30 日中國國民政府秘密授予他襟綬景星勳章。1939 年
5 月他接替米爾士擔任「南京國際救濟委員會」主席。他在南京深
入社會調查，寫了《南京地區糧食調查》與《南京人口》以及多篇
揭露日方販賣毒品、實施慰安婦制度罪行的文章，在中外報刊發
表，因而受到日方的多次迫害。貝德士在 1941 年 5 月離開南京。
2. 路易斯・史邁士（Lewis S.C.smythe，又譯斯密斯）。美國傳教士。
　 1901 年 1 月 31 日生於華盛頓；1924 年在芝加哥大學獲社會學博
　 士學位；1928 年到南京金陵大學社會學系任教授。1937 年他 36
　 歲。在日軍進攻南京與對南京軍民大屠殺期間，擔任「南京安全
　 區國際委員會」秘書。在 1937 年 12 月 14 日至 1938 年 2 月 19
　 日間，他曾以「南京安全區國際委員會」的名義，起草了 69 封
　 致日本駐南京大使館的信，以抗議日軍的暴行。1938 年 2 月他
　 接替克勒格爾擔任「南京國際救濟委員會」的司庫，直至 1938
　 年 7 月。1938 年 3 月，他根據「國際救濟委員會」的佈置，率
　 領大約 20 名學生，對南京及其鄰縣戰爭損害進行調查，於 1938
　 年 6 月結束，寫成《南京戰禍寫真》一書。1938 年 9 月，史邁
　 士全家離開南京，前往四川成都，在西遷的金陵大學重執教鞭。

金陵大學社會學系教授裏維斯・史邁斯

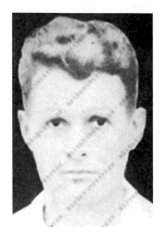

金陵大學農藝學系教授查理斯‧里格斯

3. 里格斯（C.Riggs，又譯林查理），美國傳教士，1892 年 2 月 6
日生於土耳其，1916 年來華；1932 年到南京金陵大學農藝學系
任教授。1937 年他已 45 歲。在日軍進攻南京與對南京軍民大屠
殺期間，擔任「南京安全區國際委員會」委員。直到 1939 年 2
月，他才離南京休假。

南京聖公會德勝教堂牧師約翰‧馬吉

4. 約翰・跡利斯比・馬吉（John Gillespie Magee，又譯梅奇、麥琪、馬約翰）。美國傳教士，1884 年 10 月 10 日生於美國賓夕法尼亞州的匹茲堡；1904 年畢業於耶魯大學，得到學士學位；1911 年畢業於麻省劍橋聖公會神學院，獲得神學碩士學位；1912 年被聖公會任命為牧師，來華傳教，在南京的美國聖公會德勝教堂任牧師，長達二十餘年。1937 年他已 54 歲。在日軍進攻南京與對南京軍民大屠殺期間，他擔任「南京安全區國際委員會」委員兼總稽查（員警委員），兼任「國際紅十字會南京分會」主席。他在救護中國難民時，冒險秘密拍攝了日軍南京大屠殺的記錄影片《南京暴行紀實》。1938 年夏天他離開南京回到美國，曾長途旅行講演，介紹日軍南京大屠殺的暴行。1939 年 5 月他又回到南京教堂，1940 年離開南京。[8]

5. 喬治・費奇（George Ashmore Fitch，又譯費吳生、菲奇，1883-1979）。美國傳教士，1883 年 1 月 23 日生於中國蘇州，父母均為美國來華的傳教士。他在蘇州、寧波和上海度過童年與少年，後回美國，先後進入俄亥俄州的渥斯特學院、紐約的協和神學院和哥倫比亞大學學習；1909 年重返中國，就職於上海的基督教青年會；1936 年奉派到南京任基督教青年會的秘書長。1937 年他已 55 歲。在日軍進攻南京與對南京軍民大屠殺期間，擔任「南京安全區國際委員會」總幹事。1938 年 1 月 29 日他第一次獲准離開南京去上海，2 月 12 日回到南京，帶來南京難民急需的糧食與藥品。1938 年 2 月 18 日他第二次離開南京，秘密地帶走了馬吉牧師拍攝的記錄日軍暴行的電影紀錄片「南京暴行紀實」，到上海後即送往柯達公司沖印複製。2 月 25 日，他離開上海，取道香港回美國。他在途經廣州與回到美國後，舉行多場報告會，介紹日軍南京大屠殺的暴行，並放映有關紀錄片。

---

[8] 參見馬吉 1946 年 8 月 15 日在東京遠東軍事法庭上的證詞與回答質證，前引《南京大屠殺史料集》(7)，第 110 頁。

南京基督教青年會秘書長喬治‧費奇

長老會海外佈道托事部牧師威爾斯‧米爾士

6. 威爾遜‧波魯默‧米爾斯（Wilson Plumer Mills，又譯密爾士）。
   美國傳教士，1883 年 12 月 1 日生於美國南卡羅萊鈉州的溫斯伯
   羅；1903 年畢業於大衛遜學院，獲學士學位；1910 年獲英國牛
   津大學的另一學士學位；1912 年得到美國哥倫比亞大學神學院
   的神學學士學位。1912 年他來到中國，在中國基督教青年會工

作，直到 1931 年。1933 年，他到南京，在「長老會海外佈道托事部」任牧師。1937 年他已 55 歲。在日軍進攻南京與對南京軍民大屠殺期間，擔任「南京安全區國際委員會」委員，1938 年 2 月 18 日被選為新成立的「南京國際救濟委員會」副主席；1938 年 2 月 23 日拉貝離開南京後，他繼任「南京國際救濟委員會」主席。1939 年 5 月，他與其夫人一同離開南京回美國休假。不久他回到南京。1941 年 12 月太平洋戰爭爆發後，他於 1942 年被日軍趕出南京；1943 年 2 月在上海遭日軍關押。1943 年底獲釋回到美國。

7. 歐尼斯特 H・福斯特（Ernest H・Forster）。美國傳教士，1895 年 11 月 1 日生於美國費城，1917 年畢業於普林斯頓大學。他在巴爾的摩的聖保羅小學擔任校長助理工作兩年後，於 1919 年作為聖公會傳教士來華。他長期在揚州馬漢學校任教。1937 年他 42 歲。在南京淪陷前一個月，他被調至南京，任美國聖公會南京聖保羅教堂牧師。在日軍進攻南京與對南京軍民大屠殺期間，他在南京參加「安全區國際委員會」的工作；以後他繼續留在南京教堂從事牧師工作，並於 1938 年 7 月接替史邁士出任「南京國際救濟委員會」的秘書，至 1939 年 4 月離開南京。

8. 明尼・魏特琳（Minnie Vautrin，又譯華群、沃特琳）。美國傳教士，女，1886 年 9 月 27 日生於美國伊利諾州西科爾鎮，1912 年來華；1919 年到南京金陵女子大學任教授、教育系主任。1937 年她已 52 歲。在日軍進攻南京與對南京軍民大屠殺期間，她主動要求留下護校，並擔任「國際紅十字會南京分會」委員，主持金陵女子文理學院難民所的工作。出任南京「安全區」金陵女子文理學院難民所的負責人與「世界紅十字會南京分會」委員，救助了成千上萬的難民婦女與兒童，被南京難民稱為「活菩薩」。

南京聖保羅教堂牧師埃蒙斯‧福斯特

金陵女子文理學院教授明尼‧魏特琳

金陵神學院

9. 休伯特‧L‧索恩（Hubert L‧Sone，又譯宋煦伯）。美國傳教士，
   美以美會派往金陵神學院任教；在日軍進攻南京與對南京軍民大
   屠殺期間，他擔任「南京安全區國際委員會」下轄的「糧食委員
   會」副主任，親自開車為難民營運送糧食；同時擔任金陵神學院
   財產委員會主席，主管金陵神學院難民所。
10. 特里默（C.S.Trimmer，又譯德利模）。美國傳教士，金陵大學（鼓
    樓）醫院醫生。在日軍進攻南京與對南京軍民大屠殺期間，擔任
    鼓樓醫院代院長、「南京安全區國際委員會」委員。
11. 羅勃特‧奧利‧威爾遜（Robert Ory Wilson）。美國傳教士，1906
    年10月5日生於中國的南京，父母均為美國來華的傳教士。青
    年時回美國求學，先後畢業於普林斯頓大學與哈佛大學，1929
    年獲得哈佛大學的醫學博士學位。1936年1月他回到南京，擔
    任金陵大學（鼓樓）醫院的外科醫生。1937年他31歲。在日軍
    進攻南京與對南京軍民大屠殺期間，他堅守在崗位上，醫治了許
    多中國傷病員。直到1940年8月，他離開南京。[9]

9　參見威爾遜1946年7月25日在東京遠東軍事法庭上的證詞與回答質證，前

金陵大學（鼓樓）醫院外科醫生威爾遜

金陵大學（鼓樓）醫院行政主管麥卡倫

引《南京大屠殺史料集》（7），第 43 頁。

12.詹姆斯・麥卡倫（James Henry Macallum，又譯詹姆斯・麥考倫、麥卡勒姆）。美國傳教士，1893 年 11 月 19 日生於美國華盛頓州首府奧林匹亞；先後畢業於俄勒岡大學、耶魯大學和芝加哥神學院；1921年來華，一直在南京任傳教士。1937 年他 44 歲。1937 年 12 月日軍逼近南京時，他本應回美國休假，但因金陵大學（鼓樓）醫院的大部分人員撤離，急需一名行政主管，他毅然留下擔任此行政主管的繁重工作。1938 年 7 月接替史邁士擔任「南京國際救濟委員會」的司庫，至 1939 年 5 月與其夫人一同離開南京，回美國休假一年。

13.格瑞絲・鮑爾（Grace Bauer，又譯鮑恩典）。女，美國傳教士，1894 年生於美國馬里蘭州巴爾的摩；1919 年 10 月來到中國，任金陵大學（鼓樓）醫院檢驗室主任和醫學院檢驗室講師。1937年她 43 歲。在日軍進攻南京與對南京軍民大屠殺期間，她擔任醫院總監、醫院圖書保管員及醫院會計和醫院食堂主管。1941年 12 月 8 日太平洋戰爭爆發前夕離南京回國。

鮑爾女士

海因茲小姐照顧中國孤兒

14.伊娃・海因茲（Iva Hynds）。女，美國傳教士，1872 年 2 月 1 日
　生於美國加利福尼亞州洛杉磯，1912 年來華，1924 年起在金陵
　大學（鼓樓）醫院任護士。1937 年她已 65 歲。

15.約翰・拉貝（J.H.D.Rabe，又譯雷伯、銳比、艾拉培等）。德國
　商人。1882 年 11 月 23 日生於德國漢堡；早年喪父，因此初中
　畢業後就離開學校，進入商界，先後在德國的漢堡、非洲的葡屬
　莫三比克等地的商行裏工作，學會了一口純正的英語。他還能寫
　法語。1908 年他 26 歲時，來到中國北京，為一家漢堡的公司工
　作。1911 年他轉到德國西門子公司在中國的辦事處，先後在北
　京、天津工作。1931 年他成為德國西門子公司駐中國新首都南
　京的代表，為推銷該公司的產品取得了很大的成績。「他質樸忠
　厚，富於理性，幽默風趣，平易近人，廣受讚譽，卻從不招搖」。
　1934 年他在南京辦起了一所德國學校，為了取得德國當局的許
　可，申請教師和教學經費，於 1934 年加入了德國國社黨。他「在

約翰・拉貝（J.H.D.Rabe）

很長一段時間內一直以為希特勒是要和平的」。[10]他在中國生活了三十年。1937 年他已經 55 歲。在日軍進攻南京與對南京軍民大屠殺期間，擔任「南京安全區國際委員會」主席。

16. 愛德華・施佩林（E.Sperling，又譯愛德華・史波林、史排林等）。德國商人。德商「上海保險公司」駐南京代表，德國國社黨黨員。在第一次世界大戰期間，他曾在德軍中服役，參加青島戰役，被日軍俘虜，在日本被關押約四年，養成對日本的仇視心理。在1937 年 12 月日軍進攻南京與對南京軍民大屠殺期間，他擔任「南京安全區國際委員會」委員兼總稽查（員警委員），時年「已六十餘歲，但仇恨敵人的心理，仍不減當年。自南京失陷後，他努力地維護我們的難民，終日奔走著驅止敵人的獸行，故國際救濟委員會內人，都稱他『會的堡壘』，實在是很確當的美譽。」1938

---

[10] 〔德〕埃爾溫・維克特：《約翰・拉貝其人》，刊〔德〕拉貝著，本書翻譯組譯：《拉貝日記》，江蘇人民出版社 1997 年版，第 705～716 頁。

愛德華・史波林

年 2 月中旬，他「因為感冒咳嗽，沒有出去」，南京淪陷時未及撤離，隱身在南京「安全區」內的南京衛戍司令部野戰救護處處長金誦盤「為他診治，並設法買藥送去」。因此，當金誦盤請他轉送給國民政府最高當局的報告到上海租界寄出時，他慨然應允，並順利完成任務。[11]

17. 克利斯蒂安・克勒格爾（C.Kroeger）。德國工程師，德商「南京禮和洋行」的工程師；在日軍進攻南京與對南京軍民大屠殺期間，擔任「南京安全區國際委員會」財務主管兼「國際紅十字會南京分會」會計。

18. 黑姆佩爾（R.Hempel）。德國商人，德商「南京北方飯店」經理。

19. 曹迪希（A・Zautig）。德國商人，德商「南京基斯林──巴德爾糕餅店」經理。

---

[11] 蔣公穀：《陷京三月記》，1938 年 8 月武漢自費出版；前引《侵華日軍南京大屠殺史料》，第 85 頁。

20.哈茨（R.R.Hatz）。奧地利人，工程機械師，司機。

21.克拉‧波德希沃洛夫（Cola Podshvoloff）。白俄羅斯人，在南京桑葛籣電器商行工作，懂日語；在日軍對南京軍民大屠殺期間，常為「南京安全區國際委員會」與日軍交涉時做翻譯。

22.齊阿爾（Ziall）。白俄羅斯人，機械師。

　　另有德國人卡爾‧京特與丹麥人伯恩哈特‧阿爾普‧辛德貝格，應中國啟新公司（董事會設於天津）創辦的江南水泥廠廠家的邀請，由中國幫技師（助理工程師）兼日語翻譯顏景和（號柳風）、英語翻譯李玉麟陪同，於 12 月 2 日從上海出發，乘船過江，繞道蘇北，途經南通、揚州、鎮江，在 12 月 5 日，在戰火紛飛中，趕到南京城外東北郊棲霞山近旁的的江南水泥廠，以出售機電設備給「江南水泥廠」的德國禪臣洋行與丹麥史密斯公司這兩家公司產權代表的身份，承擔護廠任務。江南水泥廠的中方廠家已於 12 月 1 日離南京前往武漢。

　　卡爾‧京特（Karl Gunthet，又譯昆德），德國工程師，1903 年 8 月 11 日出生於中國的唐山。其父老京特是開平煤礦的外籍高級工程技術人員，曾為啟新公司工作，為公司找到了適合製作水泥的原料；1900 年八國聯軍侵華時，英國想吞併啟新公司，老昆德保護了啟新的帳單；1918 年 11 月，德國在第一次世界大戰中戰敗，老昆德被遣返離華回國，不久後又回到中國啟新公司工作。卡爾‧京特自小生長在中國，後回德國求學；他通中文，精德語與英語；1933 年 7 月於柏林工業大學獲工程博士學位，博士論文題目為《論中國北部開平煤田的地質》，後由中國的中央研究院專刊出版；1935 年 7 月他回到中國唐山，在啟新公司的陶器製造廠工作。1937 年他 34 歲，11 月由唐山出發，帶著日語翻譯顏柳風於 11 月 27 日到達上海，同辛德貝格會合後，趕到南京江南水泥廠，任德國禪臣洋行的產權代表。

　　伯恩哈特‧阿爾普‧辛德貝格（Bemhatd A.Sindberg，又譯辛伯格）。1911 年 2 月 19 日生於丹麥白德蘭半島港口城市奧爾胡斯市一個乳酪商的家庭，青年時喜冒險，17 歲就出外闖蕩世界，去過俄羅斯，到過格

德國僑民卡爾‧京特

　　陵蘭，加入法國雇傭軍到過非洲。他熟練地掌握了英語、法語與德語。1934 年 4 月 14 日他來到上海，先在英租界華懋飯店作前臺接待員，接待過喜劇大師卓別林；後來他在一家丹麥牛奶公司工作了一段時間；不久又為丹麥一家出售武器的公司「步槍辛迪加」工作，將武器賣給中國的抗戰部隊，還教中國人怎樣使用新式武器，怎麼騎著摩托車開槍。他經常往來於上海、南京等地。[12] 1937 年他 26 歲。這年 7 月 1 日他離開南京，前往美國加利福尼亞度假。途中，他聽到盧溝橋事變的消息。他開始「沒有把它當回事，繼續著我的旅程」。但當他到達加利福尼亞後，中日戰事加劇，他只休了四天的假，就匆匆搭船返程，經日本換乘，於 8 月 19 日到達上海。其時，「八‧一三」淞滬抗戰已經爆發。他在上海碼頭上目睹到日軍大批屠殺中國戰俘與平民的血腥場景。此後，他加入了萬國商團，在機槍連當兵；商團解散後，他為中國軍隊服務，駕駛卡車往返與上海和南京。1937 年 9 月中旬，他受聘任英國《每日電訊報》著名的戰地記者史蒂芬斯的司機，兼任史蒂芬斯的「攝影師和助手」[13]，採訪戰地新聞。1937 年 11 月 11 日，史蒂芬斯在戰場採訪時被

12　〔丹麥〕辛德貝格：《一位水手的人生速寫》（1980 年），轉引自戴袁之：《1937　　～1938：人道與暴行的見證》，江蘇人民出版社 2010 年版，第 249～251 頁。
13　報導：〈對史蒂芬斯的死因訊問〉，刊《上海泰晤士報》（The Shanghai Times，　　亦譯《上海時報》）1937 年 11 月 26 日，前引《南京大屠殺史料集》（30），

丹麥僑民辛德貝格

日軍的流彈擊中死去，辛德貝格當時就在史蒂芬斯的身旁。[14] 當日軍從上海向進攻南京時，他被聘擔任丹麥史密斯公司駐江南水泥廠的產權代表，與京特一道趕到南京護廠。

京特與辛德貝格到江南水泥廠後的第一件事，就是連夜叫裁縫趕製德國和丹麥國旗，掛到工廠的大門上方，以阻止日軍進廠；同時，他們在廠區南北建立起一所面積很大的難民所。

此外，在此期間留駐南京的外僑，還有金陵大學的已經加入中國國籍的美國女教師保羅・德・維地・特威楠夫人，其丈夫保羅・德・維地・特威楠（1894-1923）是個詩人，英年早逝，平時大家以其夫名稱呼她為 Mrs.P.D.Twinem，又譯保羅・德・維地・戴籟三夫人，或德威南夫人；其全名為瑪利・芳茵・特威楠（Mary Fine Twinem）[15]；以及美孚石油

第 332 頁。

[14] 〔丹麥〕辛德貝格：〈我目睹和經歷的 1937 年上海戰事〉（1937 年 11 月中、下旬），英文原件藏美國德克薩斯大學奧斯丁分校；中譯文刊《民國檔案》2010 年第 1 期。

[15] 參閱〔美〕喬治・費奇：《在華八十年》，中譯本，臺灣亞美出版社出版，第 440 頁注釋：「金陵大學的保羅・德・維地・特威楠夫人，原是美國人，此時已為中國公民」；又參見陸束屏彙輯編譯：《南京大屠殺——美英人士的目擊報導》，紅旗出版社 1999 年版，第 67 頁的注釋「特威楠夫人」。

公司的米德，和記洋行的門衛──一位錫克族印度人，一位名叫布盧姆里的西方人。

在 1937 年 12 月 8 日，當日軍攻佔了南京週邊陣地、即將對南京城區發起最後攻擊時，「南京安全區國際委員會」向全市發佈佈告〈告南京市民書〉，宣布「安全區」向南京難民正式開放。南京城內約有 25 萬難民湧入安全區，其中有 7 萬多婦女、兒童與老弱病殘人員被安排住進 25 個難民收容所內。另外，在南京城外江南水泥廠的難民所，接納了數萬名難民。

第二節　美、英記者對西方僑民建立「南京安全區」的報導

美、英記者在採訪報導中國守軍南京保衛戰的過程中，多次報導了二十多名生活在南京的西方僑民，不顧日機的轟炸與戰火的威脅，冒著生命危險，拒絕撤退，堅持留在南京，並積極組建「南京安全區」與「國際紅十字會南京分會」，救護數十萬無依無靠的中國難民，所進行的艱難的工作，所表現的崇高精神。

1937 年 12 月 7 日，美國《芝加哥每日新聞報》記者司迪爾在從南京發出的報導〈現在南京有二十一位美國人〉，副題是〈僅有八人聽從撤離勸告〉中，較詳細地報導了在戰爭已迫近南京，在南京的大批中外人士紛紛逃向外地時，卻有以美國傳教士為核心的二十多名西方僑民堅持留在南京、準備救護中國難民的情況：

〔12 月 7 日，發自南京〕：儘管戰爭就在眼前，但還是有美國人打算留在南京直至最後，這使得合眾國大使館的留守館員們十分痛苦。住在首都的 29 名美國人之中，僅有 8 人聽從了撤離的警告。

……

至少有 14 名美國人打算在南京被包圍期間也一直留在城內，除非發生不得已的情況。這些留守者大多數是傳教士。在決定留下時，他們沒有表露出絲毫的英雄氣概，他們只是認為這是義務，他們說，必須留下來守護教會的財產，給予中國同僚們信心，幫助現在仍在計畫中的安全區——這關係到成千上萬中國人的生命。

這些美國人知道他們所面對的危險。他們將置身於被偏離方向的炮彈、炸彈和流彈擊中的危險之中。雖然防空洞和地下室相對比較安全，但只要中國軍隊的敗兵們進入安全區，就會招來日軍的炮火。而且，他們隨時都有可能遭到搶劫。

……

值得注意的是，選擇在包圍期間堅守崗位的美國人在數量上遠遠超過了其他所有外國人的總和；同時美國人在設立安全區時也扮演了重要角色，這些對加強中美紐帶關係起了一定的作用。[16]

　　1937 年 12 月 1 日，「南京安全區國際委員會」在南京北平路中英文化協會舉行記者招待會，宣布正式成立並開始辦公。《芝加哥每日新聞報》記者司迪爾在 12 月 10 日發出的報導〈當地人湧入「安全區」，斡旋策圖救南京城〉中，對這個組織作了崇高的評價：

這個主要由傳教士和醫生組成的委員會在短短一周之內便成就了人道主義一個無與倫比的功績。這一功績也許是拯救千千萬萬無辜生靈的途徑。負責行政管理的是來自俄亥俄州烏斯特、身為基督教男青年會國際委員會秘書長的喬治·費奇；

16　〔美〕司迪爾：〈現在南京有二十一位美國人〉，刊《芝加哥每日新聞報》1937年 12 月 7 日；前引《南京大屠殺史料集》（6），第 33～34 頁。

來自芝加哥、在金陵大學任教授的路易士・史邁士擔任秘書長。[17]

《紐約時報》記者德丁在 1837 年 12 月 18 日發自上海的電訊，題為〈外國人在南京的作用得到提升〉，報導「南京安全區國際委員會」的成立、主要成員情況及其承擔著市政府的職責。報導寫道：

記者 F・蒂爾曼・德丁致《紐約時報》無線電

〔12 月 18 日，上海訊〕：……

以美國人為主的這些外國人，他們大多數都是安全區委員會的成員。該委員會的最初

目標，是維護和管理非戰鬥人員聚集的解除了武裝的地區，合理地避免戰爭對這座城市帶來的危險。更加值得其他外國人士立刻關注的是，照顧傷者以及救助成千上萬的戰爭難民。

在戰鬥結束和日本人加強對它的控制之前，安全區委員會不僅實際上在某個特定區域擔負起所有的政府職能，而且一段時間裏還是唯一的民事法律代理機構，負責維持城市的秩序。市長馬超俊和其他市政府官員在日軍抵達南京前幾天就已經飛走了。……

由德國人領導的一群人

安全區國際委員會主席是德國進口商人約翰・拉貝，秘書是金陵大學社會學教授美國人路易斯・史邁思博士。金陵大學歷史系教授美國人 M・S・貝德士、美國北方基督教長老會傳教士 W・P・

---

[17] 〔美〕司迪爾：〈當地人湧入「安全區」，斡旋策圖救南京城〉，刊《芝加哥每日新聞報》1937 年 12 月 10 日；前引《南京大屠殺史料集》(6)，第 62 頁。

米爾斯、金陵大學工程學教授美國人查理斯・里格斯都為安全區的工作作出了特別傑出的貢獻。在中國出生的美國人喬治・費奇是安全區的總幹事。

戰爭受傷者委員會（本書著者按：指「國際紅十字會南京分會」）由美國基督教會牧師約翰・馬吉領導。安全區委員會的這些外國人的人道主義計畫取得了巨大的成功。[18]

德丁於 1937 年 12 月 22 日從上海發出的航空通訊《中國指揮官逃走，日軍暴行標誌著南京的陷落》，記述了「南京安全區國際委員會」的主要成員情況。德丁寫道：

安全區委員會的會長是約翰・H・D・拉貝，一位白髮德國人，在南京認識他的人都相當尊重他。主任是蘇州的喬治・費奇，一位出生在中國的美國人。危難之際，他的工作令人欽佩，而他也很勝任。這一工作要負各種各樣的責任，猶如發大水或其他災害發生時管理一座美國小城那樣的責任。

委員會的秘書長是路易斯・史邁思博士，金陵大學的社會學教授，是一位充滿幹勁、主動性極強的人。在談判成立安全區過程中，功績卓著者是貝德士博士，金陵大學的歷史教授。[19]

司迪爾在報導《在南京的美國人見義勇為》中，記述了西方僑民組建「安全區」的艱難，得不到交戰雙方的尊重，及「安全區」在交戰期間發揮的重大作用：

---

[18] 〔美〕德丁 1937 年 12 月 19 日上海報導：〈外國人在南京的作用得到提升〉，刊《紐約時報》1937 年 12 月 19 日；前引《南京大屠殺史料集》(29)，第 482～485 頁。

[19] 〔美〕德丁報導：〈中國指揮官逃走，日軍暴行標誌著南京的陷落〉，《紐約時報》1938 年 1 月 9 日；前引《南京大屠殺史料集》(29)，第 518～519 頁。

由外籍人士組成的「國際委員會」在南京城中央創建了堅固的安
全區，安全區是建立在巨大的勇氣魄力之上的，因為從一開始交
戰的雙方顯然都沒有給予足夠的尊重。儘管十來發炮彈落入安全
區內，有些地方偶爾被流彈和彈片擊中，這兒也許仍比這個城市
的其他地區安全一些。[20]

在 1937 年 12 月 10 日，日軍向南京發動總攻擊。司迪爾在 12 月
10 日發出的報導〈當地人湧入「安全區」，斡旋策圖救南京城〉中，報
導南京大量難民湧入「安全區」：

當日軍進攻南門、日機在全城投擲炸彈時，留在城裏的居民紛紛
湧入被認為應該確保安全的「安全區」，13 名美國人和 4 名德國
人組成的「國際安全區委員會」管理著這一由首都兩平方英里荒
蕪地區構成的一塊新領地。[21]

西方記者報導了「南京安全區國際委員會」的西方僑民們對湧入安
全區的幾十萬中國難民進行安置與救援。德丁於 1937 年 12 月 22 日從上
海發出的航空通訊〈中國指揮官逃走，日軍暴行標誌著南京的陷落〉中，
記述了「安全區」及西方僑民在日軍攻城期間的的卓越貢獻。德丁寫道：

如果沒有提及留在城裏的外國人所起的作用，對南京攻城戰役的
描述便不算完整。

儘管不算完全成功，但不管怎樣，南京安全區有助於解救成千上
萬平民的生命。幾位外國人發起人的目的是獲得完全非軍事化，

---

[20]　〔美〕司迪爾：〈在南京的美國人見義勇為〉，刊《芝加哥每日新聞報》1937
　　　年 12 月 18 日第 1 版與第 3 版；前引《南京大屠殺史料集》(6)，第 119 頁；
　　　陸束屏譯校。

[21]　〔美〕司迪爾：〈當地人湧入「安全區」，斡旋策圖救南京城〉，刊《芝加哥
　　　每日新聞》1937 年 12 月 10 日；前引《南京大屠殺史料集》(6)，第 61～
　　　62 頁。

並希望在整個攻佔城市的過程中尊重它的中立地位。完全的非軍事化並未實現，南京戰鬥最後幾天，中國軍人魚貫穿過安全區。日軍進城時也隨心所欲地進入安全區。

然而，日本軍人未把這一地區作為重點炮擊或飛機轟炸的區域，因此，在這裏避難的平民是相對安全的。估計有 10 萬平民在安全區避難。安全區位於城西部，佔有面積 3 或 4 平方英里。[22]

位於「安全區」的美國教會醫院——金陵大學醫院（鼓樓醫院）的美籍醫護人員在日軍攻城期間，不顧危險與困難，奔走在危城南京各地，搶救中國軍隊與難民中的傷員。德丁在 1937 年 12 月 6 日發自南京的一篇報導中，記述了這方面的情況：

美國大學醫院（鼓樓醫院）僅有 3 名醫生（均為美國人）。除去軍隊的救急機構，該醫院實際上是市內唯一的醫院。威爾遜博士乘坐僅有的一輛急救車奔赴被炸地區，為傷者治療。[23]

德丁 12 月 18 日發自上海的電訊〈外國人在南京的作用得到提升〉，更詳細地報導了金陵大學醫院（鼓樓醫院）的美籍醫生全力救護中國傷員的情況。報導寫道：

記者 F・蒂爾曼・德丁致《紐約時報》無線電

〔12 月 18 日，上海訊〕：……

南京被圍困期間，負責處理其他重大問題，如有關戰爭傷員問題就遇到了幾乎不可逾越的障礙。然而，他們能夠減緩（傷員的）

---

[22] 〔美〕德丁報導：〈中國指揮官逃走　日軍暴行標誌著南京的陷落〉，《紐約時報》1938 年 1 月 9 日；前引《南京大屠殺史料集》(29)，第 518～519 頁。

[23] 〔美〕德丁：〈日本的轟炸令英國炮艦艦長負傷〉，刊《紐約時報》1937 年 12 月 6 日；前引《南京大屠殺史料集》(6)，第 43 頁。

許多痛苦。南京被圍困期間，城裏有幾家中國部隊醫院，但醫生全部出逃，只留下人手嚴重不足的員工。更有甚者，有些部隊醫院只對特定的部隊開放，其他部隊的傷員被拒之門外。

從總體上來看，戰場救護和現場處置設施嚴重缺乏，導致數以千計的傷員無法撤離戰場，除非傷員自己想辦法。外國救助人員把主要精力放在向醫院運送傷員和組織志願醫療隊上，運送傷員的工具是幾輛卡車。……

整個圍城期間，外國人一直在努力把美國教會大學醫院[24]作為平民傷員的備用醫院。不用說，這家醫院也接納了許多受傷的士兵。有一次，一群傷兵由未受傷的戰友送到鼓樓醫院，他們用槍威逼收治這些傷兵。在幾名中國士兵、一個新聞紀錄片攝影師、6個德國人、2個俄國人和1個英國記者的幫助下，這群外國人沒日沒夜地照顧150名病人。[25]

德丁在這篇電訊中，報導了「安全區」在日軍多日的攻城與轟炸中所承擔的救護難民、維持治安、提供食宿甚至進行法律調解與審判等等工作。報導寫道：

毋庸諱言，一段時間以來，這個區域確實變成了一個範圍巨大的非軍事地區。日軍絕對不會感到有必要對這一區域進行持續的轟炸和炮擊。結果是，10萬多非戰鬥人員趕在日軍入城前進入安全區。除了因炮彈飛過而造成的持續驚慌外，這裏已經是一個能夠居住的相對安全的地方了。

---

[24] 即鼓樓醫院。
[25] 〔美〕德丁1937年12月19日上海報導：〈外國人在南京的作用得到提升〉，刊《紐約時報》1937年12月19日；前引《南京大屠殺史料集》（29），第482～485頁。

方向不準的炮彈造成損失

日軍炮彈落入新街口路口，造成 100 多人傷亡。誤落入其他地方的炮彈可能還造成另外 100 人傷亡。與此同時，居民區平民的傷亡總數達 50,000 人。那些找不到避難處所的人非常多，尤其是城南一帶，數百人遇難。由於中國軍隊的潰敗，這一帶非軍事化的準備工作完全失敗。

撤退的中國部隊路經這個區域，許多人聚集在安全區總部希望解除武裝，穿上平民衣服。反過來，進城的日軍部隊對安全區也不予理會。然而，這一帶的巷戰自然毫無必要，因為群龍無首，被嚇壞的中國軍隊沒有在這一區域的任何地方進行有效的抵抗。

國際委員會成員除努力讓安全區維持非軍事化外，還要承擔其他許多工作。他們運進大量大米和其他食品以供應難民，許多難民身無分文；他們要徵用房屋安置無家可歸者，而且他們還要監督區內的治安。作為南京目前現存的唯一的民事當局，國際委員會甚至還扮演了法院的角色，判決一些輕罪案，施以諸如在安全區運輸部門勞動幾天之類的懲罰。[26]

　　西方記者還採訪報導了「南京安全區國際委員會」的西方僑民們在 1937 年 12 月 9 日出面調停中日交戰雙方「休戰」的活動。

　　在 1937 年 12 月 9 日，各路日軍推進至南京第二道防線——複廓陣地之前，並即將從四面包圍南京，向城區發動總攻。南京城危在旦夕，南京城內的中國軍民將處在無法守城、又無法後撤的極其危險的境地中。「南京安全區國際委員會」的貝德士、米爾士等人出於人道主義的考慮，為南京城內數十萬中國軍民尋求一條生路，冒著危險，出面調停

---

[26]　〔美〕德丁 1937 年 12 月 19 日上海報導：〈外國人在南京的作用得到提升〉，刊《紐約時報》1937 年 12 月 19 日；前引《南京大屠殺史料集》(29)，第 482～485 頁。

「休戰」，建議日、中雙方軍隊停火三天；三天內，日軍在現有陣地不動，中國軍隊安全地撤出南京城，然後由日方接受，即中方向日方和平交城。「南京安全區國際委員會」的建議得到了唐生智的同意。但唐生智要求報請蔣介石批准。當天夜裏，貝德士、米爾士與唐生智的秘書一同登上美國炮艦「帕奈號」，用「帕奈號」上的電訊設備，向日、中雙方的最高當局發出以上建議的兩份電報。1937 年 12 月 10 日上午 11 時，南京「安全區國際委員會」收到了漢口蔣介石關於外僑調停中日戰事的答覆，中國政府拒絕和平交出南京城。貝德士、米爾士等人的調停「休戰」活動歸於失敗。

1937 年 12 月 10 日，美國《芝加哥每日新聞報》刊登該報記者司迪爾從南京發出的報導《當地人湧入「安全區」，斡旋策圖救南京城》中，報導了「南京安全區國際委員會」出面調停中日交戰雙方「休戰」的情況：

> 委員會剛剛作出一項最後關頭的努力，提出了在交戰雙方之間斡旋的方案，以期將南京從戰火摧殘之中拯救出來。

> 星期四（本書著者按：指 1937 年 12 月 9 日）委員會通過泊於長江中的「帕奈號」軍艦向美國駐漢口和東京的大使館發了電報，提出停火兩天的建議。此時，委員會試圖說服中國軍隊和平地撤出南京，中國軍隊尚未完全撤離時日軍不得進入。

> 委員會的成員承認雙方都給予了贊同的暗示，但由於蔣介石委員長的態度不確定，成功的機率不到 50%。[27]

《紐約時報》記者德丁在 1937 年 12 月 18 日發自上海的電訊《外國人在南京的作用得到提升》中，也報導了「安全區國際委員會」調停南京交戰雙方「休戰」及最終「沒能成功」的情況。報導寫道：

---

[27] 〔美〕司迪爾：〈當地人湧入「安全區」，斡旋策圖救南京城〉，刊《芝加哥每日新聞》1937 年 12 月 10 日；前引《南京大屠殺史料集》（6），第 62 頁。

記者 F・蒂爾曼・德丁致《紐約時報》無線電

〔12 月 18 日，上海訊〕：……

委員會也進入了國際關係領域，他們就安全區問題與中國和日本進行協商，力爭安排三天停火，以便和平居民撤離南京城。唐生智將軍捐出的 40,000 元（中國貨幣）大部分用在給難民提供食物上，委員會有賴於各界捐獻出時間、精力、物資和設備。……

唐將軍謀求停戰

國際委員會試圖通過協商，謀求和平佔領，從而將整個南京城全都納入安全區範圍，但沒能成功。日軍對此提議從未給與答覆，而蔣介石委員長的答覆只是表示知道了此事。委員會成員坦率地披露說，在最後幾天，唐將軍幾乎瘋狂地努力尋求達成停戰協議，但中國守軍敗得太快，不允許中方對相應安排作出表示。[28]

　　調停雖然失敗了，但「南京安全區國際委員會」的幾個成員為避免古老的南京城與數十萬南京居民陷入戰火而作的努力與冒的風險，是應該記入史冊的。

第三節　美、英記者對西方僑民在大屠殺期間活動的報導

　　1937 年 12 月 13 日，日軍攻進了南京城，立即對手無寸鐵的中國平民百姓與已放下武器的戰俘進行血腥的大屠殺。當時身處南京、目睹

---

[28] 〔美〕德丁 1937 年 12 月 18 日上海報導：〈外國人在南京的作用得到提升〉，刊《紐約時報》1937 年 12 月 19 日；前引《南京大屠殺史料集》(29)，第 483～484 頁。

日軍駭人聽聞暴行的美國基督教南京青年會負責人、「南京安全區國際委員會」總幹事喬治・費奇在日記中記述了他的切身感受：

> 日軍潮水一般湧入城內，坦克車、炮隊、步兵、卡車絡繹不絕。
> 恐怖的時代隨著開始，而且恐怖的嚴重性一天比一天增加起來。
> 他們征服了中國的首都，征服了蔣介石政府的所在地，他們是勝
> 利者，應該為所欲為，日本飛機曾散發傳單，宣稱日軍是中國人
> 唯一的真朋友，日軍將保護善良的中國人。於是日軍隨意姦淫、
> 擄掠和殺戮，以表示他們的誠意。[29]

　　開始，這些善良的西方僑民被日軍瘋狂、殘暴的血腥大屠殺驚呆了。拉貝說：「我們歐洲人簡直被驚呆了！到處都是處決的場所。」[30]福斯特在日記中寫道：「但我從未夢想到，竟有這樣的人面獸心者存在於世界上，而我們必須與之打交道！」[31]在以後的四十多天時間中，這二十多位西方僑民在「南京安全區國際委員會」與「國際紅十字會南京分會」的領導下，以崇高的人道主義精神、非凡的正義與勇氣，不顧危險與勞累，對危難中的數十萬南京難民進行了全力的救助與保護。他們為了保護中國難民，每天都要在不絕的槍殺聲中，與失去人性、充滿獸性的日軍官兵進行一次次的交涉與無畏的說理鬥爭。他們還要千方百計設法為中國難民提供糧草衣物與住宿、醫療等生活必需品。而他們自己也時時處在危險中，多次遭到日軍的威脅、侮辱與攻擊……。

　　以美籍教授魏特琳女士主持的金陵女子文理學院難民所為例：1937年12月3日，在日軍逼近南京近郊時，金陵女子文理學院的吳貽芳校

---

[29] 〔澳〕田伯烈著，楊明譯：〈外人目睹中之日軍暴行〉，〔漢口〕國民出版社1938年7月版，第17頁。

[30] 〔德〕拉貝著，本書翻譯組譯：《拉貝日記》，江蘇人民出版社1997年版，第190頁。

[31] 章開沅編譯：《天理難容──美國傳教士眼中的南京大屠殺（1937-1938）》，南京大學出版社1999年版，第137頁。

長乘坐一艘輪船離開南京撤往武昌，「留下了一個由華群（魏特琳的中文名）小姐領導的駐校維持委員會，以便在緊急時刻為鄰居們服務（本書著者按：指救護中國難民），並盡可能保護金陵（女子文理學院）的財產。」華群——魏特琳領導的「駐校維持委員會」共有約 10 名成員。據德本康夫人、蔡路得著《金陵女子大學》一書記載：「在這充滿變故的幾個月裏，華群小姐的忠實助手有助理會計法蘭西斯・陳、學生護理及宿舍管理員程瑞芳、生物系的布蘭奇・吳小姐、負責教中文的私人教師『大王』以及另外 6 個雇來守門和看護花園的工人。吳小姐正在從事一項改良家禽的研究計畫。程女士的孫兒和王先生的 3 個孩子是受過訓練的招待員，衣服上有很特殊的袖帶。」[32]

　　金陵女子文理學院位於「安全區」中心，宮殿式的校舍宏暢而又堅固。魏特琳為首的「駐校維持委員會」主持，將該學院建成一座專門收留年輕婦女與兒童的難民所。它是「安全區」中最重要的難民所之一。

　　「1937 年 12 月 8 日，第一批約 300 名婦女兒童獲准進入金陵（女子文理學院）校園，以後數量迅速增長，直到總數超過最初被確定為極限的 2750 人。所有的樓房都已住滿。頂樓上也住了人，但是難民還是源源不斷地湧來。」[33]

　　1937 年 12 月 13 日，日軍攻入了南京城，並立即開始了瘋狂的屠殺與姦淫。南京城內無數的婦女、兒童等難民群眾在驚慌恐懼中更像潮水般地湧向安全區，湧向金陵女子文理學院校園——它就像西方神話中所說的、滔滔洪水中的諾亞方舟。這使得本已人滿為患的校園更加擁擠。

　　德本康夫人、蔡路得女士在她們的著作《金陵女子大學》一書中對此寫道：

---

[32] 〔美〕德本康夫人、蔡路得著，楊天宏譯：《金陵女子大學》，珠海出版社 1999 年版，第 105 頁。

[33] 〔美〕德本康夫人、蔡路得著，楊天宏譯：《金陵女子大學》，珠海出版社 1999 年版，第 108 頁。

在日軍大屠殺期間留駐南京的西方僑民

12 月 13 日夜裏，日本侵略軍佔領了南京城，搶劫和屠殺持續了一個多月。華群小姐在她的工作報告中說：「當恐怖統治來到這座城牆環繞的都城之時，沒有一個婦女倖免於難。學校的校門被撞開了，激動到了瘋狂程度的婦女和兒童潮水般的湧了進來。直到樓房中的每一個有用的空間都被擠滿。夜晚，甚至走廊和有遮蓋的過道都密密實實睡滿了人，頭挨著腳，腳挨著頭。」當難民的數量達到 4,000 人時，學校似乎已經不能容納更多的難民了。但這以後難民還在潮水般的湧來，越來越多。最多的時候已經接近 1 萬人。[34]

德本康夫人、蔡路得女士對魏特琳與她的助手們在日軍南京大屠殺期間救助中國難民的舉動作了崇高的評價：「在日本侵略軍到達南京時，華群小姐和她身邊幾位忠實的助手為保護婦女和兒童所做的一切，是戰爭時期最英勇也最動人的插曲之一。」從 1937 年 12 月中旬到 1938 年 1 月底這一個多月時間中，在日軍對南京軍民實施慘絕人寰的大屠

---

[34] 〔美〕德本康夫人、蔡路得著，楊天宏譯：《金陵女子大學》，珠海出版社 1999 年版，第 106 頁。文中所寫進入金女院校園的難民人數為 1 萬人，這是估算。據本書著者研究，難民最多時近 2 萬人。

殺的恐怖日子裏，魏特琳為了保護逃進金女院校園內的成千上萬中國難民，日夜不停地緊張忙碌著：「華群小姐一直忙於巡視校園，驅逐士兵，訪問日本大使，要求保護，並在蓋在學校空地上的涼棚裏監督賣米。」[35]

為了保護在校園裏避難的中國婦女與兒童，魏特琳及其助手們與兇殘、狡炸、無孔不入、無所不用其極的日軍官兵進行著極其艱巨而危險的鬥爭。儘管日本當局當時還不敢公開得罪美國，因而魏特琳以美國僑民的身份往往能對作惡的日軍起一點震懾的作用。但有時當日軍獸性大發時，魏特琳的保護作用也會減弱甚至完全失去。魏特琳在 1937 年 12 月 16 日的日記中寫道：「一天中的大多數時間，我都像衛兵一樣守衛在前門或是被叫去處理其他問題——跑到學校的其他地方，去對付進入校園的一批又一批日本兵。」[36]1937 年 12 月 17 日晚，一批日本兵闖入金女院校園，以搜查中國兵為藉口，企圖擄掠婦女，魏特琳趕去阻攔。一個日本兵惱羞成怒，竟揮手打了這位已五十多歲的女教授一記耳光。魏特琳沒有被嚇倒，更沒有退縮，而是繼續堅持與日軍鬥爭，直到日軍退走。魏特琳在日記中寫道：「從軍事的角度來說，佔領南京或許會被認為是日軍的一個勝利，但是從道義的角度來看，這是失敗，是日本民族的恥辱。」[37]

懷著善良的基督教教義教誨的魏特琳雖時時嚴密地防範著日軍侵入校園，但有時也墮入日軍詭計而造成損失與遺憾。這在魏特琳來說，是十分痛苦、傷心而又悲憤的。例如有一次：

---

[35]　〔美〕德本康夫人、蔡路得著，楊天宏譯：《金陵女子大學》，珠海出版社1999 年版，第 106 頁。

[36]　〔美〕魏特琳著，南京師範大學南京大屠殺研究中心譯：《魏特琳日記》，江蘇人民出版社 2000 年版，第 196 頁。

[37]　〔美〕魏特琳著，南京師範大學南京大屠殺研究中心譯：《魏特琳日記》，江蘇人民出版社 2000 年版，第 197 頁。

一天夜裏，日本士兵押著他們抓住的中國老百姓來到學校大門口，指控這些老百姓是士兵假冒的。當華群小姐正在為這些人的平民身份擔保作證時，另一些日本士兵從側門進來，抓走了 12 名女孩。她後來意識到，日本士兵在大門口的所作所為只是為轉移人們對於他們到金陵（女子文理學院）來的真實目的的注意力而設下的一個圈套而已。[38]

魏特琳不僅盡全力保護中國難民的安全，而且盡全力照顧難民的生活。她帶領留校小組的幾個成員，為進入校園的一萬多中國難民的食宿與生活日夜操勞著。在飲食方面，她將學校的存糧拿出來分發給難民，還由紅十字會粥廠每日供應難民兩次米粥，同時在校內裝了兩個大爐子整日供應難民熱水。在住宿方面，她儘量設法讓每個難民都有一席之地安身。年輕的女難民多被安置到學校最安全隱蔽的文理大樓的大閣樓裏。對住在校內許多沒有被褥的難民還發給棉被，好讓他們能度過漫長寒冷的冬夜。魏特琳反覆告誡中國女難民時時提高警惕，遵守紀律，不出金女院校門，不讓日軍有可乘之機。

魏特琳還不辭辛苦與危險，千方百計為逃避在金陵女子文理學院的難民婦女與兒童們尋找他們在戰亂中被日軍抓走的親人。

魏特琳時時鼓勵處在痛苦絕望中的中國難民振作起來，保持民族氣節。她對難民們說：「中國沒有亡！中國不會亡！日本人一定要失敗的，你們不要愁！」她不讓在金女院難民所懸掛日本太陽旗。她有一次看到一個中國小孩戴著日偽當局發的太陽旗臂章，就對他說：「你不用佩這個太陽旗，你是中國人，你的國家並沒有亡……」說著就幫他取下了臂章。魏特琳的正氣感動了全難民所的中國同胞。[39]

---

[38] 〔美〕德本康夫人、蔡路得著，楊天宏譯：《金陵女子大學》，珠海出版社 1999 年版，第 106 頁。

[39] 郭岐：《陷都血淚錄》，前引《侵華日軍南京大屠殺史料》，第 16～17 頁。

像魏特琳一樣，其他二十多位西方僑民也在極其艱難危險的條件下，為救護中國難民，阻止與抗議日軍官兵的暴行，進行了忘我的鬥爭，作出了偉大的貢獻。在南京城內，西方僑民們建立起二十五個難民所。除了魏特琳女士主持的金陵女子文理學院難民所外，金陵大學校園難民所是最大的一個難民所，收留難民 3 萬多人，由金陵大學歷史學系教授貝德士、社會學系教授史邁士、農藝學系教授里格士與林學系留日回國的陳嶸教授負責。

擔任「安全區國際委員會」主席的德國人拉貝除了忙於整個「安全區」的領導工作外，還在自己位於廣州路小粉橋的住宅內設立了一個小型難民所，收留救護了近百人。

德國人卡爾‧京特與丹麥人辛德貝格在南京城外東北郊江南水泥廠設立的難民所，主要接納南京郊區棲霞、江寧、湯山、句容的農民，以及從城裏逃過去的難民與潰散的中國軍隊官兵。卡爾‧京特與辛德貝格不僅在這個難民所裏收容、救護了 3 萬多中國軍民，而且還阻撓日軍焚燒工廠附近的攝山鎮，關心與幫助棲霞寺難民所。棲霞寺難民所是由該寺主持寂然和尚設立的一家難民所，由於經常遭到日軍的暴力攻擊與淫掠，該難民所的難民後來大多逃進江南水泥廠的難民所。

辛德貝格還幾次冒著危險，冒著大雪與嚴寒，開車送食品進城提供給「安全區」的西方人士，送被日軍殘害致傷的中國難民進城醫治，又從城裏「安全區」醫院與「紅十字會南京分會」那兒取得藥品、繃帶，請來護士，在水泥廠難民所中開設診療所，為難民服務。他們還幾次代難民起草、翻譯請願書、呼籲書、呈文與控告材料，呈送給「南京安全區國際委員會」與德國駐華大使館南京辦事處；又引導「紅十字會南京分會」主席馬吉、「南京安全區國際委員會」財務主管克勒格爾等人來到棲霞山與江南水泥廠，調查與見證難民們的苦難生活，揭露日軍在南京城外的暴行與城裏的暴行毫無差別。1938 年 2 月 3 日，「南京安全區國際委員會」主席拉貝看了辛德貝格送去的、由 20 位棲霞難民代表簽署、由卡爾‧京特譯成德文的呼籲書《以人類的名義，致所有與此有關

丹麥僑民辛德貝格在江南水泥廠難民所

的人》後，憤怒地說：「不僅南京（城內）飽受了日本兵痞之苦，而且，
從四面八方都傳來了有關日本士兵燒殺姦淫的消息。我們不禁這樣想，
這些身穿軍服的士兵全都是日本的刑事犯罪分子。」[40]

在救護中國難民期間，著名的金陵大學（鼓樓）醫院的美國醫護人
員作出了傑出的貢獻。當時該院的多數中、外醫護人員被迫撤離南京，
只有五名美國醫護人員與一些中國醫護人員毅然留院，在極其危難的條
件下，承擔了極其繁重的救治難民傷病的工作。特里默擔任醫院代院
長，威爾遜是唯一的外科醫生，麥卡倫任行政主管，中國牧師王志誠、
盧希賢分別任行政助理和總務，周紀穆醫生任醫療助理，孫護士長任醫
護助理，楊藥劑師分管藥品器材，組成一個特殊的難民醫院。在日軍大
屠殺期間，入院待治的傷病難民激增，卻又無錢，無電，無水，缺藥，
還經常遭到日軍的騷擾。面對這種局面，美、中醫護人員夜以繼日地工
作，並採取了許多有效的措施。擔任「安全區國際委員會」秘書的金陵
大學教授史邁士在 1938 年 5 月 28 日寫的一封信中，寫道：「這家醫院

---

[40] 〔德〕拉貝著，本書翻譯組譯：《拉貝日記》，江蘇人民出版社 1997 年版，
第 568 頁。

在整個非常時期的醫療工作是十分引人注目的。除了常規門診及緊急增
添的 160 張病床外，這家醫院在紅十字會的協助下又開設了 3 個戶外診
所。醫院職工還發起一場預防運動，給 16265 名市民注射天花疫苗，還
給 12,000 多名市民接種傷寒、霍亂疫苗。但是這家醫院的經費問題卻
十分突出。眼下只有 3%的病人有能力支付一、二類醫療費用。只有 30%
的病人有能力支付第三類醫療費用。對另外無支付能力的 70%病人必須
實行免費就醫。幾家診所也同樣虧損嚴重。」[41]

　　這些西方僑民在救護中國難民期間，還在「安全區」的難民所中、
甚至在自己的家中，冒著危險，救助了一些隱藏在難民中的中國軍隊高
級將領與軍官。如第 72 軍軍長兼第 88 師師長孫元良被魏特琳隱藏在金
陵女子文理學院的女難民所中；第 88 師參謀長張柏亭先藏在清涼寺，
後被轉移到金陵大學難民所與拉貝的家中；教導總隊參謀長邱清泉被貝
德士密藏在金陵大學管理大樓最頂層密室；教導總隊第二旅參謀主任廖
耀湘被卡爾‧京特與辛德貝格藏在江南水泥廠的難民營中；南京衛戍司
令部衛生處處長金誦盤先被藏在美國大使館，後被轉移到金陵大學美籍
教師宿舍樓；南京衛戍司令部的參謀龍應欽與周上校被藏在拉貝住宅的
二樓。他們最後都被西方僑民們安全送出南京。負傷的中國飛行員王光
漢被拉貝藏在家中養傷，最後將他裝扮成自己的傭人，帶往上海。[42]只
有被裝扮成傷員、隱藏在鼓樓醫院的第 71 軍第 87 師第 260 旅旅長劉啟
雄，後不幸被日軍查獲逮捕。

　　得到魏特琳、拉貝、威爾遜等西方僑民救護的南京幾十萬難民感激
地稱讚她們是「活菩薩」、「守護神」。難民們說：「使中國人免遭徹底毀
滅的唯一原因，就是南京有為數不多的十幾位外國人。」[43]

[41] 張憲文主編：《南京大屠殺史料集》(4)，章開沅編譯：《美國傳教士的日記
　　和書信》，江蘇人民出版社 2005 年版，第 291 頁。
[42] 〔德〕拉貝著，本書翻譯組譯：《拉貝日記》，江蘇人民出版社 1997 年版，
　　第 649、684～685 頁。
[43] 《魏特琳日記》，江蘇人民出版社 2000 年版，第 201 頁。

這些善良正直的西方僑民曾寄希望於日本駐南京的外交使節與日軍的最高指揮官能出面阻止日軍廣泛的暴行。他們一次次地致信日本駐南京使領館的外交人員提出抗議與勸告，雖然效果甚微，但表達了他們對日本法西斯的憤怒與對苦難的中國人民的聲援。下面我們僅列舉南京大屠殺期間，「南京安全區國際委員會」向日方當局遞交的抗議日軍暴行的一百七十件報告中，幾件金陵大學（鼓樓）醫院的美國醫護人員揭發的材料：

第八十件（1937 年）12 月 20 日上午 7 時左右，麥卡倫從鼓樓醫院值夜班返家，路上遇著許多婦女，奔赴金陵大學，據住在不同地方的三個人家的報告，他們的住宅昨夜統遭日本兵放火燒去。

第九十件（1937 年）12 月 20 日，一個瞎眼理髮匠到鼓樓醫院，據報告，他於 13 日攜孩子在南京行走，遇日本兵向他索錢，因為沒有錢，日本兵射擊他的胸部。

第九十一件（1937 年）12 月 20 日，日本兵向南京某帽莊的主人索錢，他罄其所有，交給日本兵後，日本兵覺得不夠，繼續勒索，他無法應命，便遭槍擊，胸部受傷。他來醫院求治。

第九十八件（1937 年）12 月 19 日下午 7 時半，兩個日本兵輪姦懷孕 9 個月的十七歲少婦。9 時，陣陣腹痛；12 時，嬰孩落地。今晨 2 時送入醫院，產母精神錯亂，嬰孩無恙。

第九十九件（1937 年）12 月 20 日下午，日本兵闖入漢口路 5 號鄧尼爾醫生的住宅，該宅門前貼著日本大使館的佈告。他們奔到樓上的房間內，把兩個女人拖到樓下，加以姦污，先後共達三個小時之久。他們還從地下室中取去腳踏車三輛。鄧尼爾不在南京，故該宅現由威爾遜使用。

第一〇五件（1937 年）12 月 21 日下午 1 時 15 分，威爾遜看見一個日本兵闖入金陵大學女生宿舍。他叫日本兵出去，後者以手

槍威脅。威爾遜又和那日本兵狹路相逢，後者裝上子彈，但未開槍。

　　1937 年 12 月 21 日，西方僑民們得知日「華中方面軍」司令官松井石根大將到達南京後，於當日下午，以拉貝為首的留駐南京的幾乎全部西方人士，共 22 人，集體整隊前往日本駐南京的大使館，向日方遞交了一封信，向日方當局提出阻止日軍在南京屠殺、姦淫、搶劫、縱火的三項要求，其中指出：「搶劫和縱火已經使得城市的商業生活陷於停頓，全部平民百姓因此而擁擠在一個大難民收容所裏。」他們要求日方當局「制止在城市大部分地區縱火，以免尚未被毀壞的其餘城區繼續遭到肆無忌憚的有組織的破壞。」拉貝向日使館人員申明：「我們和中國人的觀點是一致的，即這座城市將會被全部燒光。」[44]

　　但是西方人士的交涉與抗議的效果等於零。日軍的燒、殺、淫、掠在南京城內外繼續進行。因為這是日本最高軍政當局既定的恐怖威儡政策在南京的實施，是松井石根不願阻止的。西方僑民從血的事實中認識到：「我們原先期望隨著最高指揮官的到達能恢復秩序，但是遺憾的是，我們的願望並沒有實現。正相反，今天的情況比昨天還要糟糕。」[45]

　　而且，在這些危機四伏的日子裏，西方僑民的自身安全也得不到保證。日軍在南京長時期瘋狂的燒殺淫掠，不顧國際公法，嚴重而廣泛地波及到幾乎所有在南京的西方僑民，燒毀他們的房屋，搶掠他們的財產、汽車，甚至侮辱他們的人格、傷害他們的身體、威脅他們的生命安全。「各國的房屋財產均遭到了搶劫者的劫掠，他們根本不理會懸掛的外國國旗。」[46]德國是日本的盟國，但德國僑民的房屋財產也難逃厄運，

44　〔德〕拉貝著，本書翻譯組譯：《拉貝日記》，江蘇人民出版社 1997 年版，第 238～239、249～251 頁。

45　〔德〕拉貝著，本書翻譯組譯：《拉貝日記》，江蘇人民出版社 1997 年版，第 200 頁。

46　〔德〕拉貝著，本書翻譯組譯：《拉貝日記》，江蘇人民出版社 1997 年版，第 423 頁。

甚至德國駐華大使館及大使陶德曼的房屋財產也遭到日軍的劫掠。對美國僑民，日軍則更放縱與肆無忌憚。這是因為美國不是日本的盟國，美國政府與美國輿論都對日本的侵華戰爭進行譴責。日軍不僅多次侵入美國僑民與美國大使館的房屋，搶劫美國僑民與美國大使館的財產，引起美國政府的抗議；而且多次對美國僑民與美國外交官的人身加以傷害與威脅。其中較大的事件有如下幾次：

1937 年 12 月 16 日，日軍毆打、侮辱里格斯的「司法部事件」。

里格斯（又譯林查理）是金陵大學農藝學系的美籍教授。16 日早晨，日軍在安全區內大規模搜捕中國士兵，帶去槍決。在中山路的司法部裏，日軍認為在他們搜查過該房屋後，「國際委員會」的西方人士又私自放進了中國士兵。「在事件的過程中，里格斯先生一再想把事件解釋清楚，避免中國平民被當作士兵抓走，結果 3 次遭到這名軍官用軍刀威脅。他還用拳頭重擊里格斯的胸部。」[47]

1937 年 12 月 17 日日軍在金陵女子文理學院毆打魏特琳事件。

日軍在 12 月 16 日、17 日連續兩天對金陵女子文理學院難民所進行大規模的搜查，抓走被他們認為是中國士兵的難民，侮辱婦女，搶走財物。魏特琳作為該難民所的負責人，一次次勇敢地阻攔日軍官兵的野蠻行徑。17 日晚飯後，魏特琳阻止兩個日本兵進中央樓抓人，那日軍士兵竟蠻橫地打了這個已 52 歲的美國女教授一記耳光，並迫令魏特琳與金陵女子文理學院難民所的其他工作人員站在校門口，迫令中國工友跪在地上，直到夜裏 11 點多鐘。聞訊趕來的費奇、史邁士、米爾斯也受到日軍的侮辱與驅趕。[48]

1937 年 12 月 19 日日軍在鼓樓醫院槍擊麥卡倫、特里墨事件。

---

[47] 《司法部事件備忘錄》，〔德〕拉貝著，本書翻譯組譯：《拉貝日記》，江蘇人民出版社 1997 年版，第 207 頁。
[48] 〔美〕魏特琳著，南京師範大學南京大屠殺研究中心譯：《魏特琳日記》，第 199 頁。

　　據拉貝日記載，在 1937 年 12 月 19 日下午 3 時，一日本士兵闖入鼓樓醫院（大學醫院）。醫院行政主管麥卡倫與醫院代院長特里墨要求他離開醫院時，他竟然朝他們開槍，幸虧子彈打偏了。[49]

　　1938 年 1 月 11 日還發生了日軍包圍、查抄「南京安全區國際委員會」總部的事件。

　　日軍藉口尋找一包被一位中國難民搶去的衣服，在這日中午 12 時多，包圍了設在寧海路上的「南京安全區國際委員會」總部所在地；然後由一個日軍軍官帶領幾個士兵，在未徵得拉貝同意的情況下，衝進來搜查各個房間，未有所獲。下午 1 時 30 分，那個日軍軍官帶領士兵，再次包圍了總部，並指揮士兵翻越圍牆，再次衝進總部，搜查各個房間，並毆打總部的中國工作人員；直到下午 2 時，「南京安全區國際委員會」的財務總管克勒格爾趕來，找出那包衣服，並請來偽「市自治委員會」的王承典作解釋，日軍才撤離總部。[50]

　　西方僑民們就是在這樣艱難危險的環境中，奮不顧身地與日軍的暴行抗爭，千方百計地救護中國難民。他們的崇高精神與英勇行動不僅感動了數十萬中國難民，而且也感動了留駐南京的五名美、英記者。

　　留駐南京的五名美、英記者在日軍佔領南京後雖只停留了三到四天。他們以在這幾天中所親眼看到、所親身採訪到的材料，對「南京安全區國際委員會」與「國際紅十字會南京分會」領導下的西方僑民們奮勇救助中國難民的活動及其卓越貢獻，作了忠實報導與高度評價。

　　1937 年 12 月 18 日，美國《芝加哥每日新聞報》第 1 版與第 3 版刊登該報記者司迪爾 12 月 18 日（因時差原因）發自上海的電訊〈在南京的美國人見義勇為〉，專門報導留駐南京的西方僑民在「安全區國際委員會」的組織與領導下，不顧危險與困難，奮勇救助南京難民的感人事蹟。報導寫道：

49　〔德〕拉貝著，本書翻譯組譯：《拉貝日記》，江蘇人民出版社 1997 年版，第 230 頁。

50　〔德〕拉貝著，本書翻譯組譯：《拉貝日記》，江蘇人民出版社 1997 年版，第 395、403～404 頁。

〔上海，12 月 18 日電〕南京淪陷之後是一片屠殺和混亂的情景。但是，如果不是在攻城的整個過程中一直留在南京的少數美國傳教士和德國商人見義勇為的行為，那場面可能還要可怕得多。這些外國人完全為了這座遭受攻擊的城市裏的 10 萬平民百姓的安危，面對近在咫尺的死神臨危不懼，甘冒風險。

在日軍殘酷的清剿殘敵的行動中，美國傳教士為無辜的中國百姓出面干預，救了許多人的性命。

司迪爾記述了西方僑民在南京城裏的危險處境：

攻打南京的過程中唯一負傷的外籍人士是一位德國人。一顆炮彈在他的視窗爆炸，他被炸飛的玻璃劃破。然而，所有見識了攻城全過程的 16 名美國人都有毛骨悚然、虎口脫險的經歷可以訴說。

司迪爾記述了西方僑民在這種危險處境中的忘我工作。例如，鼓樓教會醫院的幾名美籍醫護人員冒著生命危險，夜以繼日地救治中國傷員：但他們沒有經歷過兩位美國醫生特里默和威爾遜那樣惱人的磨難。儘管大多數中國醫務人員離開了，他倆收治了所有抬到教會醫院門口負重傷的中國老百姓。

截肢是每個小時都要進行的日常工作。威爾遜醫生在做一次精細的手術時，一發炮彈在醫院的院子裏爆炸，窗戶被炸毀，彈片散落在手術室裏，但手術繼續進行。這兩位醫生收治了很多平民傷員，因此無法收留傷兵，而將他們轉往部隊醫院。

以後，日本兵闖入醫院，昧著良心搶走中國護士的手錶、首飾，又導致了新的危險。

再例如，其他的美國僑民也都是勇敢地、奮不顧身地救護中國難民：

其他的美國人勇敢地冒著彈片、炸彈的危險，為在所謂的「安全區」內聚居著的成千上萬貧民尋找食物用品。最積極的是以前在

芝加哥大學任職、現金陵大學的史邁士。工作中，他完全將自己
的生死安危置之度外。

來自伊利諾州的明妮‧魏特琳小姐負責管理在金陵女子文理學院
尋求庇護的上千名缺吃少穿的婦女、兒童。日軍的炮彈在附近爆
炸，在日軍闖進這所教會學校搶劫中國教師房間裏的財物之際，
魏特琳小姐緊張忙碌了好一陣。大多數教會機構都受到戰爭的創
傷。[51]

　　1937 年 12 月 19 日，《紐約時報》刊登了該報記者德丁 12 月 18 日
發自上海的電訊〈外國人在南京的作用得到提升〉，副題為〈整個被圍
困期間外國人都留在南京照顧傷員和大量難民，生命經常處於危險之
中，由於中國官員已經逃離，國際委員會還承擔著市政府的職責〉，報
導留駐南京的西方僑民奮勇救助南京難民，「安全區國際委員會」承擔
著市政府的職責。報導寫道：

記者 F‧蒂爾曼‧德丁致《紐約時報》無線電

〔12 月 18 日，上海訊〕：儘管自己的生命經常遭受炮彈和轟炸
以及蠻橫的日本士兵的威脅，但自日軍圍城以來一直留在城牆之
內的一小群外國人扮演了獨一無二的偉大的人道主義者角色，發
揮了重要的政治影響力。

⋯⋯

整個安全區的一切都是一場絕無僅有的試驗，但國際委員會卻取
得了很大的成功。

---

[51]　〔美〕司迪爾：〈在南京的美國人見義勇為〉，刊《芝加哥每日新聞報》1937
　　年 12 月 18 日第 1 版與第 3 版；前引《南京大屠殺史料集》(6)，第 118～119
　　頁；陸束屏譯校。

……隨著日軍佔領南京，更加有組織性的社會團體有了活動可能。外國人團體組織了紅十字委員會，接管了設在外交部大樓某醫院的工作，並派出卡車和小汽車從全城運來傷員。

……危險很大，也很讓人焦慮不安，尤其是後來外國炮艇週六駛往南京長江上游水域之後。同時，本來就不可靠的商用電話，現在往漢口也打不通了，與外界的聯繫暫時中斷。在南京的外國人直到星期二下午才得悉「帕奈號」被炸，這時這起事件已經過去兩天了。當時他們還是從下關的日本戰艦上聽到這個新聞的。幾乎所有外國人都從圍困中奇跡般地生還，如果一點小傷口不算的話，沒有一個人受傷。[52]

1938 年 1 月 9 日，《紐約時報》第 38 版刊登該報記者德丁於 1937 年 12 月 22 日發自上海的航空通訊〈中國指揮官逃走，日軍暴行標誌著南京的陷落〉，在更詳細地記述日軍進攻南京與大屠殺的情況的同時，還記述了西方僑民救護南京難民的卓越貢獻。德丁寫道：

除了兩名報社的記者，一名美國新聞電影攝影師，有 15 名美國人在攻城時留在南京。攻城中留在南京的其他外國人還有 6 位德國人、1 名英國人和 2 名俄國人。

從 12 月 11 日「帕奈號」駛離到 12 月 14 日星期二與日本艦隊取得聯繫，這一小群外國人和外界沒有任何聯繫，像中國軍隊一樣被困在城內。城內供水中斷，沒有電，也沒有電話，很多主食都無法獲得。

---

[52] 〔美〕德丁 1937 年 12 月 19 日上海報導：〈外國人在南京的作用得到提升〉，刊《紐約時報》1937 年 12 月 19 日；前引《南京大屠殺史料集》（29），第 482～485 頁。

除了偶發事件外，城裏的外國人都積極參加安全區和戰場救援工作。管理安全區要做的工作遠遠不只是保持它的非軍事性。成千上萬名難民要吃要住，要維護秩序，要提供醫療設施，甚至要建立一個簡易的銀行服務機構。

約翰・馬吉牧師的委員會在攻城戰打響後，集中力量調配現有醫院的醫療資源，集中力量將傷員送往這些醫院。他們無法處理數量巨大的受傷人員，攻城時南京街頭看到的中國傷兵是整個悲慘場面中最觸目驚心的一幕。傷兵跛足而行，在街巷爬行，數以百計的傷兵死在主要的街道上。美國教會辦的金陵大學醫院在整個戰鬥中自始至終都開放，並設法專門收治平民傷員，然而也收留了一些傷兵。兩個美國醫生弗蘭克・威爾遜和 S.C.特里默，兩個美國護士格瑞絲・鮑爾和伊娃・海因茲以及幾位中國助手日夜治療她們負責的 200 名病人。

日軍進城之際，數分鐘之內傷兵救援委員會便改編為國際紅十字會分會，並接管了在外交部大樓內的一所主要的中國陸軍醫院，將所能調配的運輸工具都派往全城各處去運傷兵，仍在城內的中國醫護人員被動員來到這所醫院工作。[53]

　　1938 年 1 月 17 日，美國紐約《時代》週刊發表報導〈在南京〉，集中報導了西方傳教士在南京救護中國難民的事蹟：

在目前這場戰爭爆發前，在中國工作的 6,000 名傳教士中，只有300 人離開了那個國家。在一些發生戰鬥、有傷員需要照看的地區，傳教士留在了大學、醫院和醫療隊裏。在這些機構中，他們

53　〔美〕德丁報導：〈中國指揮官逃走，日軍暴行標誌著南京的陷落〉，刊《紐約時報》1938 年 1 月 9 日；前引《南京大屠殺史料集》(29)，第 518～519 頁。

和他們的前輩以及成為基督徒和受過教育的中國精英層多年來培育著蔣介石發起的「新生活運動」這一中國人的本土基督教運動。

在日本人包圍南京前，「帕奈號」炮艇──在沉沒前一天──從即將陷落的南京撤離了大部分外國人，中國守軍司令唐生智逃走，留下他的部下和士兵聽天由命。在「帕奈號」離開和日本艦隊到達的可怕的四天中，南京陷入混亂，沒有政府，沒有電話，沒有水電供應。大約 20 幾名白人，其中大部分是美國人和絕大多數美國傳教士留在被包圍的南京，在此期間日本人屠殺了 33,000 名中國士兵（20,000 名是被處決的），打傷大約 5,000 名以及數以千計的平民。根據德丁的描述，這些平民「四處蹣跚，在小巷裏艱難的行走，數以百計地死在大街上」。

兩位傳教士教授，金陵大學的路易斯·史邁士和貝德士幫助組織了南京安全區，儘管日本人只是沒有集中轟炸安全區，但安全區可能拯救了數以千計的平民的生命。數千名慌亂的中國士兵也進入了這個區，急切地脫下軍裝，換上平民服裝，甚至有的只穿著內衣以免被日本人當作士兵處決。在聖公會傳教士約翰·馬吉著手組織救護工作時，中國軍隊的醫院完全不夠。南京有兩名傳教士醫生和兩名美國護士──這兩名護士的宿舍在日本人進入南京後遭到搶劫。同樣，金陵女子文理學院的教師住房也遭到搶劫。由美國贊助的金陵大學醫院在南京被包圍和陷落時一直對外開放。德丁沒有描述傳教士馬吉、大學教授和醫生以及其他傳教士以後的遭遇，他也沒有指出落入日本之手的金陵大學和金陵女子文理學院的前景。然而，顯然，在目前美國贊助人試圖為中國 12 所教會大學籌集的 30 萬美元緊急資金中，這兩所大學需要它們應得的份額，甚至更多。[54]

---

54 報導：〈在南京〉，刊〔美〕《時代》週刊 1938 年 1 月 17 日；前引《南京大屠殺史料集》（29），第 587～588 頁。

　　1938 年 3 月 16 日香港的英文《南華早報》刊登報導〈南京的暴行〉，內容是報導從南京回美國的傳教士喬治・費奇於 1938 年 3 月 1 日途經廣州時所作的一場報告，其中談到關於南京「安全區」的情況及其作用，比較全面、準確，寫道：

> 雖然在安全區內也發生了日軍的殘暴行為，但安全區的維持是有一定意義的。它對確保殘留的中國市民的安全起到了一定程度的作用。在金陵女子文理學院，美國的安全區的委員（按：指魏特琳教授）守在門口，保護了裏面的 3,000 名婦女，使她們沒有被虐待。安全區中的 25 個難民營，雖然都是由泥巴和破板子製成的小房子，卻有 7,000 人分散居住。從南京撤退的時候，市政府作出決定，給安全區的難民 30,000 袋米；另外，日軍入城前，交給了他們 10,000 袋米和 1,000 袋小麥，這些糧食在 2 個月中維持了難民的性命。[55]

---

[55]　報導：〈南京的暴行〉，刊〔香港〕英文《南華早報》1938 年 3 月 16 日；前引《南京大屠殺史料集》（6），第 175 頁。

第六章　西方僑民以多種方式
向新聞界揭露南京大屠殺真相

　　在戰時與日軍大屠殺期間始終留駐南京的二十多名西方僑民，特別是幾名勇敢而智慧的美國傳教士，除了忙於「南京安全區國際委員會」與「國際紅十字會南京分會」的工作，奮不顧身地救護中國難民，與失去人性的日軍暴行鬥爭外，還冒險用他們的筆與照相機乃至電影攝影機，記錄下他們親見親聞的日軍暴行與南京的真實情況，然後利用他們的特殊身份，用各種各樣的方式，通過各種各樣的途徑，衝破日軍的重重嚴密的封鎖，將這些極其珍貴的材料，送往上海、香港、紐約、芝加哥、倫敦等地，提供給各國新聞媒體，為向全世界揭露日軍南京大屠殺、喚起國際輿論譴責與阻止日軍暴行，戳穿日本新聞傳媒關於南京現況的虛假報導宣傳，作出了重要的貢獻。

第一節　西方僑民成為報導南京大屠殺的最重要新聞來源

　　在 1937 年 12 月 13 日侵華日軍攻佔南京並立即實施大屠殺後，留駐南京的五位英、美記者為了迅速向世界報導這駭人聽聞的戰爭暴行，於 1937 年 12 月 15、16 日相繼撤離南京，前往上海。

　　這時，「南京的情況顯然更加惡化」。[1]特別是因為日本大本營與日「華中方面軍」司令部決定在攻佔南京後僅四天，在 12 月 17 日，舉行一場規模盛大的「入城式」，各部日軍加緊對中國軍民的屠殺，將大屠殺推向高潮。

---

[1]　〔美〕阿本德 1937 年 12 月 19 日上海電訊：《日本人約束南京暴行》，刊《紐約時報》1937 年 12 月 19 日；前引《南京大屠殺史料集》(29)，第 487 頁。

此後，日軍在南京城內外，連續多日搜捕與屠殺中國軍民，使南京城成了一個名符其實的屠場，到處都是被日軍捆綁、驅趕去刑場的中國軍民，到處都響著槍聲與哭叫聲，到處都是屍體與鮮血，到處都是恐怖的景象。

但因為五名英、美記者的離開，南京城裏再沒有除日本國籍以外的任何記者。留駐南京的西方僑民們自然不滿意日本新聞傳媒關於南京現況的虛假報導，說：「我們這裏的同事傾向於認為，日本的報導與國際委員會的報導是完全不同的，它無從給以裨益。」[2]但由於日軍當局有計劃的嚴密封鎖，外地的英、美記者又不能進入南京，因而「日軍暴行的報導就逐漸減少」。[3]留駐南京的西方僑民感到惋惜。鼓樓醫院的美籍醫生威爾遜在當時寫給妻子的信中說：

> 可惜的是新聞記者在那天都走了，如果他們能晚走一兩天，那他們將對南京的恐怖統治有更詳細的報導。[4]

在 1937 年 12 月 20 日，威爾遜醫生聽到日本同盟通訊社記者在報導中造謠說，「南京居民已回到家中，商業正常進行，人們歡迎日本人的到來，還有諸如此類的話」，在第二天的日記中寫道：「如果這些新聞傳出南京，而事實真相大白於天下後，必定會造成極大震撼。」[5]

在這時，留駐南京的西方僑民們勇敢地承擔起向西方新聞傳媒提供有關日軍在南京暴行真實消息的重任。德國僑民約翰·拉貝說：「對這種殘酷的暴行（在城市被佔領 10 天內犯下的）是不能沈默的！」[6]美國

---

[2] 〔美〕貝德士：《致田伯烈函》（1938 年 3 月 3 日），前引章開沅編譯：《天理難容——美國傳教士眼中的南京大屠殺（1937-1938）》，第 36 頁。

[3] 〔美〕阿本德 1937 年 12 月 19 日上海電訊：〈日本人約束南京暴行〉，刊《紐約時報》1937 年 12 月 19 日；前引《南京大屠殺史料集》（29），第 487 頁。

[4] 前引章開沅編譯：《天理難容——美國傳教士眼中的南京大屠殺（1937-1938）》，第 443 頁。

[5] 前引章開沅編譯：《天理難容——美國傳教士眼中的南京大屠殺（1937-1938）》，第 445 頁

[6] 〔德〕拉貝著，本書翻譯組譯：《拉貝日記》，江蘇人民出版社 1997 年版，第 272 頁。

僑民喬治・費奇說：「這些事我必須公開出來，雖然現在目擊者只剩幾個人，我只有訴出為快，否則於心難安。或許幸運的是，我就是能夠控訴的極少數幾個目擊者之一。」[7]這些西方僑民，特別是幾名勇敢而智慧的美國傳教士，在忙於「安全區國際委員會」與「國際紅十字會南京分會」工作的同時，幾乎都冒險每天用他們的筆與照相機乃至電影攝影機，記錄下他們親見親聞的日軍暴行；然後利用他們的特殊身份，衝破日軍的重重嚴密的封鎖，用各種各樣的方式，通過各種各樣的途徑，將這些極其珍貴的材料，送往上海、香港、紐約、芝加哥、倫敦等地，提供給各國新聞媒體，成為各國傳媒報導南京大屠殺的最重要的、甚至是唯一的新聞來源，形成各種形式的新聞作品，刊載於上海、香港、美國、英國等的報刊上，向全世界真實可靠、令人信服地再現了他們目睹的恐怖場面，向全世界人民揭露日軍南京大屠殺的真相，戳穿日本新聞傳媒關於南京的虛假宣傳，引起了國際輿論的巨大反響，引起中國人民的極大震撼與共同聲討，引起各國政府的廣泛關注與強烈譴責。

第二節　向新聞界提供記錄南京大屠殺的書信、日記、文章

西訪僑民的第一種方式，以書信、日記、報告、文章等文字形式，記錄下日軍的暴行，然後千方百計，以各種方式送出南京，提供給國際新聞界。

（一）以書信、日記、報告、文章記錄下他們親見的日軍暴行

日軍當局低估了這些西方僑民開展宣傳運動的能力。這些西方僑民，特別是那些美國傳教士，那些美國教授、醫生，有一個共同的突出特點是，他們在文字技巧與新聞宣傳方面都受過優良訓練。他們都受教

---

[7]　〔美〕費奇著，酈玉明譯《我在中國八十年》，前引第二歷史檔案館等編：《侵華日軍南京大屠殺檔案》，第 646 頁。

育於美國和歐洲最好的大學，他們成年後的多數歲月都奉獻於基督教的佈道、寫宣傳文章，以及巡迴演講；他們都養成了每天記日記和經常寫書信的習慣；許多教授與醫生曾經著書立說。因此，他們幾乎無一例外都是能言善辯的作家和演說家。此外，作為一個群體，那些美國傳教士，那些美國教授、醫生，他們和新聞傳媒合作很有經驗。在南京淪陷之前很久，他們就已通過南京電臺廣播講話或為通俗報刊撰寫文章。另外，那些美國傳教士，那些美國教授、醫生，還具有一個日本人未曾預見的特點：他們終其一生都在思考著地獄的真正意義。他們在日軍佔領南京後，在這裏發現了一個真正的地獄，便立即把它描述下來，記到日記、書信與報告中，並努力迅速地向全世界公眾公佈。

如前所述，早在日軍佔領南京後的第三天，即 1937 年 12 月 15 日，金陵大學歷史系美籍教授貝德士（Bates）就以自己的親身經歷，專門寫成了一篇新聞稿《南京一瞥》，報導日軍進入南京兩天來實施大屠殺的駭人聽聞的暴行。文章一開始就寫道：

> 日本軍隊在南京的聲譽異常敗壞，失去贏得中國居民和外國輿論尊敬的重要時機。這一地區中國政府的可恥潰敗和華軍的瓦解，使為數眾多的人們期待著日本吹噓的秩序和組織。……
>
> 但整整兩天的頻繁屠殺、大批的周而復始的搶劫與對私人住宅的肆無忌憚的干擾並對婦女安全的危害，改變了整個城市面貌。

接著，文章記述了日軍對中國平民極其殘忍的血腥大屠殺：

> 曾在南京旅行過的外國人報告，許多市民的屍體躺在街道上。昨天在城市中心，他們估計屍體佈滿整整一個街區。死者中有相當大一部分是 13 日下午和晚上被槍殺或刺刀捅死的。這一天正是日軍進城的日子。任何人由於恐懼或受驚而逃跑，任何人天黑以後在街道或小巷被流動巡邏兵抓住，幾乎都會被就地處決。絕大

多數暴行都異常殘酷。暴行在安全區一如在其他地方，許多案件為外國人和有身份的中國人親眼目睹。若干刺刀傷害殘酷絕倫。

成群男子被日軍當作以前的華軍抓走，捆綁起來槍殺。這些士兵早已拋棄他們的武器，有些還丟掉軍裝。……日軍保留一些男人，帶到其他地方去充當搶劫物品與裝備的臨時搬運工。日軍迫使當地員警，從安全區一所建築物內挑選 400 個男人，捆綁成 50 人一組，在步兵和機槍手的行列間前進。他們的命運留給目擊者的解釋是無庸置疑的。

除了大規模的屠殺，日軍官兵還瘋狂地搶劫所有中國人和外國人的一切財物：

……日軍在高級軍官眼皮底下逐個鋪面的系統破壞。日本士兵需要各自的挑夫幫助他們搬運大量贓物掙扎前進。食品顯然是第一需要，但也不放過任何有用的或值錢的東西。全城成千上萬私宅，有人住的和空著的，大的和小的，中國人的和外國人的，都遭到一視同仁的搶劫。特別可恥的士兵搶劫案例有如：許多難民營和庇護所內的難民的有限現金和值錢物品在大搜捕時被搶走；大學醫院職工私人金錢和手錶被奪走，還有護士宿舍中的財物遭劫（這是美國人的房屋，與其他許多房屋一樣被洗劫，儘管飄揚著外國國旗，並張貼著他們可敬的使館發給的佈告）。

日軍還大肆姦污中國婦女：

有許多姦污婦女的報告，我們還來不及加以核查。但以下案例足以說明情況。在緊靠我們外國朋友的一所房屋內，昨天有四個少女被（日軍）士兵糟蹋。在被老百姓遺棄的一塊城區，有外國人在一個新到軍官的軍營內發現八個年輕姑娘。

貝德士在這篇新聞稿的最後，揭露了日本當局的謊言，並總結道：

恐怖難以言狀，而文雅的（日本）官員演說卻宣稱：「唯一的宗旨是為中國人民的利益而向暴虐的中國政府宣戰」，簡直令人作嘔。

南京的恐怖展覽誠然不足以代表日本帝國的最佳成就，必須有負責任的日本軍政官員，為了他們自己國家的利益，將會迅速而有效地彌補日本這些日子在中國造成的傷害。現在已有個別士兵和軍官表現得如同不致玷污其職業與帝國的紳士。但整個行動卻是可恥的自我吹噓。[8]

　　這是一篇極其重要的歷史文獻，雖然篇幅不長，卻是第一篇對日軍南京大屠殺的現場目擊記錄，內容真實，文字精煉，報導迅速，義正詞嚴，極富震撼力與感染力。貝德士寫《南京一瞥》的目的就是為了提供給西方新聞界使用，未署名。1937年12月15日，該報告寫成的當天，就被撤離南京的司迪爾、德丁、史密斯等四名西方記者帶往上海，並很快送交上海各「洋商報」與美國駐上海總領事館。

　　其他西方僑民也都不約而同地在他們的日記、書信、報告、文章中詳盡記錄了他們親眼目睹的日軍南京大屠殺的各種暴行。

　　例如，在大屠殺中、後期，日軍除了繼續燒、殺、淫、掠外，還公然派人到各難民所強行「徵召」中國婦女作慰安婦。這是人類歷史上罕見的戰爭暴行！1937年12月24日上午，日軍某師團派一名高級軍事顧問到金陵女子文理學院的難民所，公然向該所的負責人、金陵女子文理學院美籍女教授魏特琳，要求挑選100名中國婦女去充當日軍的慰安婦。魏特琳在這天的日記中寫道：

　　……10時，我被叫到我的辦公室，與日本某師團的一名高級軍事顧問會晤，幸好他帶了一名翻譯，這是日本使館的一名年長的

8　〔美〕貝德士：《南京一瞥》（1937年12月15日於南京）；前引章開沅編譯：《天理難容——美國傳教士眼中的南京大屠殺（1937-1938）》，第5～6頁的

中國翻譯，他要求我們從 1 萬名難民中挑選出 100 名妓女。他們
認為，如果為日本兵安排一個合法的去處，這些士兵就不會再騷
擾良家婦女了。當他們許諾不會抓走良家婦女後，我們允許他們
挑選，在這期間，這位顧問坐在我的辦公室裏，過了很長時間，
他們終於找到了 21 人。[9]

　　南京「安全區國際委員會」主席拉貝在 1937 年 12 月 25 日的日記
中，記載日軍通過「難民登記」挑選中國婦女充當慰安婦，寫道：「日
本人命令每一個難民都必須登記，登記必須在今後的 10 天內完成。難
民共有 20 萬人，這可不是一件容易的事。第一件麻煩事已經來了，已
有一大批身強力壯的平民被挑選了出來，他們的命運不是被拉出去做苦
工就是被處決。還有一大批年輕姑娘也被挑選了出來，為的是建一個大
規模的士兵妓院。」[10]

　　擔任「南京安全區國際委員會」秘書的金陵大學美籍教授史邁士在
書信中揭露了日軍通過偽政權建立慰安所的醜行：「『自治政府委員會』
的第一職責，在日本人 12 月 22 日召集之時，就是為日本軍隊建立三家
妓院——而且許多人為此事感到高興。」[11]為日軍建立慰安所奔忙並「感
到高興」的人是指偽「南京市自治委員會」的會長陶錫三、副會長孫叔
榮、顧問王承典等人。史邁士記述了西方人士得知日方當局的這一措施
時都十分吃驚與氣憤。他在 1937 年 12 月 24 日的日記中寫道：「紅卍字
會正著手和日本人一起建慰安所，以滿足日本士兵和軍官而不必危及私
人住戶！上週六（本書著者按：指 1937 年 12 月 18 日）貝德士就暗示
過此事，當時林查理吃驚不淺。許先生（本書著者按：指許傳音）說他

---

[9]　〔美〕魏特琳著，南京師範大學南京大屠殺研究中心譯：《魏特琳日記》，江
　　蘇人民出版社 2000 年版，第 209 頁。
[10]　〔德〕拉貝著，本書翻譯組譯：《拉貝日記》，〔南京〕江蘇人民出版社 1997
　　年版，第 279 頁。
[11]　〔美〕史邁士：《致朋友函》（1938 年 3 月 8 日），前引章開沅編譯：《天理
　　難容》，第 342 頁。

們準備建兩個分部：一個在鼓樓火車站以北供普通士兵使用，一個在新街口以南供軍官使用，全是營業性的。」[12]史邁士還記載了王承典派喬鴻年陪同日軍到安全區幾家難民所搜尋挑選難民婦女的情況：「我們辦公室經理的代表（本書著者按：指王承典的代表喬鴻年）去金陵女子文理學院和金陵大學的校園，從那兒的 10,000 名難民中，眨眼工夫就叫出 28 個妓女！」史邁士斥責這些漢奸是中國「黑社會的三教九流」。他寫道：「所以我們解嘲說，與國際委員會一起進行工作的，有美國傳教士，中國基督教徒，德國納粹商人（本書著者按：指國際委員會主席、德國商人拉貝）、中國紅十字會、中國紅卍字會和黑社會的三教九流。」[13]

在歷時 40 多天的日軍大屠殺期間，南京成了人間地獄。可是日本的隨軍記者、作家卻在他們的圖片報導與文字報導中，將南京憑空捏造成一片「祥和、恩愛」的景象。西方僑民們在他們的書信、日記、報告、文章中，以他們親眼目睹的事實，駁斥與揭穿了日本隨軍記者、作家憑空捏造的種種南京假新聞，記述與揭露他們「製造」假新聞的種種卑劣伎倆。

1938 年 1 月 6 日，金陵女子文理學院難民所的負責人魏特琳教授在日記中記載了幾名日本記者到難民所拍制照片、製造假新聞的事情：

> 幾個日本記者來拍照，他們要求婦女們面帶笑容，顯出高興的樣子，她們盡力而為了。[14]

1938 年 1 月 9 日，金陵大學鼓樓醫院美籍行政主管麥卡倫（MaCallum）在日記中記載了日本記者在難民營「製造」電影的情況：

> 有些（日本）報界人士來到一個難民營入口處，（向中國難民）分發餅乾、蘋果，並且拿出少許銅板給難民。還為這種善行拍了

---

[12] 〔美〕史邁士：《致家人函》，前引章開沅編譯：《天理難容》，第 304 頁。

[13] 〔美〕史邁士：《致朋友函》（1938 年 3 月 8 日），前引章開沅編譯：《天理難容》，第 342 頁。

[14] 〔美〕魏特琳著，南京師範大學南京大屠殺研究中心譯：《魏特琳日記》，江蘇人民出版社 2000 年版，第 226 頁。

電影。就在同一時間，一夥日本兵爬越大院後牆，強姦了約 12 個婦女。這卻沒有拍電影帶回去。[15]

　　這種用事實進行的強烈的對比反差，辛辣地揭露與批判了日本記者製造假新聞的卑劣無恥。

　　1938 年 3 月 8 日，金陵大學美籍社會學教授史邁士在的一封信中，也揭露了日本當局在南京一方面縱兵瘋狂燒殺淫掠濫施淫威、一方面又讓隨軍記者、作家進行欺騙宣傳的兩面派伎倆：

> 我們也更加瞭解了日本的新聞宣傳！在他們濫施淫威的 1 月份，日本新聞小組在城裏演出日本士兵給小孩發糖和一名日本軍醫給 20 名孩子檢查身體的鬧劇，但這些舉動在照相機不存在時怎麼沒有重複呢？而在為美國製作的宣傳中，日本則把自己描繪成在中國保護外國權力和遏制共產主義的模樣。日軍在中國則用中文印刷聲明，講述他們要努力把白種人驅逐出亞洲。[16]

　　眾所周知，圖片新聞有著直接訴之於讀者視覺、比文字新聞更具體、更形象、更真實、更有視覺衝擊力的特點與優點，能更快地為更廣大的讀者群所接受。因此，日本各新聞傳媒都十分重視新聞攝影圖片的作用，向南京戰場派來了為數眾多的攝影師。對日本報刊上刊登的大量「南京祥和景象的照片」，日本評論家草森紳一一針見血地指出：「經過檢定的照片才能得以公開刊行，所以只是宣傳照片而已。」[17]

---

[15]　〔美〕麥卡倫：《致家人函——1938 年 1 月 9 日日記》，章開沅編譯：《天理難容——美國傳教士眼中的南京大屠殺（1937-1938）》，南京大學出版社 1999 年版，第 264 頁。

[16]　〔美〕史邁士：《致朋友函》（1938 年 3 月 8 日）：章開沅編譯：《天理難容——美國傳教士眼中的南京大屠殺（1937-1938）》，南京大學出版社 1999 年版，第 343 頁。

[17]　《不許可寫真 1》，日本每日新聞社 1998 年出版；轉引自〔日〕南京事件調查研究會編：《南京大屠殺否定論的十三個謊言》，柏樹房 1999 年出版；易青譯，未刊。

　　草森紳一說得對！請看日本報紙上刊登的這張照片，其文字說明是：「日本人給中國小孩吃奶糖」。但我們仔細辨認一下照片中兩個小孩子緊張、恐懼的模樣，是接受糖果時應該有的表情嗎？可以說，這張照片中除了兩個小孩惶恐的眼神，其他都是假的！這是日本隨軍記者「製造」的許多「宣傳照片」中破綻明顯的一張。

　　對日本各新聞傳媒上刊登的大量關於日軍佔領下南京「祥和」景象的文字報導與圖片報導，西方僑民們只要看到，都會在他們的日記、書信、報告、文章中加以駁斥。

　　1937 年 12 月 17 日，《東京日日新聞》刊登該報記者 12 月 15 日發自南京的簡訊：〈正常狀態已恢復！中國商人準備開張新的商店〉，聲稱：

> 正常狀態已恢復！
>
> 中國商人準備開張新商店！
>
> 南京，1937 年 12 月 15 日。……現在可以期望該城不久將恢復正常狀態，中國商人已經離開難民區，準備重新開張營業。
>
> 城裏的和平與秩序得到了日本憲兵隊的維護，日本憲兵隊在中國政府所有重要的大樓前，如行政院、立法院、財政部、中央軍事研究院和中央航空學校前布了崗哨。[18]

　　擔任「南京安全區國際委員會」主席的德國商人拉貝在 1938 年 1 月 8 日的日記中引述了這則《東京日日新聞》的簡訊後，以事實給予了有力的駁斥與辛辣的嘲諷。他寫道：「這裏要說明的是，正常狀態在今天（1 月 8 日）還沒有恢復。難民還住在我們的安全區並且不敢出去，因為他們的妻子有遭四處遊蕩的日本士兵姦污的危險。」[19]

---

[18] 記者 1937 年 12 月 15 日南京簡訊：〈正常狀態已恢復！中國商人準備開張新的商店〉，刊《東京日日新聞》1937 年 12 月 17 日；引自〔德〕拉貝著，本書翻譯組譯：《拉貝日記》，江蘇人民出版社 1997 年版，第 381～382 頁。

[19] 〔德〕拉貝著，本書翻譯組譯：《拉貝日記》，江蘇人民出版社 1997 年版，

　　1937 年 12 月 27 日，日軍特務機關控制的上海中文《新申報》編造刊登了一則「日軍在南京設立三家臨時醫院救護中國傷病軍人」的消息，無中生有地造謠說，那些被日方救治的中國軍人為表達感激之情，竟願意為日本而戰：

> 在南京，(日軍)為受傷(中國)士兵設立了三所臨時醫院，即外交部、軍政部和國立中央大學各一個。當中國軍隊撤該城時，醫院的醫生全跑了，沒有留下來繼續照顧可憐的受傷或瀕臨死亡的中國士兵。約 30 具因受了重傷死於金陵大學醫院的中國士兵的屍體就躺在地板上並已經腐爛。另外一些輕度受傷的士兵被安置在外交部和軍政部。這些人臉色蒼白，給人的印象是可憐的貧民。日本醫療隊不想讓這些傷員死亡，派出了在壽山大夫和岡田大夫領導下的 10 名醫生以及 20 名護士前往上述兩個政府部門，給每個傷員以細心的護理。在外交部總共大約有 300 個傷員，在軍政部大約有 200 個傷員。這些士兵供述，在日本人佔領該城的前一周，所有的中國醫生和護士同戰敗的中國軍隊一起離開了南京，幸虧後來來了一個英國(本書著者按：應該是美國)牧師馬吉大夫，他帶了 13 名中國醫生和 50 名護士護理中國士兵。但是，每天都有屍體被抬出去。目前日本醫生在為這些中國士兵治療，他們因此而很感激日本軍隊。一個中國士兵腿部中彈受傷，為他治療的醫生壽谷大夫問及他身體情況和是否有興趣繼續當兵時，他回答說，不，但是如果我必須繼續當兵的話，我願意為日本而戰。云云。[20]

　　這是在說謊！日方的報導竟把屠城的日軍打扮成南京軍民的救護天使。日軍對中國傷兵無微不至、悉心盡力的救護不僅是中國政府不能比擬，甚至也是西方僑民們所不能比擬的。但事實真相如何呢？眾所周

　　第 382 頁。

[20]　〔德〕拉貝著，本書翻譯組譯：《拉貝日記》，江蘇人民出版社 1997 年版，第 327～328 頁。

知，日軍進入南京的大屠殺就首先是從對中國的戰俘與傷殘兵開始的，並一直是以對中國的戰俘與傷殘兵為屠殺重點。而設在外交部與軍政部的紅十字醫院，本來是由西方僑民組成的「南京安全區國際委員會」與「國際紅十字會南京分會」在南京淪陷前創辦與主持的，他們向這些醫院中的中國傷病軍人提供醫療護理與食品。但在日軍佔領南京後，日軍官兵就侵入並控制了這些醫院，趕走「國際紅十字會南京分會」的人員，隨意地殺害中國傷殘兵，強姦婦女；對在這些醫院工作的中國醫護人員進行嚴格的限制，使得這些醫院缺醫少藥。

擔任「國際紅十字會南京分會」主席的美國傳教士約翰‧馬吉牧師看到 1937 年 12 月 27 日《新申報》的這則虛假報導後，在 1938 年 1 月 11 日的日記中寫道：「我認為（日方當局）優待這些傷員是為了宣傳而故意做出來的，這樣可以抵消當時盛行的難以啟齒的兇殘。日本人送來一些米，不過大多數都是用我們手中的錢購買的。」馬吉還以日軍對中國傷病士兵的兇殘事實揭穿了日軍的偽善與兇暴：「後來我得知，一名中國士兵被刺死，原因是他的碗被打翻而發脾氣。」[21]——只因為一名中國傷病士兵的碗被打翻，就發脾氣刺死了他。這難道就是「日軍在南京救護中國傷病軍人」麼？為了揭穿日方當局的謊言，以正視聽，馬吉牧師特地於 1938 年 1 月 15 日寫了一封致國際紅十字會的電報。

1938 年 1 月 8 日，《新申報》再次刊登了一則從南京發出的新聞通訊，題為：〈日本軍親切關懷難民，南京充滿和睦氣氛〉，則是編造與欺騙的典範之作：

> 南京市的的街道依然沉寂。慈和的陽光照耀著城市西北角的難民區。從死裏逃生的南京難民，現在已經受到皇軍的撫慰。他們跪拜道旁，感激涕零。在皇軍入城以前，他們備受中國反日軍隊的

21　〔美〕馬吉：《致夫人函》（1938 年 1 月 11 日）；前引章開沅編譯：《天理難容》，第 211 頁。

壓迫，生病的人沒有醫藥上的幫助，饑餓的人不能夠取得一米一粟，良民的痛苦，無以復加。

幸而皇軍現已入城，伸出慈悲之手，散播恩惠之露，在日本大使館的西首，難民數千人放棄了以前無聊的反日態度，因為生活有保障，群相額手稱慶。男男女女，老老少少，跪迎皇軍，表示忠忱。在難民區內，日兵向難民分散麵包、餅乾及香煙，難民莫不感激逾恒。日兵並在營房附近，饋贈禮物。

同時，衛生隊也已開始進行醫藥與救濟工作。眼睛將失明的人得重睹天日，咳嗽甚劇的孩子，兩腳膿腫的老嫗，都免費治療。難民沾受皇軍的恩惠後，滿面愉悅，圍繞日兵，高呼「萬歲」，憲兵看見一個老闆佈置重開店鋪，便報以微笑。……在運動場上，日本兵和中國兒童共遊樂。現在，只有在南京可以呼吸到安寧生活和愉快工作的空氣，全世界的人士應該注意今後南京的發展。[22]

　　金陵女子文理學院美籍教授魏特琳女士在 1938 年 1 月 21 日的日記中，對這則報導作了如下評價：「新出版的《新申報》在 1 月 8 日有一篇題為〈日本軍溫和撫慰難民，南京城裏氣氛和諧〉的文章，文章有二十五句話，其中四句是真話，即關於太陽的一句、鼓樓的一句、有關憲兵的一句和日本國旗位置的一句；有一句話一半是真的；十九句是假的；還有一句我無法確定。在『是非題』的測試中，這一得分可不高啊！」[23]
　　拉貝則在 1938 年 1 月 22 日的日記中，對這篇報導憤怒地斥責道：「下面收入了刊登在日本人在上海辦的《新申報》上的一篇關於這裏情況的文章譯文，它再一次表明報紙特別是日本報紙什麼胡言亂語都會

[22] 報導：〈日本軍親切關懷難民，南京充滿和睦氣氛〉，刊〔上海〕《新申報》1038 年 1 月 8 日；中國第二歷史檔案館等編：《侵華日軍南京大屠殺史料》，江蘇古籍出版社 1997 年版，第 260～261 頁。
[23] 前引〔美〕魏特琳著，南京師範大學南京大屠殺研究中心譯：《魏特琳日記》，第 252 頁。

有。這篇文章是一個徹頭徹尾、荒謬絕倫的無恥謊言，其造謠手段已達登峰造極的地步。」[24]

1938 年 1 月 11 日，東京出版的《支那事變畫報》上，刊登多張日軍攻佔南京以及日軍給南京人民帶來「恩德」與「安祥」生活的照片，如〈獲得我軍分發的點心、香煙而欣喜高呼日軍萬歲的南京難民〉、〈為南京難民區患者進行治療的日軍醫療班〉等。[25]

就在這同一天，1938 年 1 月 11 日，當時正在南京「安全區」救護中國難民的基督教南京青年會美籍牧師喬治・費奇（Fitch）在日記中記述與評價了日方新聞傳媒關於南京情況的無恥編造：

> 我們曾經看到上海一家的日文報紙的幾篇文章和〈東京日日新聞〉的兩篇文章，它們告訴我們，甚至早在 12 月 28 日，商店迅速開張，貿易恢復正常，日本人與我們合作，為可憐的難民提供食物，市區已經根除中國搶劫者，和平與秩序籠罩全城。

喬治・費奇接著辛辣地指出：

> 如果在南京發生的這些事不是如此悲慘，我們會被這謊言逗得大笑。[26]

值得指出的是，南京「安全區國際委員會」的西方僑民們，還將日軍自 12 月 13 日侵佔南京起，至 1938 年 2、3 月間暴行的一部分，作了文字記錄，先後向日本大使館提出交涉和抗議 20 餘次，共列出暴行 400 餘件。此外，南京「安全區國際委員會」委員、金陵大學非常委員會主席貝德士

---

24 〔德〕拉貝著，本書翻譯組譯：《拉貝日記》，江蘇人民出版社 1997 年版，第 475 頁。

25 〔日〕東中野修道著，嚴欣群譯：《南京大屠殺的徹底檢證》，新華出版社 2000 年版，第頁 194～195。

26 〔美〕喬治・費奇：《1938 年 1 月 11 日日記》，章開沅編譯：《天理難容——美國傳教士眼中的南京大屠殺（1937-1938）》，南京大學出版社 1999 年版，第 115 頁。

教授根據南京「安全區國際委員會」主席拉貝的建議，單獨用打字稿，幾乎每天向日本大使館提出一份報告，反映日軍在安全區內最大的收容所金陵大學校園內的犯罪事實：日軍一般武裝士兵非法進入金陵大學1720次，為進行強制勞動而提走647人，凌辱婦女290人，以及60餘起殺傷事件。西方僑民們將這些向日本大使館提出交涉和抗議的文件與報告，都製作了複件保存，並設法送往上海與西方，成為揭露與論證日軍南京大屠殺暴行的鐵證。

（二）西方僑民千方百計將他們的的書信、日記、報告、文章送出南京

　　西方僑民們都想儘快地將他們的日記、書信、報告、文章傳送出南京，送往上海與西方美、英等國的新聞傳媒，向全世界公佈南京的真相，向全世界控訴日軍在南京史所罕見的暴行，讓世界人民不再受日本新聞傳媒的愚弄與欺騙。

　　但是，日軍佔領南京後，日方當局就迅速實施了對南京的嚴厲封鎖：嚴格禁止任何中外人員進出南京，既不允許外面的任何人進入南京，更不允許南京城內的任何人離開南京；更嚴厲拒絕任何西方記者進入南京採訪。對在戰時留駐南京的五名美、英記者，則於1937年12月15、16兩日將他們全部「禮送」出境。西方僑民抓住這一機會，送出第一批信件。當貝德士在1937年12月15日將他的報告《南京一瞥》託司迪爾、德丁、史密斯等四名西方記者帶往上海時，其他西方僑民也這樣做了：

　　1937年12月15日，當司迪爾、史密斯發動汽車準備去下關碼頭乘美國「瓦胡」號炮艦離開南京前往上海時，金陵大學（鼓樓）醫院的美籍醫生威爾遜匆匆把幾十頁的材料塞進一個信封，讓他們帶走。[27]德丁則帶走了福斯特給家人的信。

---

[27]　前引章開沅編譯：《天理難容——美國傳教士眼中的南京大屠殺（1937-1938）》，第440頁。

1937 年 12 月 16 日，美聯社記者麥克丹尼爾乘日軍的驅逐艦「津賀號」離開南京前往上海。他比其他四位西方記者在南京多待了一天。他帶走了費奇的短信。[28]

西方僑民的這些信件與材料中都有對日軍南京大屠殺暴行的翔實記述。

在五名西方記者離開南京後，西方僑民們為了衝破日軍的嚴密封鎖，繼續不斷地將南京的真實情況迅速傳出去，想了許多辦法。《紐約時報》記者阿本德在 12 月 19 日發自上海的特別無線電訊中，指出：

> （南京）市內的外國人應該已經找到某種與外部的聯繫手段。[29]

事實確實是這樣。儘管日軍當局嚴格禁止、拼命阻撓南京的任何資訊傳到境外，儘管日軍當局嚴格檢查來往南京的片紙只言，但留駐南京的西方僑民門還是千方百計地將記載他們親見親聞的日軍大屠殺暴行的日記、信件、報告、文章等，送往上海，送往武漢，送往海外，並大多獲得了成功。這當然是要冒極大的風險，同時需要足夠的膽識與智慧。

1938 年 1 月初，南京日軍當局終於允許極少數的美、英艦船在南京港口停泊。西方僑民立即利用這個機會向外界傳遞信件。金陵大學歷史系教授貝德士在 1938 年 1 月 10 日〈致朋友函〉中，寫道：

> 這是在強姦、刺刀刺戮和肆無忌憚的槍殺之間倉促寫下的簡短筆記，準備通過自日軍進入南京、局勢變化以來所能利用的第一艘外國船隻——一艘為「帕奈號」從事打撈工作的美國海軍拖船——將他們送出去。上海的朋友們將從總領事那裏得到這些筆記，並將設法把它們從一艘不受檢查的外國船隻上送走。[30]

28　前引章開沅編譯：《天理難容——美國傳教士眼中的南京大屠殺（1937-1938）》，第 104 頁。

29　〔美〕阿本德：《日軍控制在南京的過火行為》，刊《紐約時報》1937 年 12 月 19 日；前引《南京大屠殺史料集》（6），第 121 頁。

30　前引章開沅編譯：《天理難容——美國傳教士眼中的南京大屠殺（1937-1938）》，第 17 頁。

金陵大學教會（鼓樓）醫院的美籍醫生威爾遜在 1938 年 1 月 9 日的日記中寫了與上述同樣的情況：

> 我們終於有機會能避開日本人的審查而送出一些郵件。這些郵件先被送到在長江中打撈「帕奈號」的一艘美國拖船，然後由長老會牧師沃力恩（Walline）送到另一艘美國船上，到美國再按正常郵件寄出。

威爾遜告訴他的友人，如果將他以前送出的的書信的第一部分與這次送出的合在一起，就是一個很好的報告。[31]

威爾遜醫生在他的日記與書信中記載了日軍的各種暴行。如他在 1937 年 12 月 15 日的日記中就記載了一件血淋淋的屠殺無辜平民的案例：

> 對平民的大屠殺是驚人的，我所能繼續記下來的病人告訴我的強姦和屠殺案例，是令人難以置信的。有兩個被刺傷的病人是七位街道清潔工的倖存者，日本兵來到時，他們正坐在總站裏，沒有警告也沒有理由就殺死了五人，兩人受傷來到醫院。我不知道此類情況何時才能終止，而我們能得以喘息。[32]

在 1937 年 12 月 21 日的日記中，威爾遜記載了日軍大肆焚燒南京城的罪惡：

> 現在已有大半個南京城被燒毀，每個商業區都在熊熊燃燒。我們一些人確實親眼看到他們在幾處放火。昨天在回家吃晚飯之前，我數了一下共有 12 處大火。今天在同一時間，我數了數共有 8 處。其中幾處是整個街區建築被燒毀。[33]

---

[31] 前引章開沅編譯：《天理難容——美國傳教士眼中的南京大屠殺（1937-1938）》，第 459 頁。

[32] 前引章開沅編譯：《天理難容——美國傳教士眼中的南京大屠殺（1937-1938）》，第 441 頁。

[33] 前引章開沅編譯：《天理難容——美國傳教士眼中的南京大屠殺（1937-1938）》，第 445 頁。

　　鼓樓醫院的鮑爾女士對日軍的暴行也有許多的記載。如她在 1937 年 12 月 16 日的日記中寫道：

> 很多男人被帶走槍殺了，其他人被迫服勞役。所有人都萬分恐懼，不敢到街上去。……
>
> 我們開始不斷接到婦女受凌辱的報告。路易斯說他們已經收到 100 個經證實的報告……以後還會更多……

　　她在 1937 年 12 月 20 日的日記中寫道：

> 受到槍傷和刀刺的傷者紛紛而至，床位全滿了，沒人能夠出院，因為根本無處可去……[34]

　　西方僑民還利用這些美、英艦船的無線電通訊設備，拍發出關於南京日軍暴行的新聞報導材料，有的成功，有的失敗。例如，1938 年 1 月 18 日，拉貝在日記中記錄了這樣一件事：

> 關於前面提到的日本憲兵在我委員會總部進行搜查的報告，以及克勒格爾的那篇正式報告，我們把它要來作為新聞報導的材料。由於我們的無線電報發送要靠英國大使館的「蟋蟀號」炮艇，而英國大使館又顧慮重重，最後我們只得放棄發表這篇報告。[35]

　　在此期間，西方僑民有時還通過一些常來往於南京與上海之間的日軍官兵與日本僑民送出信件。美國聖公會南京聖保羅教堂牧師福斯特在 1938 年 1 月 12 日給妻子的信中中寫道：

---

[34] 〔美〕鮑爾：《鮑爾日記》，未刊，藏南京鼓樓醫院。

[35] 前引〔德〕拉貝著，本書翻譯組譯：《拉貝日記》，江蘇人民出版社 1997 年版，第 408 頁。

> 我非常想知道你是否已收到我用種種途徑發出的信件，一次是託
> 一位日本士兵，另一次是託一個日本商人等。[36]

1938 年 1 月 6 日與 9 日，美國、英國、德國駐南京使館留守處的少數外交人員先後回到南京。西方僑民更利用他們的外交官的便利送出信件。金陵大學（鼓樓）醫院行政主管麥卡倫在 1938 年 1 月 15 日的日記中寫道：

> 一位英國使館人員今晚將去上海，答應為我們攜帶任何想寄出的
> 信件。[37]

西方僑民當然更希望由自己親自將這些資訊送出去。麥卡倫在 1937 年 12 月 29 日的日記中寫道：

> 我們商量過從我們這些人裏面派個人出去，把這裏已經發生的和
> 仍在發生的種種可怕的事情告訴外界；……。[38]

但由於日軍的嚴密封鎖，西方僑民在日軍大屠殺期間不可能離開南京。直到 1938 年 1 月下旬，由於日軍大屠殺準備收刀，留駐南京的二十多名西方僑民才被允許個別人離開南京。這樣，他們就可以較迅速、順暢地將南京的消息傳送出去。

1938 年 1 月 23 日，德國商人克勒格爾獲得日方當局的允許後，乘軍車離南京前往上海。他「是第一個獲准離開南京的外國人」[39]。他秘密帶走了「南京安全區國際委員會」總幹事、南京基督教男青年會負責

---

[36] 章開沅編譯：《天理難容——美國傳教士眼中的南京大屠殺（1937-1938）》，南京大學出版社 1999 年版，第 149 頁。

[37] 前引章開沅編譯：《天理難容——美國傳教士眼中的南京大屠殺（1937-1938）》，第 267 頁。

[38] 朱成山主編：《侵華日軍南京大屠殺外籍人士證言集》，江蘇人民出版社 1998 年版，第 176 頁。

[39] 〔德〕拉貝著，本書翻譯組譯：《拉貝日記》，江蘇人民出版社 1997 年版，第 526 頁。

人喬治・費奇在 1937 年 12 月 10 日到 1938 年 1 月 11 日日軍南京大屠殺期間的日記[40]，以及「南京安全區國際委員會」秘書史邁士致上海「中華全國基督教總會」主席博因頓的報告與信件。[41]

1938 年 1 月 29 日上午 9 時，「南京安全區國際委員會」總幹事、南京基督教男青年會負責人喬治・費奇獲得日方當局的允許後，與英國領事布龍一道，乘英國炮艦「蜜蜂號」，離南京前往上海。魏特琳稱他「是第二個獲准離開南京的外國人。」他秘密帶走了拉貝在南京大屠殺期間的日記。[42]

西方僑民在送出的材料中，除了新聞稿和他們的日記、他們給家人與朋友的書信外，還有他們向日本駐南京使領館的多封抗議書的複寫件，以及他們給「中華全國基督教總會（NCC）」的多次報告等。這些材料多彙集到設在上海租界的「中華全國基督教總會（NCC）」中。1938 年 1 月 23 日晚 21 時 45 分，「中華全國基督教總會（NCC）」的廣播電臺廣播的報導說：

> 南京的來信約有 100 封。信中報導了那裏駭人聽聞的狀況。[43]

西方僑民送出的材料多通過「中華全國基督教總會（NCC）」，送往上海租界的各家「洋商報」與美、英等西方各家報社，迅速向世界報導。一些西方僑民還直接向西方記者們寄送材料。例如，1938 年 2 月 13 日，貝德士在給其妻子的信中，要求其妻子向英國《曼徹斯特衛報》記者田伯烈轉告關於近日南京日軍暴行與虛假宣傳的最新材料：

---

[40] 前引章開沅編譯：《天理難容——美國傳教士眼中的南京大屠殺（1937-1938）》，第 94 頁。
[41] 〔德〕拉貝著，本書翻譯組譯：《拉貝日記》，江蘇人民出版社 1997 年版，第 486～492 頁。
[42] 〔德〕拉貝著，本書翻譯組譯：《拉貝日記》，江蘇人民出版社 1997 年版，第 526 頁。
[43] 轉引自〔德〕拉貝著，該書翻譯組譯：《拉貝日記》，江蘇人民出版社 1997 年版，第 493 頁。

請告訴田伯烈……，（日軍）官方發言人發表聲明，否定（南京日軍）有強迫難民離開安全區的計畫。事實正好相反，一位級別較高的官員曾向我們的難民營負責人明確宣布過該計畫，然後又通過到各營地拜訪、張貼公告等形式強調過。公告內容還包括了要全部推倒上海路和寧海路新興起的市場。但是，由於各種因素交織在一起，他們決定暫時不實施高壓手段。同時，在很困難的條件下，回家的很多人經歷了恐怖和很大痛苦。足足有 200 名婦女在回家被強姦後又返回，其他許多人回來後表情非常冷漠，一句話也不講。現在，預料之中的事情發生了。今天一名婦女帶著她的女兒來到金大，要求為由於日本人強姦而懷孕的女兒做流產手術。[44]

　　1938 年 2 月 23 日，約翰‧拉貝奉西門子公司指示，乘英國炮艇「蜜蜂號」離開南京，前往上海；後經香港回到德國。他帶走了他在南京淪陷前後的全部日記，並夾有許多他任「南京安全區國際委員會」主席時的文件，以及有關剪報、書信等材料。這將在本書第十二章詳細論述。

　　1940 年 5 月 14 日，金陵女子文理學院美籍教授魏特琳女士因病離南京回美國。她在南京淪陷期間的日記十分完整，被她帶回美國。其中少部分記錄日軍南京大屠殺與殖民主義統治的內容在美國《同學》（The Classmates）雜誌上發表。

（三）西方僑民的書信、日記、報告成為西方傳媒報導南京大屠殺的最重要的新聞來源

　　西方僑民們將他們記載他們親見親聞的日軍大屠殺暴行的日記、信件、報告等，成功地送往了上海，送往了海外，提供給新聞界，成為西

---

[44] 〔美〕貝德士：《致妻子函》（1938 年 2 月 13 日）；章開沅編譯：《天理難容
　　——美國傳教士眼中的南京大屠殺（1937-1938）》，南京大學出版社 1999 年
　　版，第 33 頁。

方記者們報導南京大屠殺真實情況的最重要的新聞來源。他們以親身見聞與經歷揭露日軍在南京的暴行，在上海租界與世界上產生了巨大的震動與深遠的影響。《華盛頓郵報》（The Washington Post）1938 年 1 月 12日第 9 版刊登的一篇報導寫道：

> 日軍佔領南京後發生的情況，有一部分被幾位在城內待到 12 月14 日的新聞記者加以報導。然而，更野蠻的暴行兩周之後又從這座被放棄的首都洩露出來。[45]

應該指出，西方僑民們提供的關於日軍南京大屠殺的資料，包括書信、日記、報告等，就其內容來說，不完全等同於那五名西方記者的新聞報導。首先，那五名西方記者在南京大屠殺期間，只待了三到四天，因為急著要發出電訊，不得不提前離開南京，此後再沒能回來；而西方僑民們在南京留駐的則是整個大屠殺的全部時間。同時，西方僑民們在戰前就長期生活在南京，與南京人民有長期的交往，建立了各種關係，對南京與南京人民有更多更深的瞭解；而在日軍南京大屠殺期間，他們又日夜與難民們生活在一起，日夜為保護與救助難民而奔忙，可以說，他們與難民們同呼吸、共命運。因此，西方僑民們對日軍大屠殺暴行的瞭解，對難民們的苦難的體會，要比那五名西方記者更多更深。

美國《紐約時報》記者德丁在戰後接受日本學者笠原十九司採訪時說：

> 關於安全區，則安全委員會的記錄遠比我的正確。因為我在日軍攻佔後僅停留了三天，同我相比，他們在安全區停留的時間更長。[46]

---

[45] 東京訊：〈松井將去職〉，刊《華盛頓郵報》（The Washington Post）1938 年 1月 12 日第 9 版；前引《南京大屠殺史料集》（6），第 140～144 頁。

[46] 〔日〕南京事件調查委員會編譯：《南京事加資料集（1）美國資料篇》，〔日〕青木書店平成 4 年版；中譯文轉引自〔日〕松村俊夫著，趙博源等譯：《南

美國《芝加哥每日新聞報》記者司迪爾也忘不了那些曾和他同在南京危城中同生共死並向他提供南京資料的美國傳教士們。他在戰後接受日本學者笠原十九世採訪時也說：

> 貝德士，我是記得的，那是位有名的傳教士。里格士、史邁士、米爾斯也記得。更別說費奇了。我想當時大概也會見過安全委員會的其他成員，但現在想不起來了。[47]

同時，西方僑民們提供的關於日軍南京大屠殺的資料，包括書信、日記、報告等，不完全同於那五名西方記者的新聞報導，還在於他們的日記、信件、報告中，不會像那五名西方記者那樣，因職業需要與職業習慣，去關心這場戰爭的中日雙方的兵力、火力的對比，分析戰爭中雙方的成敗得失等等。他們只關心南京城內外的幾十萬難民，只關心如何迅速阻止日軍的暴行，如何迅速向世界揭露與控訴日軍的暴行，以引起世界輿論的關注與譴責。因此，他們的各種檔幾乎全是這方面的內容。——關於這一點，耶魯大學的歷史系教授巴特萊特（Reatric S Bartlett）曾專門作過論述。因此，僅就揭露日軍南京大屠殺的暴行上，西方僑民們提供的關於日軍南京大屠殺暴行的資料，包括書信、日記、報告等，往往更直接、更具體、更深刻、更能說服人與感染人，因而更具有重要的與永恆的史料價值。

因此，西方僑民們提供的關於日軍南京大屠殺的資料，包括日記、信件、報告等，立即引起了國際新聞界的震驚，迅速被各新聞傳媒迅速採用，傳遍世界，產生了廣泛的影響，引起各國民眾與政府的關注，甚至引起國際關係的微妙變化。還有一些西方僑民們提供的關於日軍南京大屠殺的資料，被送往美國國會、美國各重要大學的圖書館，長期保存，成為研究與論證南京大屠殺的最重要的材料。

京大屠殺大疑問》，新華出版社 2001 年版，第 40 頁。譯文略有改動。

[47] 〔日〕南京事件調查委員會編譯：《南京事加資料集（1）美國資料篇》，〔日〕青木書店平成 4 年版；中譯文轉引自〔日〕松村俊夫著，趙博源等譯：《南京大屠殺大疑問》，新華出版社 2001 年版，第 40 頁。譯文略有改動。

例如，金陵大學美籍教授貝德士在 1937 年 12 月 15 日寫的《南京一瞥》，被西方記者帶到上海後，迅速為許多報社、通訊社記者的新聞報導，以及各種調查研究報告、外交文書等所廣泛引用。

首先是戰時留駐南京的五位美、英記者，在他們的新聞報導中，都吸取了這篇新聞稿中的一些重要內容。

1937 年 12 月 24 日，合眾社等西方通訊機構將這篇新聞稿作為通稿播發。

1937 年 12 月 24 日，《紐約時報》第 7 版刊登該報駐上海記者阿本德當日發自上海的報導：〈日軍大佐未被懲戒〉，副題為〈「帕奈號」被擊沉時的指揮官橋本仍在陣中，攻擊杭州的部隊向前推進，兩座城市的外國人被日本人警告撤出——恐怖籠罩下的南京被詳細披露〉，其中關於南京現況的報導內容，大量引用了貝德士寫的這篇〈南京一瞥〉。

上海租界中的《字林西報》、《密勒氏評論報》等多家洋商英文報紙，則以不同的方式刊載〈南京一瞥〉的主要內容。例如 1937 年 12 月 25 日，上海租界的英文《字林西報》（The North China Daily News）刊登新聞評論員文章〈據可靠消息，日軍在華、在南京已失去了極大的聲譽：攻佔首都後立即強姦、掠奪〉。這篇報導一開始寫道：

> 昨天《字林西報》從一個獨立、可靠的消息來源收到了日本佔領南京期間發生的可怕的大屠殺、搶劫和強姦的報告。該報告寫道：在南京，日本軍隊喪失了它的聲譽，並丟掉了一個贏得中國居民和外國輿論尊重的不同尋常的機會。……[48]

文中所說的「獨立、可靠的消息來源」就是貝德士的〈南京一瞥〉，以下的內容就是全文照錄了〈南京一瞥〉。

---

[48] 新聞評論員文章：〈據可靠消息，日軍在華、在南京已失去了極大的聲譽：攻佔首都後立即強姦、掠奪〉，刊〔上海租界〕英文《字林西報》1937 年 12 月 25 日；前引《南京大屠殺史料集》（29），第 617 頁。

　　在 1937 年 12 月 25 日同一天，香港的英文《南華早報》（The South China Morning Post），刊登合眾社通訊，題為：〈外國人的生動描述：南京陷落後的恐懼〉，也是通篇引用貝德士的這篇新聞稿，在一開頭就寫道：

> 居住在南京的最可信賴的外國人，12 月 15 日給上海朋友的信中
> 寫到了日軍佔領南京的情況。信中寫到「頻繁地殺人」，大規模
> 地、半公開地掠奪，隨便闖入住宅和攻擊婦女等等。根據市內的
> 外國人的報導，大街上到處是屍體。……[49]

　　1938 年 1 月 1 日，《密勒氏評論報》以〈日軍在南京城內成批地殺戮中國人〉為題，轉述了《字林西報》1937 年 12 月 25 日所刊新聞評論員文章〈據可靠消息，日軍在華、在南京已失去了極大的聲譽：攻佔首都後立即強姦、掠奪〉，即《南京一瞥》的主要內容。

　　貝德士的這篇新聞稿的內容後來還被田伯烈收進他的名著《外人目睹中之日軍暴行》中。

　　同時，貝德士的這篇新聞稿複印件還被記者們送給了美國外交部門。美國駐上海總領事高斯在 1938 年 1 月 5 日向美國國務卿寫的秘密報告〈蕪湖的狀況和國旗事件以及日本佔領後的南京〉中說：

> 隨信寄去南京金陵大學的教授貝德士博士（社會學及歷史學教授）
> 寫的有關日軍佔領後的南京情況的記錄。該記錄的複印件是由《芝
> 加哥每日新聞報》記者司迪爾親手交給該總領事館工作人員的。[50]

　　1937 年 12 月 30 日德國駐華大使館北平辦事處書記官畢達在寄給漢口德國駐華大使館的報告中，所列兩份附件，其中之一就是貝德士這份新聞稿的副本。[51]

---

[49] 報導：〈外國人的生動描述：南京陷落後的恐懼〉，刊〔香港〕英文《南華早報》1937 年 12 月 25 日；前引《南京大屠殺史料集》（6），第 123～125 頁。

[50] 〔美〕高斯：〈蕪湖的狀況和國旗事件以及日本佔領後的南京〉（1938 年 1 月 5 日）；前引《南京大屠殺史料集》（12），第 66 頁。

貝德士的這篇新聞稿複印件也送給了中國政府，引起了中國政府官員的重視。1938 年 1 月 10 日，剛剛卸職的國民政府原教育部長王世杰在這天的日記中寫道：

> 金陵大學美國教授貝德士，曾在首都目擊去年 12 月 13 日日軍入城後搶劫私家物品，大批槍殺解除武裝之我方軍士及難民，並搜挾少年婦女於一處而強姦。該教授曾將目擊情形，以書面分送各中外人士，但未署名。[52]

貝德士的這篇新聞稿使撤至武漢的國民政府及時、準確地瞭解了南京大屠殺的情況。

1937 年 12 月 22 日，《紐約時報》記者德丁在《紐約時報》上發表以〈美國傳教士敘述的南京恐怖統治〉（American missionaries describe Nanking reign of terror）為題的報導，其內容完全是對在南京的美國傳教士的書信、日記、報告等進行整理而寫成的。其他記者也根據在南京的美國傳教士送出的材料寫成與發表了多篇關壓南京大屠殺的報導與評論。

1937 年 12 月 24 日，《紐約時報》記者阿本德在《紐約時報》上發表以〈恐怖籠罩著南京〉為題的報導，一開始寫道：

> 今天在上海收到由留在被放棄的中國首都的美國傳教士寄出的信件。信件裏提供了更多有確證的細節，證明佔領南京後日軍的軍紀已蕩然無存，由此導致集體屠殺平民，處死已經解除武裝的中國士兵，強暴並殺害中國婦女，有組織地破壞和搶劫財產，其中包括屬於外國人的財產。

---

[51] 〔德〕畢達：〈寄往德國駐華大使館（漢口）的報告〉，前引《南京大屠殺史料集》（6），第 288～295 頁。

[52] 王世杰：《王世杰日記》，〔臺北〕中央研究院近代史研究所 1990 年版，第一冊，第 163 頁。

有數封信談論到恐怖籠罩著南京，信的行文選用了有節制的字
眼，這說明寫信的美國人害怕自己的記述被日本人截獲，並因此
招致日本人的報復。不過，其他一些人沒有這麼謹小慎微，他們
明確地指出，「日本軍隊丟掉了一個贏得南京中外輿論尊重的極
好機會。」……[53]

這篇報導的內容幾乎全部采自南京傳教士們送到上海的報告、信件
與日記等。

再例如，金陵大學美籍教授貝德士在 1938 年 1 月 10 日寫的〈致朋
友的傳閱函〉，在被一艘美國海軍拖船帶到上海後，送交美國駐上海總
領事館，被複印多份，迅速流傳開來，除了報紙刊登外，還被匿名收入
田伯烈的《外人目睹中之日軍暴行》，以及燕京大學教授徐淑希在 1938
年於上海編輯出版的英文版〈日人戰爭行為要論〉（The War Conduct of
Jabanese）。

這篇〈致朋友的傳閱函〉的一份複印件還由美國駐上海總領事館委
託一艘美國海軍軍艦，於 1938 年 2 月初送至武漢的基督教會辦的華中
大學，因為當時從南京西撤的金陵大學師生大多暫住在這所學校裏。
1938 年 2 月 14 日，華中大學代理校長黃溥將此信呈交來校赴宴的國民
政府原教育部長王世杰。王世杰在這天的日記中寫道：

> 今日由漢口渡江赴武昌，去華中大學之餐約。席間該校代理校長
> 黃溥，具述留在南京之美國教授 Bates（按：指貝德士），最近託
> 美國軍艦帶出之資訊。據 B 氏 1 月 10 日函稱，日軍入南京後，
> 其強姦、搶掠與殘殺無武器人民之慘狀，有非外間所能夢想者。
> 全南京城內，日軍強姦婦女之案件，德國人估計在二萬件以上，
> 即僅就金陵大學校舍而言，難民之逃避該校中者，約三萬餘人，

53　陸束屏彙輯編譯：《南京大屠殺：英美人士的目擊報導》，紅旗出版社 1999
　　年版，第 98 頁。

強姦案當在 8,000 起以上。有 11 歲幼女與 53 歲老婦，亦未能倖免者。至於城內房屋及商店，殆無一家未被搶劫者；劫後往往以化學藥物縱火焚燒。此種強姦行為，往往於白晝行之，並往往由軍官領導為之！業經放棄武器與軍服之華兵，以及一般難民，被日軍任意槍殺者，觸目皆是。外國人之留南京者，亦多受侮辱與劫掠，各國使館俱被劫掠。（B 氏函件已由該校給予一份）[54]

這說明，正是貝德士的這封信函，使國民政府更準確、更詳細瞭解了南京大屠殺的情況。

田伯烈的 What War Weans: The Japnese Terror in China（《戰爭意味什麼：日軍在華暴行》）除了收錄貝德士在 1937 年 12 月 15 日寫的新聞稿〈南京一瞥〉，還收錄了他在 1938 年 1 月 10 日寫的〈致朋友的傳閱函〉，以及他寫的向日本駐南京使館的多封抗議信。

還有，戰時留駐南京的基督教南京青年會牧師、擔任「南京安全區國際委員會」總幹事的美國人喬治・費奇（G.A.Fitch）在 1937 年 12 月 10 日到 1938 年 1 月 11 日南京大屠殺期間的日記手稿，於 1938 年 1 月 23 日由德國僑民克勒格爾秘密帶往上海，立即廣為流傳，引起中外輿論界與新聞界的震動與關注。費奇說：「我的手稿在上海引起轟動，因為它是中國首都南京失陷以來，首次獲得的訊息。在上海日記被摘抄、油印和到處散發。」[55]後來他的這部分日記，以喬治・費奇向約翰・馬勒尼（John Maloney）講述日軍南京大屠殺暴行的形式，於 1938 年 6 月 2 日在美國芝加哥的《視野》雜誌（The Ken）發表，題為：〈南京的浩劫———一名在中國居住 20 年、南京陷落後留下來的美國人講述給約

[54] 「中央研究院」近代史研究所編：《王世杰日記》手稿本，〔臺北〕「中央研究院」近代史研究所1990年版，第一冊，第178～179頁。
[55] 〔美〕喬治・費奇著，酈玉明譯：《我在中國八十年》，前引《侵華日軍南京大屠殺檔案》，第641頁。

翰‧馬勒尼的故事〉[56]。約翰‧馬勒尼是喬治‧費奇在上海時的同事，
後來成為美國海軍部部長的副官。此文後來又經縮寫，刊載在美國《讀
者文摘》（The Reader's Digest）1938 年 7 月號第 28～31 頁[57]，發生了更
大的影響，也遭至一些美國讀者的質疑，「引起了一場風波」。1938 年
10 月，美國《讀者文摘》10 月號以〈「我們當時在南京」〉為題，發表
了一組戰時留駐南京的其他美國僑民威爾遜、貝德士、馬吉等人的書
信、日記等，均以親身經歷揭露日軍南京大屠殺的暴行，同時對一些美
國讀者感到的質疑進行澄清與反駁，論證了喬治‧費奇所述的真實性。[58]
在這同時，田伯烈的《外人目睹中之日軍暴行》第一、二章也收錄了喬
治‧費奇這部分南京的日記的主要內容。1938 年，燕京大學教授徐淑
希編輯出版英文著作《日人戰爭行為要論》（The War Conduct of
Jabanese），則匿名收入喬治‧費奇這部分南京日記（縮編稿）的全文。

　　1938 年初，中國國民黨中央宣傳部國際宣傳處通過中國駐英大使
郭泰祺，將一些記錄侵華日軍南京大屠殺的材料，主要是金陵大學貝德
士教授等在南京大屠殺期間寫的信件與向日本駐南京大使館的抗議
信，提交給「英國貿易工會」主席、英國援華會成員本‧提里特（Ben
Tillet）。本‧提里特讀了這些材料後，非常震驚與憤怒。他迅速將這
些材料編印成小冊子，題為〈滾出中國——日軍在南京的恐怖暴行〉
（Hands Of China：Terrible Japanese Atrocities in NanKing），於 1938 年
3 月在英國倫敦出版發行，初期印數達 1 萬冊。這本小冊子的內容分為
兩個部分。第一部分是提里特撰寫的前言，他寫道：

---

[56]　〈南京的浩劫——一名在中國居住 20 年、南京陷落後留下來的美國人講述
　　給約翰‧馬勒尼的故事〉，刊〔美〕《視野》1938 年 6 月 2 日；前引《南京
　　大屠殺史料集》（6），第 187～195 頁。

[57]　〈南京的浩劫〉縮寫稿，刊〔美〕《讀者文摘》1938 年 7 月號；朱成山主編：
　　《侵華日軍南京大屠殺外籍人士證言集》，江蘇人民出版社 1998 年版，第
　　335～340 頁。

[58]　〔美〕喬治‧費奇著，酈玉明譯：《我在中國八十年》；朱成山主編：《侵
　　華日軍南京大屠殺外籍人士證言集》，江蘇人民出版社 1998 年版，第 22
　　～23 頁。

> 每一位關心和平、自由和民主的人士都應該警惕侵華日軍對中國
> 人民犯下的罪行。不過，很少有人瞭解這種駭人聽聞的悲劇。儘
> 管報紙上出現了相關報導，但他們並沒有向公眾傳遞具體的暴行
> 情況。下面這封感人的信來自一位生活在南京的美國傳教士，大
> 家讀過之後自會明白，用不著額外加以說明。這封信佐證了向我
> 們的政府進一步施加壓力，促使它在國聯採取行動構築集體安全體
> 系的必要性。假如我們現在容忍日本人以這種野蠻對待平民的方式
> 侵略中國，那麼接下來我們將到處都面臨阿比西尼亞事件的再現！

　　由於我的強烈感受，我貿易公會的同事們也渴望瞭解現在發生在中國的事情的真相。我把這封講述南京真相的來信和其他真實的報告編排在一起出版公佈。我請求大家充分利用這些資訊。再次發出吶喊：日軍「滾出中國」！[59]

　　第二部分是小冊子的主體部分，引用了貝德士教授在 1938 年 1 月 10 日寫給友人的信件與在南京大屠殺期間他多次寫給日本駐南京大使館的抗議信。

　　本・提里特將這本小冊子寄贈給英國貿易工會俱樂部成員、相關新聞媒體以及其他關注中國人民苦難的人士，向英國與全世界各界人士揭露日軍在南京的暴行，發生了重要影響。據有關專家就現有材料分析，這本小冊子不僅是英國最早出現的揭露日軍南京大屠殺的宣傳材料，而且可能是世界上最早出現的揭露日軍南京大屠殺暴行的單行本材料。[60]

　　1938 年 3 月 24 日，本・提里特兩次致信中國駐英大使郭泰祺，談他將侵華日軍南京大屠殺的材料，編印成小冊子的情況，以及他內心的感受。他在信中寫道：

---

[59] 英國貿易工會主席本・提里特（Ben Tillet）：〈日軍在南京的恐怖暴行〉的前言；中譯文引自《民國檔案》2006 年第 4 期第 48 頁。

[60] 參閱文俊雄：〈國民黨戰時對外宣傳與南京大屠殺戰時真相傳播研究〉，刊《民國檔案》2008 年第 1 期。

尊敬的大使先生：

　　我用你那天交給我的材料遍印成小冊子，現寄給你幾份。我們現在正將這些小冊子寄給全國貿易工會俱樂部成員、報社以及其他那些我們已知的關注貴國人民苦難的人士。我希望這本小冊子的出版能夠引起人們的關注並激發他們的抗議。……

　　看罷這些展示真實的道德敗壞以及那些充滿獸性的、令人恐怖的殺戮暴行故事後，我強壓內心的傷悲給你寫這封信。

　　如果大眾把這個充滿暴行、肉慾、掠奪和殺戮的故事銘記在心並發起抗議的話，我會感到欣慰。

　　把記錄心靈痛苦的悲慘事件全部印出來當然最好不過。記錄下這些材料的重要人士有種受辱的感覺，他必定認為這些被武裝到牙齒的冷酷無情的殺人犯和刺客、畜牲還能夠活在世上，這使得日本變成了這個世界上僅有的、低等的、野蠻的以及毫無信仰、毫無道德的國度。

　　我準備盡可能廣泛地將這個事件傳播出去，但我本更願意將他告知全世界，讓全世界都來聲討這個可怕民族的暴行。

　　從道義上說，中華文明甚至比任何西方文明更古老。我為全世界在對待集體安全和人類生命上的意識薄弱而感到痛惜。

　　在促進世界和平和工業平衡方面，人們缺乏基本的或系統的意識。

　　……

你誠摯的本‧提里特[61]

---

[61] 文俊雄譯：〈英國貿易工會主席本‧提里特（Ben Tillet）就編印侵華日軍南京大屠殺的材料給中國駐英大使郭泰祺的信函兩件〉，刊《民國檔案》2006年第 4 期第 47～48 頁。

從本‧提里特寫的材料前言與他給郭泰祺大使的信中，可以看到貝德士等西方僑民在南京大屠殺期間寫的信件等材料，在傳到西方國家後，引起了多麼大的震動與影響。

還有丹麥史密斯公司在南京「江南水泥廠」的產權代表伯恩哈特‧阿爾普‧辛德貝格，於 1938 年 2 月 3 日將他親身經歷的日軍大屠殺暴行，寫進給他在丹麥家鄉一位朋友的信中。1938 年 3 月 6 日，丹麥《奧爾胡斯教區時報》對辛德貝格這封信的內容作了詳盡的報導。報導的標題為〈奧爾胡斯人在東方，最大的丹麥國旗飄揚在中國南京〉，副標題一為〈伯恩哈特‧辛德貝格為城裏的白人提供食品〉，副標題二為〈饑饉威脅著數以百萬計的中國人〉，主要內容如下：

到處血流成河

這兩個月，我設法從鄉下或者廠裏的農場買來些吃的東西，提供給滯留在南京的 22 名德國人、美國人和英國人。從去年 12 月份到現在，除了極少數的使館官員，我是可以自由出入南京城唯一的外國人。

你難以想像，這裏到處血流成河。8 月份以來，我每天都無法避免地親身經歷著戰爭的恐怖。血，血，到處都是血。這些天來，中國人被實實在在地放了一次血，但他們畢竟有四億五千萬人呢，所以得有相當大規模的行動，才能讓人感覺得到（到處血流成河）。

只剩下廢墟

一路上，到處看到的只是廢墟。所有的村莊都被燒毀了，所有的牲畜和家禽都被擄走了。舉目四顧，看到的是農民和中國士兵的屍體以及啃噬這些屍體的餓犬和野獸。偶而能夠碰上一兩個倖存下來的老人或婦女，他們在為尋找一點果腹的東西而孤獨地流浪。

在南京城牆外面，原先有很大的一片國家公園。公園裏有高大漂
亮的紀念碑，有宏偉壯觀的大樓，還有體育場、游泳池、學校、
養老院等建築，都是蔣介石政府建造的。現在所有這一切都成了
廢墟，四處空無一人。但令人費解的是，中國革命之父孫逸仙的
國家級紀念陵堂卻是完整無損。……

前景黯淡

廠裏收容了 6,000 名中國農民，包括婦女和兒童，他們失去了一
切，幾乎是一些赤貧的人。他們有的寄身於廠房的屋簷下，有的
住在自己用稻草搭建的小窩棚裏。我們的國旗保護著他們，但問
題是沒有足夠的食品，只有上帝才知道這些可憐的人是如何苦熬
度日的。等春天到來的時候，他們甚至無法耕種，因為所有的牲
畜都被日本兵宰殺吃肉了。春播的種子到時也肯定沒有，因為他
們現在總得吃飯啊，再說絕大部分糧食和家禽都被日本人搶去了。

在工廠附近的一座寺廟中，聚集著 22,000 名中國難民。他們的境遇
比廠子裏的難民悲慘得多，因為日本士兵每天都到那裏去……[62]

　　西方僑民送出的書信、日記與報告，在世界上各種報刊刊登後，不
僅引起了各國民眾的強烈反響，讓各國政府瞭解了南京的真實現況，對
他們的外交政策產生影響，而且形成強大的國際輿論，對日本當局也產
生了一定的壓力，迫使他們不得不對南京日軍的暴行採取一些約束的措
施。1938 年 1 月 22 日，「南京安全區國際委員會」秘書史邁士致上海
「中華全國基督教總會」主席博因頓的信中寫道：

---

[62] 〈奧爾胡斯人在東方，最大的丹麥國旗飄揚在中國南京〉，刊〔丹麥〕《奧爾
　　胡斯教區時報》1938 年 3 月 6 日；前引《南京大屠殺史料集》（30），第 338
　　～342 頁。

從東京傳來的消息說，我們發往華盛頓、柏林及倫敦的報告已經有一部分產生了效果。作為我們通過華盛頓轉達抗議的結果，東京方面已經下達命令，要求在此的日軍重組軍隊，而且據承諾，這將在三四天內完成。[63]

果然不久，日本當局改組了華中日軍，召回松井石根等人。

有些西方僑民還以他們就近的觀察，糾正了西方記者在報導南京大屠殺時憑不實的傳聞而出現的一些差錯。例如，上海租界孤島中的英文《密勒氏評論報》在 1937 年 12 月底有一篇報導，稱日軍佔領南京時，所有的中國守軍都有秩序地撤離了。這顯然不符合事實，因為如前所述，南京淪陷時，中國守軍除兩支廣東部隊與第二軍團衝出重圍外，其他部隊官兵大多被日軍包圍繳械，最後都被日軍殺害；而且，報導的這種說法容易被日本當局鑽空子，以此為根據，論證日軍不可能有南京大屠殺。魏特琳在 1938 年 4 月 13 日的日記中，記述了她當日看到因故遲收到的 1937 年 12 月份《密勒氏評論報》，立即發現了該報在報導南京大屠殺時的一些差錯。他寫道：

> 瑪麗 12 月份的《密勒氏評論報》昨天到了，我們一直對它感興趣，尤其是對關於南京陷落的報導。有篇報導說：「所有的中國軍隊在 12 月 13 日都有秩序地撤離了。」我們在這裏的人都知道，有成千上萬的人根本沒出城，而是像老鼠似的被圍困在這裏，被趕到一起，然後遭到機槍射殺。[64]

1938 年 4 月 18 日，美國紐約著名的《時代》週刊（The Time）第 22 頁發表報導，稱：

---

[63] 〔德〕拉貝著，本書翻譯組譯：《拉貝日記》，江蘇人民出版社 1997 年版，第 490 頁。

[64] 前引〔美〕魏特琳著，南京師範大學南京大屠殺研究中心譯：《魏特琳日記》，第 347 頁。

美國的基督教和猶太慈善組織「上週在美國將南京陷落一個月之內屠殺、強姦的相當完整的目擊報導和圖片資料集中在一起」。[65]

直到 1942 年 3 月，美國人約翰‧勒羅伊‧克芮斯欽將其弟弟託付給他的《麥卡倫日記》，列印了三份（為了保護日記作者安全，在列印稿中未透露其姓名），分別寄贈給美國國會圖書館、哈佛大學侯頓圖書館和加州大學圖書館。他在附言中寫道：

> 關於日軍各部隊在 1937-1938 年之交在南京所犯暴行的種種記述，使文明世界深感震驚……戰爭從來就不使人愉快，然而這場不宣而戰的中日戰爭，自 1937 年以來，在其進行的對人的尊嚴和生命的蔑視，卻幾乎是史無前例的。也許整個這場戰爭中最卑鄙骯髒的事件就發生在南京。[66]

而更多的美國傳教士們的日記、信件、報告等，則入藏美國耶魯大學神學院圖書館。

第三節　秘密拍攝記錄南京大屠殺的照片與電影紀錄片

西方僑民的第二種方式，是秘密拍攝記錄日軍暴行的電影紀錄片與新聞照片。

新聞照片與電影紀錄片是對所發生事件的現場作影像的實錄，是更感性的現場記錄，常常能發揮文字記錄所不能發揮的作用。在日軍大屠殺期間，在南京的西方僑民為了記錄下日軍的暴行與中國民眾的苦難，除了用文字寫下書信、日記、報告等外，還克服種種困難，用照相機、

---

[65] 報導：〈竹筐慘案〉，刊〔美〕《時代》週刊 1938 年 4 月 18 日第 22 頁；前引《南京大屠殺史料集》（6），第 185 頁。

[66] 中譯文引自中國社會科學院近代史研究所：《近代史資料》第 66 期。

攝影機拍攝下新聞照片與電影紀錄片，提供給新聞傳媒，向世界揭露與控訴。

例如，擔任「南京安全區國際委員會」委員兼總稽查（員警委員）的美國聖公會南京德勝教堂牧師約翰・馬吉、金陵大學鼓樓醫院的威爾遜醫生等人，都曾用照相機拍攝了多張遭受日軍傷害的中國難民的照片。

再如丹麥史密斯公司在南京「江南水泥廠」的產權代表伯恩哈特・阿爾普・辛德貝格，有攝影經驗，曾於 1937 年 9 月至 11 月，作為英國《每日電訊報》記者史蒂芬斯雇用的「攝影師和助手」[67]，採訪淞滬戰爭。他在日軍大屠殺的日子裏，在南京城外親眼看到，「中國人為阻止日本坦克而挖掘的大壕溝裏填滿了屍體，還有一些是傷兵，屍體不夠多，日本兵為了使坦克能通過，居然屠殺了附近的無辜居民，用他們的身體來填平壕溝」。為了記錄下日軍這毫無人性、慘絕人寰的暴行，辛德貝格「借了架相機，拍了一些照片以證實所言非虛」。[68]辛德貝格與德國僑民卡爾・京特還拍攝了許多江南水泥廠難民營中國難民痛苦生活的照片。

（一）約翰・馬吉秘密拍攝日軍暴行的電影紀錄片

但最值得稱道的是，約翰・馬吉牧師冒著生命危險，用一台 16 毫米的電影攝影機，在南京「安全區」內的鼓樓醫院中與其他一些地方，偷偷拍攝了記錄日軍暴行的電影紀錄片。該片後被起名為《南京暴行紀實》，約翰・馬吉為它寫了引言和解說詞。

---

[67] 報導：〈對史蒂芬斯的死因訊問〉，刊《上海泰晤士報》（英文）1937 年 11 月 26 日，前引《南京大屠殺史料集》（30），第 332 頁。

[68] 〔美〕威爾遜：〈1937 年 12 月 24 日日記〉，前引《南京大屠殺史料集》（4），第 342 頁。

馬吉拍攝日軍暴行使用的攝影機及電影拷貝

約翰·馬吉在該片的引言中，談了他拍攝該片的一些情況，說：他像其他西方僑民一樣，「這期間從早到晚忙著保護這個城市的居民，或是以某種方式幫助他們，因此偶爾才有時間去攝影。」同時，「他還必須非常小心謹慎地行動，攝影時千萬不可讓日本人看見，因為如果讓日本人看見，就有被他們砸壞或沒收攝影機的危險。因此，他不能直接拍攝處決的鏡頭，或是拍攝該市幾個城區中堆放著大量屍體的場景。」他將拍攝的重點放在金陵大學附屬教會醫院──鼓樓醫院中。他說：

> 教會醫院收治了許多傷員和日本人暴行的其他受害者，假如攝影者能在那裏逗留較長時間，那麼，這部電影的內容必定還要豐富得多。他特別記得一位 70 歲的老太太，一顆子彈從她肩膀打進去，又從她的背部鑽出來。僥倖的是，這顆子彈沒有打中其要害部位，傷口很快癒合了。

約翰·馬吉還指出，他拍攝的影片只是記錄了日軍南京大屠殺暴行的很小一部分。他說：

> 還必須考慮到這個情況，就是在成千上萬受傷的人中，只有極少數可以被送進醫院或是為我們所知。在鄉下，在小城鎮裏，也有成千上萬的人被殺，我們外國人卻無法看到這些暴行，也無法瞭

解到這方面的詳細情況，只是到後來才偶爾傳來一些這方面真實
可信的報告。

約翰・馬吉嚴厲批判了日軍南京大屠殺暴行，並深刻地解剖了日本
軍國主義與法西斯的社會文化根源與背景。他說：

看來日本的軍官與士兵都認為，他們有權利對中國人採取任何一
種暴力行為，因為中國人是他們的敵人。……在戰爭中任何國家
都會有沉渣泛起。當然也不可否認，犯罪分子和色情暴虐狂就利
用這機會，放縱自己醜惡的本性。在日本士兵身上所看到的這些
殘忍和嗜殺成性，在一個今天還崇尚「剖腹自殺」陋俗和讓兒童
閱讀殘暴好殺故事的國家裏，也許是難以避免的。

約翰・馬吉還指出他拍攝此影片的目的：

把這些場景拍攝下來，並不是為了煽起對日本的復仇情緒，而僅
僅是希望所有的人，包括日本人在內，牢記這場戰爭的可怕後
果，並使他們明白，應該使用一切合法手段結束這場由日本軍隊
挑起的爭端。

約翰・馬吉寄希望於日本人民，希望日本人民瞭解日本侵華戰爭的
真相：

影片的拍攝者經常到日本去，熟悉這個國家的名勝古跡，知道
在它的人民中有許多人具有高尚的精神。要是日本人民知道這
次戰爭是怎樣發生的和怎樣進行的，他們的內心就會充滿厭
惡。[69]

---

[69] 〔美〕約翰・馬吉：《影片〈南京暴行紀實〉的引言》，前引章開沅編譯：《天
理難容——美國傳教士眼中的南京大屠殺（1937-1938）》，南京大學出版社
1999 年版，第 224～225 頁。

　　「南京安全區國際委員會」總幹事、南京基督教男青年會負責人喬治・費奇說：該片「絕大部分的揭露性鏡頭是由約翰・馬吉拍攝的。」[70]

　　金陵大學鼓樓醫院的美籍醫生威爾遜在 1938 年 1 月 9 日的日記中，記述了約翰・馬吉在該醫院中拍攝此紀錄片的情況：

> 今天是星期天，吃完早飯比平時略晚了一會。我查看了大部分病人，發現馬吉已準備好了攝影機，補拍上次來時未拍的影片。上午我們為一位老人拍，他的頸部有兩道長長的傷痕。一些（日本）士兵要求他提供姑娘，而他未能滿足他們的要求，因而遭此不幸。接著我們為一位員警拍，他的背、胸和手臂有十八處（不！是二十二處）刀傷。他是無辜的。第三個拍的是我前幾天寫過的那個婦女，她和另外五個婦女被抓去洗衣服，晚上則供日軍享樂。她的頸部刀傷已慢慢癒合，我認為她可能患了肺炎，現在也好了。[71]

　　1938 年 5 月 16 日，美國《生活》畫報（The Life）描述了約翰・馬吉在南京大屠殺期間拍攝電影紀錄片的艱難情況：

> 這些照片攝於 1937 年 12 月 13 日日本人佔領南京之後。攝影者是一個美國傳教士，其姓名恕不能披露於此，他小心翼翼地避開日本人的眼目用一台 16 毫米的家用攝影機拍下了這些慘景。
>
> 這位業餘攝影愛好者無法拍攝南京慘遭蹂躪中最令人觸目驚心的場面。因為他知道，如果他自己拍攝平民被槍殺、房屋遭洗劫

---

[70]　〔美〕喬治・費奇：《旅華八十年》，台北美亞出版社 1965 年第一版，1974 年修訂版，第 121 頁。

[71]　〔美〕威爾遜：《1938 年 1 月 9 日日記》，章開沅編譯：《天理難容——美國傳教士眼中的南京大屠殺（1937-1938）》，南京大學出版社 1999 年版，第 459 頁。

焚毀的現場情景，他就會被捕，攝影機也會被砸毀。況且他當時正和其他外國傳教士與醫生一起盡其所能救護平民。但是，在那兩周期間，他親眼目睹一支失去控制的軍隊姦淫婦女、焚燒房舍、殺戮無辜、搶劫財物，將南京破壞急盡。他看到日本駐中國大使館完全無力控制本國的軍人。在南京城內及城外的外國醫院裏，他親眼目睹成千上萬無辜平民慘遭「極權主義戰爭」的迫害。[72]

約翰·馬吉拍攝的電影紀錄片〈南京暴行紀實〉經整理後，膠片長達 400 英尺，分為 8 卷，放映時間達 105 分鐘。這部記錄日軍暴行的真實史料，是留存至今的有關南京大屠殺的唯一動態畫面。影片的解說詞很長，現選錄部分內容如下：

〔2 號影片，畫面序號 2〕：1937 年 12 月 16 日，上海路。中國婦女下跪請求日本士兵不要殺害她們的兒子或丈夫，他們僅僅是因為被懷疑當過兵而被無情地驅趕在一起。成千上萬的平民也被這樣用繩索捆綁起來，驅趕到下關的揚子江邊、眾多的小池塘邊和空曠的場地上，在那裏他們遭到機關槍掃射、刺刀砍殺、步槍齊射，甚至被用手榴彈處決。

〔2 號影片，畫面序號 4〕：這個 19 歲的女子在難民區的美國學校裏避難。她懷第一胎已經六個半月。一個日本兵要強姦她，她進行反抗，因此被他用刺刀狠狠刺了一通。她的胸部和臉部被刺傷 19 處，腿上挨了八刀，下身挨的一刀有兩英寸深，因此她被送進鼓樓醫院一天後就流產了。

〔2 號影片，畫面序號 7〕：這是一個 7 歲男孩的屍體。他被送入大學醫院三天後死去。他身上被刺了五刀，有一刀刺進了肚子。

---

[72] 轉引自劉燕軍：〈西方新聞媒介對南京大屠殺的反映〉，刊朱成山主編：《侵華日軍南京大屠殺史研究成果交流會論文集》，安徽大學出版社 1999 年 5 月版，第 59 頁。

男孩的母親最先被日本人殺死，這個男孩跑向他的父親，他父親也被殺死。[73]

聽著這些血淚凝聚的的解說詞，看著那血淚凝聚的影片，誰能控制住自己的淚水呢？

（二）約翰・馬吉電影紀錄片的重大影響

1938 年 2 月上旬，約翰・馬吉在拍攝的紀錄電影〈南京暴行紀實〉基本完成後，就設法將電影膠捲送往上海沖印。因為影片的效果很好，許多方面人士，包括一些西方國家駐南京使館的外交官，都向他索要該影片的膠片拷貝。馬吉拒絕將自己拍攝的影片用於商業目的。他向上海柯達公司代表處支付了拷貝費用，準備免費贈送給需要的機構與人員。1938 年 2 月 12 日，馬吉請回南京視察的瑞記祥泰木行的美籍經理比舍普立克返回上海時，幫其拷貝一份。福斯特在這天的日記中寫道：

> 馬吉讓我親自把一封信送給比舍普立克先生，並請他把馬吉的影片在上海拷貝一份。……馬吉的影片效果這麼好，真把他樂壞了。使館好幾個人都想要拷貝。羅森也要了一套打算送給希特勒看。[74]

當時正在上海採訪的英國《曼徹斯特衛報》記者田伯烈對該紀錄電影進行了剪輯，並委託居安・阿若德（Julean Arnold）將一份拷貝膠片帶到美國去。1938 年 2 月 16 日，田伯烈在給豪恩貝克博士的信中寫道：

---

[73] 〔美〕約翰・馬吉：〈影片〈南京暴行紀實〉的解說詞〉，章開沅編譯：《天理難容——美國傳教士眼中的南京大屠殺（1937-1938）》，南京大學出版社1999 年版，第 225～227 頁。

[74] 〔美〕福斯特：〈1938 年 2 月 12 日日記〉，章開沅編譯：《天理難容——美國傳教士眼中的南京大屠殺（1937-1938）》，南京大學出版社 1999 年版，第166～167 頁。

為了說明所拍攝的南京在日軍佔領前後的膠片，我正在寫信。決定由上週乘坐「天皇」號離開這裏向美國進發的居安·阿若德（Julean Arnold）將這個膠片送去。

希望當做內部消息，這部影片是由約翰·馬吉牧師拍攝的。他是英格蘭裔美國人，作為國際紅十字會（南京分會）會長活躍在南京。占了膠片一半的醫院鏡頭是金陵大學醫院，有時出現在畫面上的醫生是美國醫療團的威爾遜博士。

我的任務是剪輯這個影片多餘的地方，做了為了不解釋就能讓人明白插入一些標題之類的事情。據此，我想膠片裏出現生動的地方一看就會明白。標題主要是依據馬吉先生的記述，為了富有啟發而原封不動地引用了長篇文章。這個膠片絕對不能不看。該片以生動的圖像向我們展示了日軍佔領中國首都時的恐怖景象。[75]

1938年2月18日，喬治·費奇設法獲得日軍當局的許可，乘日本軍用列車的三等車廂，第二次離開南京，於第二天早上6時40分到達上海。他秘密將約翰·馬吉拍攝的電影紀錄片〈南京暴行紀實〉膠片縫在自己駝毛大衣的襯裏，隨身帶到了上海，立即送柯達公司沖印，複製了四套拷貝。[76]喬治·費奇將其中的一套轉交給德國駐南京使館政務秘書羅森；一套交給英國調查委員會的莫瑞爾·萊斯特，讓其帶到日本東京秘密放映；一套派人送往武漢，交中國政府，向中國的民眾放映；還有一套由他帶回美國放映。他將從上海經香港回美國，「預計和阿若德的膠片大致相同的時間到達華盛頓」。[77]

---

[75] 〔澳〕田伯烈：〈有關喬治·費奇來美和紀錄影片〉（1938年2月16日），前引《南京大屠殺史料集》（12），第183～184頁。

[76] 〔美〕喬治·費奇：〈我在中國八十年〉；章開沅編譯：《天理難容——美國傳教士眼中的南京大屠殺（1937-1938）》，南京大學出版社1999年版，第117頁。

[77] 〔澳〕田伯烈：〈有關喬治·費奇來美和紀錄影片〉（1938年2月16日），前引《南京大屠殺史料集》（12），第184頁。

　　約翰・馬吉拍攝的記錄日軍南京大屠殺暴行的電影紀錄片〈南京暴行紀實〉成為有關日軍南京大屠殺的唯一影像文獻資料，迅速在上海租界與中國內地以及美國、德國、日本等地放映，產生了很大的影響。

　　喬治・費奇先在上海租界的美國人社區教堂裏和其他一些地方，向各方面有關人士與各國新聞傳媒駐上海記者秘密放映了幾場，產生了很大的震動。

　　〈南京暴行紀實〉戰時在中國內地因故沒有公開放映，只在小範圍內對一些記者與官員放映，讓他們直觀瞭解了南京淪陷後中國軍民的悲慘遭遇。1938 年 3 月 28 日，美國《芝加哥每日新聞報》記者司迪爾在漢口發出電訊報導，題為〈電影描述對中國受害者的殘忍〉，報導約翰・馬吉拍攝的〈南京暴行紀實〉在漢口等地內部放映的情況：

　　〔漢口 1938 年 3 月 28 日電〕：幾乎在南京的新傀儡政權宣誓就職的同時，由美國傳教士在日本人在那個城市實行恐怖統治時期所拍攝的電影在這裏進行了小範圍的放映，觀眾是記者和官員。電影中所揭示的日本人殘忍的可怕證據使得南京政府的贊助者——日本人所誇誇其談的親善顯得多麼空洞和滑稽可笑。儘管電影只有一個遠鏡頭顯示日本士兵所從事的光榮的勾當，但有許多鏡頭描述了可憐平民淪為無紀律、殘忍、性欲強烈的征服者的犧牲品。

　　在美國醫院拍攝的照片顯示渾身是刀傷的婦女和兒童；日本軍刀將一位婦女的頭幾乎砍下一半；一個男人的頭和手被火燒得漆黑，他活著講述了煤油是如何澆在他們身上的，他們是如何被點燃的。最慘不忍睹的一個鏡頭顯示了一個家庭全家被屠殺，躺在他們被發現的地方，女性的屍體被損毀。

　　這部電影的真實性不容置疑。它只是確認了目擊者對日本征服中國最黑暗一頁的描述。[78]

---

[78]　〔美〕司迪爾 1938 年 3 月 28 日漢口電：〈電影描述對中國受害者的殘忍〉，

約翰·馬吉拍攝了夏淑琴一家9口的遭遇：父親、外公、外婆被日軍殺害，
不滿周歲的小妹妹被日軍摔死，母親和兩個姐姐被日軍輪姦後又慘遭殺害，
只有6歲的她與另一個妹妹死裏逃生。

藏美國國家檔案館；前引《南京大屠殺史料集》（6），第202～203頁。

　　約翰‧馬吉拍攝的電影紀錄片〈南京暴行紀實〉也在西方的民眾中激起很大的反響。

　　1938年3月11日，中央社從美國三藩市轉發合眾社電訊，報導喬治‧費奇在美國《三藩市記事報》上發表文章〈日軍在南京之姦淫〉，介紹他從南京帶到美國的約翰‧馬吉拍攝的電影紀錄片〈南京暴行紀實〉。這則電訊刊登在1938年3月28日武漢《大公報》（漢口版）上，題為：〈敵在南京暴行鐵證，國際青年會領袖發表論文〉。報導寫道：

〔中央社三藩市十一日合眾電〕：國際青年會首領菲思博士，頃在三藩市記事報發表一文，題為〈日軍在南京之姦淫〉，略謂彼在南京時，已將日軍之種種暴行，攝為活動電影，長共兩本，有數種已曬出刊載於美雜誌上。惟本人同事因恐日軍將遠東青年會之財產沒收，故各項照片上，並未附載本人之姓名。本人所攝製之影片，將請一部分人士觀看。此項影片，均係在南京城內醫院內及其他各處秘密攝製者，吾人觀看之後，即可知歷史上之大屠殺及日軍發揮獸行之情形。片中鏡頭，有日軍以刺刀刺殺華籍孕婦殘殺幼童，及將姦淫後之婦女殺死等慘情。日軍事當局竟於中日戰事發生四閱月後，即藐視軍紀，使其放蕩之軍隊無所不為，各界曾屢向日軍閥申請制止，亦竟無效云。[79]

　　但由於當時美國孤立主義盛行，約翰‧馬吉拍攝的電影紀錄片《南京暴行紀實》在美國的放映遇到了一些阻力。後經中國國民黨中央宣傳部國際宣傳處紐約辦事處負責人李復（Earl H. Leaf）的努力，此片得以在一些地方上映。直到1941年12月7日太平洋戰爭爆發後，這種情況才有了改變。

---

[79] 中央社1938年3月11日從美國三藩市轉發合眾社電訊：〈敵在南京暴行鐵證，國際青年會領袖發表論文〉，刊《大公報》（漢口版）1938年3月28日；前引《南京大屠殺史料集》（6），第494～495頁。

　　丹麥史密斯公司在南京「江南水泥廠」的產權代表辛德貝格，因丹麥駐上海總領事館將其調離，於 1938 年 3 月 20 日離開南京龍潭，乘軍用列車赴上海，然後回丹麥。辛德貝格在回國途中，於 1938 年 6 月 3 日經日內瓦時，受到正在這裏訪問的中國勞工代表團的熱烈的感謝。在當日舉行的晚會上，辛德貝格應邀放映了馬吉拍攝的《南京暴行紀實》影片。來賓與觀眾有近一百人，其中有國際聯盟的官員與各國記者。晚會後，中國勞工代表團向辛德貝格要求製作這部影片的兩個副本，其中一部給國際聯盟，一部送交美國。中國勞工代表團為了辛德貝格的安全，要求在場的媒體記者不要立即報導這晚放映這部影片的事。丹麥的《奧澤新聞週報》（Uge Avisen For Odder og Omegn）在 1938 年 7 月 29 日到 9 月，連載了該報編輯約翰尼斯・辛德貝格（Johs N・Sindberg）寫的長篇通訊〈穿越中歐十日旅行記〉（Lndtryk Fra en 10-Dages Rejse Gennem Central-Europa）。他是伯恩哈特・辛德貝格（Bemhatd Arp Sindberg）的父親。通訊中記述了其子辛德貝格於 1938 年 6 月 3 日途經日內瓦時，應邀在晚會上放映馬吉拍攝的〈南京暴行紀實〉影片的情況。這篇通訊寫道：

> （1938 年 6 月 2 日）伯恩哈特得到了訪問中國代表團的邀請，……

> 第二天（1938 年 6 月 3 日）上午，昨天與我們共進午餐的四位（中國）紳士到旅館拜訪我們，邀請我們同出席日內瓦會議的中國部長舉行一個商討會，會議就在部長的寓所舉行。……這次商討會議的主要議題之一是討論該如何更好地使用伯恩哈特帶來的紀錄東方戰爭的一部影片。

> 部長建議我們在日內瓦再呆三天，他將負責請國際聯盟的成員觀看那部影片。……在我們離開部長寓所前，他的兩位秘書開始打電話邀請客人。

當天晚上，在中國圖書館（藏書室）舉行了非常高級的聚會。大約來了一百位客人，個個衣著華麗。大多數是當時住在日內瓦的國際聯盟的成員和各國記者。安排的風格非常現代。

在部長致歡迎詞後，中國代表團的領導人把伯恩哈特介紹給來賓們，並說明他為中國人所做出的英雄事蹟，尤其提到了伯恩哈特不顧及個人安危，從可怕的屠殺中挽救了數千名中國人的生命。日本人因此迫使他離開東方。

演講用的是英文和中文，然後伯恩哈特受到熱烈的讚美。而他堅定地請婦女和兒童們離開這個場所，因為這部電影充滿殘酷。

（伯恩哈特）被要求說幾句。伯恩哈特化了好幾個小時的時間解釋影片。影片放映期間，現場有許多人焦慮並哭泣。

……

（中國代表團的）領導人請求在場媒體不要將這部的事刊登在報紙上。因為這件事如果公開披露，它會給伯恩哈特帶來麻煩。據我所知這一請求得到了尊重。

……在我們離開前，中國朋友提出借用那部影片製作兩個副本，其中一部送給國際聯盟，一部送給美國。[80]

　　約翰‧馬吉拍攝的電影紀錄片《南京暴行紀實》在日本的盟國——納粹德國也引起一定的反響。約翰‧馬吉親自向德國駐華大使館提供了一部他拍攝的這部電影紀錄片拷貝。1938年2月10日，德國駐華大使館南京辦事處政務秘書羅森向德國外交部報告，他將把這部電影紀錄片

[80]　〔丹麥〕約翰尼斯‧辛德貝格（Johs N‧Sindberg）：〈穿越中歐十日旅行記〉，刊〔丹麥〕《奧澤新聞週報》1938年7～9月；前引《南京大屠殺史料集》（30），第350～354頁。

拷貝送往德國外交部，並請求將該影片放映給德國國家元首希特勒看。
羅森在給德國外交部的報告中寫道：

> 日本人在南京的恐怖統治期間──而且持續了一個相當長的時
> 期，美國聖公會佈道團的約翰・馬吉牧師──他已在這裏住了四
> 分之一世紀──拍攝了這部影片。它對日本人犯下的暴行提供了
> 最有說服力的證據。

> 馬吉先生──我提請注意對他的名字要嚴格保密──在一所
> 德國顧問的房子裏盡力照顧著中國的難民。……他拒絕將自己
> 拍攝的影片用於商業目的，自動向（德國）大使館提供一部拷
> 貝。我們只需向上海柯達公司代表處支付一份拷貝費用。這些
> 事實表現出他的無私和高尚品質。該影片將通過可靠途徑呈送外
> 交部。

> 該影片按整個時間的過程進行編排，分段加以描述，並附有英文
> 解說詞。解說詞和影片本身一樣，都是一部令人震驚的時代文獻。

> 請允許我提出這樣的請求，將影片的描述予以準確的翻譯後，放
> 映給帝國元首和總理一看。[81]

當時在南京擔任「安全區國際委員會」主席的德國商人拉貝在 1938
年 2 月 11 日的日記中，也專門記錄了約翰・馬吉的這部電影紀錄片，
並全文引錄了影片的引言與解說詞。拉貝說：

> 約翰・馬吉牧師已經拍攝了殘暴罪行的紀錄影片。羅森博士讓
> 人在上海製作一部拷貝。我暫時把各個場景的解說附在後面。
> 影片中提到的好多傷員我都看見過，有幾個人在死前我還和他

---

[81] 〔德〕羅森：〈給德國外交部的報告〉（1938 年 2 月 10 日），前引《南京大
屠殺史料集》（30），第 130 頁；譯文略有改動。

們說過話，其中有些人的屍體，鼓樓醫院還讓我在停屍房看過。[82]

　　1938 年 2 月 23 日，約翰・拉貝離開南京，經上海、香港，於 4 月 15 日回到德國柏林。他在德國曾作了數場關於日軍南京暴行的演講，並向德國聽眾展示了他從南京帶回的有關照片，還放映了約翰・馬吉拍攝的這部電影紀錄影片。據說納粹德國的宣傳部長戈培爾也觀看了這部電影紀錄影片，並在觀看到那些慘不忍睹的鏡頭時嘔吐了好幾次。[83]

　　約翰・馬吉拍攝的電影紀錄片甚至被秘密帶到日本放映。

　　在 1938 年 3 月間，中國國民黨中央宣傳部國際宣傳處進行了一項極為秘密、鮮為人知的對日宣傳工作，這就是秘密組織、派遣四位國際友人赴日本東京等地，用各種宣傳形式，向在東京的各國有關人士與日本有關人士揭露日軍南京大屠殺暴行的真相。這四名國際友人中，有三名是在華基督教會任職的日籍基督徒，還有一位是在華的英國「調查委員會」工作人員莫瑞爾・萊斯特小姐（Murial Lester）。按照國際宣傳處的策劃與安排，三名日籍基督徒分別攜帶由英、美等外籍僑民與記者所撰寫的關於日軍南京大屠殺暴行的新聞報導、文章、信件、日記等材料，以及多套日軍自行攝製的記錄其南京大屠殺暴行的照片；莫瑞爾・萊斯特小姐則攜帶從美國傳教士費奇那兒借得的、由馬吉拍攝的電影紀錄片〈南京暴行紀實〉的一套拷貝。

　　關於莫瑞爾・萊斯特小姐向費奇借得〈南京暴行紀實〉電影拷貝的情況，費奇在其回憶錄《我在中國八十年》中有一段記述。費奇說，當他在 1938 年 2 月間設法從南京來到上海，並秘密放映他帶出來的〈南京暴行紀實〉電影紀錄片時，碰巧被莫瑞爾・萊斯特小姐看到了：

---

[82] 前引〔德〕拉貝著，本書翻譯組譯：《拉貝日記》，第 612 頁。
[83] 《德國關於南京大屠殺的有關材料》，侯濤根據德國媒體報導編譯，刊《上海譯報》2007 年 1 月 11～17 日。

調查委員會（英國）的莫瑞爾‧萊斯特（Murial Lester）碰巧看到了一場放映，她認為如果日本一些基督教和政治領導人能看到這些膠捲，他們將會著手停止敵對。她提出要到日本並在那裏放映給一些挑選出的組織觀看，如果我們願意給她提供一個拷貝。我們對她的計畫並無太多的信心，但還是給她我當時手頭的一份拷貝。幾個星期之後，她報告說她已經給東京的一小組基督徒領袖放映，……[84]

這四名國際友人從上海出發，到日本東京後，分別在各國駐日使領館人員與外國記者中，在日本的一些政黨、社團、工商、宗教等各界人士中，散發上述的日、英文字宣傳品與照片，放映上述的紀錄電影，並進行口頭宣講。他們同時收集日本各方面的反映與動態的情報。他們的工作產生了一定的影響，而且始終未被日本當局察覺。[85]

約翰‧馬吉拍攝的電影紀錄片《南京暴行紀實》的許多重要鏡頭畫面還被翻拍成多種新聞照片，和其他西方僑民拍攝的關於南京大屠殺境況的新聞照片一道，被中外新聞傳媒廣泛採用，刊登在許多家報刊上，與文字報導相配合，更真實、生動、鮮活地報導了南京大屠殺的實況。據統計，約翰‧馬吉的電影紀錄片中，前後有近百個鏡頭畫面被翻拍成照片。

例如，在 1938 年 3 月 19 日，上海租界的美僑《密勒氏評論報》增刊第 10～11 頁，在全文轉載上海日方《新申報》1938 年 1 月 8 日刊登的南京報導〈日本軍親切關懷難民，南京充滿和睦氣氛〉，同時發表題為〈南京——到底發生了什麼——還是日軍的天堂〉的長篇文章，針鋒相對地批駁日本報刊的這篇虛假報導時，還配發刊登一組日軍在南京暴

---

[84] 〔美〕喬治‧費奇：《旅華八十年》第十章〈南京的毀滅〉，〔臺北〕美亞出版社 1967 年版，第 121 頁。

[85] 〈三名外國友人日本之行報告〉（1938 年初），中國國民黨中央宣傳部檔案，藏中國第二歷史檔案館，全宗號 718（4），案卷號 4723；文俊雄譯，中譯文刊《民國檔案》2001 年第 1 期。

行的照片，其中有六幅照片是約翰・馬吉拍攝的電影紀錄片〈南京暴行紀實〉中的鏡頭畫面。

又如，1938 年 5 月 16 日，美國《生活》畫報（The Life）在印刷精美的彩色封面內，刊登一組 10 幅關於日軍南京大屠殺的黑白新聞照片，標題是〈這些暴行導致日本鬼子戰敗〉，並配發文字說明。這些照片都來源於約翰・馬吉拍攝的電影紀錄片〈南京暴行紀實〉鏡頭畫面，包括南京城及周邊的慘狀，南京平民被集體屠殺的殘忍場景等，特別是那張因反抗日軍強暴而身中日軍 37 刀的倖存者李秀英在鼓樓醫院治療的圖片，第一次進入國際社會的視線。

英國《曼徹斯特衛報》記者田伯烈直接參與了約翰・馬吉拍攝的這部〈南京暴行紀實〉電影膠片的剪輯工作。他曾想將從該影片中翻拍的一些鏡頭畫面照片，用於他的編著《外人目睹中之日軍暴行》一書中，後因故未能採用。

第四節　舉行報告會，發表南京大屠殺的專題演說

西方僑民的第三種方式，是在世界各地舉行演講報告會，發表專題演說，或發表文章，以自己在南京大屠殺期間的親身經歷與見聞，揭露日軍在南京的暴行。

1938 年 1 月 23 日，即日軍佔領南京約 40 天後，日方允許德僑克勒格爾離開南京，前往上海。魏特琳稱「他是南京陷落後第一個離開南京的外國居民。」[86]克勒格爾是南京德資「禮和洋行」的工程師，較年輕；在日軍進攻南京與對南京軍民大屠殺期間，擔任「南京安全區國際委員會」財務主管兼「國際紅十字會南京分會」會計。當他獲准離南京

---

[86] 〔美〕魏特琳著，南京師範大學南京大屠殺研究中心譯：《魏特琳日記》，江蘇人民出版社 2000 年版，第 253 頁。

去上海前，南京「安全區國際委員會」秘書史邁士特地寫信給上海「中華全國基督教總會」主席博因頓，建議博因頓「安排一個午餐會或一次會面，召集那些對此感興趣的朋友們參加，……讓克勒格爾先生做一個簡要的彙報，你也可以借此機會向他提問。克勒格爾先生的介紹一定能幫你更好地瞭解日本人。」[87]

克勒格爾到達上海後，作了幾場報告，詳細介紹了日軍在南京數十天大屠殺的暴行，並同意新聞界公開發表。克勒格爾認為；「即便如此，還是宣傳得不夠，因為日本人到處煽風點火，矛頭對準南京，在那裏他們肯定是有企圖的。」因此，為了揭穿日本當局的虛假新聞宣傳，讓世界瞭解南京的真相，「非常有必要通過新聞界多做工作。如有可能，我們應該每天寫一篇新聞報導，以保證報刊不斷得到新的消息，否則無法對付（日本）軍隊中那些粗野的傢伙，這幫無賴竟自吹什麼要給東方帶來光明。」克勒格爾主張，對日軍在南京的暴行，「應持續不斷地進行報導，讓報社大造特造輿論」，「通過新聞媒介施加壓力」。克勒格爾在上海的報告引起了日本當局極大的不滿。1938 年 2 月 9 日，日本駐南京大使館的福井對拉貝說，克勒格爾的報告非常差勁，克勒格爾的思想很壞。[88]

1938 年 2 月 20 日，「南京安全區國際委員會」總幹事、南京基督教青年會負責人喬治·費奇乘日本軍用列車的三等車廂，第二次離開淪陷後的南京，於第二天早上 6 時 40 分到達上海。2 月 25 日，他乘郵輪「格奈森瑙」號離上海，經香港，回美國。[89]在歸途中，1938 年 3 月 1 日，費奇應廣東省政府主席、平民自治會會長吳鐵城的邀請，到廣州的

---

[87] 〔德〕拉貝著，本書翻譯組譯：《拉貝日記》，江蘇人民出版社 1997 年版，第 486 頁。

[88] 〔德〕拉貝著，本書翻譯組譯：《拉貝日記》，江蘇人民出版社 1997 年版，第 600～602 頁。

[89] 〔美〕喬治·費奇：《我在中國八十年》第十一章，前引《南京大屠殺史料集》（12），第 185～188 頁；參見〔德〕拉貝著，本書翻譯組譯：《拉貝日記》，江蘇人民出版社 1997 年版，第 663、699 頁。

一次茶話會上，給廣東「扶輪國際俱樂部」和「星期四俱樂部」的成員
作了〈日本兵在南京〉的演講，揭露日軍南京大屠殺的暴行。各國駐廣
州的外交使節與新聞記者，包括納粹德國駐廣州的外交使節，參加了這
次茶話會，聽了費奇的演講，受到極大的震動。納粹德國駐廣州的外交
官阿爾勝布格在 1938 年 3 月 3 日給德國外交部的報告中寫道：

> 今年 3 月 1 日，上海和南京的美國基督教青年會理事喬治・費奇
> 先生應平民自治會會長吳鐵城的邀請，給廣東扶輪國際俱樂部和
> 星期四俱樂部的成員作了報告，講述日本佔領南京直至松井將軍
> 到達後恐怖統治結束的這段日子裏，他在南京的親身經歷。喬
> 治・費奇先生曾是管理收容有 25 萬中國難民的南京安全區國際
> 委員會委員，他在報告中只講述自己的親身經歷……。這裏的（德
> 國）副總領事肯佩博士也聽了他的報告，據他說，該報告十分客
> 觀，實事求是，令人印象深刻，絕不是宣傳恐怖暴行。喬治・費
> 奇先生解釋說，他在離開中國前並沒有想把他的報告在報刊上發
> 表。幾天後他就要返回美國去了，顯然是打算讓更多的人聽到他
> 的敘述。因此，他的報告是否會引起更大的反響值得注意。總之，
> 這裏美國傳教士們希望美國的公眾輿論加強活動，公開抵制日本方
> 面被證明是欺騙的宣傳。這就要期待喬治・費奇先生不帶感情色彩
> 的表述是否會起到冷靜的事實報導作用，並由此導致發生變化。[90]

1938 年 3 月 16 日，香港的英文《南華早報》對喬治・費奇這次在
廣州的演講作了報導，題為〈南京的暴行〉，副題為〈美國目擊者講述
入侵者的放蕩，屠殺解除武裝的中國人〉，從而使得它的影響更為擴大。
報導內容分為五個小段，每一小段的標題分別為：「難民之死」、「凄慘

---

[90] 〔德〕阿爾勝布格：〈給德國柏林外交部的報告〉（1938 年 3 月 3 日於廣東），
前引《南京大屠殺史料集》（6），第 425～426 頁。

的場景」、「掠奪和放火」、「強姦婦女」、「奇怪的海報」，全面而簡明扼要地揭露了日軍在南京大屠殺的暴行。報導的開頭寫道：

> 3月上旬，廣東省主席吳鐵城舉辦了一個別開生面的茶話會，最近從南京回來的美國人在會上講述了日軍佔領的情景。幾名外國人也出席了此次茶話會，但沒有邀請新聞媒體的人。
>
> 美國人的講述作以下概括。他們形象地描繪了在南京目擊到的日軍慘無人道的行為，如對百姓和解除武裝的士兵進行屠殺、掠奪、放火、強姦等等。……[91]

香港英文《南華早報》的這篇報導很快被中國內地抗戰地區的多家報紙翻譯轉載。1938年3月25、26日，長沙《大公報》連載了由湯德明翻譯的這篇報導文章，題為〈一個美國人口中的日軍在南京之暴行〉。報紙為這篇譯文加了編者按：

> 三月初，在吳鐵城主席所舉行的一個小小茶會中，一個新自南京歸來的美國人將日軍佔領南京的情形，詳細的作了一個報告。參與茶會的有很多外國人士，但沒有邀請新聞記者。
>
> 下文便是他所報告的一個總結，對於在南京所親眼看見的許多恐怖，敘述得栩栩欲活。如一般人民與解除了武裝的兵士之被屠殺，以及搶劫，焚燒，姦淫……[92]

1938年3月10日，喬治·費奇回到了美國，直到這年11月離美回中國，他在半年多的時間裏，到美國各地作了多場關於日軍南京大屠

---

91 報導：〈南京的暴行〉，刊〔香港〕英文《南華早報》1938年3月16日；前引《南京大屠殺史料集》（6），第170頁。
92 湯德明譯：〈一個美國人口中的日軍在南京之暴行〉，刊〔長沙〕《大公報》1938年3月25、26日；李良志、史桂芳、裴匡一編著：《抗戰時評》，河南大學出版社2005年版，第203～208頁。

殺的報告、講話，接受記者採訪，會見美國政府官員，還在《三藩市記事報》上發表了題為〈日軍在南京之獸行〉的文章。他的報告與活動成為美國各報爭相報導的熱點，對美國官方與社會各界產生了重大影響。他在回憶錄〈我在中國八十年〉中寫道：

……

（在洛杉磯）我準備了兩三場演講會。其中一次演講會上，我給大家看了影片，引起了很大轟動。聽眾中出現了幾位情緒不佳的人。我還接受了《洛杉磯時報》諾曼·錢德勒（Norman Chandler）、歐文·拉鐵摩爾（Owen Lattimore）、P.C.查恩（Chan）等人的採訪。

（1938 年 4 月）18 日我到達訪問的主要目的地華盛頓。在那裏，我成了美國國務院副國務卿斯坦利·豪恩貝克（Stanley Hornbeck）博士（和博士在中國成為相識）宇宙俱樂部的客人，他為我提供機會，見到了很多重要人物。他們是亨利·L·斯提姆森（Henry L. Stimson）上校、居安·阿諾德（Julean Arnold）、喬治·蘇考爾斯基（George Sokolsky）、紅十字工作人員、王正廷大使等。

我還給下院的外交委員會、戰時情報局、新聞記者等其他人看了所帶來的影片。要在 4 天時間把這些灌輸給他們也太多了，為了啟程演講之旅（一直持續到返回中國），22 日之前必須到達紐約。我很少使用影片，這是因為考慮到影片太令人厭惡了，有時候會讓聽眾感到情緒不好。……[93]

　　另一位美國籍傳教士，美國聖公會南京德勝教堂牧師約翰·馬吉，於 1938 年夏天離開南京回到美國，也曾長途旅行講演，介紹日軍南京大屠殺的暴行。

---

[93] 〔美〕喬治·費奇：〈我在中國八十年〉，前引《南京大屠殺史料集》(12)，第 186 頁。

擔任「南京安全區國際委員會」主席的德國西門子公司駐南京代表拉貝在 1938 年 2 月 23 日奉西門子公司指示，離開南京，經上海回國。他剛回德國時，曾作了數場關於日軍南京暴行的演講，並向德國聽眾展示了他從南京帶回的有關照片，放映了約翰・馬吉拍攝的有關電影記錄影片，後被德國政府禁止。關於這方面的情況將在本書第十二章論述。

第五節　鼓勵、協助田伯烈編寫全面揭露日軍暴行的專著

西方僑民的第四種方式，是鼓勵、支援、協助英國《曼徹斯特衛報》記者田伯烈（H・J・Timeuey）編寫全面揭露日軍戰爭暴行、特別是南京大屠殺暴行的的長篇專門著作 What War Weans: The Japanese Terror in China（《戰爭意味什麼：日軍在華暴行》）。

首先，是鼓勵田伯烈寫作這本書。

為了擴大揭露日軍南京大屠殺暴行的影響，在南京的西方僑民，尤其是幾個美籍傳教士，鼓勵田伯烈編寫一本全面揭露日軍在侵華戰爭中，特別是在南京大屠殺中暴行的書籍。貝德士在談他鼓勵田伯烈編寫這樣的著作時，說：「我們感到以積極的方式揭露暴行真相乃是一種道德義務。只有我們或者與我們一道工作的人們才能做到如此。其他的人只有通過間接方式或半商業方式才能逐漸自由地接觸這些材料。」[94]表現了一種崇高的責任感與義務感。他正是抱著這種崇高的責任感與義務感，在 1938 年 2 月初，先通過上海「中華全國基督教總會（NCC）」的幹事鮑引登（Charles L・Boynton）帶口信給田伯烈；接著於 2 月 11 日從南京寫信給田伯烈，動員與鼓勵他「寫作這本書」[95]，對其編書的目的、方法與經驗深信不疑。

---

[94] 〔美〕貝德士：〈致朋友的傳閱函〉（1938 年 4 月 12 日），章開沅編譯：《天理難容——美國傳教士眼中的南京大屠殺（1937-1938）》，南京大學出版社 1999 年版，第 39 頁。

[95] 〔澳〕田伯烈：〈致貝德士函〉（1938 年 2 月 17 日），章開沅編譯：《天理難

　　貝德士還安排正在上海「南京安全區國際委員會臨時辦事處」工作的他的夫人、金陵女子文理學院的美籍教師莉麗婭‧羅賓斯（Lilliath Robbins），協助田伯烈做資料收集複製的工作。

　　其次，是向田伯烈提供各種有關資料，為田伯烈的寫作出謀劃策。

　　在 1938 年 2 月初，當貝德士鼓勵田伯烈寫作揭露日軍南京大屠殺中暴行的書籍時，就讓田伯烈去上海「中華全國基督教總會」，找該會幹事鮑引登，在教會的圖書館裏查看、複製保存在那裏的「南京安全區國際委員會」的檔，包括貝德士等留駐南京的美國傳教士寫的書信、日記、報告等，以及由其他各地方傳教士們送來的大量有關日軍暴行的材料。貝德士並允諾將提供南京最新的資料給田伯烈研究與使用。

　　田伯烈閱讀這些檔後，於 1938 年 2 月 17 日寫信給貝德士，徵求他對史料與寫作的意見，說：「我真想把這本書限定在這個主題，寫成一本個案歷史，書名叫《在南京的考驗》或其他類似的名字。」[96]

　　貝德士接信後，立即與史邁士、米爾士舉行秘密會議，將商討的結果，先通過貝德士的夫人給田伯烈發去電報；接著又於 1938 年 3 月 3 日給田伯烈寫信，就田伯烈所提的問題提出自己的看法。貝德士不同意田伯烈將該書的主題與題材僅限定在日軍在南京一地的暴行，即限定在日軍南京大屠殺上，而應擴大到整個長江三角洲遭日軍蹂躪的地區，增加收錄日軍在中國其他城市暴行的材料，因為日軍在侵略中國的戰爭中，在所到之處普遍地實施了燒殺淫掠的殘酷的暴行，並非南京一地獨有，南京大屠殺只是其中最為典型的事例。1938 年 3 月 3 日貝德士在寫給田伯烈的信中，指出：

　　　　容──美國傳教士眼中的南京大屠殺（1937-1938）》，南京大學出版社 1999
　　　　年版，第 34 頁。
[96] 〔澳〕田伯烈：〈致貝德士函〉（1938 年 2 月 17 日），章開沅編譯：《天理難
　　　　容──美國傳教士眼中的南京大屠殺（1937-1938）》，南京大學出版社 1999
　　　　年版，第 34 頁。

這裏是我們的若干想法。為了讓遠地公眾瞭解已經和正在進行的
戰爭的殘酷，最好是超越（南京）市區範圍以增強效果。在整個
南京變得異常以後，外地的人很容易感覺——這個地方集中政治
的憎惡，時常有人發生意外，如此等等。而如果在一個時期，
在上海、松江、蘇州、無錫、湖州、杭州都傳出類似的故事，整
個效果將更有力度和可信。如果你到一個城市，主要以我們的
檔為基礎而作出估量，就會為個人與團體的復仇心倍增而感到
不安。

這無疑是個十分高明的建議。田伯烈後來照此做了，取得了很好的
效果。

貝德士等人不僅為此書的編寫出謀劃策，還為田伯烈搜集各地日軍
暴行材料提供了具體的線索和方法，讓田伯烈從其他各地傳教士那裏得
到關於日軍在蕪湖、揚州、鎮江、杭州等地施暴的材料。他寫道：

無疑你可以為蘇、杭地區安排某些接觸，這將使你得到此間的資
訊。史邁士的整個「（日軍暴行）案件報表」已達 460 件，很快
你就可以在上海收到正式的文本。我們能夠對此做若干補充，詳
盡講述你需要的資訊。蕪湖的消息可以通過布郎博士（Dr·
Brown）、蓋爾先生（Mr·Gale）和其他人得到。我認為揚州，
還有鎮江也是這樣。[97]

田伯烈後來正是從各地的傳教士那兒獲得了日軍在長江三角洲各
地區暴行的材料。其中，在南京地區的資料，來源於西方僑民在日軍南
京大屠殺期間的日記、書信、報告等，其中最重要的有：

(1) 喬治·費奇在 1937 年 12 月 10 日到 1938 年 1 月 11 日的日記；

97 〔美〕貝德士：〈致田伯烈函〉（1938 年 3 月 3 日），中譯文引自章開沅編譯：
《天理難容——美國傳教士眼中的南京大屠殺（1937-1938）》，南京大學出
版社 1999 年版，第 37 頁。

(2) 貝德士在 1937 年 12 月 15 日起草的新聞稿〈南京一瞥〉，在 1937 年 12 月間給日本駐南京使館的多封抗議信，在 1938 年 1 月 10 日「陳述過去數周南京陷於普遍恐怖狀況」的一封信件等。

(3) 馬吉拍攝的日軍南京大屠殺期間的紀錄影片〈南京暴行紀實〉。

(4) 史邁士簽署的「南京安全區國際委員會」秘書處發出的各種報告與案例。

貝德士考慮到提供材料的西方傳教士多還生活在日軍刺刀統治下的淪陷區，為了防止日軍的報復與打擊，建議田伯烈在專著中引用各地傳教士提供的關於日軍施暴的材料時，隱去他們的姓名與單位。他說：「期望我們提供的材料可以說明事實真相，但不希望出現可以指認的單位。」[98]田伯烈接受並採納了貝德士的絕大多數意見。他將這本專著編寫的範圍擴大到日軍在長江三角洲各地乃至在華北、華南等地區的暴行，當然，重點是南京大屠殺。但是，田伯烈主張旗幟鮮明地完整地引用貝德士等人提供的關於日軍南京大屠殺暴行的材料，「愈來愈傾向於採用全部資料或從中選擇一大部分。他們需要第一手材料的直接性和權威性」。貝德士欣然同意，並作好了應對「有可能出現針對外國傳教士個人或團體的報復」的思想準備。[99]

再次，對田伯烈寫成的書稿進行審讀與提出修改意見，並為書籍的出版發行作廣泛的熱情的宣傳。

在田伯烈編寫完成全書後，貝德士閱讀了全部文稿，提出修改意見，並為書籍的出版發行作廣泛的熱情的宣傳。1938 年 4 月 12 日，在

---

[98] 〔美〕貝德士：〈致朋友的傳閱函〉（1938 年 4 月 12 日），章開沅編譯：《天理難容——美國傳教士眼中的南京大屠殺（1937-1938）》，南京大學出版社 1999 年版，第 39 頁。

[99] 〔美〕貝德士：〈致朋友的傳閱函〉（1938 年 4 月 12 日），章開沅編譯：《天理難容——美國傳教士眼中的南京大屠殺（1937-1938）》，南京大學出版社 1999 年版，第 39 頁。

該書即將出版前，貝德士在〈致朋友的傳閱函〉中，談到他與南京的傳教士們參與該書策劃、編寫與出版等方面的工作。他寫道：

> 這裏正積極準備在英國和美國出版 H·J·田伯烈先生寫的一本書，作者是《曼徹斯特衛報》的資深記者，書名可能是《日軍在華暴行》（The Japnese Terror in China）。田伯烈先生是一位品格高尚的新聞工作者，他與北京、上海的基督教領導人長期保持密切關係。他保存著得自此間救濟團體陳述的中國戰爭實況的大量文獻。這些資料是以公正而具有建設性的方式公佈的。

> 儘管不能對（田伯烈編著 What War Weans: The Japanese Terror in China《戰爭意味什麼：日軍在華暴行》）這項工作承擔法律責任，但從一開始我便與它聯成一體，曾經參與商討計畫及其發展，也曾校閱全部文稿。此外，此書還利用了我在（1937 年）12 月 15 日起草的一份報告，那是為當時留在南京的許多新聞記者準備的。附件包括許多（1937 年）12 月間我給日本使館的信件。其中也有我在 1 月 10 日陳述過去數周南京陷於普遍恐怖狀況的信。給日本使館的信我雖未署名，但南京和上海（即或不包括東京）的日本官員心裏都很清楚，這些檔是出自我的手筆。史邁士博士由於曾在國際委員會秘書處發出的各種報告和案例上簽名，多少也受牽累。[100]

田伯烈編著的 What War Weans: The Japanese Terror in China 一書英文版於 1938 年 6 月中旬在倫敦、紐約、加爾各答同時出版；接著，此書的中文版《外人目睹中之日軍暴行》於 1938 年 7 月在武漢出版，在海內外產生了重大的影響。這固然主要是田伯烈的功績，但誰都不能否認，這裏面也有貝德士等西方傳教士的重大貢獻。貝德士說：

---

[100] 〔美〕貝德士：〈致朋友的傳閱函〉（1938 年 4 月 12 日），章開沅編譯：《天理難容——美國傳教士眼中的南京大屠殺（1937-1938）》，南京大學出版社 1999 年版，第 38 頁。

這本書未受地域限制，包括中國其他城市與地區的可靠統計資料。不過南京一項在其中占特別重要地位，因為在我們這個城市殘暴叢生。因此，日本當局將有可能特別憎恨南京這個小小的外國傳教士群體，尤其是我。費奇先生由於其日記被引用，馬吉先生由於他的幾張照片被刊載，都將嚴重受牽累。[101]

《戰爭意味什麼：日軍在華暴行》的各種文本出版後，貝德士等駐南京的西方僑民始終關注著它，愛護它，宣傳它。1938 年 11 月 29 日，貝德士在前往馬德拉斯參加國際會議途經香港時，給友人寫信，再次熱情地宣傳與推薦這本著作。他寫道：

> 南京罪惡的災難終於真相大白，雖然很少有人瞭解它的全部意義。田伯烈的書——《戰爭意味什麼：日軍在華暴行》是一部很直率的作品。[102]

《戰爭意味什麼：日軍在華暴行》，譯成各種文字，在世界各地出版（包括中文版《外人目睹中之日軍暴行》），產生了極大的影響。這在本書後面將有專節進行詳細的記述。

第六節　進行社會調查與批評美國政府外交政策

西方僑民為了向國際上揭露南京大屠殺，還採取了其他種種方法，進行了各種活動。

---

[101] 〔美〕貝德士：〈致朋友的傳閱函〉（1938 年 4 月 12 日），章開沅編譯：《天理難容——美國傳教士眼中的南京大屠殺（1937-1938）》，南京大學出版社 1999 年版，第 38～39 頁。

[102] 〔美〕貝德士：〈致朋友的傳閱函〉（1938 年 11 月 29 日）；章開沅編譯：《天理難容——美國傳教士眼中的南京大屠殺（1937-1938）》，南京大學出版社 1999 年版，第 48 頁。

例如，進行社會調查，對日軍在南京大屠殺的暴行及其嚴重後果進行科學的定量分析與記錄，並將這些珍貴的調查研究材料提供給國際新聞界。

1938 年 3 月到 6 月，「南京國際救濟委員會」委託金陵大學社會學系美籍教授、原「南京安全區國際委員會」秘書史邁士率領 20 個學生進行南京地區戰爭損失調查。這項工作從 1938 年 3 月 8 日開始，至 6 月 15 日結束，其成果寫成《南京戰禍寫真：1937 年 12 月-1938 年 3 月》，用近代社會學的調查方法，對南京城區及鄰近的幾個郊縣進行實地調查，以大量詳盡、真實、可靠的史料與資料，展示與論證了日軍攻略南京與實施大屠殺的戰爭暴行，給當地人民造成的慘重的人口傷亡、財產損失、經濟破壞與精神損傷，是對日軍侵華戰爭與南京大屠殺罪行的一份詳細記錄與血淚控訴。

再例如，以當事人的身份，向新聞界發表講話，甚至向美國政府與總統上書，就日本的侵華暴行，對美國政府的外交政策提出直言不諱的批評與建議，要求制裁日本，支持中國的抗戰。他們提出了懲罰與遏制日本侵略行徑的倡議——美國應對日實行石油、廢鋼鐵等戰略物資的禁運，卡住日本戰爭機器的動力供應。

金陵大學歷史學系美籍教授貝德士在 1938 年 11 月 29 日致朋友的傳閱函中，說：

> 南京城內的美國和平主義者，其生活也是嚴峻的。他們連續數日親眼目睹成百架（日本）轟炸機群飛過，有些（飛機）帶有美國（軍事）裝備，而且幾乎全部（飛機）灌滿美國汽油。在江上連綿的（日本）軍艦是用美國汽油驅動的；公路上數以百計的（日本）軍用卡車也是通用公司和其他美國廠家製造的。他們在美國的和平主義者友人正受到譴責，因為害怕法西斯國家不高興，（美國）斷然反對通過國際合作走向世界政府蹣跚的第一步，反對取消與侵略者的經濟夥伴關係，從而使世界上的弱國橫遭蹂躪。難

道善意對於他人還有什麼勝於強權的實際意義？富國應該為大家的公益作經濟調節，而不應以武裝的貪婪掠奪他們弱勢的鄰居。[103]

金陵大學社會學系美籍教授、擔任「南京安全區國際委員會」秘書的史邁士說：

> 我們從日本侵略上面拿到無數的錢，然後送幾塊錢到中國來修補幾個傷殘的身體。我們談兄弟之愛以及和平，但是中國人眼睛裏看出來，基督是外國參與日本侵略的一條「陣線」。我們怎能回答他們呢？[104]

美國聖公會南京聖保羅教堂牧師福斯特在 1938 年 2 月 19 日致家人函中，寫道：

> 我們也饒有興致地收到有關美國公眾態度改變的報導。我希望美國不要捲入戰爭。

> 這兒尚未任何需要（美國）邁出這一步的事情；但我覺得如果英國和美國採取其他措施——例如經濟或政策壓力，那麼日本就不敢肆意妄為。這種行動其實早在 1931 年日本剛剛開始瘋狂進犯（中國）時就應採取了，事實卻是當時的瘋狂導致了今天的混亂。在這種情況下，俗話說的「上帝要人滅亡，必先叫它發狂」——一點不錯。假如外國勢力立場更堅定，假如滿洲里的國聯調查委員會明確宣布日方是錯誤的，那麼過去七年的歷史就會大不一樣。但無論是國家還是個人都不能自顧自，希望上帝之國的行為準則使它們之間的關係生效。[105]

---

[103] 章開沅編譯：《天理難容——美國傳教士眼中的南京大屠殺（1937-1938）》，南京大學出版社 1999 年版，第 52 頁。

[104] 〔美〕愛德格·斯諾：〈為亞洲而戰〉，《斯諾文集》第 3 卷，新華出版社 1984 年版，第 175 頁。

[105] 章開沅編譯：《天理難容——美國傳教士眼中的南京大屠殺（1937-1938）》，

1939 年 3 月 11 日，喬治・費奇就遠東局勢致信美國總統羅斯福，提出了同樣的甚至更尖銳急迫的建議：

> 最近我很榮幸地代表這裏的 50 位美國公民就有關日軍持續轟炸無防禦能力的平民的行徑向你致電。……儘管這些空襲是可怕的和恐怖的，中國民眾的士氣仍然高昂。……日軍這種空前的殘暴行為並不能摧垮中國人的精神，實際上使他們抗戰到底的決心比以前更堅決了。

> 我們對我國在制裁發動這場不人道戰爭的日本的過程中繼續向日本出售高品質的汽油、石油、廢鋼和其他基本原料表示深切的關注甚至是羞愧。我們感到我們繼續與日本分擔戰爭的罪責是不可容忍的。不僅如此，我們還感到我們繼續向日本提供這些它需要用來製造武器的原料無異於自殺，因為遲早有一天日本會掉轉槍口對準我們。

> ……我們再次呼籲，採取斷然措施中斷原料和其他物資的運輸。因為這種運輸使我們成為日本侵略一個偉大、英勇和友好的民族的罪行的同謀，而這個民族正在為了我們立國的原則——自由、正義、民主以及國際條約的神聖性而展開生死鬥爭。[106]

喬治・費奇等西方僑民的批評與建議，不僅表現了他們對苦難深重的中國與中華民族的同情、聲援與極其深厚動人的感情，而且表現了他們為歷史所證明的對日本軍國主義的深刻認識，對國際關係及其發展的遠見卓識。

*　　　*　　　*

南京大學出版社 1999 年版，第 176 頁。
[106] 〔美〕喬治・費奇：〈就遠東局勢致羅斯福總統〉（1939 年 3 月 11 日），刊張伯興主編：《南京大屠殺史研究與文獻》系列叢書（10），朱成山編：《海外南京大屠殺史料》，南京出版社 2007 年版，第 65～66 頁。

　　總之，留駐南京的二十多名西方僑民向新聞界提供的關於日軍南京大屠殺的日記、書信、報告、文章，馬吉牧師拍攝的關於南京大屠殺的記錄電影，他們在世界各地舉行的演講報告會，他們進行的社會調查，對日軍在南京大屠殺的暴行及其嚴重後果進行科學的定量分析與記錄；等等，均成為國際新聞傳媒報導與揭露日軍南京大屠殺暴行的最重要的材料來源，具有極重要的新聞價值與歷史價值。尤其是，他們一直生活在南京，經歷了日軍南京大屠殺的整個過程，當五位戰時留駐南京的美、英記者分別在 12 月 15、16 日先後離開南京後，就完全靠這些西方僑民的勇敢而智慧的行動，才將日軍的更加嚴重的大屠殺暴行繼續向全世界報導與揭露。這是這些西方僑民對苦難的中國人民的巨大的支援與聲援，對國際新聞事業與人類進步的巨大的貢獻。中國政府與中國人民對約翰・馬吉、喬治・費奇等西方傳教士在南京大屠殺期間，堅持國際正義與人道主義，不顧自身安危，奮不顧身地救護中國難民，並克服重重困難，向國際社會揭露南京大屠殺的真相，表示衷心的感激與讚美。1938 年 4 月，宋美齡在武漢基督教祈禱會上發表講話，說：

　　　　蔣委員長要我告訴你們，他對於你們幫助我國人民的工作，極加讚美。……在這一點，我們夫婦倆覺得沒有相當的言詞，可以向全中國傳教機關，以及同情中國、證明日兵侵略中國所施種種暴行的許多外國人，來表示我們至誠的感激。這些人士以及今天到會的各位，都能夠很忠實地立定了腳跟，縱受日本的威嚇和侮辱，但仍能不失公正。……

　　　　你們的工作和精神，表示了真正基督教的意義。你們努力的結果，得到了政府和民眾極度的欽佩。[107]

---

[107] 袁偉、王麗平選編：《宋美齡自述》，團結出版社 2004 年 1 月版，第 111、114 頁。

　　同樣應該指出，西方僑民向新聞界提供的關於日軍南京大屠殺的各種資料，就像五位美、英記者對日軍南京大屠殺的報導一樣，大多是他們個人的目擊資料，是他們對親眼所見或親身經歷的日軍暴行事件的記錄，十分真實，十分鮮活，十分珍貴，但也必然受到個人視野的局限。他們在大屠殺期間，多生活與工作在「安全區」中，只能看到南京大屠殺暴行的某一個地區甚至是某一個角落的情況，還受到日軍的種種限制，不可能對日軍南京大屠殺的全局有所瞭解，更不能對日軍屠殺中國戰俘與中國平民的具體數目有較完整與正確的統計，出現一些差錯是難免的。就像喬治・費奇所說：「這裏所寫的暴行並非全部，而只是一小部分，只有上帝知道何時才能全部清算淨盡。」[108]

---

[108] 〔美〕喬治・費奇著，酈玉明譯：《我在中國八十年》，前引中國第二歷史檔案館等編：《侵華日軍南京大屠殺檔案》，第 646 頁。

第七章　上海、香港「洋商報」 對南京大屠殺的揭露與批判

第一節　「洋商報」對南京大屠殺的報導滯後及其原因

如前所述，設在上海租界以及中國其他地方由外國人士主持的「洋商報」與無線電廣播電臺等，是西方新聞傳媒中的一個特殊群體。

當 1937 年 7 月 7 日盧溝橋事變爆發，日本發動全面侵華戰爭後，上海租界以及天津、香港等地由外國人士主持的「洋商報」與無線電廣播電臺等，就以重要的篇幅，關注與報導這場戰爭。而在 1937 年 8 月 13 日上海戰事發生後，他們更將新聞注意力集中於上海與南京，除了報導上海的戰事外，他們還報導日軍戰機對中國首都南京的轟炸，報導日軍兵分數路向南京的迅猛包抄攻擊，報導江南地區的中國無辜民眾蒙受的巨大災難。如前所述，這些「洋商報」與無線電廣播電臺，也像美、英等國家的新聞傳媒一樣，雖堅守中立的立場與客觀、公正的新聞原則，但在十分明顯的血淋淋的事實面前，他們的報導往往將日本侵略者的兇暴野蠻與踐踏國際公法公之於眾，在字裏行間流露出越來越多的對中國人民的同情與聲援。

當然，上海租界以及天津、香港等地由外國人士主持的「洋商報」與無線電廣播電臺等，「因受本國政府政策的影響，或辦報人自身立場的不同，對於日本帝國主義侵略中國的態度有所不同，但在反對世界法西斯鬥爭中，都作了不同程度的努力，這是有利於中國人民的抗日鬥爭的。」[1]《上海新聞史（1850-1949）》的作者對當時上海的「洋商報」在中國人民抗日戰爭中的表現作了這樣的分析與評價：

---

[1] 馬光仁主編：《上海新聞史（1850-1949）》，復旦大學出版社 1996 年版，第

在對待中國人民的抗日戰爭問題上，以美國的《大美晚報》、《密勒氏評論報》、大美廣播電臺等最為積極，刊載和廣播有關中國人民抗戰的消息、通訊，不僅數量多篇幅大，而且作較深入系統的理論分析，積極鼓動。英國的《字林西報》比較曖昧，以報導事實為主，也發表一些較有利於中國人民抗戰的評論。《上海泰晤士報》表現較差，常刊有利於敵偽的消息。法國的《上海日報》等，對中國人民抗戰鬥爭報導比較充分，態度較積極，發表了不少揭露日本侵略者罪行的報導，但（1940 年 5 月）法國投降後，情況就發生了變化。蘇聯的各報刊不盡相同，但就總體而言，因蘇日（1941 年 4 月）簽有中立條約，對中國人民的抗戰鬥爭，不便作直接的宣傳鼓動，但揭露和抨擊德國法西斯主義是不遺餘力的。各個國家在滬通訊社的態度也大致如此。[2]

然而，當 1937 年 12 月 13 日日軍佔領南京並立即實施的大屠殺後，上海租界的英、美新聞傳媒「洋商報」對日軍南京大屠殺的報導卻是滯後的。這是因為：

一，日軍對南京的嚴密封鎖，使上海租界的英、美新聞傳媒「洋商報」不能及時得到關於日軍攻佔南京及實施大屠殺的任何準確的資訊與材料。

1937 年 11 月中旬日軍從上海一線向南京發動進攻包抄後，從一開始就嚴禁除日本記者以外的一切外國記者隨軍採訪。而日軍在 1937 年 12 月 13 日佔領南京後，對南京實施了長達數月的嚴密封鎖，禁止一切中外人員進出南京，尤其是禁止西方記者進入南京。上海租界的英、美新聞傳媒「洋商報」長期得不到南京淪陷後的任何資訊與材料。直到 1938 年 1 月上、中旬，在日軍實施南京大屠殺已快一個月的時候，在南京擔任「安全區國際委員會主席」的德國商人拉貝先後收到德國駐上

---

901 頁。

[2]　馬光仁主編：《上海新聞史（1850-1949）》，復旦大學出版社 1996 年版，第 901～902 頁。

海外交官於 1938 年 1 月 3 日、1 月 11 日發自上海的兩封來信。從兩封信的內容「可以看出，上海人對這裏的情況還毫無所知」。[3]

二，上海租界已成為日軍四面圍困的「孤島」。公共租界與法租界當局對日方有種種顧慮，對租界的新聞傳媒，包括「洋商報」，有種種限制。而租界中的英、美新聞傳媒「洋商報」面對日軍的威脅，本身也不能不更加謹慎從事。

1937 年 11 月 12 日，日軍佔領上海及其周邊廣大地區。上海的公共租界與法租界這兩租界就成了日軍包圍中的「孤島」。日軍雖暫時還沒有進駐兩租界，但明顯地加大了對兩租界的各種壓力，直至進行明目張膽的干涉與脅迫，尤其是對兩租界中的新聞傳媒更是如此。

1937 年 11 月 20 日，日本駐華大使館武官原田熊吉少將根據松井石根的指令，前往會晤公共租界工部局總裁費信惇（S.Fessenden），要求禁止租界內一切反日宣傳活動，並威脅說，若租界當局措施不力，日軍當局有權採取行動。

在日軍的威脅下，上海租界當局根據當時英、法等國在遠東的力量、利益與由之採取的綏靖政策，一方面要保持英國式的體面，另一方面又不得不對日方的要求採取英國式的妥協。租界當局首先對華商報刊作了一些規定與採取了一些措施。而租界中由英、美等西方國家報人創辦與主持的「洋商報」，開始憑著治外法權與西方的新聞自由原則，抗拒日方的干涉，暫時還有一定的新聞自由空間，因而能夠報導甚至抨擊日軍對中國的侵略戰爭暴行。例如，1937 年 12 月 16 日，上海租界的美商英文《大美晚報》（The Shanghai Evering Post And Mercury）發表強硬聲明，宣布決不接受任何方面之檢查。但是，在日軍的強大壓力與種種刁難下，「洋商報」的處境也日益艱難。它們對日軍在中國的侵略戰爭暴行的採訪與報導不得不有所顧忌，揭露與抨擊也就更加謹言慎行了。

---

[3] 〔德〕拉貝著，本書翻譯組譯：《拉貝日記》，江蘇人民出版社 1997 年版，第 415 頁。

　　因此，當英、美等國家的新聞傳媒從 1937 年 12 月 15 日就開始對日軍南京大屠殺進行連續多日的報導並在世界上引起巨大震動時，上海的社會上也開始流行關於日軍南京大屠殺的種種說法時，上海租界的英、美新聞傳媒「洋商報」對日軍南京大屠殺的報導卻幾乎沒有，甚至在 12 月 20 日，《字林西報》等多家英文報紙還刊登了日本同盟社上海分社社長松本重治寫的一條很短的新聞，報導松井石根 12 月 18 日在南京訓誡其部下將領要約束官兵軍紀的講話。如前所述，松本重治於 12 月 17 日到南京採訪日軍戰事，對日軍大屠殺的暴行感到震驚。18 日下午 2 時，松本重治參加了日軍在明故宮機場舉行的「忠靈祭」儀式，聽到了松井石根在儀式後訓誡其部下將領要約束官兵軍紀的講話，遂與日「華中方面軍」掌管對外宣傳的報導部部長深堀游龜中佐協商，要求對此事發表一條新聞，「希望能為日本軍隊恢復名譽出一臂之力」。松本重治從南京回到上海後，就迅速寫成一條短新聞。為了擴大影響，他將這條短新聞既發給東京本社，還譯成英文發給路透社與上海各家英文報紙。其意圖顯然是掩飾日軍南京大屠殺的暴行。[4]

　　德國駐廣東總領事館的外交官阿爾滕布格在 1938 年 3 月 3 日給德國外交部的報告中，就對上海租界及中國其他地方的的英、美新聞傳媒「洋商報」未能及時報導南京大屠殺表示了不滿，但也表示了理解。他說：「關於日本軍隊佔領南京後幾周內發生的情況，在華南至今甚少公之於眾。上海那些可信賴的英文報紙甚至也在發表可靠的材料問題上持可以理解的觀望態度。以前居住在南京的外國人尤其是德國人其實早就知道他們的房子遭到洗劫和被燒毀的命運以及整個事情的詳細情況，但是還沒有在某個較大的場合討論過這個問題。」[5]這位德國外交官所說的「某個較大的場合」主要是指上海的「洋商報」。

---

[4] 〔日〕松本重治著，曹振威、沈中琦等譯：《上海時代》，上海書店出版社 2005 年版，第 607～608 頁。

[5] 〔德〕阿爾滕布格：〈給柏林外交部的報告〉（1938 年 3 月 3 日於廣東）；前引《南京大屠殺史料集》（6），第 425 頁。

　　直到 1937 年 12 月 20 日，「有關（南京大屠殺）暴行的某種描述第一次出現在上海的一家外國報紙上。」[6]這是指上海租界的美商《大美晚報》英文版（The Shanghai Evening Post and Mercury），但內容不多，寥寥數語。兩天後，1937 年 12 月 22 日，該報刊登了有關日軍南京大屠殺暴行的較為詳盡的報導，題為〈皇軍在南京的獸行〉，其內容是「紐約電訊」，綜合報導《紐約時報》所刊該報駐上海記者亞朋（本書著者按：指阿本德）發去的電訊數則，主要是 12 月 19 日發出的〈日本人約束南京暴行〉等報導，記述日軍在南京的驚人的暴行。——**這是上海租界的「洋商報」，也是中國地區的新聞報刊，首次刊登關於日軍在南京大屠殺暴行的較詳細的報導，然而已比美國報紙的報導遲了五至七天。**此文開頭寫道：

> 《紐約時報》日來刊載該報駐滬訪員亞朋發表電訊數則，頗具驚人性質。據稱中國境內一部分日軍幾已毫無紀律，其種種暴行，較之中國從前之土匪有過之無不及。此項電訊已在美國輿論方面及華盛頓官場方面引起深刻印象。

　　這篇報導對日軍在南京的暴行作了初步記述：

> 關於日軍在南京種種暴行，據稱日軍入城後，恣意姦淫擄掠，實乃日本國家之國恥……

　　查日軍在南京之行動雖往時中國盜匪佔領城鎮時之姦淫殺掠，亦無以過之。……自本月十四日夜間以至次日，城內日軍殘暴行為，有非筆墨所形容者，經兩日之屠殺，至十六日，日軍當局始乃開始加以注意，目前日本軍隊絕不願任何外國人士前往南京，然彼已在南京之外人，則必將設法將此種恐怖事實向全世界宣布……

　　這篇報導的作者還意味深長地提出，「現在應行研究之問題，共有三項」：

6　徐淑希：〈日本人的戰爭行為〉（英文），1938 年出版；前引《南京大屠殺史料集》（29），第 617 頁。

(一) 日軍在南京之暴行，是否該國軍部某一部所發縱指使？

(二) 如屬非是，則日本軍隊是否無法加以控制？

(三) 日軍紀律敗壞之後是否尚可恢復？英、美兩國軍艦、商船被擊案及南京恐怖行為之發縱者與默許者，是否將受懲罰？[7]

此後，由於日軍在南京大屠殺的消息，通過各種途徑，越來越多地傳到上海租界中；也由於日軍在南京大屠殺的暴行，在美、英等西方各國新聞媒體中有越來越多的報導，形成了對日軍暴行揭露與抨擊、批判的高潮，使得上海租界的洋商報紙的主持者與記者、編輯對日軍在南京的暴行瞭解與掌握得越來越多，認識也越來越深。西方新聞界傳統的人道主義思想與新聞自由、正義的原則使他們終於衝破了種種阻力與顧慮，迅速投入到揭露與抨擊、批判日軍暴行的隊伍中。

上海著名的英文《密勒氏評論報》主編鮑威爾曾回憶他們當時在上海主持報紙時，利用上海地近南京的有利條件，通過各種途徑，終於衝破日軍當局的嚴密封鎖，獲知了日軍南京大屠殺暴行的種種情況：

南京城的居民經歷了一次空前的浩劫。……

南京居民遭受日軍的蹂躪，同當年迦太基人民所經歷的野蠻暴行毫無區別。在中國的外籍傳教士，大多數都曾親眼目睹了日軍的種種暴行，有的甚至還攝有日軍施暴的各種照片。傳教士們都認為，日軍士兵的軍紀敗壞，已經到了不可收拾的地步。似乎是他們多年來所受的仇視外國人的教育和訓練，在佔領南京後一下子全部發洩出來。據一個國際性的教會組織提供的可靠報導說，南京街頭的死屍不可勝數，有的是被日本兵任意槍殺的，有的是被刺刀刺得半死，無人過問，躺在街上而死去的。如果有人試圖從

---

[7] 報導：〈皇軍在南京的獸行〉，刊〔上海〕《大美晚報》英文版（The Shanghai Evening Post and Mercury）1937 年 12 月 22 日，〔漢口〕《大公報》1937 年 12 月 25 日譯述；中國第二歷史檔案館、南京市檔案館合編：《侵華日軍南京大屠殺檔案》，江蘇古籍出版社 1997 年版，第 860～863 頁。

城裏逃走，而被日本兵抓住後，就不分青紅皂白，一律圈在一起，先搜身，然後用機關槍掃射一通，全部槍斃！即使在由外國傳教士們設立的所謂「安全區」內，碰到混亂恐怖時期，日本兵照樣闖入，照樣抓人、殺人，而且常常持續好久。日本兵喜歡把許多人圍在一起，集體槍殺；或者在中國老百姓的衣服上澆滿煤油，點火燃燒，把人活活燒死，謂之「點天燈」。

日軍藉口說，被殺的中國人都是脫掉制服後，換上平名衣服的中國士兵，並且他們還企圖從南京城裏逃走。有一次，日本兵從基督教會所負責管理的難民「安全區」內，一個一個地抓出了400名年齡不一的男人，把他們編成50人一組，拉到南京城外，用機關槍掃射，集體槍斃。另外，日本兵還常常把一些中國人綁在木柱上，當作他們練習劈刺用的目標。又有一次，一夥日本兵闖進一所教會學校的宿舍，把躲在裏面的中國婦女和姑娘全部擄走。日軍從來也不留下一個俘虜，惟恐他們的暴虐被人公佈於眾。當時，日本人宣傳他們唯一的目的是「解放」中國人，可是，這種「解放」實質上就是「肅清」、「滅絕」。阿里森（John Allison）是美國領事館的官員，有一次陪同一位牧師到日軍司令部，準備請司令官約束他手下暴亂的士兵，想不到竟在日軍司令部的大門口被日本衛兵搧了幾個耳光，侮辱一頓後趕走。南京城裏的居民家中，幾乎家家都遭到日軍搶掠；連那些逃難的百姓手中的破爛包袱，在經過城門時也在劫難逃。

在一些教會醫院裏，我曾仔細地察看了很多偷偷拍攝的被殺的中國人的照片。結果我發現在這些中國人的頭上、頸部、肩膀以及手臂上，都有著很深的刀痕。……我還看到過許多張日本兵自己搶拍的照片，大都是在砍去中國人的頭顱的瞬間拍攝的。……[8]

8　〔美〕鮑威爾著，邢建榕等譯：《鮑威爾對華回憶錄》，〔上海〕知識出版社1994年版，第306－308頁。

　　正因為如此，正因為上海租界的「洋商報」的主持者與記者、編輯對日軍暴行的瞭解與掌握越來越多，認識也越來越深，才使得這些「洋商報」上，刊登出越來越多的關於日軍在南京大屠殺暴行的報導，對日軍暴行的批判與譴責、抨擊也越來越尖銳、深刻。在上海租界「洋商報」的帶動與影響下，香港、天津、北京等地的「洋商報」也開始越來越多地報導日軍南京大屠殺的消息。由於上海租界與香港、天津、北京等地的「洋商報」地處中國，與中國政府，與中國各界人士的聯繫，較之西方各國國內的新聞傳媒，都要更為緊密，渠道多，消息靈，反應快，信息量大，影響更直接而廣泛，因而在報導、揭露與抨擊日軍南京大屠殺暴行上，對中國各地的廣大民眾，包括中國的各種報刊，所發揮的作用與所產生的影響都要更大。

第二節　後來居上──「洋商報」對南京大屠殺的深刻揭露

　　勇敢的《大美晚報》，在上海租界的「洋商報」中一馬當先，繼 1937 年 12 月 22 日刊登〈皇軍在南京的獸行〉，第一次較詳盡報導關於日軍在南京大屠殺的暴行以後，又連續數日刊登關於南京大屠殺的消息：

　　1937 年 12 月 23 日，《大美晚報》刊登報導〈日軍在京軍紀蕩然〉、〈南京城的暴虐令司令部驚訝，軍隊失控〉；

　　12 月 24 日，該報刊登報道〈時報的暴露〉；

　　12 月 25 日，該報刊登報道〈目擊者說在南京日本軍的暴行是事實〉。

　　《大美晚報》的這些關於南京大屠殺的報導，其內容主要來自西方美、英國家的報刊，來自在日軍佔領南京初期留駐南京的五位美、英記者的報導，以及留駐南京的西方僑民設法從南京傳出的資訊。然而，它們卻是中國地區的新聞傳媒最早對日軍南京大屠殺暴行的報導，對中國社會與中國新聞界產生了極大的影響。《大美晚報》銷量大增。1938 年 1 月上海一家中文報紙有一篇評論，題為〈今日的上海〉，其中記述了

日軍佔領上海初期各「洋商報」的情況：「《大美晚報》銷路頂大，這自然是由於英文《大美晚報》的一篇不受檢查的宣言。英文報中的《字林西報》和《上海泰晤士報》，早已改變態度。《大陸報》少有人去看。英文《大美晚報》態度始終如一，上月二十二日揭發〈皇軍在南京的獸行〉後，更是得大眾的擁護。隔了兩天，《字林西報》也不得不揭發了，《上海泰晤士報》則一字不提。……」[9]

　　1937 年 12 月 25 日，正是西方的耶誕節那一天，號稱「上海公共租界工部局的半官方報紙」、一直以「老成持重」聞名的英文《字林西報》也出面了，刊登新聞評論員文章：〈據可靠消息，日軍在華、在南京已失去了極大的聲譽：攻佔首都後立即強姦、掠奪〉，內容是「據曾在南京市區內經過的外國人報導」，較詳細地記述了日軍佔領南京後瘋狂大屠殺的情況：

> 昨天《字林西報》從一個獨立、可靠的消息來源收到了日本佔領南京期間發生的可怕的大屠殺、搶劫和強姦的報告。該報告寫道：
>
> 在南京，日本軍隊喪失了它的聲譽，並丟掉了一個贏得中國居民和外國輿論尊重的不同尋常的機會。本地區中國當局的垮臺和軍隊的潰散使得大批人員準備接受日本所吹噓的秩序和組織。日本軍隊的到來結束了緊張的戰爭狀態和轟炸所帶來的危險，許多當地人們自由地表達了如釋重負的感覺。至少，他們消除了對混亂的中國軍隊的擔心，實際上，中國軍隊撤走時沒有對該城市的大多數地方造成嚴重的破壞。
>
> 但是兩天後，整個前景都被不斷的謀殺、大規模的搶劫、不受控制的侵入私人住房，包括對婦女的冒犯行徑所毀掉。在全城旅行過的外國人報導說，許多平民的屍體躺在街道上。

9　評論：〈今日的上海〉，刊《敵寇暴行錄》，文藝出版社 1938 年出版；轉引自張銓、莊志齡、陳正卿：《日軍在上海的罪行與統治》，上海人民出版社 2000 年版，第 151 頁。

相當比例的死亡平民是12月13日下午和晚上槍殺和刺殺的受害者，這也是日軍進入城市的時間。由於恐懼或是激動而跑開的人，或是黃昏後在大街小巷被日本巡邏隊遇到的人很有可能當場就被打死。大多數這些嚴厲的行為甚至沒有理論上的藉口。這發生在安全區以及其他地方，許多案子被外國人和聲譽良好的中國人所目睹。一些刺刀的傷口也非常殘忍。

許多男人被日本軍隊當作前士兵而挑出來，被捆在一起，然後被槍斃。這些士兵丟掉了他們的武器，有的甚至丟掉了他們的軍裝。到目前為止，除了這些實際上，或顯然是在被押走處決的這些人外，我們還沒有日本人手中有任何俘虜的跡象。有些從其他地方抓來的人被臨時當作挑夫，運送搶來的贓物和設備。在難民區的一幢建築裏，日本士兵強迫當地的員警挑出400人，然後被押走，他們50人一組被捆在一起，兩邊是拿著步槍和機關槍的人。觀察者得到的解釋使他們對這些人的命運沒有什麼疑問。

在大街上，中國士兵的小偷小摸主要集中在食品店和沒有上木板的窗戶。現在在日本軍官的眼皮底下，搶劫演變成系統地破壞商店的門面。日本士兵抓來挑夫，幫助他們攜帶重物前進。顯然，食物最搶手，但其他任何有用的東西，或有價值的東西也受歡迎。城內成千上萬的私人住房，無論有人還是沒有人，大的還是小的，中國人的還是外國人的無一例外的遭到搶劫。特別不光彩的搶劫案例包括下面的情況：在大規模的搜查中，難民營裏數十名難民的錢和值錢的東西被從他們僅有的所有物中搶走；一家醫院的職工被搶走了現金和手錶，宿舍裏的其他物品也被搶走（他們的建築是外國的，像其他被搶劫的一些建築一樣，有外國國旗，以及他們大使館的官方佈告）；汽車和其他財產在被扯下上面的國旗後，也被搶走。

有報導說，發生了許多起強姦案和侮辱婦女的案例，我們還沒有時間對此進行調查（報告是 12 月 15 日寫的），但是下面的案子足以表明當前的局勢。在緊鄰我們外國朋友的一所房屋裏，昨天有四名姑娘遭到日本士兵的綁架。外國人在一最近剛到的日本軍官的住處看到八名年輕婦女，該地方普通的人已經逃光。

在這種情況下，恐懼是難以形容的，日本軍官宣傳的「他們對壓制性的中國政府發起戰爭的唯一的目的是為了中國人民」給人留下了令人作嘔的印象。

毫無疑問，南京的恐怖展示並不代表日本帝國的最佳成就，一定有負責任的日本政治家、軍人和平民，這些人為了他們自己的民族利益會迅速和全面的彌補這些天對日本名聲所造成的傷害。日軍中有些個體士兵和軍官，其行為舉止像紳士，與他們的職業和日本帝國相配。但是日軍的整體行為對日本是一次慘重的打擊。[10]

　　對照一下內容，就可以知道，這篇報導幾乎完全照錄金陵大學歷史系美籍教授貝德士（Bates）於 1937 年 12 月 15 日在南京專門起草的一份新聞稿〈南京一瞥〉。如前所述，這篇新聞稿於寫成的當日交由美國記者司迪爾等帶到上海租界中，從而得以披露於報刊上。但《字林西報》的英籍編輯當時認為：「（日本）軍隊的這種殘暴行為，乃是暫時失卻了統制的結果，也許是受了戰事狂熱所激起的慾望的影響。」甚至說：「日本軍隊正為一九二七年的（南京）殘暴行為，施行報復。」[11]然而很快他們就發現他們完全錯了，因為有越來越多的關於日軍在南京血腥暴行

---

10 新聞評論員文章：〈據可靠消息，日軍在華、在南京已失去了極大的聲譽：攻佔首都後立即強姦、掠奪〉，刊〔上海租界〕英文《字林西報》1937 年 12 月 25 日；前引《南京大屠殺史料集》(29)，第 617～619 頁。
11 中國第二歷史檔案館等合編：《侵華日軍南京大屠殺檔案》，江蘇古籍出版社 1997 年版，第 850 頁。

的更為可怕的材料傳到上海。上海租界與香港等地的其他「洋商報」也開始報導南京大屠殺。

1937 年 12 月 25 日，上海租界的英文《大陸報》（The China Press）刊登報導〈日本軍野蠻行為的確證〉。

同日，香港最重要的的英文「洋商報」《南華早報》（The South China Morning Post）刊登合眾社通訊，題為〈外國人生動描述：南京陷落後的恐懼〉，內容也是根據金陵大學歷史系美籍教授貝德士（Bates）12 月 15 日專門起草的新聞稿〈南京一瞥〉。[12]

此後，上海租界以及香港、天津租界的各家「洋商報」刊登的關於日軍南京大屠殺暴行的報導與消息日益增多：

1937 年 12 月 29 日，上海租界的英文週報《北華捷報》（The North China Herald）刊登報導〈佔領首都時的強姦掠奪〉，副題是〈在南京的外國人安然無恙〉、〈日本人提供在首都的外國居民名單〉。

1937 年 12 月 30 日，上海租界的英文刊物《中國評論》（The China Critic）刊登報導〈南京的強姦〉。

1937 年 12 月 31 日，天津租界的英文《京津泰晤士報》（Peking And Tientsin Times）刊登報導〈佔領首都後的強姦掠奪〉。

1938 年 1 月 1 日，上海英文《密勒氏評論報》轉述了《字林西報》1937 年 12 月 25 日所刊新聞評論員文章〈據可靠消息，日軍在華、在南京已失去了極大的聲譽：攻佔首都後立即強姦、掠奪〉，即貝德士 1937 年 12 月 15 日起草的新聞稿《南京一瞥》的內容，題為〈日軍在南京城內成批地殺戮中國人〉，寫道：

> 《字林西報》（1937 年）12 月 25 日報導：據可靠消息，日軍在華，在南京，已喪失了極大聲譽，並已失去當地居民與外國輿論界對其尊重的機會。

---

[12] 中譯文刊《南京大屠殺史料集》（6），第 123～125 頁。

日本軍隊的形象，已被其本身對當地人民不斷進行的殘殺和反覆地大規模地「搶劫」，以及對私人住所無節制的侵犯，其中包括對婦女的人身侵犯等行為，所徹底地破壞。

……

《字林西報》新聞評論員說，南京城內的這種極為可怖的「展示」，並不能代表日本帝國的最佳成就。日本應該有一些政界、軍界和社會各界的有責任心的人，為了他們自己國家的利益，採取迅速和適當的行動以補償其「所作所為」造成的日本在中國名譽的損害。當然，日軍中也還有個別的軍官或士兵，表現出無愧於他們的「軍人身份」和日本帝國榮譽的「紳士」風度。但是，整個行動無疑是可悲之舉。[13]

同日，《密勒氏評論報》還刊登了一篇新聞述評，題為〈向井和野田兩少尉是如何完成殺人定額的？〉，對日本《東京日日新聞》從 1937 年 11 月 30 日到 12 月 13 日連續四次刊登關於日軍第 16 師團的向井明敏和野田毅兩少尉在南京戰役中開展「百人斬」殺人比賽的報導，加以引用，進行評述與批判。文章寫道：

此舉明白無誤地揭露了日軍進入南京後大肆殺、燒、淫、掠的暴行。日軍嗜殺，外國傳教士皆可證明……如此暴行，可謂慘絕人寰。[14]

---

[13] 報導：〈日軍在南京城內成批地殺戮中國人〉，刊〔上海〕英文《密勒氏評論報》1938 年 1 月 1 日；前引朱成山主編：《侵華日軍南京大屠殺外籍人士證言集》，江蘇人民出版社 1998 年版，第 319～320 頁。

[14] 新聞評述：〈向井和野田兩少尉是如何完成殺人定額的？〉，刊〔上海〕英文《密勒氏評論報》1938 年 1 月 1 日；中譯文轉引自劉燕軍：〈西方新聞媒介對南京大屠殺的反應〉，刊朱成山主編：《侵華日軍南京大屠殺史研究成果交流會論文集》，安徽大學出版社 1999 年版，第 60～61 頁。

關於《密勒氏評論報》刊登〈向井和野田兩少尉是如何完成殺人定額的？〉述評文章，該報主編鮑威爾回憶道：

在日本進攻中國的戰爭進行了好幾個月之後，有兩個年輕的日本軍官在中國的首都南京相遇。當時正好是 1937 年耶誕節的前幾天，南京剛剛被日軍佔領。這兩個日本青年軍官，同是東京士官學校的畢業生，軍銜都是少尉，一個名叫向井敏明，另一個名叫野田毅。兩個軍官在中國首都相遇，居然成為吸引公眾注意的新聞，還得歸功於日本東京的主要報紙──《東京日日新聞》。該報不僅詳細報導了這兩人的「赫赫戰功」，而且還附有照片。

一天，我的辦公室的一位譯員把這兩個日本軍官在中國首都相遇的情景簡要地翻譯給我聽，同時，把那份報紙也拿給我看。「在正式地相互一鞠躬後，這兩名軍官各自拔出他們的戰刀，驕傲地指著那長長的刀刃上的缺口，野田少尉說：『我已經殺了 105 人──你殺了多少？』向井少尉回答說：『啊哈！我已經殺了 106 人──真是對不起！』」

顯然，向井少尉多殺了一人而贏得了這場比賽。但是，《東京日日新聞》的記者卻進一步解釋說，儘管向井少尉比野田少尉多殺了一個中國人，可是，還是無法證明誰先突破殺死 100 人的目標。因此，雙方誰勝誰負，難分伯仲。於是，兩人商定這次殺人比賽只能算作平手，接下去重新比賽，看誰能夠先殺死 150 個中國人，超出 150 人的大關！

《東京日日新聞》報上的這篇報導接著說：「比賽從 1937 年 12 月 11 日重新開始，雙方鼓起勇氣，目標是殺滿 150 個中國人！」說起來，這兩個日本軍官的第一次相遇還是在上海的一家夜總

會，當時約定舉行殺人比賽看誰能夠首先殺死 100 名中國
人。……[15]

　　上海英文《密勒氏評論報》刊登〈向井和野田兩少尉是如何完成殺
人定額的？〉的述評後，在中國各地產生了廣泛的影響。如前所述，中
國各報紛紛轉載。1938 年 1 月 25 日，武漢的《申報》（漢口版）刊〈日
軍在紫金山下殺人競賽〉；同日，武漢的中共長江局機關報《新華日報》
刊登報導，題為〈南京紫金山下殺人競賽，寇軍暴行慘絕人寰〉。兩文
均轉載《密勒氏評論報》1938 年 1 月 1 日所刊發的這篇通訊的內容。

　　1938 年 1 月 21 日，英文《字林西報》發表了一篇論述日軍在南京
暴行的重要社論。社論首先回顧該報在 1937 年 12 月 25 日耶誕節那一
天發表的關於日軍佔領南京以後所發生的恐怖狀態的新聞評論員文
章，以及當時該報對日軍暴行發生原因的認識：

> 在當時我們都相信，軍隊的這種殘暴行為，乃是暫時的失卻了統
> 制的結果，也許是受了戰事狂熱所激起的慾望的影響。我們當時
> 更希望可以迅速的恢復和平秩序，使留在南京的居民，從他們身
> 受的苦痛中解放出來。甚至於有些以為日本軍隊正為一九二七年
> 的殘暴行為，施行報復，……

　　然而，事實證明，他們當時的認識錯了。日軍在南京的大屠殺的殘
暴行為絕不是「暫時的失卻了統制的結果」，而是精心策劃的、長時期
的暴行。在日軍佔領南京一個多月後，在 1938 年 1 月中旬，日軍仍在
南京燒殺淫掠。社論指出：

> 我們現在已經曉得了，南京的殘暴行為還在繼續，甚至自南京陷
> 落直到最近幾天，仍然有強拉婦女、姦淫擄掠的事情，而且他們

---

[15] 〔美〕鮑威爾著，邢建榕等譯：《鮑威爾對華回憶錄》，〔上海〕知識出版社
　　1994 年版，第 305～306 頁。

對於姦淫擄掠，竟會那樣勤快，……好多中國民眾都被刺刀刺傷了，更有些人毫無憐惜的被射殺了。據估計，已經有萬人遇難，在這些人之中，有些簡直一點罪過也沒有，他們簡直並沒有為國家打仗的力量。所有被玷污的婦女，其數目我們還不能知道，但是各方面的估計，總要在八千人至兩萬人之多。從十一歲的幼女一直到五十三歲的老婦，都成了日軍暴力下犧牲品。難民呢，他們所僅有的一點錢也被搶去了，他們的衣服被褥、飯食也都難免被掠一光。這一切的一切，在不到一星期以前還都在繼續著。在最初，因為武裝員警能力不夠，不能管理這些毫無秩序的軍卒，到後來，武裝員警的實力增加了，可是直到一星期以前，日本的兵士還是日以繼夜的闖入民房，無法無天的過著姦淫的生活。

《字林西報》的社論呼籲：「在全世界的面前，擺著這樣殘酷的行為，我們還能夠遊疑嗎？」[16]

1938 年 1 月 23 日晚 21 時 45 分，設在上海租界的「中華全國基督教總會（NCC）」的廣播電臺廣播的報導說：

南京的來信約有 100 封。信中報導了那裏駭人聽聞的狀況。難民總數達到 25 萬人，其中有 3 萬人在金陵大學。粥廠每天免費向 5 萬人施粥，然而儲備即將消耗殆盡。日本人總共只從大量的儲備當中拿出 2,200 袋米、1,000 袋麵粉用於銷售，而每天的實際需求估計就要 1600 袋米。南京方面也請求我們把食品從上海發船運往南京，但是我們至今未獲日方的運進許可。我們能做到的只是通過多寄送一些小批量的私人物品。一批魚肝油和繃帶紗布已備齊，準備用船運至大學（鼓樓）醫院。

廣播還報導說：

---

16 中國第二歷史檔案館、南京市檔案館合編：《侵華日軍南京大屠殺檔案》，江蘇古籍出版社 1997 年版，第 850～852 頁。

　　上海救援南京委員會（上海救援南京基金會）於星期五（1月21日）下午成立。名譽主席團：約翰C‧福格森，W‧W‧任，瞿明則，W‧F‧羅伯茨。主席：P‧F‧普賴斯和一名中國人。委員會成員還包括曾在南京居住過的傳教士（未提及他們的姓名）。

　　廣播報導說，上海已募集了20萬元救助南京難民的資金。非洲、比利時、澳大利亞、新西蘭、墨爾本及英國、美國、馬來西亞「各處紛紛對中國的基督教徒以及苦難的中國表示同情。」在英國倫敦、新西蘭、美國等地也募集了大筆捐款，已經或即將彙往中國。[17]

　　當晚22時10分，上海「中華全國基督教總會（NCC）」的廣播電臺廣播報導說：

　　　　美國駐日本大使館在東京強烈要求日方採取措施控制南京的混亂局面，上個星期曾報導，日軍粗暴地進入美國轄區。華盛頓政府圈內人士真正地感到了不安，因為日方自「帕奈號」事件之後，曾明確保證尊重美國未來在華的利益。日軍軍官及日本大使館官員均拜會了南京的美國大使館，澄清事件，並就將要採取的一些措施進行了協商。

　　　　據報導，日本人虐待中國婦女，10名婦女被強行帶走。這已不是有關於此的第一篇報導了，它證實了此前有關日軍士兵強姦中國婦女的報導。因此華盛頓政府的官員們不再對中國拒絕日方的和平提議而感到意外了。[18]

　　在南京的「安全區國際委員會」的西方僑民們收聽了上海「中華全國基督教總會（NCC）」廣播電臺的廣播報導後，非常興奮。「安全區國

---

[17]　轉引自〔德〕拉貝著，該書翻譯組譯：《拉貝日記》，江蘇人民出版社1997年版，第493～494頁。

[18]　轉引自〔德〕拉貝著，該書翻譯組譯：《拉貝日記》，江蘇人民出版社1997年版，第495頁。

際委員會」總幹事喬治・費奇在第二天，即 1938 年 1 月 24 日，就寫信給上海「中華全國基督教總會（NCC）」，表示感謝並提出進一步的請求：

> 貴會昨晚的廣播消息令我們非常振奮。對於籌集款項以及幫助建立上海救援南京基金會的諸位先生致以我們誠摯的謝意。同樣，衷心地感謝你們寄來了魚肝油和繃帶紗布。請妥善保管在上海的基金以備我們使用。你們的幫助，使我們有能力緩解此處的困境。請你盡可能通過磋商，能夠獲准船運食品；再就是醫生和護士的入城許可，這裏平民需要他們的照料。我們在此也繼續努力促成此事。[19]

上海的「中華全國基督教總會（NCC）」與堅持在南京的「安全區國際委員會」的西方僑民們，在救護南京難民、揭露日軍南京大屠殺暴行的行動中，通過新聞傳媒，實現了配合與互動。

1938 年 1 月 29 日，英文《密勒氏評論報》在「日中戰爭每日大事摘要」欄中，揭露了日軍在南京屠殺、掠奪、強姦等暴行：

> 12 月 21 日——防守南京的兩個師的廣東軍，突破了日軍警戒線，逃到了安徽。
>
> 12 月 22 日——南京（國民政府）當局否認了日軍報導的大約還有兩萬支那軍隊留在南京城內的說法。
>
> 12 月 23 日——日軍的紀律渙散了，日軍在南京幹的殘暴行為，被《紐約時報》駐南京的特派員的專電所證實，《大美晚報》也轉載了這一報導。所謂的暴行包括日軍進入南京城後所做的有損於國格的無秩序的掠奪和強姦。

---

[19] 轉引自〔德〕拉貝著，該書翻譯組譯：《拉貝日記》，江蘇人民出版社 1997 年版，第 495～496 頁。

12月24日——居住在南京的可信賴的外國人證實了日軍在南
京殘殺市民、強姦婦女、有組織掠奪和破壞財物
的罪行。目擊者記錄了日軍不加區別的掠奪和殺
人的事件。

這期《密勒氏評論報》還發表了評論《海外著名人士親眼所見的南
京掠奪和屠殺》。[20]

1938年1月，上海租界的英文雜誌《中國月刊》在「事件與評論」
專欄，刊登關於南京殘暴事件的評述，指出，據記者報導，「南京淪陷
前，中國軍隊所做的與日軍在南京進行的屠殺比較起來，簡直就是小孩
兒做遊戲。」[21]

在1938年2月，《中國月刊》雜誌再次在「事件與評論」欄中，對
日軍在南京的暴行進行了評論：「南京和杭州陷落後，在數周的時間內，
及至今日，日軍一直在進行著搶掠、強姦、野蠻破壞等活動。」[22]

1938年2月23日，香港英文《南華早報》刊登2月22日發自漢
口的電訊：〈動盪的南京殘酷的現狀報告〉，副題為〈荒廢的城市〉，內
容是從南京逃出來的數名中國人揭露日軍在南京暴行的證詞：

……南京市的大部分地區現在處於荒廢狀態。特別是中華門、夫
子廟、中華路、太平路、中山路、國府路等住宅區的燒毀情況尤
為嚴重。

---

[20] 〈日中戰爭每日大事摘要〉，刊〔上海〕英文《密勒氏評論報》1938年1月
29日；中譯文引自〔日〕東中野修道著，嚴欣群譯：《南京大屠殺的徹底檢
證》，新華出版社2000年版，第56、144～145、243頁。

[21] 〈事件與評論〉，刊〔上海〕英文雜誌《中國月刊》1938年1月號；中譯文
引自〔日〕東中野修道著，嚴欣群譯：《南京大屠殺的徹底檢證》，新華出版
社2000年版，第151頁。

[22] 〈事件與評論〉，刊〔上海〕英文雜誌《中國月刊》1938年2月號；中譯文
引自〔日〕東中野修道著，嚴欣群譯：《南京大屠殺的徹底檢證》，新華出版
社2000年版，第241頁。

這些證人說，雖然身處苦難和困境之中，南京的難民對戰爭的進展表示了深切的關心，他們希望有一天中國部隊奪回城市，把他們從外國人的壓迫中解救出來。[23]

1938 年 3 月 4 日，香港英文《南華早報》刊登電訊〈南京的商店全部被燒毀〉：

> 雖然有報告說，南京建築物的燒毀僅為 10%，但這其中已經包括了所有的商店和工廠。……[24]

1938 年 3 月 16 日，香港英文《南華早報》刊登長篇通訊報導，題為〈南京的暴行〉，副題為〈美國目擊者講述入侵者的放蕩，屠殺解除武裝的中國人〉，報導原「南京安全區國際委員會」總幹事、南京基督教青年會負責人喬治‧費奇離南京經香港回美國，途經廣州時，於 1938 年 3 月 1 日應廣東省政府主席、平民自治會會長吳鐵城邀請，在廣州的一次茶話會上，給廣東扶輪國際俱樂部和星期四俱樂部的成員所作的演講。這篇報導分為五個小段，標題分別是：「難民之死」、「淒慘的場景」、「掠奪和縱火」、「強姦婦女」、「奇怪的海報」，全面而簡明扼要地揭露了日軍在南京「安全區」內大屠殺的暴行。報導寫道：

> 12 月 14 日，……日軍搜查對從本部附近的大營裏發現大批中國軍隊的制服，並逮捕了附近的 1300 人。安全區委員會向搜查隊提出了抗議，但搜查隊說他們只是日軍的勞動成員。於是，委員會向日本大使館抗議。在回來的路上，天剛剛黑，委員會的使者目擊了 1300 人被繩子連在一起。所有的人都沒戴帽子，也沒有

---

[23] 1938 年 2 月 22 日漢口電訊：〈動盪的南京殘酷的現狀報告〉，刊〔香港〕英文《南華早報》（The South China Morning Post）1938 年 2 月 23 日；前引《南京大屠殺史料集》（6），第 169～170 頁。

[24] 〈南京的商店全部被燒毀〉，刊〔香港〕英文《南華早報》（The South China Morning Post）1938 年 2 月 23 日；前引《南京大屠殺史料集》（6），第 170 頁。

帶毛巾、被褥等任何一件東西。等待他們的是什麼就不用說了。沒有一個人發出聲音，全體人員被驅趕前進，到了河岸都被處死。

日軍入城的第四天，安全區又有 1,000 人被綁架殺害。其中包括以前被南京市分派到安全區的 450 名員警中的 50 人。雖然安全區發出了強烈抗議，但日本大使館在軍隊面前是軟弱無力的。……[25]

這篇英文報導很快就被長沙《大公報》等多家中文報紙翻譯轉載。1938 年 3 月 19 日，英文《密勒氏評論報》在附錄中，刊登了題為〈中國之毀滅〉一文。這是一位在中國僑居三十五年的美國人所寫的報導，它把上海和南京之間遭受日軍嚴重破壞的情景作了如實的記述。這些內容在本書前面已作了介紹。在這天的《密勒氏評論報》上，還刊登了報導〈南京市的救濟工作局勢仍極其嚴峻〉，副題為〈農田種植面積恢復不到三分之一；難民救濟委員會預計近期內將面臨缺糧〉，介紹了南京遭受日軍大屠殺的嚴重破壞與「南京國際救濟委員會」對南京難民進行的艱難的救濟工作，著重指出：

對於未來工作局面，「難民救濟委員會」認為不容樂觀。他們表示由於南京的經濟迅速恢復的可能性不大，同時郊區的農業種植面積還沒有達到正常年景的三分之一，糧食供應與救濟物資等各方面的困難，在 6 月份麥收之前還將繼續劇增。

他們還說，如果搶劫事件仍不斷地發生，若日本軍人再繼續掠奪農民和阻撓農民的正常收割和糧食運輸，那麼，夏末或秋後，即將出現嚴重的饑荒。

〈南京市的救濟工作局勢仍極其嚴峻〉重點報導了南京近郊農村遭到的嚴重破壞：

---

[25] 報導：〈南京的暴行〉，刊〔香港〕英文《南華早報》1938 年 3 月 16 日；前引《南京大屠殺史料集》(6)，江蘇人民出版社 2005 年版，第 170～175 頁。

南京城的近郊同樣的也亟需進行救濟工作，在那裏，大多數的村莊已被燒毀，其餘的村落也大部分遭到了嚴重破壞，甚至到目前還在繼續地遭受破壞。例如，最近從大半荒蕪了的棲霞山某擁有 2.4 萬名難民的地區及有 2 萬人的葛塘集，都發出了緊急呼籲。[26]

上文中提到的「棲霞山某擁有 2.4 萬名難民的地區的緊急呼籲」，是指由南京郊區棲霞地區 20 位難民代表簽署、由卡爾‧京特譯成德文的呼籲書《以人類的名義，致所有與此有關的人》的材料，揭露了日軍在南京郊區的暴行。這在本書前面已有論述。

1938 年 6 月 11 日，《密勒氏評論報》發表皮特‧薩烏斯寫的短評〈南京和台兒莊──日本在何處失敗？〉，援引擔任「南京安全區國際委員會」主席的德國商人拉貝所說「在南京有 20,000 婦女被強姦」，以及美國《紐約時報》記者德丁所寫的「在長江岸邊目擊 200 人被日軍屠殺」事件的新聞報導，抨擊了日軍製造的「南京恐怖」。[27]

到 1938 年 7 月，中日戰爭一周年之際，上海的英文「洋商報」多編輯發行了「中國事變一周年專集」，其中都將日軍南京大屠殺的暴行作為重要的內容加以記載。

1938 年 7 月 9 日，《密勒氏評論報》發表署名「中國人投稿」的文章〈一年戰爭回顧〉，其中談及南京大屠殺的部分：

> 上海淪陷後，日軍突破南京城，12 月 13 日，南京陷落。緊接著，日軍士兵極盡殘忍之能事，進行了最野蠻的燒殺暴行。許多男女老少的市民，被日軍活活燒死。當時至少有 20,000 中國婦女遭

---

[26] 報導：〈南京市的救濟工作局勢仍極其嚴峻〉，刊〔上海〕《密勒氏評論報》1938 年 3 月 19 日；前引朱成山主編：《侵華日軍南京大屠殺外籍人士證言集》，江蘇人民出版社 1998 年版，第 330～335 頁。

[27] 皮特‧薩烏斯：〈南京和台兒莊──日本在何處失敗？〉，刊《密勒氏評論報》1938 年 6 月 11 日；中譯文轉引自〔日〕東中野修道著，嚴欣群譯：《南京大屠殺的徹底檢證》，新華出版社 2000 年版，第 243 頁。

到了日軍的強姦。被俘虜而毫無反抗能力的 20,000 中國士兵被日軍殺害。[28]

上海租界的英文雜誌《中國月刊》1938 年 7 月號「中國事變一周年專集」，刊登阿薩·撒瓦比寫的評論文章〈一年沒有宣戰的中日戰爭〉，其中關於南京大屠殺的評述：

> 日軍繼續向南京進攻。12 月 8 日，到達首都南京的郊外。經過 1 周的激戰以後，中國軍隊於 12 月 13 日撤出了南京。未能取得完全勝利的日軍在南京市內和郊外進行了殘暴的迫害活動，所犯罪行罄竹難書，而且其白色恐怖一直在延續。[29]

上海租界的英文雜誌《中國季刊》1938 年夏季號刊登未署名文章〈日中衝突的一年〉，其中談到南京大屠殺：

> 在對日軍的攻擊進行了一周時間的頑強抵抗以後，12 月 13 日夜，中國的防衛部隊撤出了南京城。日軍進入南京城後，一連進行了幾個月的白色恐怖統治。早在日軍進攻南京之前，國民黨政府於 11 月 20 日轉移到四川的重慶，12 月 1 日，重慶政府開始進入正常機能運轉。[30]

英文雜誌《中國季刊》1938 年冬季號刊登署名「朱友漁」的文章〈戰爭狀態下的服務活動和基督教會〉，其中談到南京大屠殺，寫道：

[28] 「中國人投稿」：〈一年戰爭回顧〉，刊《密勒氏評論報》1938 年 7 月 9 日；中譯文轉引自〔日〕東中野修道著，嚴欣群譯：《南京大屠殺的徹底檢證》，新華出版社 2000 年版，第 243 頁。

[29] 阿薩·撒瓦比：〈一年沒有宣戰的中日戰爭〉，刊英文雜誌《中國月刊》1938 年 7 月號；中譯文轉引自〔日〕東中野修道著，嚴欣群譯：《南京大屠殺的徹底檢證》，新華出版社 2000 年版，第 241 頁。

[30] 〈日中衝突的一年〉，刊英文雜誌《中國季刊》1938 年夏季號；中譯文轉引自〔日〕東中野修道著，嚴欣群譯：《南京大屠殺的徹底檢證》，新華出版社 2000 年版，第 242 頁。

在吞噬人們生命的戰爭波浪中，在許多城市，主要以傳教士為中心，利用教會所在地的現有條件，設立了國際救濟委員會。在近代戰爭史上，日軍軍紀之缺乏、行動之恐怖、統治之野蠻，可謂史無前例。在南京淪陷後的黑暗統治下，南京的國際救濟委員會在所謂的安全區，幫助了 25 萬男女和兒童，使 5 萬多既缺少衣食又缺乏工作的人得以重新糊口。[31]

在 1938 年 8 月以後，上海租界的幾家主要的「洋商報」在日益險惡的環境中，仍能繼續報導與抨擊日軍的侵華暴行，包括南京大屠殺的暴行，只是它們的工作越來越困難了。

第三節 「洋商報」揭露日方當局壓制西方新聞傳媒 與製造虛假報導

「洋商報」在以各種方式報導與揭露日軍在南京大屠殺的暴行的同時，多次對日方當局壓制與阻撓西方傳媒及時、真實報導南京情況的卑劣手段，對日本新聞傳媒掩蓋、粉飾南京大屠殺的虛假報導，進行了堅決的鬥爭，並在新聞報導中加以揭露與批駁。

如前所述，在 1938 年 1 月 21 日，上海租界的英文《字林西報》發表了一篇社評，痛斥日軍在佔領南京一個多月後，「南京的殘暴行為還在繼續」。《字林西報》發表的這一社論產生了重大影響。英國《曼徹斯特衛報》駐上海特派記者田伯烈當即寫成一篇新聞電訊稿，其中援引《字林西報》的這則社評，參照他本人從南京所得到的消息，證明《字林西報》社評所述不誤，再次記述了日軍在南京的種種暴行。田伯烈將這篇新聞電訊稿送上海外文電報局，準備拍發給英國報社。

---

[31] 朱友漁：〈戰爭狀態下的服務活動和基督教會〉，刊英文雜誌《中國季刊》1938 年冬季號；中譯文轉引自〔日〕東中野修道著，嚴欣群譯：《南京大屠殺的徹底檢證》，新華出版社 2000 年版，第 248 頁。

　　日方上海當局則十分驚慌與惱怒，一方面令上海外文電報局的日本檢查員先以電話要求田伯烈將新聞電訊稿撤回，遭田伯烈拒絕後，日本檢查員遂扣壓了這份新聞電訊稿，拒絕讓電報局拍發；另一方面，則於當日下午匆忙舉行外國記者招待會，由日本官方新聞發言人登臺表演，斥責《字林西報》的這篇社論是「惡意的誇大內容，無從證實，且兼污蔑日軍名譽。」沒想到，與會的英國記者田伯烈等人不畏懼日方當局的囂張氣焰，更不能容忍日本官方發言人一手遮天、信口開河，當場與日方官方發言人進行針鋒相對的說理鬥爭。

　　第二天，即 1938 年 1 月 22 日，《字林西報》對日方當局舉行的這場外國記者招待會，對會上發生的針鋒相對的說理鬥爭，對西方記者為了維護新聞自由所進行的努力，作了及時的報導：

> 《字林西報》昨天的一篇重要文章被日本官方發言人在下午描繪成「非常誇大」、「懷有惡意」、「沒有根據」及「意圖是玷污日本軍隊」。但一名外國記者說，在他試圖將對該文的長篇引述發出去時，該發言人對文章中所包括的事實準確性也表示懷疑。由於轉引該報，他的資訊被日本的檢查人員拒絕。該記者說，他向日本總領事館提出了抗議。

> 調查員──《曼徹斯特衛報》的駐中國記者，詢問該發言人他們是否有任何理由懷疑所用資料的準確性，得到的回答是：「我們有充分的理由懷疑該報告的準確性。」

> ……

　　田伯烈當場反駁日本官方發言人的荒謬講話，說，《字林西報》報導的關於日軍在南京暴行的消息，均有大量證據可以證明：

> 「我也擁有來自南京的私人資訊，這些資訊來自另一個消息來源，它也確認了《字林西報》所報導的資料。有一位先生打電話

給我，他自稱是日本的新聞檢查官，他問我是否撤掉這一資訊。
我問為什麼，他說因為它只是一個報紙的報導。我說我有類似的
資訊，來自獨立的消息來源。他說如果我不撤掉的話，他會阻止
它。我問，他是否將這樣做，他說他將這樣做。我說：『悉聽尊
便，但我反對。』那以後我已經要求英國的總領事向日本當局進
行交涉，以阻止對我的資訊的進一步干涉。」

《字林西報》的報導接著揭露了日本當局壓制新聞報導自由與真實
的蠻橫無理與霸道無恥：

這位記者說，他認為一篇像《字林西報》這樣的文章，本來是會
通過審查的，但是，似乎這樣的報導刊登後，日本方面也不允許
用電報發送。「顯然，任何日本當局不喜歡的資訊都會被阻止。」
這是他得出的結論。

……該新聞發言人說，新聞檢察官將阻止任何這類「惡意的報紙
報導」，因為這些報導是「無確實根據，並傾向於玷污日本軍隊
的良好聲譽。」

……該新聞發言人說，「在許多場合，發言人已經報告了有關南
京的局勢。目前，對這些報告沒有什麼補充，我們的總的印象是
南京的局勢正在迅速趨於正常。」

後來一位記者問道，是否允許一兩位外國記者到南京進行採訪。
該發言人說，由於「軍事需要」，不允許平民訪問淪陷的首都。

日本官方的發言人顯得非常激動。然而他精神的緊張與日本控制
的上海中文報紙所反映出的鐵石心腸無法比擬。[32]

---

[32] 〔上海〕英文《字林西報》1938 年 1 月 22 日報導，前引《南京大屠殺史料
集》（29），第 620～622 頁。

　　文中所提及的「日本控制的上海中文報紙所反映出的鐵石心腸」，指的是上海日方特務機關控制的中文《新申報》1938 年 1 月 8 日刊登的報導〈日本軍親切關懷難民，南京充滿和睦氣氛〉。如前所述，這是一篇完全捏造、通篇謊言的報導。《字林西報》在報導的最後特地全文轉載《新申報》的這篇充滿謊言的報導，以之與日本官方新聞發言人的強詞奪理作對照，讓讀者一下子就瞭解了事實真相，將日本當局壓制新聞報導自由與真實的蠻橫無理與霸道無恥暴露在世界人民面前。

　　1938 年 1 月 22 日，《密勒氏評論報》第 1～2 頁刊登報導〈日本新聞檢查扣下所有關於暴行的報導〉，其中重點介紹了田伯烈另一篇關於南京大屠殺的新聞電訊稿於 1938 年 1 月 16 日晚被上海外文電報局的日本檢查員予以扣壓的情況。這將在本書後面第十章詳細論述。

　　1938 年 1 月 23 日晚 22 時 10 分，上海「中華全國基督教總會（NCC）」的廣播電臺廣播報導說：

> 《曼徹斯特衛報》說：「沒有一支軍隊會喜歡別人報導它的惡行，但絕沒有權力禁止新聞監督。」《曼徹斯特衛報》記者田伯烈先生欲採訪日軍司令部，遭到日本人阻止。人們希望，外國諸強在新聞監督的問題上不要作出讓步。[33]

　　1938 年 3 月 19 日，《密勒氏評論報》增刊第 10～11 頁，再次全文轉載上海日方特務機關控制的中文《新申報》1938 年 1 月 8 日刊登的報導〈日本軍親切關懷難民，南京充滿和睦氣氛〉。《密勒氏評論報》轉載這篇完全捏造、通篇謊言的報導，是把它作為靶子，作為反面材料，拿來供批判用。因此，《密勒氏評論報》在轉載這篇報導的同時，發表題為〈南京──到底發生了什麼──還是日軍的天堂〉的長篇報導，以大量關於日軍在南京大屠殺暴行的可靠資料，針鋒相對地批駁、揭露了日本新聞傳媒報導的虛假與造謠：

---

[33] 中譯文引自〔德〕拉貝著，本書翻譯組譯：《拉貝日記》，江蘇人民出版社 1997 年版，第 495 頁。

正如中立國觀察家所報告的，在南京的搶劫、強姦的情況遠遠超過了偶然、孤立行為的可能性，達到的程度足以反映軍官約束的情況，或者，反映出日本封建軍事哲學，日軍發言人曾經自豪地強調的武士道的真誠度。

……

日軍剛剛攻佔南京之際，大規模集體屠殺每一個扛過槍的人，或有能力扛槍的人。屠殺的場面殘酷暴戾，罄竹難書。大多數中立國的人士不願公開他們見到的細節……

但是殘酷暴戾地對待身強力壯的男子還不是全部的內容。當南京和中國其他部分隔絕之後，日本軍人無惡不作，製造恐怖。

日本兵在中國往日的首都仔細搜索，尋找錢財、物品和女人。很多中國人遭到日軍粗暴野蠻的對待，因為日軍到達時他們一無所有，什麼也不能提供給日軍。年齡介於 16 至 60 歲之間的婦女如果被日軍發現可就遭殃了。在南京，一群中國人把他們家中的女人藏在一大堆木料的底下才救了她們的命。……

許多天，全城的情況恐怖極了，外國人向日本外交官提出的抗議均不起作用。全城駐紮著 5 萬日軍，只有 17 名憲兵執法維護軍紀。很自然，這股微小的力量無能為力。日本外交官也難有作為，他們不知所措，無從約束毫無節制的軍人。

　　《密勒氏評論報》的這篇報導以上述資料為根據，指出：「下一頁上發表了一篇日本人希望全世界相信在南京所發生事情的文章，然而，12 月 13 日佔領南京數天，甚至數周之內，在中國首都發生事件的真實記載卻顯示事實與之描繪的情況大相徑庭。」[34]

---

[34] 報導:〈南京——到底發生了什麼——還是日軍的天堂〉，刊《密勒氏評論報》

　　這天的《密勒氏評論報》還配發刊登一組日本侵華的照片，其中有六幅照片引自美國聖公會南京德勝教堂牧師、擔任「南京安全區國際委員會」委員兼總稽查（員警委員）的約翰・馬吉拍攝的電影紀錄片〈南京暴行紀實〉，都是有關日軍南京大屠殺暴行的內容，作為《密勒氏評論報》文字報導的有力佐證。

　　《密勒氏評論報》的主編鮑威爾看了約翰・馬吉牧師拍攝的有關日軍南京大屠殺暴行的照片，十分震動。他對照片中遇難的中國人的頭上、頸部、肩膀等處都有很深的日軍刀痕，分析道：

> 顯然，這都是日本兵把一種古老而又十分流行的軍事訓練付諸實施的結果。在這種訓練中，士兵們必須戴著沉重的皮毛子、護肩和面具，手持木棍，互相猛擊對方的頭部，直到雙方都筋疲力盡才停止。從前，我在中國東北以及日本，多次看到日本兵在他們的營房裏接受這種訓練，對他們竟然能夠忍受如此殘忍的打擊，感到十分驚奇。但是，我萬萬沒有想到，這種野蠻的訓練竟會變成實際應用，而且是用真刀真劍去對付手無寸鐵的中國平民百姓。我還看到過一張照片，那是一位教會醫院的醫生拍的，照片上的中國男人的後頸部有一條深深的刀痕。這是一個日本軍官用軍刀砍的。幸好這把刀很鈍，中國人的脊髓沒有被完全砍斷，他奇跡般地活了下來。[35]

　　上海租界的「洋商報」以大量的事實與有力的證據，揭穿了日本新聞媒體的虛假報導，論證了日軍南京大屠殺暴行的確鑿無疑，消除了西方一些人對此暴行事件的懷疑。

　　1938 年 3 月 19 日；前引《南京大屠殺史料集》（6），第 176～178 頁。

[35]　〔美〕鮑威爾著，邢建榕等譯：《鮑威爾對華回憶錄》，知識出版社 1994 年版，第 308 頁。

第四節 「洋商報」向國際社會提出懲罰 與遏制日本侵華的倡議

面對日本肆無忌憚的侵略擴張與野蠻殘暴的戰爭暴行，面對中國人民遭受的沉重苦難，「洋商報」的編輯記者們長期生活、工作在中國，感受尤為深刻，痛苦如同身受。他們雖是「中立國」人士的身份，卻以西方的人道主義精神與國際正義原則，對日本軍國主義表現了強烈的義憤，並在他們的媒體上，通過各種方式，向各國政府與國際輿論提出了懲罰與遏制日本侵華行徑的倡議。

1937 年 12 月 18 日，英文《密勒氏評論報》刊登社論〈歐洲國家的外交〉，指出英、法等西方民主國家面對納粹德國的攻勢，正忙於中歐問題，無力顧及遠東局勢與中日問題。但在這種情勢下，西方國家對日中戰爭也不是完全無能為力，不是不能施加一點積極的影響。

1938 年 1 月 1 日，《密勒氏評論報》刊登中國著名外交家陳友仁在巴黎接受美聯社記者專訪的談話。陳指出了日本發動侵華戰爭，必將侵害美國等西方國家的利權，因而必須引起美國等西方國家的高度重視與高度警惕。陳友仁說：首先要確定，在何種程度下，「一個具有自尊心的國家將一定會拿起武器」；再確定若一旦開戰時，美國的戰爭目標到底是什麼？然後說：「至少吾人目前所知道的戰爭目標是堅持門戶開放，及中國領土主權完整的基礎。中國的門戶開放對美國的貿易及商務是需要的，而且由於除了條約義務以外，日本的勝利一定涉及到其在華的專賣事業，而『日本一旦奪得專賣事業』，這對外國貿易而言是相當不利的。所以，中國的完整是必要的。」[36]因此，美國等西方國家為了

---

[36] 美聯社專訪陳友仁，刊〔上海租界〕英文《密勒氏評論報》1938 年 1 月 1 日第 142 頁；中譯文轉引自楊凡逸：《美日「帕奈號」事件與中美關係（1937-1938）》，〔臺北〕國立政治大學歷史系 2002 年版，第 127 頁。

維護在華的利權，必須維護中國的領土完整與主權獨立，必須阻止日本對中國的侵略戰爭，必須支援中國的抗戰。

當日，《密勒氏評論報》還刊登了該報華人作家孟長泳（C・Y・W・Meng）寫的一篇社論，在簡述了日軍在中國的戰爭暴行及對美、英的傷害後，提出了懲罰與遏制日本侵略行徑的倡議——美國應對日本實行石油禁運，卡住日本戰爭機器的動力供應。

該社論作者首先表示，他並不是對日實行石油禁運的首倡者。此論的首倡者是英國倫敦市政府顧問會的主席莫理遜（Morrison）。在日本發動全面侵華戰爭並對中國各地狂轟濫炸以後，莫理遜激起了極大義憤。他在向美國人民的講演中，強烈譴責日本在中國各城市「無差別轟炸」的暴行，呼籲美國等國家對日本實施石油禁運。孟長泳十分贊同莫理遜的觀點與倡議，認為中國政府與中國人民向世界輿論「請願」，控訴日本的戰爭暴行，呼籲世界各國政府的聲援與對日本的禁運，就是阻止日本侵略的最有效方法。

在社論中，孟長泳為了論證他的倡議的正確性，詳細論述與分析了日本多年的石油產銷供應情況。他首先列表顯示日本自 1916 年到 20 世紀 30 年代主要年份的自身石油產量（單位 100 萬加侖）：

	1916 年	1921 年	1926 年	1930 年	1934 年
日本本土	123.5	93.5	71.3	83.7	76.0
台灣	0.8	0.3	3.8	2.4	1.5
總計	124.3	93.8	75.1	86.1	77.5

孟長泳根據上表的資料，得出結論：日本自身的石油產量在 1916 年達到最高峰，以後的年份就逐年下降，到 30 年代就進入穀底。儘管日本政府採取諸多措施，企圖提高本國的石油產量，但機關算盡，在 1935 年的年產量也只達到 83.4 百萬加侖，約占當年世界石油總產量的 0.28%。日本國內石油年產量之所以逐年下降，徘徊於低谷，其原因，既非技術的缺乏，亦非資金的短缺，而是在於資源的匱乏。日本是個許

多戰略資源，如鋼鐵、石油、橡膠、錫等十分短缺的國家，其中尤以石油資源為最。孟氏寫道：當時日本年耗石油量約 9700 桶，相當於 290 萬噸石油，其中僅日本海軍艦艇、海軍航空器每年就消耗石油 120 萬噸。而在日本發動侵華戰爭後，日本應當要消耗更多的石油，可能是平時的 4 倍。因此，日本超過 90% 的石油必須依賴從國外進口。這就是日本在發動侵華戰爭後，從上到下，正對於石油等戰略物資的匱乏感到緊張的原因。有些日本人甚至提出「我們要石油，不要戰爭」的口號。

這篇社論進一步列表說明日本從國外各油源地進口石油數量的情況（單位 100 萬噸）：

油源地	1933 年	1934 年	1935 年
美國	409.78	573.38	650.00
荷屬印度	121.47	149.39	216.40
蘇聯	92.62	81.67	62.90
婆羅洲	43.76	40.27	52.80
其他	110.67	98.52	119.90
總計	768.20	941.23	1102.00

社論作者孟長泳從上表提供的資料分析，得出結論：美國是當時日本最主要的石油供應國，而且供油量逐年增加中。

因此，孟氏在社論中呼籲：要讓美國人民認識到，美國向日本所提供的每一滴石油，除了讓日本的炮艦及飛機轟炸中國的城市、死傷成千上萬的中國人之外，別無其他用途。而日軍戰機在 1937 年 12 月 12 日空襲炸沉了正行駛在南京附近的長江江面上的美軍「帕奈號」炮艦及其護航的三艘美國商船，這些日本戰機所使用的油料可能就是來源於美國。孟氏在社論中援引第一次世界大戰期間法國總統向美國民眾講演時說的一句名言：「一滴油，一滴血！」然後據此向今日的美國民眾鄭重指出：美國向日本輸出更多的石油就是幫助日本轟炸更多的中國城市、殘害殺傷更多的中國人；而美國停止對日輸出石油就是強迫日本停止在華的軍事行動。

社論最後總結道：

> 中國正在遭受日本的侵略，而美國現在也受到日本的攻擊和傷
> 害。美國不僅蒙受貿易上的損失，而且傷害了國家的尊嚴，其原
> 因就在於作為日本主要供油國的美國尚未停止對日本供油。[37]

　　整篇社論有論有據，分析細緻，層層入扣，具有很大的說服力與感
染力。數十年後讀了還令人點頭稱是，信服有加。遙想當年此論一出，
必然在中外各國，首先在美國民眾中，引起強烈的震動與反響。它對美
國政府制訂與修改對華政策、對日政策也必然產生重大的影響。

　　《密勒氏評論報》之所以發表華人作家孟長泳寫的這篇社論，與該
報主編鮑威爾當時的思想有很大關係。當時，不僅是石油，還有鋼鐵等
戰略物資，日本國內都是十分匱乏。日本當局為了彌補國內鐵礦石資源
的嚴重匱乏，便大量從美國等收購廢鋼鐵，再將這些廢鋼鐵熔化後，製
造飛機、軍艦、武器等戰爭殺人武器。鮑威爾在 1936 年從蘇聯經日本
回上海，就曾親眼觀察到這種觸目驚心的情況，因而發出了要求美國政
府停止向日本供應廢鋼鐵的呼籲。他在回憶錄中寫道：

> 我搭乘美國的國營總統輪船公司的輪船回上海。為了卸下所載的
> 大量廢鐵，這艘船在神戶耽擱了兩天。我很想看看卸下的都是些
> 什麼樣的廢鐵，就獨自在碼頭上站了好幾個小時，看著那些起重
> 杆從船上舉起來，橫掠過碼頭，卸下貨物。於是，一大捆一大捆、
> 一大堆一大堆的破舊汽車外殼、火車掛鈎、車廂鋼架、鋼板以及
> 更笨重的廢棄了的紐約高架鐵路鋼軌和鋼樑等，不一會兒便像山
> 一樣地堆積在碼頭上。一位在大阪通用汽車公司裝配廠工作的朋
> 友告訴我，每天早上，他搭乘環港有軌電車去上班時，總是看見

---

[37] 〔上海租界〕英文《密勒氏評論報》（The China Weekly Review）1938 年 1
月 1 日第 125 頁社論；中譯文引自楊凡逸：《美日「帕奈號」事件與中美關
係（1937-1938）》，〔臺北〕國立政治大學歷史系 2002 年版，第 128～129 頁。

大阪港中停滿了各種各樣的舊輪船。日本人從其他國家買來這些破舊輪船，解體後派用處。我的朋友說，日本人在拆船方面十分內行，所得的鋼材以後都會拿來造飛機和軍艦，就他每天來往於神戶與大阪之間的印象來說，大阪港中的輪船，幾乎一艘接一艘的被熔掉了。而在大阪郊外，像這樣的廢鋼鐵更是堆積如山，占地有幾平方公里。

記得過去一再聽人說起，日本人由於缺乏鋼鐵，因此決不可能發動一場大戰。日本缺少鋼鐵是真的，但是那些號稱戰略家的人卻忽視了日本人擁有世界上最大的鐵礦——美國的廢鋼鐵。駐在遠東的一位美國武官對我說，裝運廢鐵到日本，是國營總統輪船公司近 10 年來在太平洋上的主要業務。

我先後寫了好幾篇文章，報導運送廢鐵這件令人憤慨的事情。幾個月之後，聽說美國國內的教會，已發起反對出售廢鋼鐵給日本人的運動。主持這一運動的領袖之一，是從前在青島傳教的一位牧師。牧師告訴我，他組織了一個委員會，並且在紐約訪問過那位人所共知的「美國廢鐵大王」。委員會的成員向「廢鐵大王」解釋他們造訪的目的，是在於阻止運送廢鐵到日本，因為日本不僅要侵略中國，而且還會進攻美國。「廢鐵大王」從他的辦公桌上抬起頭，氣勢洶洶地把眾人趕出去，大叫大嚷地吼道：「我是賣廢鐵的，只要付錢，就是魔鬼來，我也會賣給它。」[38]

　　上海「洋商報」的這些論點，與當時駐南京的一些美僑，如貝德士、史邁士、福斯特等的意見（本書前面已有論述）不謀而合。但是，上海「洋商報」的社論不同於美僑貝德士、史邁士、福斯特等的私人日記、私人講話或私人上書。「洋商報」廣泛發行，執上海輿論界之牛耳，在

---

[38] 〔美〕鮑威爾著，邢建榕等譯：《鮑威爾對華回憶錄》，〔上海〕知識出版社1994 年版，第 243～244 頁。

中國、特別是在美、英等國的上層社會，甚至對他們的政府的外交政策，都有著很大的影響。

在日軍佔領南京後不久，1937 年 12 月 22 日，日本當局通過德國使節，向中國政府提出了關於日中和平談判的四項基本條件以及九項條件細目，企圖乘攻取南京的聲勢，脅迫中國政府簽訂極其屈辱的城下之盟。1938 年 1 月 3 日，上海的英文《字林西報》刊登了一則巴黎消息與一則香港消息，報導中國政府絕不會答應日本政府在佔領南京後向中國提出的這些議和條件也就是投降條件，而是會積極備戰，抵抗到底。內容如下：

> **巴黎**
>
> 日本有意簽訂和平協議。但是中國鑒於目前的軍事形勢不可能參加談判。
>
> 孔（祥熙）現在是行政院院長。人們估計蔣（介石）不會為了給和談開方便之門而從其他一些職位上退下來。據推測，中國將試圖同蘇俄建立更親密的關係。根據其新年講話判斷，近衛似乎也持這種觀點，因為他奉勸日本人作好長期戰爭的準備。

> **香港**
>
> 一個中國人從蘇俄得到有關他的朋友的消息，說他們在那兒被訓練當飛行員。日本人企圖在潼關著陸，但沒有成功。

在這天的《字林西報》上，還刊登了一篇社論，對日本首相近衛文麿、陸相杉山元等在 1938 年元旦發表的新年講話作了評論：

> **《字林西報》**
>
> 在今天的社論中對近衛文麿、杉山等三個日本人的新年講話作了評論。近衛稱，在南京陷落之後，中國政府會冒險投向共產主義。在此，《字林西報》評論道，日本正在把中國推向蘇俄人的手中，

從而促成它所極力阻止出現的局面。但是中國政府仍然堅定地站在自己的原則基礎上。[39]

隨著中日戰爭與世界形勢的發展，「洋商報」越來越鮮明地表示了它們對這場戰爭的態度，越來越鮮明地呼籲各國政府與人民對中國抗戰進行大力的的支持。

1939 年 5 月 30 日，英文《字林西報》發表社評〈假面具除去矣〉，揭露「日本在華所有行動之目的，乃在置中國主權於日本統治之下」，「將中國全部疆域置於日本統治之下也」，「使中國淪於不能稍勝於滿洲國之地位也」；並指出，「今如欲保持外國在華所餘之利益，則對日方最近在華之企圖，必竭力加以制止」，「此實為亟不容緩之圖」。[40]

1939 年 11 月 10 日，英文《大美晚報》發表美國經濟學家巴勃遜的文章〈中國抗日實為美國而戰〉，在揭露日本的侵略計畫後，指出，中國的抗戰，「就事實而論，……實為美國而戰，……尤為夏威夷人民而戰」，因此，「美國應以全力援助中國」。「如再容忍，必後悔莫及」。巴勃遜批評當時美國的外交政策，「餘意美國政府目前援助日軍的態度，似屬自殺。」[41]

上海「洋商報」發表的多篇文章不僅表現了對中國人民的同情與聲援，而且表現了它對中日戰爭本質與國際關係發展前景的遠見卓識。

＊　　　　＊　　　　＊

---

[39] 〔德〕拉貝著，本書翻譯組譯：《拉貝日記》，江蘇人民出版社 1997 年版，第 329 頁。

[40] 轉引自馬光仁主編：《上海新聞史（1850-1949）》，復旦大學出版社 1996 碾版，第 907 頁。

[41] 轉引自馬光仁主編：《上海新聞史（1850-1949）》，復旦大學出版社 1996 碾版，第 907 頁。

　　上海租界等地的大多數「洋商報」仗義執言，勇敢而真實地揭露南京大屠殺等日軍暴行，越來越鮮明地呼籲各國政府與人民對中國抗戰進行大力的的支持，遭到了日本當局的極大忌恨。如前所述，《大美晚報》發行人史帶、主筆高爾德，《密勒氏評論報》主筆鮑威爾等人，都被日方當局列為「抗日援蔣分子」，不斷受到日偽特務的干擾，甚至死亡威脅。史帶、高爾德被迫於 1941 年 12 月初離開上海回國。鮑威爾則遭到日偽特務投擲手榴彈等暗殺，未遂。在 1941 年 12 月 8 日太平洋戰爭爆發後，《密勒氏評論報》被查封，鮑威爾被抄家。1941 年 12 月 20 日，日方宣布，鮑威爾與《大陸報》主編奧柏、《遠東》雜誌主編伍德海等八名美、英報人系「國際間諜機關成員」，將他們加以逮捕。他們被關進美英僑民談虎色變的上海「河濱大樓監獄」；後又被轉押於江灣監獄，備受折磨，身體受到傷害。直到 1943 年初，因日美雙方互換俘虜，鮑威爾才得以被釋放回國。關於這方面的情況，將在本書第十一章詳加論述。

血歷史07　PC0157

新銳文創
INDEPENDENT & UNIQUE

西方記者筆下的 南京大屠殺（上）

作　　者	經盛鴻
主　　編	蔡登山
責任編輯	鄭伊庭
圖文排版	陳宛鈴
封面設計	陳佩蓉

出版策劃	新銳文創
發 行 人	宋政坤
法律顧問	毛國樑　律師
製作發行	秀威資訊科技股份有限公司
	114 台北市內湖區瑞光路76巷65號1樓
	電話：+886-2-2796-3638　傳真：+886-2-2796-1377
	服務信箱：service@showwe.com.tw
	http://www.showwe.com.tw
郵政劃撥	19563868　戶名：秀威資訊科技股份有限公司
展售門市	國家書店【松江門市】
	104 台北市中山區松江路209號1樓
	電話：+886-2-2518-0207　傳真：+886-2-2518-0778
網路訂購	秀威網路書店：http://www.bodbooks.com.tw
	國家網路書店：http://www.govbooks.com.tw

出版日期	2011年12月　初版
定　　價	460元

國家圖書館出版品預行編目

西方記者筆下的南京大屠殺 / 經盛鴻著. -- 初版. -- 臺北
市：新銳文創, 2011.12
面；　公分. -- （血歷史；7）
ISBN　978-986-6094-20-0（上冊：平裝）. --
ISBN　978-986-6094-21-7（下冊：平裝）

1. 南京大屠殺　2. 軍事新聞　3. 新聞媒體

628.525　　　　　　　　　　　　　　100013589

讀者回函卡

感謝您購買本書，為提升服務品質，請填妥以下資料，將讀者回函卡直接寄回或傳真本公司，收到您的寶貴意見後，我們會收藏記錄及檢討，謝謝！如您需要了解本公司最新出版書目、購書優惠或企劃活動，歡迎您上網查詢或下載相關資料：http:// www.showwe.com.tw

您購買的書名：＿＿＿＿＿＿＿＿＿＿＿＿＿＿＿＿＿＿＿＿＿＿＿＿

出生日期：＿＿＿＿＿年＿＿＿＿＿月＿＿＿＿＿日

學歷：□高中 (含) 以下　　□大專　　□研究所 (含) 以上

職業：□製造業　□金融業　□資訊業　□軍警　□傳播業　□自由業
　　　□服務業　□公務員　□教職　　□學生　□家管　□其它＿＿＿

購書地點：□網路書店　□實體書店　□書展　□郵購　□贈閱　□其他

您從何得知本書的消息？

　□網路書店　□實體書店　□網路搜尋　□電子報　□書訊　□雜誌

　□傳播媒體　□親友推薦　□網站推薦　□部落格　□其他＿＿＿＿＿

您對本書的評價：(請填代號　1.非常滿意　2.滿意　3.尚可　4.再改進)

　封面設計＿＿＿　版面編排＿＿＿　內容＿＿＿　文／譯筆＿＿＿　價格＿＿＿

讀完書後您覺得：

□很有收穫　□有收穫　□收穫不多　□沒收穫

對我們的建議：＿＿＿＿＿＿＿＿＿＿＿＿＿＿＿＿＿＿＿＿＿＿＿＿

＿＿＿＿＿＿＿＿＿＿＿＿＿＿＿＿＿＿＿＿＿＿＿＿＿＿＿＿＿＿＿＿

＿＿＿＿＿＿＿＿＿＿＿＿＿＿＿＿＿＿＿＿＿＿＿＿＿＿＿＿＿＿＿＿

＿＿＿＿＿＿＿＿＿＿＿＿＿＿＿＿＿＿＿＿＿＿＿＿＿＿＿＿＿＿＿＿

11466
台北市內湖區瑞光路 76 巷 65 號 1 樓

秀威資訊科技股份有限公司 　　收

BOD 數位出版事業部

....

（請沿線對折寄回，謝謝！）

姓　　名：＿＿＿＿＿＿＿＿＿　年齡：＿＿＿＿　性別：□女　□男

郵遞區號：□□□□□

地　　址：＿＿＿＿＿＿＿＿＿＿＿＿＿＿＿＿＿＿＿＿＿＿＿

聯絡電話：(日) ＿＿＿＿＿＿＿＿＿＿　(夜) ＿＿＿＿＿＿＿＿＿＿

E-mail：＿＿＿＿＿＿＿＿＿＿＿＿＿＿＿＿＿＿＿＿＿＿＿